# HISTOIRE
### de la
# LITTÉRATURE
### DRAMATIQUE

— PARIS —

IMPRIMERIE DE J. CLAYE ET Cⁱᵉ
RUE SAINT-BENOÎT, 7

# HISTOIRE
## DE LA
# LITTÉRATURE
## DRAMATIQUE

PAR

## M. JULES JANIN

> « Tels étaient les chefs et les princes ;
> mais quand j'aurais dix bouches, dix
> langues et une voix infatigable, je ne
> pourrais dire, je ne pourrais nommer
> la multitude des soldats. »
>
> HOMÈRE

TOME TROISIÈME.

PARIS

MICHEL LÉVY FRÈRES, ÉDITEURS

RUE VIVIENNE, 2 BIS

1854

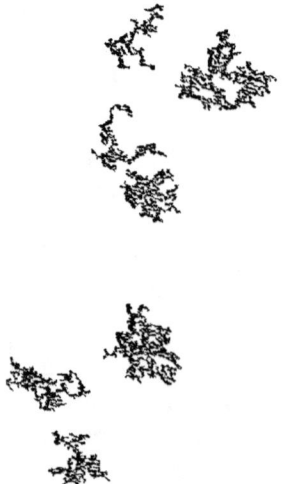

# HISTOIRE
## DE LA
# LITTÉRATURE DRAMATIQUE

## CHAPITRE PREMIER

Je voudrais raconter maintenant les travaux, les luttes, les efforts, les espérances, les déceptions, les défaites, les victoires de l'école moderne et des poëtes nouveaux (on ne parle ici que des vrais poëtes) qui, depuis tantôt un quart de siècle et au delà, sont à la fois le charme et l'esprit de l'Europe, le repos, le talent, l'orgueil et même le conseil de la France.

Ils ont conquis (les deux ou trois hommes dont je parle), à force de zèle, de travail et de génie, une popularité sans égale. Ils ont passé à travers bien des périls ! Ils ont donné de grands exemples de probité, de courage, de générosité, de patience ! Ils ont, les premiers dans ce siècle, indiqué le chemin qu'il fallait suivre ; ils ont parlé, les premiers, des droits et des devoirs de la liberté humaine. La révolution de Juillet était à peine accomplie (avec quelle intelligence et quel éclat, l'histoire seule peut le dire !) que déjà le plus grand poëte de notre âge (en comptant M. de Chateaubriand lui-même), dans un moment d'enthousiasme dont la presse de ce pays ne s'est pas assez souvenue, prenait en main la défense de la presse insultée :

« Oui, disait M. de Lamartine, j'ai trop l'intelligence de mon
« époque pour répéter cet'absurde non-sens, cette injurieuse inep-
« tie contre la presse périodique ; je comprends trop bien l'œuvre
« dont la Providence l'a chargée. Avant que ce siècle soit fermé,
« le journalisme sera toute la presse, et toute la pensée humaine.
« Depuis cette multiplication prodigieuse que l'art a donnée à la
« parole, multiplication qui se multipliera mille fois encore, l'hu-
« manité écrira son livre, jour par jour, heure par heure, page
« par page ; la pensée se répandra dans le monde avec la rapidité
« de la lumière. Aussitôt conçue, aussitôt écrite, aussitôt entendue
« aux extrémités de la terre, elle courra d'un pôle à l'autre, subite,
« instantanée et brûlante de la chaleur de l'âme qui l'aura fait
« éclore ; ce sera le règne du verbe humain dans toute sa pléni-
« tude ; elle n'aura pas le temps de mûrir, et de s'accumuler sous
« la forme de livre, le livre arriverait trop tard ; le seul livre pos-
« sible dès aujourd'hui, c'est le journal ! »

Magnifique parole, et bien digne de cet esprit qui fut grand entre tous les esprits de ce siècle ! Et notez bien que nous ne citons pas tout le discours, nous nous rappelons que nous parlons surtout, dans ce livre, où tant de souvenirs nous arrivent en foule, de l'art dramatique, et si l'on nous rencontre souvent en deçà ou au delà du théâtre, c'est que, en effet, le théâtre a touché à toutes les révolutions du xix$^e$ siècle, et que, véritablement, nous ne pouvons pas traiter l'art de soulever et d'apaiser les passions les plus opposées, comme on traiterait la haine ou l'amour d'un seul homme ! Le nom du théâtre est : Légion ; son œuvre est l'œuvre de tous, et l'on ne fera jamais l'histoire de l'art dramatique, en racontant uniquement l'émotion publique, à commencer au moment où la toile se lève au milieu du silence universel, à finir au moment où la toile tombe au milieu de la louange publique ou de la répulsion unanime. A cette louange, il y a certainement un motif, hors de la salle où tout ce peuple applaudit ; à ces sifflets pour peu qu'on la cherche, on trouvera une raison loin du théâtre où cette foule est entrée apportant avec elle ses vengeances, ses répulsions, ses vices et ses vertus de chaque jour.

*Est deus in nobis*, dit le poëte ; oui... le dieu est en nous ; il est aussi hors de nous ; nous-mêmes les spectateurs, nous sommes le dieu quand nous écoutons un drame ; le dieu qui tue ou qui sauve ; nous tenons le sceptre et nous tenons la foudre... et voilà pourquoi cet art dramatique est un grand art.

Il est un grand art parce qu'il a son principe dans l'âme humaine, parce qu'il touche à tout ce qui est l'esprit et le cœur de l'homme, parce qu'il s'adresse à l'humanité tout entière. Ah ! ce serait véritablement le plus honteux, le plus misérable et le plus abandonné de tous les arts, si vous supprimiez ce qui touche directement à mes instincts, à mes colères, à mes sympathies, à tout ce qui fait que je suis un homme, et que rien d'humain ne m'est étranger ! La vile chose, en effet, si ce n'était que cela : des hommes de pain d'épice et des femmes de carton, des poupées attachées à des fils grossiers que tient la main d'un rustre ; la poupée entre, elle parle, elle sort, elle revient, elle est assise, elle rit, elle pleure, on la marie et elle fait beaucoup d'enfants ; ou bien elle meurt dans un hoquet final après avoir débité une irritante quantité de prose vulgaire ou de mauvais vers alexandrins. La belle œuvre, isolée ainsi de tout ce qui la fait vivre, et ce serait bien la peine vraiment de tant s'acharner à l'expliquer, à la commenter, à la gouverner, à la suivre, à l'insulter, à la glorifier !

Pour l'homme inattentif, qui se promène à travers les images qui décorent le foyer public du Théâtre-Français, cette réunion de nobles têtes en grande perruque, et de poëtes en grand habit, décorés quelques-uns, des ordres de nos rois, ne manque pas d'une certaine solennité ! Les voilà donc ces illustres donneurs de grandes leçons morales, ces redresseurs de nos ridicules et de nos vices, ces maîtres du rire et des sanglots, les voilà sur leur piédestal ! — Otez cependant, de cette imposante réunion, les deux ou trois génies créateurs, et les deux ou trois intelligences suprêmes qui ont véritablement le *droit d'images*, comme on disait chez les Romains, à coup sûr, le reste de ces amuseurs de l'espèce humaine, ceux qui ont brassé la lie et le levain de l'esprit français, les ricaneurs, les grosses voix, les écrivains de rencontre et les rimeurs de hasard, — ces grands hommes à grande perruque, en grand habit que le ciseau de Caffieri fait revivre dans un marbre à part, vous aurez beau les bombarder à l'apothéose, ils ne sont, en dépit de ce temple et de ces marbres, que des dieux inférieurs dans le domaine des beaux esprits ! Pour peu donc que vous vous méfiiez de l'enthousiasme, vous aurez trouvé bien vite que ces grands hommes du théâtre du second ordre étaient, de leur vivant, et sont restés après leur mort, les esprits les plus médiocres, les talents les plus vulgaires, des écrivains de pacotille et des inventeurs de hasard. — Tant ce grand art de la comédie est assujetti au métier, tant le poëte, en ce lieu choisi, est doublé du manœuvre ! De ces hommes applaudis au théâtre, et dont l'œuvre est restée, on n'eût pas fait un historien supportable, un romancier populaire, un écrivain d'élégantes élégies, un critique écouté ; en un mot, ils n'étaient bons qu'à ce métier de manœuvre et de metteur en scène dont le comédien n'a pas encore appris à se passer.

Ce qui les a fait écouter, ce qui leur a donné ce peu de vie et ce beau marbre, ignorez-vous donc que c'est justement la vie et les passions de ces comédiens qui leur prêtaient leur souffle et leur regard, de ces comédiennes qui leur prêtaient leur intelligence et leur beauté ; de ces auditeurs qui leur prêtaient toute l'attention que les hommes réunis ne refusent guère au plus beau spectacle qui soit au monde, le spectacle émouvant de la vie humaine ! Écoutez, voilà des hommes qui parlent. Regardez, voilà des hommes qui agissent. Écoutez, écoutez, des larmes, des cris, des sanglots, des voix, des silences, des spasmes, et le rire et le râle ! M. Victor Hugo l'a très-justement remarqué, c'est déjà un terrible spectacle pour un peuple de contempler une muraille derrière laquelle il se passe quelque chose ; à plus forte raison, si la muraille tombe, et quel que soit l'homme qui la fasse tomber, que ce soit le manœuvre ou l'architecte, nous lui savons gré de nous avoir mis en contact avec ce quelque chose qui se passait là-haut. Voilà pourquoi nous tolérons qu'on élève des statues à ce montreur de choses étranges, plus inquiets de remercier l'homme à qui nous devons le spectacle, que contents d'avoir vu de si près, le héros même ou l'aventure que cachait la muraille, il n'y a qu'un moment.

Voilà pourquoi nous ne devons pas séparer dans notre étude et dans notre attention le poëte et l'époque même qu'il animait de son souffle ; le drame et l'événement qui tenait attentif le même peuple qui s'intéressera ce soir au drame nouveau. Les belles paroles que je citais tout à l'heure de M. de Lamartine, elles seraient belles en tout temps, et cependant elles gagnaient beaucoup à être prononcées au milieu même des émeutes que soulève en hurlant le journal populaire. Elles gagnent aussi quelque chose, si je songe que le soir de cette matinée où triomphait M. de Lamartine à la tribune, appartenait à M. Victor Hugo roi du théâtre. Certes, se diront les lecteurs qui vont venir dans la génération qui s'avance, un pareil discours le matin, et *Marion Delorme* le soir, en pleine révolution de Juillet, voilà un peuple qui ne perdait pas ses journées. « J'ai perdu ma journée ! » ainsi parlent avec le même regret les rois inutiles et les peuples oisifs. Les malheureux ! Il traînent après eux le sentiment de cette journée à jamais perdue, — et ni le roi, ni le peuple, ne s'en peuvent consoler, justement parce que ces belles heures ne sont plus. « *Quia non sunt*. »

Hélas ! que de journées perdues pour les belles-lettres françaises depuis les jours horribles de la terreur, lorsque dansaient, autour des échafauds sanglants, pêle-mêle avec les tricoteuses, la muse de Dorat, la muse de Gentil-Bernard ! Que de temps perdu pour la poésie et les poëtes, lorsqu'aux grands bruits des grandes batailles et des grandes victoires, on entendait raconter *Fanchon la Vielleuse*, *Jocrisse* et *Madame Angot*, justes délassements de notre éternelle contrefaçon des Grecs et des Romains : Grecs d'Opéra-Comique et Romains de grand Opéra. En ce temps-là, la poésie était soumise à la discipline ; elle portait l'uniforme, elle pinçait une lyre empruntée au vieil Anacréon ; on ne lui permettait que trois ou quatre rimes choisies, des mots sonores : *Gloire* et *victoire*, *succès* et *Français;* elle dormait sur un lit d'apparat dessiné par le peintre David ; elle habitait le palais des empereurs romains ; elle était assise dans la chaise curule ; on portait devant elle la hache et le faisceau des licteurs. Dieux et déesses ! que de temps perdu !

Ah ! que de temps perdu à entendre l'*Hector* de Luce de Lancival et *les Vénitiens* de M. Arnault. Que de temps perdu à cultiver ce paganisme d'emprunt, à se moquer du moyen âge dont l'heure était proche, à mépriser Voltaire, à calomnier la renaissance, à dédaigner les poëtes primitifs de la langue primitive, à se méfier de M^me de Staël, à méconnaître Chateaubriand.

Ah ! que de temps perdu à relire en cachette une foule de petits livres, à nier l'inspiration, à se méfier de la libre parole et de la libre pensée! Ah! que de temps perdu par ces inventeurs à la suite, jusqu'au jour où toutes ces idées et toutes ces révolutions malheureusement comprimées brisent leur enveloppe et se lassent de leur armure! Alors, tout ce qui était silence éclate en bruits terribles ; tout ce qui était croyance éclate en doutes magnifiques. Le petit livre s'en va honteux comme un écolier surpris une pipe à la bouche; la tragédie héroïque se voit congédiée et devient un mimodrame ; la comédie, assez libre de sa nature, qui a conservé le pas leste et l'allure pimpante du vieux père Molière, elle-même, la comédie, elle respire, elle ose oser, elle se rappelle en riant les grandes journées de la *fameuse journée*, elle revient à ses amours, à ses moqueries, à ses coups d'épingle, à ses proverbes ; ainsi le temps perdu se répare, et comme on sait confusément qu'il existe, à travers les ronces et les épines, des sentiers nouveaux, tracés depuis longtemps, cette voie on la cherche, ces sentiers on les trouve, et, tant bien que mal, ils vous mènent sur les traces de Shakspeare, de Goëthe, de Calderon, et de la race entière des novateurs.

Soyez donc les bienvenus, enfin, maintenant que votre heure est arrivée, esprits glorieux de notre temps, génies bien-aimés de l'heure présente, grâces d'hier, poésies des hommes nouveaux, drame où tout marche, et comédie où tout chante. — Soyez les bien retrouvés, sentiers divers tout remplis des parfums de l'aubépine; écoutez-nous et répondez à nos voix, échos venus du règne d'Élisabeth, des rives du Rhin allemand, des palais et des balcons de Madrid ; sonnez trompettes, flûtes chantez, fredonnez guitare, et que la lyre se repose aux mains de l'Apollon, fatigué de chanter toujours les mêmes métamorphoses. Eh! mon Dieu, où serait le mal si l'esprit humain dépassait quelque peu les limites nouvelles? Où serait la peine si l'émancipation d'aujourd'hui, enfantait demain l'impossible? Allons, critiques anciens, allons critiques modernes, gens jurant par Aristote ou par Schlegel, laissez vivre et respirer les poëtes nouveaux ; laissons-les faire quelques pas, la bride sur le cou, ces jeunes esprits émancipés par la liberté nouvelle ; ils reviendront plus tard au calme de Sophocle, laissons-les tout entiers à la tempête de Shakspeare!

Ils ont assez bu au fleuve de Virgile, laissons-les s'abreuver au torrent du Dante. Laissons-les faire et laissons-les vivre ; ils auront la joie et la fatigue des chercheurs de nouveaux mondes ; ils iront de çà et de là, cherchant, rencontrant, démolissant, arrangeant, réparant ; encore une fois laissez-les faire, ils font la place nette, ils préparent le sol pour la culture à venir ; ils bâtissent les assises du nouveau temple, ils bâtissent une ville à l'image de la patrie absente... O bonheur ! à force de zèle et d'imagination, ils vont réparer le temps perdu.

« La vie humaine est comme le fer. Si tu l'emploies, il s'use ; « si tu ne l'emploies pas, la rouille le tue. Ainsi, nous voyons « les hommes se consumer par l'action ; et, s'ils n'agissent pas, « le repos et l'inaction les endommagent plus que le travail « même. »

Ceci est une grande parole de Caton l'Ancien ; il disait vrai. C'est une mort honteuse, cette mort par la rouille, et même en leur tenant compte des erreurs de leur pensée et des perfidies de leur travail, il faut savoir bon gré aux écrivains, aux poëtes, aux dramaturges, aux éloquents, aux penseurs, aux fantaisistes de la révolution de Juillet, de leur insatiable passion de tout voir et de tout savoir, d'aimer et d'admirer toutes choses.

Sachons-leur gré aussi de leur génie et de l'instinct à produire et à deviner le possible et l'impossible qui les poussait, les uns les autres, à un but inconnu, sans que pas un se soit arrêté avant d'avoir accompli la tâche acceptée et l'entreprise commencée. Ils ont été vaillants, ils ont été fidèles, ils ont été dévoués à leur idée, ils ont régné, ils ont vécu dans cet enthousiasme pour son art qui est la force et le rempart de l'artiste. Et soit qu'ils aient quitté les lettres pour passer dans la politique, ou qu'ils soient revenus, à travers les mirages de la politique, dans l'exercice assidu des belles-lettres, même des belles-lettres contemplatives, ils sont restés les mêmes, et tout à fait ce qu'ils étaient au départ, ils sont restés d'honnêtes gens, conséquents avec les doctrines qu'ils avaient enseignées, fidèles aux autels qu'ils avaient élevés, adorateurs sincères du même dieu qu'ils avaient proclamé.

Déjà, c'est leur louange, et de la chaire de professeur à la tribune du député, du conseil du roi au fauteuil de l'Académie, du théâtre où l'on chante au théâtre où l'on déclame, et du journal fermé à la tribune brisée, et du livre de l'historien au bronze du sculpteur,—

et du poëme à la chanson, de l'épigramme à la satire, et de l'ode à l'élégie, et de la toile peinte à la chose gravée en un vif relief, le même mouvement a fait battre tous ces nobles cœurs, la même âme a servi à toutes ces âmes, le même cri s'est échappé de toutes ces poitrines : que chacun devait rester à son rang, à sa place, à sa bannière, à son œuvre, et que derrière toutes ces ruines de la libre pensée il y avait encore, il y avait toujours la France :

> Nous donc, si le sol tremble au vieux toit de nos pères,
> Ensevelissons-nous sous des cendres si chères,
> Tombons enveloppés de ces sacrés linceuls !
> Mais ne ressemblons pas à ces rois d'Assyrie
> Qui traînaient au tombeau femmes, enfants, patrie,
>     Et ne savaient pas mourir seuls !
> Qui jetaient au bûcher, avant que d'y descendre,
> Famille, amis, coursiers, trésors réduits en cendre,
> Espoir ou souvenirs de leurs jours plus heureux,
> Et livrant leur empire et leurs dieux à la flamme,
> Auraient voulu qu'aussi l'univers n'eût qu'une âme
>     Pour que tout mourût avec eux !

Le goût et l'ordre, le bon goût et le bon ordre, voilà la loi suprême en littérature comme en tout le reste. Établissez l'ordre et le goût, vous avez la liberté ; et, ceci fait, à quoi bon les préceptes, à quoi servent les rhétoriques, et pourquoi nous amuser à la recherche des rhéteurs ? Est-ce que jamais un homme de génie a consulté Aristote pour savoir s'il avait fait un chef-d'œuvre ? Est-ce que le parterre avait lu le *Traité du Sublime*, qui applaudit le premier le *qu'il mourût !* du grand Corneille ? La preuve même de ton drame, ami, c'est l'émotion ; et les larmes que je verse attestent assez que tu obéis à une bonne rhétorique. Il est, je l'affirme ! un homme de goût, ce poëte qui, par une belle nuit d'été, au premier acte de son drame, sous un ciel resplendissant d'étoiles, sur une terre en pleine bénédiction, entre deux âmes qui s'adorent, dans ce sublime égoïsme de l'amour, me fait entendre des vers semblables aux vers que voici :

> Oh ! vous ne savez pas, je vous aime ardemment !
> Du jour où je vous vis, ma joie encor bien sombre
> Se dora, vos regards m'ont éclairé dans l'ombre,
> Dès lors, tout a changé. Vous brillez à mes yeux

Comme un être inconnu de l'espèce des cieux.
Cette vie où longtemps gémit mon cœur rebelle,
Je la vois sous un jour qui la rend presque belle,
Car, jusqu'à vous, hélas! seul, errant, opprimé,
J'ai lutté, j'ai souffert : je n'avais pas aimé.

En ces moments surnaturels du poëme où la poésie abonde, claire et limpide comme l'eau des fontaines, je m'inquiète aussi peu de la préface de *Cinna* que de la préface de *Cromwell*; j'oublie, en ces enchantements, la profession de foi de Diderot, tout autant que l'anathème de Mercier; j'obéis à l'inspiration, au charme, et je vais, n'ayant que la peur de notre vieux Brennus,..... que le ciel ne vienne à tomber et nous écrase.

Ainsi, et très-volontiers, nous nous dégagerons, s'il vous plaît, des disputes de l'école; nous laisserons la dissertation hors de ce livre, hors des œuvres que nous racontons. Malheur à l'œuvre qui ne se suffit pas à elle-même! Honte au poëme qui a besoin d'explication et de préface! Avez-vous lu le livre de Schlegel? Avez-vous lu la rhétorique de M. Leclère [1]? — Non?... tant mieux pour vous, vous en aimerez davantage la poésie, à savoir la poésie vivante, qui est faite à votre image et à l'image du siècle où vous vivez. Certes, le chef-d'œuvre antique a son prix, il a son charme et son parfum, mais l'œuvre d'hier, mais le poëme que j'ai vu venir au monde, le drame que j'ai senti palpiter sous ma main et grandir sous mes yeux éblouis, ce grand cri qui va retentir dans les âges et qui a frappé mon oreille, la première fois qu'il est sorti de l'âme du poëte, cette intime émotion d'un homme qui vient de se répandre à l'instant même sur tant d'hommes réunis, semblable à la rosée du matin, ce sont là, j'imagine, des fêtes dignes d'envie et que je ne saurais trop entourer de mes respects. « La vie, a dit saint Augustin, la vie, en effet, c'est la gloire! »

Entrez, si vous l'osez, dans quelqu'une de ces villes mortes que la lave du Vésuve refroidi a tenues si longtemps ensevelies sous une nuit profonde; allons, courage! et venez avec moi, à travers la cité charmante où brillait de leur double éclat, dans les parfums et dans les fleurs, le génie étrusque et l'art romain!

---

1. *Johannis Clerici Ars critica*, etc., 3 tomes in-12. Amsterdam, 1533.

Venez, Rome elle-même vous y convie ; il y a tantôt deux mille années que l'on chantait dans ces murs ensevelis les élégies de Tibulle, et les odes d'Horace. On y lisait Homère à livre ouvert ; dans ces théâtres, où la dernière affiche est restée attachée à la muraille athénienne, on représentait l'*Antigone* de Sophocle, l'*Avare* de Plaute et l'*Andrienne* de Térence. Que dis-je ? Ils avaient conservé tout Ménandre, le divin Athénien, le divin Ménandre, et mille atellanes folles qui faisaient le charme et les délices savantes de ces beaux esprits enfants des Muses, enfants des Muses qui avaient pour disciples des philosophes, des grammairiens et des poëtes !

Voilà, j'imagine, une invitation qui vaut la peine qu'on l'écoute, et voilà Pompéï une belle cité à étudier, à parcourir, à habiter. Venez donc, la rue est en lave ornée et refroidie, et le palais est de marbre. On a transporté, dans ces murs silencieux, toutes les richesses de l'Orient ; on y retrouverait, en bien cherchant, la perle même que l'Égyptienne, en se vantant, a fait semblant de boire à la santé de Marc-Antoine. Ainsi, tout nous convie, et l'antiquité, et le souvenir, et la conservation de cette ruine, et ce vaste linceul dont elle se dépouille à la façon du Lazare de Rembrandt. La voilà, venez, nous visiterons le temple de Jupiter, l'Académie et le Portique ; nous irons chez le sénateur, chez le marchand, chez la déesse Flora ; on nous attend aux arènes, à l'amphithéâtre, au forum. Venez, je sais le chemin des tavernes, le chemin des écoles, et je reconnaîtrai la porte de Lydie à ses dernières guirlandes : *Lydia dormis ?...*

Quoi donc ? vous hésitez, et quand, enfin, obéissant à mes instances, vous entrez dans cet Herculanum silencieux, dans ce Pompéï enfoui, voici que tout de suite, après la première admiration et le premier étonnement, rien ne saurait plus vous amuser et vous distraire. Eh quoi ! ces tableaux, ces statues, ces armes, ces tribunaux, ces temples, ces tombeaux, ces espaces où le char a laissé la trace ardente de sa roue en passant, tous ces mystères d'une ville éteinte et retrouvée sur les indications de Pline le Jeune, rien ne saurait vous satisfaire ? Ah ! grands dieux ! que faut-il donc pour vous amuser, pour vous retenir ?

Je sais bien, moi, ce que vous allez répondre : il faut la vie, il faut le mouvement, il faut que l'heure sonne et que le bruit se montre enfin, et que l'homme arrive! A la bonne heure, une ruine habitée, une ruine où l'homme se montre, où grandit l'enfance, où meurt le vieillard, où fleurit le gramen; un cimetière où tout au moins l'herbe pousse, où l'arbre étale son plus beau feuillage, en démenti à la mort universelle. Votre Pompéï est un musée, et votre Herculanum un tombeau. J'étouffe, je m'ennuie et j'ai peur dans ce champ funèbre où il n'y a que des choses à voir, et pas un oiseau à entendre, et pas une fleur à respirer, et pas un brin d'herbe qui ne soit pétrifié, pas un insecte qui ne soit une momie. Oh! l'horrible senteur de cimetière et de néant!

Oh! l'affreux silence de Campo-Santo; les pâles clartés de la lampe livide! Où êtes-vous, ruines du mont Palatin, entremêlées de chaumières vivantes, d'où monte la fumée à mesure que monte le soleil? Où êtes-vous, jardins du mont Aventin où grandit la vigne aux divines étreintes, où l'eau jase à travers les marbres renversés, où la mousse hospitalière jette sa chlamyde abondante sur les marbres dépouillés? Je vous salue et je vous aime à ciel ouvert, temples et colonnes, bronzes et marbres, aqueducs et palais, ruines dont l'homme est resté l'ornement; il vous habite, il vous pare, il vous protége, il vous étudie, il vous a fait rentrer dans l'existence universelle; — par la seule volonté des hommes d'aujourd'hui, vous vivez encore, ô ruines ressuscitées, et c'est justement pourquoi je vous aime!

Telle est l'histoire de la tragédie antique et du drame moderne; la tragédie est un musée d'Herculanum, Corneille est un dieu de Pompéï..... *Hernani* est la ruine vivante où tout s'agite, où tout se remue, où tout se passionne. Il faut admirer, il faut étudier les Musées; il faut vivre dans les ruines à ciel ouvert; il faut habiter les palais habités.

Il y a, dans Homère, un passage copié par Virgile: on entend les jeunes gens et les jeunes filles qui s'entretiennent *du chêne et du rocher d'où sont sortis les premiers hommes;* et pourtant à en juger par leur discours, il est facile de comprendre que ni le jeune homme, ni la jeune fille ne croient plus à la fable du chêne et du rocher. Ainsi, nous autres, au commencement de cette histoire, qui n'est pas une histoire, si nous avions voulu parler *du chêne et de la pierre* qui ont été le père et la mère de l'art dramatique, c'est-à-dire, des rhétoriques et des préfaces, et nous perdre à travers les origines du théâtre, on nous eût planté là tout d'abord, au milieu de notre dissertation commencée. « Il s'aventure en trop grand océan et dans une barque trop petite. » C'est bien dit, et véritablement il ne faut pas aller si loin quand on veut être suivi : *Medio tutissimus ibis!*

Aussi bien, il me semble que c'est déjà remonter assez haut, et revenir d'assez loin, que de revenir et de remonter à notre mère nourrice, à notre étoile favorable, la révolution de Juillet. Elle est née avec nous et sans nous. Elle est née, une heure avant que nous ne fussions des hommes tout à fait ; et, ce qui fait peut-être que nous l'aimons, c'est que nous l'avons vue en son bas âge, à son berceau, toute petite, essayant ses premiers pas et balbutiant ses premières paroles. On s'attache, même aux enfants qu'on n'a pas faits, quand on n'a pas des enfants à soi ; on les aime, on les protége, et s'ils meurent avant vous, on les pleure, on porte leur deuil ; vous vous plaignez de leur survivre.

Heureuse et poétique fiction ! Elle a changé en fils de bonne mère, et en héritier de bonne maison, plus d'un enfant trouvé, quand le père adoptif se fut convaincu, à le voir à l'œuvre, que ce fils de son adoption était de bonne et franche lignée. Ainsi nous avons aimé la révolution de Juillet pour l'avoir vue et saluée à son aurore ! Et nous aussi elle semblait nous reconnaître par un sourire ! D'ailleurs, pourquoi ne pas l'aimer ? Elle arrivait à nous la grâce à la lèvre et les mains pleines de libertés. En vain on lui voulut enseigner *la Marseillaise*, et charger sa noble tête de l'impur rouge bonnet, elle eut bien vite rejeté l'infâme bonnet de sa tête bouclée ; elle eut bien vite remplacé le hurlement de Rouget de Lisle, par une Messénienne de M. Casimir Delavigne, par une ode de M. Victor Hugo :

### STROPHE.

> C'est pour ces morts, dont l'ombre est ici bienvenue,
> Que le haut Panthéon élève dans sa nue,
> Au-dessus de Paris, la ville aux mille tours,
> La reine de nos Tyrs et de nos Babylones,
>     Cette couronne de colonnes
> Que le soleil levant redore tous les jours !

CHOEUR.

Gloire à notre France éternelle! etc.

Nous aimions ces beaux vers, nous aimions ces grandes chansons que venait chanter Nourrit, chaque soir, sur nos théâtres remplis; Nourrit, ce beau et souriant visage, si peu semblable au visage des tricoteuses et de mesdames les citoyennes du club des femmes. Il était le Tyrtée et le promoteur de la révolution de Juillet; et pendant que celui-là chantait, le peuple déjà calmé (après trois jours) portait M. de Chateaubriand en triomphe; or M. de Chateaubriand, c'était *le Génie du Christianisme*, et c'était *les Martyrs* que ce peuple portait ainsi sur les hauteurs où s'élevait le Panthéon. On eût dit, ce jour-là, que le peuple voulait tout sauver, semblable au pieux Énée emportant, de Troie en flammes, son vieux père, son jeune enfant et les dieux antiques de sa maison.

Pourquoi n'eussions-nous pas aimé la révolution de Juillet, je vous prie? Elle a donné le signal à tous les grands esprits de ce temps-ci; elle a été la force et le soutien des chercheurs d'idées et de nouveaux mondes; elle a été affable et bienveillante à quiconque voulait vivre de son talent ou de son génie; elle en a aidé plusieurs, elle n'a gêné personne; attaquée, elle s'est défendue, elle n'a jamais attaqué la première. Oh! les beaux jours! les heures fécondes, les frais printemps, les fertiles automnes, les riches hivers! Comptez seulement que de fortunes dans les arts, que de grandeurs dans les lettres, que de liberté partout, en pleine paix, en pleine élégance, en plein langage français, avec tout ce qui peut agrandir l'esprit, charmer la grâce, aider et récompenser le talent. Comptez plutôt, et quand je dis *comptez*, je dis une chose impossible. Il faudra tout un livre et tout un historien, pour le raconter ce moment merveilleux de la naissance et de l'éclosion d'une race nouvelle, destinée à porter ce vaste enfantement.

Donc, l'heure a commencé par reconnaître et par mettre à leur place, sur leur trône de bois de chêne et sans velours, sans clous dorés, sans fanfreluches, les deux rois de cet âge illustre : Béranger et M. de Chateaubriand. Les voilà assis, les voilà reconnus, les voilà salués rois par ce peuple nouveau, avant même que ce peuple nouveau ait songé à proclamer S. M. le roi Louis-Philippe. Ils règnent, et tout de suite (à notre honneur à tous!). ce sont des écrivains qui s'emparent de l'administration des affaires, de véritables et sincères écrivains, des hommes qui étaient les premiers dans l'art auquel nous touchions à peine.

Ils arrivaient tout animés du spectacle qu'ils s'étaient donné dans leurs histoires, et tout imbus des principes qu'ils avaient proclamés du haut de la tribune éloquente. Ils arrivaient bien décidés à être l'obstacle, à être la digue, à combattre de toutes leurs forces le torrent calmé par surprise. Ils arrivaient maîtres des élégances, de l'urbanité, du beau langage, et détestant, à l'égal d'une mauvaise action, le barbarisme, l'incendie et la délation des clubs qui menaçaient de se rouvrir. Ainsi, la littérature, la philosophie et la saine parole ont présidé aux premiers moments de notre glorieuse révolution. Rien qu'à les entendre parler, ces nouveaux maîtres de la France qui savait leurs noms, qui lisait leurs œuvres, l'Europe entière se sentit rassurée, et le monde entier respira plus à l'aise. En même temps, le bourgeois, que la Convention avait traqué comme une bête fauve, que Robespierre avait traité comme il traitait les grands seigneurs, le bourgeois, fils de bourgeois, père de bourgeois, voyait qu'enfin son heure était venue. Il était appelé à son tour à toucher au sceptre des affaires humaines, et sa main ne s'était pas désséchée; au contraire, on le trouvait intelligent, éclairé, laborieux, et plus d'un grand écrivain, et plus d'une illustre épée ont tenu à honneur de saluer le bourgeois : « Le bourgeois, disait M. Thiers à la
« tribune attentive, il est partout : dans l'Église, dans l'industrie
« et dans l'armée. Il marche à la façon même de ces bourgeois
« dont on composait la seigneurie de Florence.

« Avant la destruction de sa démocratie, Florence avait l'aris-
« tocratie féodale, qui a été détruite; elle a eu une seconde aris-
« tocratie, celle d'une bourgeoisie gouvernante; celle-là a été
« détruite encore; elle en a eu une troisième, celle des Médicis :
« le premier, le célèbre Jean, fit la fortune de sa famille, et
« commença sa considération politique.

« Le second, Cosme, plus profond que le précédent, acheva
« la fortune politique de la famille. Le troisième, Pierre, fut mé-
« diocre et maladif. La grandeur de la famille fut un moment

« arrêtée ; mais le quatrième, Laurent le Magnifique, plaça sa
« famille au suprême pouvoir, et attacha son nom au siècle des
« arts. Ainsi, dans les pays libres, il se fait aussi des familles, il
« se fait une aristocratie.

« Eh bien ! Messieurs, cela se passera de même chez nous ;
« ou si vous dites le contraire, il faudra supposer que les Fran-
« çais abandonneront toutes les carrières qu'ils parcourent avec
« gloire. » (*Séance du 5 octobre 1831.*)

Et, comme on semblait répondre à M. Thiers que la condition imposée à la bourgeoisie était véritablement un grand obstacle, un des meilleurs esprits et des plus habiles esprits de ce temps-ci, un homme dont Cicéron lui-même a écrit l'épitaphe, en disant que la terre se réjouit d'une charrue entourée de lauriers : *Gaudet Tellus vomere laureato*, M. le colonel Bugeaud, dans une lettre où respire une grande âme, expliquait que cette condition de bourgeoisie était des plus faciles.

Lui-même, (il en était fier) il avait passé sous ce joug assez doux de la bourgeoisie (*Onus meum leve*), et il racontait les heureuses révolutions qui avaient fait un bourgeois, de son père l'artisan. De quoi s'agissait-il, en effet, pour un homme intelligent et laborieux ? Il s'agissait d'être inscrit parmi les onze millions de citoyens qui possédaient une parcelle du royaume de France, et, disait le colonel Bugeaud : « Celui-là est bien mal
« inspiré qui voit une caste à part, une nouvelle noblesse privi-
« légiée inscrite dans cet immense rôle des contributions fonciè-
« res. Non, ce n'est pas un sophisme doctrinaire, cette assertion
« que *la propriété n'est pas un privilége, que tout le monde*
« *peut y parvenir avec de l'ordre et du travail.* Vous assurez
« *que le travail n'enrichit guère que ceux qui ont commencé*
« *avec des capitaux*, je pourrais citer un million de preuves du
« contraire ; je me contente d'une ; c'est moi. Mon grand-père était
« un simple forgeron. Avec son bras vigoureux, et en se brûlant les
« yeux et les doigts, il acquit une propriété que mon père, aris-
« tocrate oisif, exploita avec intelligence et activité. Mais, plus
« aristocrate et plus oisif encore, j'y ai introduit l'agriculture
« perfectionnée, j'y occupe le double de bras, et mes produits
« bruts sont triplés. Quel malheur pour le peuple !... Il est évi-
« dent que je mérite d'être signalé à sa haine. Telle est pourtant

« l'histoire de cette caste bourgeoise *qu'il faut détruire jusque*
« *dans ses racines*, puisqu'elle possède exclusivement les capi-
« taux et le sol de temps immémorial. »

C'était bien parler, cela ; et c'était bien agir pour une révolution qui commence. Une autre fois, et tout au commencement du règne, la Chambre des députés s'inquiète, ô miracle ! d'une faute de français qui se glissait obscurément dans une loi nouvelle. « Il me semble, disait M. Charlemagne, qu'il faudrait éviter
« de mettre des *solécismes* dans la loi. (On rit.) Or, l'article que
« nous venons de voter contient, dans son premier paragraphe,
« ce mot *de suite* qui n'est pas français. *De suite* n'a jamais
« signifié immédiatement, mais bien *à la suite*, d'une seule fois,
« *uno contextu.* » (On rit.)

Plusieurs voix : « Il n'y a qu'à mettre *aussitôt après*. »

M. Marchal : « *Sur-le-champ.* »

M. Viennet « *De suite* est le mot propre. »

Ce n'est rien, ce petit passage, et pourtant ça nous charmait, nous autres, les amoureux fervents de la langue française, amoureux jusqu'à la passion, amoureux jusqu'au délire de la plus belle langue et de la plus difficile que les hommes aient parlée depuis les jours glorieux de Périclès et d'Auguste. Une dissertation grammaticale, vingt jours après la révolution de Juillet ! On ne sait pas à propos de quelle loi, on ne se souvient que de la remontrance, et pourquoi donc M. Viennet, qui est un bel esprit de l'Académie, a-t-il défendu le mot *de suite ?* Si j'eusse été consulté, je me serais rangé à l'avis de M. Charlemagne.

Voyez cependant comme on devient immortel à peu de frais, pour peu que l'on touche avec respect aux lois du beau langage. — Certes, M. Charlemagne n'avait aucun droit à se trouver en cette rhétorique, et l'y voilà pourtant. Avoir son nom inscrit dans le présent livre, à coup sûr ce n'est pas grand'chose, et pourtant ça vaut mieux que le silence absolu. Pauvres grands hommes de la politique et du gouvernement qui n'avez été que cela toute votre vie, il faut vous plaindre et vous pardonner ; vous étiez posés à la tête des affaires humaines, vous touchiez au gouvernail du grand navire, vous étiez une force, un conseil..... et, contents de vous-mêmes, dédaigneux de tout le reste, enflés par tant de vents favorables, à peine aviez-vous un regard pour les petites gens qui faisaient, au-dessous... au-dessus de vous, de l'humble prose ou de petits vers. « Qu'est-ce, à tout prendre, un poëte, un rêveur, un juré peseur de diphthongues, un journaliste? Ah fi! comparé à moi le ministre, à moi le conseiller d'État, à moi le secrétaire général, à moi le pair de France, à moi le député? Songe-creux en dehors du mouvement politique! Esprits qui n'ont jamais compris l'esprit politique; l'esprit politique qui est depuis quarante ans l'âme des sociétés modernes! » Ceci dit, ces messieurs, d'un coup d'épaule, en passant, adressaient au poëte, à l'artiste, un petit signe d'amitié et de protection. Par la sambleu! Il faut bien, de temps à autre, encourager ces gens-là.

Voyez pourtant ce qu'elles sont devenues, ces puissances qui ne sont pas sorties du sein même de la littérature française; où sont-ils ces noms illustres des gouvernants à la suite des grands écrivains? Là, tout de suite, *et de suite* essayez de vous rappeler quelqu'un de ces hommes dont la voix était comptée à si haut prix? Ils sont morts avec l'esprit qui les animait, ils sont tombés dans l'abîme du silence, après avoir prononcé çà et là des discours-ministres? Leurs discours-ministres, leurs discours bonnets-rouges ou leurs discours-cordon-bleu que sont-ils devenus, à cette heure? où les retrouver ces jouets de la tempête et des vents du nord? Dites-moi leurs noms, dans les deux partis qui se sont heurtés l'un l'autre jusqu'au jour suprême, jusqu'au maître-jour où toutes ces têtes ont été courbées? Vous hésitez, vous cherchez ces noms-là dans votre mémoire oublieuse; allons, courage, et nommons-en quelques-uns, moins bons grammairiens que M. Charlemagne : — Ils s'appelaient, en ce temps-là, M. Lebœuf, M. Berger, M. Cunin-Gridaine, M. Ganneron, M. Félix Réal, M. Bernard (de Rennes), M. Félix Bodin, M. Marchal, M. Boissy-d'Anglas, M. d'Estourmel, M. Jacqueminot, M. Bailliot, M. Gillon, M. de Bricqueville, M. Clément (du Doubs), M. de Las-Cases fils, M. Jars, M. Pavée de Vandœuvre, M. Lafond, M. Delalot. J'ai vu le temps où l'on disait : « M. Delalot vient d'arriver à Paris. »

Voilà pour les conservateurs *illustres;* quant aux hommes de l'autre parti, les noms célèbres, les noms politiques du camp opposé ne sont guère restés davantage dans le souvenir de leurs contemporains, ou bien si quelques-uns de ces noms vides et sonores ont résisté plus longtemps, c'est que les hommes qui les portaient ont été exposés à plus de vicissitudes. En voici la liste, et voyez cependant quel oubli, déjà profond, s'étend peu à peu sur ces hommes qui ont soulevé tant d'épouvantes, qui représentent tant de luttes, tant de captivités, tant de douleurs... cette liste est prise sur la liste même des défenseurs que s'étaient choisis *les accusés d'Avril* :

Antony Thouret; André Imberdis, avocat; Michel de Bourges, avocat; J. Morand; A. J. Coralli; Trinchard; Aiguebelle, d'Auch, avocat; Jules Bernard; L. Vaintré; Auguste Comte; Émile Lebreton, avocat; Simon Boupain; Joly, ex-député, avocat; Marc Dufraisse; A. Bravard, avocat; David de Thiais, de Poitiers; E. Martinault; T. Fabas; L. Vasseur, de Grenoble; L. Latrade; E. Caylus; L. Rouet; Vimal Lajarrige; H. Peston, de Tours; Jules Leroux; A. Hauterive; Hadot-Desages; Savary fils; Robert, d'Auxerre; Pance; Fenet, avocat; Ferdinand François; Martin Bernard; Dupont, avocat; L. Virmaître; Leducq, d'Arras; Chevalier; Gibaud, de Dôle, avocat; Benjamin Vignerte; Voyer-d'Argenson, député; Laurent, de l'Ardèche; Devielbanc, avocat; H. Fortoul; Baunes; Woirhaye, de Metz; Dornès, de Metz; Émile Bouchotte, de Metz; Saint-Romme, de Grenoble; Saint-Ouen, de Nancy; Ch. Ledru, avocat; Boussy, avocat; Briquet, avocat; Moulin, avocat; Franque, avocat; Gervais, de Caen, détenu à Sainte-Pélagie; Thibeaudeau; Vergès, de Dax; Frédéric Degeorge, d'Arras; Demay, officier, de Dijon [1].

---

[1]. « Lettrés! vous êtes l'élite des générations, l'intelligence des multitudes résumée en quelques hommes, la tête même de la nation. Vous êtes les instruments vivants, les chefs visibles d'un pouvoir spirituel, redoutable et libre. Pour n'oublier jamais quelle est votre responsabilité, n'oubliez jamais quelle est votre influence. Regardez vos aïeux, et ce qu'ils ont fait; car vous avez pour ancêtres tous les génies qui depuis trois mille ans ont guidé ou égaré, éclairé ou troublé le genre humain. Ce qui se dégage de tous leurs travaux, ce qui résulte de toutes leurs épreuves, ce qui sort de toutes leurs œuvres, c'est l'idée de leur puissance. Homère a fait plus qu'Achille, il a fait Alexandre; Virgile a calmé l'Italie après les guerres civiles; Dante l'a agitée; Lucain était l'insomnie de Néron; Tacite a fait de Caprée le pilori de Tibère. Au moyen âge, qui était, après Jésus-Christ, la loi des intelligences? Aristote. Cervantes a détruit la chevalerie; Molière a corrigé la noblesse par la bourgeoisie, et la bourgeoisie par la noblesse; Corneille a versé l'esprit romain dans l'esprit français; Racine, qui pourtant est mort d'un regard de Louis XIV, a fait descendre Louis XIV du théâtre;

Vous le voyez, dans l'un et l'autre parti, quiconque n'a pas tenu la plume ou brillé par la parole est déjà plongé dans un abîme! Ils sont aussi oubliés ceux-ci que ceux-là, oubliée l'attaque, oubliée également la résistance. O misère de ce travail politique! O vanité de ces dévouements et de ces ambitions en sens inverse; inutiles labeurs, travaux stériles, ambitions vaines, colères effacées, violences perdues, et songer que M. Clairville, assis sur les ruines de Carthage, les pieds dans le marais de Minturnes, chante en ce moment, une nouvelle chanson que tout le monde écoute, chacun se disant le nom du chanteur!

> Certe, à voir ce qu'on gagne aux affaires publiques,
> Je prends en grand'pitié les hommes politiques,
> Qui passent devant nous d'un air si dédaigneux,
> Et qui devraient garder tout ce dédain pour eux;
> Pour eux, dont le cœur vide obéit à la tête,
> Dont le deuil est si long, et si courte la fête;
> Pour eux, tristes jouets de l'aveugle destin
> Qui, sur leurs gradins verts, vient les prendre un matin,
> Les porte à la fortune avec un tour de roue,
> Avec un autre aussi les jette dans la boue;
> Papillons qui s'en vont d'un vol précipité,
> Se brûler au flambeau de la publicité;
> Puis traînant l'aile, vieux, dans une solitude,
> Se plaignent des partis et de l'ingratitude!......
> Les dieux Lares sont tout et le Forum n'est rien,
> Pour moi qui place l'homme avant le citoyen.
> Fi de l'ambition, vieille à l'humeur grondante,
> Épouse que l'on prend quand on n'a plus d'amante,
> Quand aux émotions qui l'avaient tant charmé
> Le pauvre cœur humain est tout entier fermé.
>
> Ami, l'amour de Dieu, de l'art, et de la femme
> Est le seul aliment digne d'une belle âme;
> Celui qui ne sent pas, au midi de ses jours,
> Habiter en lui-même un de ces trois amours,

on demandait au grand Frédéric quel roi il craignait en Europe, il répondit : *Le roi Voltaire*. Les lettrés du xviiie siècle, Voltaire en tête, ont battu en brèche et jeté bas la société ancienne; les lettrés du xixe peuvent consolider ou ébranler la nouvelle. Que vous dirai-je enfin? le premier de tous les livres et de tous les codes, la Bible, est un poëme. Partout et toujours ces grands rêveurs qu'on nomme les penseurs et les poëtes se mêlent à la vie universelle, et, pour ainsi parler, à la respiration même de l'humanité. La pensée n'est qu'un souffle, mais ce souffle remue le monde. »

> Est mauvais à mon sens, et fût-il *populaire*,
> Je le tiens enfanté dans un jour de colère,
> Et je ne voudrais pas, pour son fragile bien,
> Porter dans ma poitrine un cœur comme le sien.

Certes, voilà de beaux vers. On en faisait de pareils, et en bon nombre, huit jours après la révolution de Juillet. M. de Lafayette lui-même, héritier de la politesse d'un régime qu'il avait détruit, semblait avoir enseigné à la révolution de Juillet, qui s'était réfugiée à son ombre, l'urbanité, la politesse et cet art merveilleux de tout dire, même les choses les plus amères, sans soulever ces orages parlementaires si peu dignes de la modération d'un grand peuple. Ils ne savent pas ce qu'ils font les orateurs turbulents, lorsqu'ils jettent le feu et la flamme; ils ne savent pas combien de peurs ils soulèvent, que de dégoûts ils donnent aux gens les mieux disposés pour leurs doctrines, et quel grand tort dans ce beau et bon pays de France, un homme mal élevé peut faire à une bonne cause. M. de Lafayette savait cela très-pertinemment, il l'avait appris de bonne heure à l'école du meilleur monde, et par contraste, au milieu des plus horribles excès de la multitude ivre à la fois de paradoxes et de sang humain.

Non-seulement la révolution de Juillet reconnaissait, pour ses maîtres, l'historien, le philosophe, le révolutionnaire grand seigneur, et tous ces beaux esprits sortis de la phalange hardie et railleuse que l'ancien *Globe* avait élevée au milieu des disputes littéraires et philosophiques; il se trouvait aussi, par un concours étrange, que l'Espagne obéissait à un poëte tragique, à Martinez de la Rosa [1], pendant qu'un jeune poëte venu de l'Orient, Reschid-Pacha, représentait le descendant de Mahomet à la cour du roi de France, et que l'Hetmann des cosaques, le prince Petopoff, traduisait en langue calmouque, les poëmes d'Évariste Parny.

---

1. M. Martinez de la Rosa a fait jouer, à Paris, sur le théâtre de la Porte-Saint-Martin, un drame historique intitulé : *Aben Humeya, ou les Maures sous Philippe II.* C'était le fruit des loisirs d'un exilé, c'était l'ouvrage d'une plume inspirée et d'un cœur généreux. Au reste, il avait bien le droit, cet homme-là, d'être à la fois un homme d'État et un poëte. Jeune homme, il avait combattu de toutes ses forces l'inquisition d'Espagne, et les hommes de l'inquisition l'avaient envoyé, chargé de fers, aux *presidios,* disons le mot en français, aux galères de Ceuta, sur la côte d'Afrique.

Certes, je ne suis pas curieux, mais je voudrais bien savoir ce qu'est devenue cette élégie en langue calmouque :

> Ah! si jamais on aima sur la terre,
> Si d'un mortel on vit les dieux jaloux,
> C'est dans le temps où crédule et sincère
> J'étais heureux, et l'étais avec vous.

Tous ces hommes généreux avaient ceci d'excellent, ils croyaient à la liberté de l'esprit humain, ils le savaient fécond, hardi, primesautier, et de ces qualités qui ont leur danger ils ne s'inquiétaient guère. Ils se disaient que si les révolutions politiques sont permises, à plus forte raison les révolutions littéraires; ils avaient du respect, ils n'avaient pas d'idolâtrie; ils estimaient l'audace; ils honoraient la jeunesse en toute chose; eux-mêmes, ils n'étaient pas assez vieux et assez rivés à la tradition littéraire pour s'étonner de l'éclat, de l'image et des passions du style, et cela leur plaisait, aux heures où quelque accident les chassait des affaires, d'assister aux efforts de la langue nouvelle; ils aimaient ce mouvement inconnu, ces bruits nouveaux, cette lumière éclatante; ils aimaient ce tissu fait de main de maître, et cette trame obéissante à tous les caprices, à tous les instincts, à toutes les curiosités de l'ouvrier :

> Nous avons été jadis
> Jeunes, vaillants et hardis.

Ils avaient été (ils l'étaient encore) autant de révolutionnaires : celui-ci dans sa chaire éloquente, celui-là dans ses livres tout remplis de découvertes étranges, celui-là au barreau, cet autre au théâtre, sans compter l'Académie et la tribune, où chacun de ces hommes, à son tour, avait été traité de révolutionnaire et de novateur. Révolutionnaires, ils se vantaient de l'être, et quand on leur parlait des anciens, ils disaient comme Pline le Jeune que c'était beau et antique, la révolution : *Pulchrum et antiquum!* Demandez à M. Guizot s'il n'a pas été un révolutionnaire, à M. Thiers s'il n'a pas été un novateur, à M. Cousin demandez-le, et le demandez à M. Villemain lui-même. Ils ont été, chacun dans sa sphère, des révolutionnaires ardents, passionnés, convaincus; ils servaient un roi qui avait touché lui-même à la révolution et qui s'en faisait gloire ; fils du mouvement, ils ne reniaient pas leur père, et ils allaient en avant, laissant marcher quiconque était destiné à se pousser, d'un pas ferme, dans cette carrière heureusement déblayée du despotisme, des préjugés et des mauvaises mœurs du passé.

Le siècle était jeune encore, il était plein d'espérance, il comprenait tout ce qu'il avait à rétablir, à défendre, à fonder. Il avait foi en lui-même, il croyait à l'avenir ; il ne craignait pas les barbares, il était trop voisin de la terreur ; il ne craignait pas les fanatiques, il était trop proche de Voltaire ; il avait apporté, en naissant, les meilleures qualités bourgeoises : l'intelligence, l'activité, le bon sens, un grand amour pour cette douce liberté qui est un si bon chevet à reposer une tête bien faite ; il aimait l'enthousiasme et il s'en défiait ; il avait des vices dont il rougissait et des vertus dont il ne se vantait pas ; il ne haïssait pas la poésie et son travail, il aimait à outrance les félicités oisives de la fortune ; il était croyant, mais il voulait croire, à ses heures et en toute liberté de conscience ; le reste du temps, sa raison naturelle lui suffisait, et l'on ne voit pas trop qu'elle lui ait mal profité jusqu'à ce jour.

Dans cette arène ouverte au mérite, au talent, à l'inspiration, c'était, comme dans un tournoi auquel assistait la France entière, à qui prendrait sa part du champ et du soleil. Ils arrivaient tous, les connus et les inconnus, attirés par cette passion pour la gloire et ce besoin de renommée. Au commencement d'un règne, c'est beaucoup, pour un écrivain, d'avoir une date, et de pouvoir dire comme à Louis XIV disait Despréaux : « Je suis venu au monde un jour avant Votre Majesté, pour raconter les merveilles de son siècle ! » A peine arrivés, ils se mettaient à l'œuvre, et c'était chaque jour un poëme inespéré, un poëte inattendu. On en voyait qui n'avaient pas vingt ans, et qui s'en venaient, à pied, du Berri, leur patrie, apportant dans leur valise à peu près vide, *Indiana*, et *Valentine*. On en voyait un autre qui écrivait, un beau jour d'automne, une simple nouvelle, l'*Enfant maudit*, et cet homme inconnu la veille, en dépit de cinquante volumes déjà publiés, devenait le lendemain célèbre, à ce point que son passé littéraire cédait la place absolument à tous les chefs-d'œuvre qui allaient venir, sans que personne, amis, ennemis, nomenclateurs, personne, excepté ce bon M. Quérard [1] une créature envieuse, malveillante, mal renseignée et déplaisante s'il en fut, se voulût souvenir que M. de Balzac s'était appelé Horace de Saint-Aubin.

Un autre jour, dans cette même arène, et sous le même sceptre accourait l'enfant gâté de la poésie et de la fantaisie, un jeune homme à qui la muse avait dit dès le berceau : *Tu seras Marcellus*. Celui-là venu le lendemain des *Harmonies poétiques* (un chef-d'œuvre entre deux tempêtes, mais la tempête a fait grandir ce chêne irrité par l'obstacle !) il chantait tout simplement l'amour et les enchantements de la jeunesse ; il racontait au printemps, les contes d'Espagne et d'Italie ; il était plongé dans le premier ravissement du poëte écouté, un ravissement voisin du délire auquel on ne peut rien comparer dans les extases d'ici-bas. Oh! la belle heure et le beau moment pour commencer à être célèbre! On était reçu comme une espérance ; on était le bienvenu, du salon à la mansarde ; on avait un auditoire assuré, même sous les lambris des royales Tuileries où tant de princes enfants et tant de jeunes princesses, éclatantes de beauté, de jeunesse et de génie, étaient attentifs à tous les bruits du peuple des artistes et du monde des poésies. Heure en effet propice, moment choisi et partout, et de toutes parts !

Dans l'Église, il y avait des orateurs qui tenaient suspendu, à leur lèvre éloquente, un auditoire ému et charmé de cet écho des Églises d'Orient. Dans les écoles, il y avait, pour remplacer les trois maîtres, un jeune professeur d'une vie aussi correcte que son style, un orateur calme, un sage de sang-froid, un grand esprit qui volontiers se cachait pour ne montrer que du bon sens, un de ces rares courages civils qui résistent à la popularité même ; applaudis, soudain ils s'arrêtent et se demandent avec inquiétude s'ils n'ont pas dit une sottise? « A moi, prudence! à moi, sagesse! » Tel est le fond de leur prière quotidienne.

Ames tendres, cœurs généreux sous une rude écorce, ingénieux conteurs d'une élégance exquise, sous une apparence rustique! Hommes qui n'ont jamais été jeunes gens et qui ne seront jamais des vieillards, ils ont eu tout de suite quarante ans, et dans la belle et féconde année où tout mûrit, où tout est mûr,

---

[1]. Le greffier hargneux de *la France littéraire*.

ils sont restés comme dans un rempart inviolable. Affables à tous, confiants à peu, bienveillants aux honnêtes, justes à qui le mérite, oublieux de l'injure, incapables d'offense, incapables de lâcheté, généreusement animés de cette ambition qui est l'activité des honnêtes gens, et repoussant, comme une tache et comme un crime tout ce qui est l'excès en politique, en littérature, en doute, en croyance, et toujours et partout.

Puis, quand les anciens virent à l'œuvre les nouveaux venus dans cette arène de la révolution de Juillet, quand ils entendirent parler de celui-ci qui expliquait à la façon de Montesquieu lui-même l'esprit des lois des États-Unis; de celui-là qui, voyageur en Orient, et martyr de la science, envoyait à son père au désespoir des lettres dont le monde aussitôt faisait des chapitres d'histoire; de ce troisième qui racontait, dans sa prose travaillée avec un art infini, les *Consultations du docteur noir*; et de ce grand aveugle clairvoyant qui, privé de la douce lumière du jour, la retrouvait, ô miracle! dans les mystères et les ténèbres de la vieille France de nos vieux rois; soudain ces anciens, les écrivains de la veille, saisis d'une émulation incroyable, s'empressaient d'accourir à l'œuvre immense, et on les voyait l'un après l'autre, ou tous ensemble, s'adresser de nouveau au public, étonné de tant de fortunes de l'esprit, de l'étude et du hasard.

Le premier de tous les écrivains qui avaient fait leurs preuves, Charles Nodier, l'indolent poëte et l'heureux écrivain, ce bonheur en chair et en os, qui n'a jamais senti le vent de bise, et que la critique a favorisé de ses plus tièdes haleines, Nodier, dans son ravissement de cette éclosion inattendue en si peu d'heures, se remet à l'œuvre, et le voilà qui raconte, en se jouant, sa propre jeunesse au milieu de la Terreur, et sa première leçon de grec sous l'échafaud même où le Grec défroqué, Euloge Schneider est attaché par ses bourreaux eux-mêmes, indignés de ses crimes. C'était charmant à entendre cet accent de Nodier, c'était doux à voir ce sourire sans arrière-pensée et cette plainte sans amertume. Il avait au plus haut degré, l'art du récit, du conte et de la conviction. Il a raconté une fois, qu'il avait été guillotiné, et tant il le croyait qu'il passait encore sa belle main amaigrie, sur son cou décharné.

Jamais il n'a tant écrit qu'après le mois de juillet 1830, et jamais d'une façon plus suivie, avec un plus grand concours de lecteurs. L'émulation l'avait pris, et il allait, protégé par tous les écrivains qui gouvernaient la France, et qui le traitaient comme un bon fils traite un bon père qui lui a toujours été facile et indulgent.

Lui-même, un apôtre, un terrible, un fanatique, une flamme, une gloire, un fléau, M. de Lamennais, prêtre énergique, apôtre inflexible, allumant au feu même de l'autel la torche de sa parole, le seul homme qui eût converti son siècle, si le siècle eût pu être converti, quand il entend tous ces grands bruits et quand il voit tous ces grands ouvrages, il s'émeut, il s'arrête, il se trouble, et tout pareil à quelque Jupiter tonnant — mais au Jupiter *qui ne frappe pas à côté*, il lance au monde épouvanté ce carreau formidable intitulé : *les Paroles d'un Croyant!* Ah! l'épouvante! ah! la misère! Il y eut, ce jour-là, un grand scandale sous la voûte des cieux, et ce fut parmi les beaux-esprits qui vivent de facéties, et qui n'ont guère, pour composer leurs œuvres complètes, qu'un bon mot bien trouvé, une rage véritable à qui rencontrerait quelque parole à opposer aux *Paroles d'un Croyant*.

« C'est Babeuf prêché par Isaïe; » On disait encore en parlant de M. de Lamennais, « c'est 1793 qui fait ses Pâques. » — « C'est un Ézéchiel jacobin, » disait celui-ci; « C'est Marat sous le masque d'un prophète, » ajoutait celui-là. Ainsi chacun lançait sa pierre, et chacun disait son mot, et cependant le prêtre alliait toujours, mariant, sans leur demander leur consentement, le catholicisme et la liberté. En ce moment le prêtre avait la fièvre, il la donnait à son peuple, et cette fièvre elle dure encore; elle a son nom, elle s'appelle le *delirium tremens*.

Au contraire, et par le sentier opposé de la montagne pleine d'éclairs, voyez-vous descendre un homme jeune encore, un jeune homme, un martyr, un résigné. L'infortuné, comme il a dû souffrir! Ses pieds meurtris ont traîné le boulet; sa main endolorie a porté la chaîne; il garde à son cou la trace horrible du carcan, la nuit obscure pèse encore sur ses yeux que le jour offense; il marche à la façon d'un fantôme et comme on marche en rêve.

Admirez cet homme... il revient de la tombe, il revient du *carcere duro*, il revient du Spielberg, du Spielberg où l'on monte par l'échafaud! Dans cette tombe il est resté dix ans, immobile et muet, abandonné et plus que mort, sans savoir ce que disait sa mère, et ce que l'Europe était devenue. Et le voilà qui ressuscite, il se lève, et de sa main libre il s'assure qu'il n'a plus un seul cheveu sur la tête! Il va, il va en chancelant, et son pied délivré se heurte au moindre caillou du chemin; ses fers sont brisés, la jambe desséchée les sent encore. O fantôme, en effet, pleurons sur lui, prions pour lui. *De profundis!*

Croyez-vous cependant que ce malheureux, quand il aura touché le sol des vivants, retrouvé le soleil des vivants, et secoué le fumier du Spielberg, va perdre ce qui lui reste de vie à maudire ses bourreaux, à exécrer l'Autriche, à traîner M. de Metternich aux gémonies, à accuser cette honnête et inerte sangsue gorgée de larmes, l'empereur François Ier? Non, le poëte a des vengeances plus cruelles et des châtiments plus sûrs. Il ne veut pas s'abaisser à la plainte, il dédaigne les représailles, il va écrire un livre où l'excès même de la résignation, où le pardon poussé jusqu'à la folie, et le comble même de l'humilité sous ce pied royal qui l'écrase, arriveront à produire un tel ravage dans les âmes, et dans les consciences une telle épouvante, que les plus terribles énergumènes de l'école, Juvénal et Tacite n'auront jamais proféré une plus complète et plus redoutable malédiction.

Et de cette plainte calme, et de ces douleurs à l'état latent, peu à peu s'exhalent toutes les misères de l'Italie. Esclave, elle montre ses larmes; opprimée, elle crie; emprisonnée, elle ébranle les barreaux de sa geôle; elle fait hurler ces portes de fer. O martyr, ô Sylvio! sois béni pour tes pitiés implacables! En vain tu pries, en vain tu t'enivres des beautés de la terre natale et des enchantements de ta résurrection, sous ces haillons que tu as portés, dans les cachots où tu as râlé, sur cette paille où tu vivais, je retrouve Dante proscrit, Tasse en délire, Colomb mendiant une voile, Galilée enchaîné; avec toi je répète l'humble chanson que disait cette prisonnière inconnue : Ah! disait-elle en sa chanson, qui donc rendra la malheureuse au bonheur qu'elle avait :

>Chi rende alla meschina
>La sua felicità?

Eh bien, quel plus merveilleux démenti pouvait être donné aux paroles de M. de Lamennais, libre et maître de tout dire, que les paroles de Sylvio Pellico enchaîné sur un rocher et dévoré par son vautour? Contraste étrange et qui n'est pas à notre gloire! Voilà l'Italien, voilà le captif, voilà le carbonaro qui jette au monde consolé un évangile de salut; voilà le prêtre et le catholique adressant au monde épouvanté l'anathème des bonnets rouges; l'homme torturé pardonne, l'homme tonsuré maudit! Vivez, dit le martyr, il y a de la vie et de l'espérance même au fond du Spielberg: — vous êtes morts, dit le prêtre; la mort est au fond de toutes choses, elle est dans le fruit, elle est dans la fleur, elle est dans l'amour.

C'était pourtant une heureuse époque, l'époque où ces grandes choses se produisaient au jour le jour. Il y avait en ce temps-là à Paris même, à Paris devenu le refuge des libertés proscrites et des intelligences persécutées, le comte Rossi, l'auteur de ce fameux *Traité du droit pénal*, qui enseignait l'économie politique au collége de France; la jeunesse l'écoutait avec cet intérêt passionné qu'elle porte à toutes les choses libérales; il parlait avec l'accent et l'éloquence de sa patrie; il avait la hardiesse, il avait la conviction qui font les grands professeurs; il aimait la vie, il aimait le travail, il était tout entier à son œuvre; il ne se doutait guère qu'il tomberait, un jour, sous le coup d'un assassin aux pieds du trône pontifical.

Et cet autre étranger, cette conquête inestimable que nous avons faite, en ce fameux mois de juillet, 1830, Henri Heine; aussi Français qu'Allemand pour le moins; Allemand un peu en retard, il en est resté à Voltaire et à Diderot; Français un peu en retard aussi, il ne songeait, en venant chez nous, qu'au général Foy et à Benjamin Constant. Quelle verve et quel esprit! Quel admirable mélange de bière de Munich et de vin d'Aï! Quel bon patois mêlé de Goethe et de Voltaire, avec un peu de Diderot par-ci et de Jean-Paul par-là, y compris un grain de *Messie* et de *Contes fantastiques*. Il a merveilleusement réussi chez nous, ce Henri Heine; on l'a applaudi et même on l'a loué, on lui a appliqué, sans rire cette phrase insolente : qu'il avait autant d'esprit qu'un Français, et il a répondu qu'on était bien honnête. Il a été assez Français pour rester Allemand, assez Allemand pour être un satirique et pour se faire mettre à l'index sur les deux rives du vieux père Rhin, qui eût tué volontiers le veau gras pour fêter l'enfant prodigue.

Hélas! l'enfant prodigue, il ne mange plus de veau gras, il ne boit plus de vin d'Aï. Hélas! plus d'écriture, et plus de poëme, et plus de chansons. Il est courbé sous le mal; il est rivé à la peine; il est plongé dans le *carcere durissimo* de la paralysie, alors que chaque mouvement est un supplice, et que l'homme, ou ce qui en reste, ne vit plus que pour la douleur et par la douleur. Il est pris, il est torturé; la douleur aiguë et pointue en ses mille élancements le tient des pieds à la tête, et toute l'occupation du pauvre homme en ce moment, c'est de compter à chaque instant une douleur nouvelle. Hier encore il y avait dans ce corps pétri par le tétanos, tel tendon, tel nerf, telle place où le mal ne faisait pas sentir sa pointe aiguë, aujourd'hui le tendon intact est déchiré, le nerf indolent est tendu, et cette douleur-ci rencontrant cette douleur-là, les voilà qui se donnent la main et qui dansent sur ces fibres haletantes, sans balancier.

« Ces chères rencontres me rappellent, disait-il, deux femmes en grand deuil qui se promenaient dans la ville de Munich. L'une dit à l'autre : — Et votre fils ? — Il est mort, dit l'autre, à la bataille de Leipsick. — Ah, répondit la première, un bel endroit la bataille de Leipsick. »

« Après quoi la seconde femme, à son tour, dit à la première : — Et votre fils ? — Il est mort, répondit la première femme, sous les murs de Dresde. — Ah, les murs de Dresde, une bonne place, repartit la seconde. » Et moi, dit Heine, en éclatant de rire au milieu de ses gémissements, je suis vraiment *la bonne place* où se rencontrent et se rejoignent toutes les douleurs. »

Et notez que dans toutes les parties des beaux-arts, l'élan de 1830 était le même, et que tous ces enchantements appartenaient à la même féerie. A peine l'heure avait sonné que *Robert le Diable* éclatait dans l'Opéra, sauvé et glorifié par Meyerbeer et son génie. Elle a dansé, pour la première fois, à la douce clarté de ces étoiles naissantes, la Taglioni inspirée ; il nous a donné à la même heure, ses dernières et ses plus belles chansons, ce beau Nourrit. Mais quelle est cette maladie étrange, et quelles sont ces voix qui semblent venir de l'autre patrie? Écoutez, c'est le nocturne de Schubert, un rêveur de là-bas, une fable, un écho. A la musique il est ce que Lamartine est à la poésie. Il a le même charme et la même grâce. Il est semblable à cette fleur dont parle Sainte-Beuve dans son livre intitulé : *Volupté*, un des beaux livres de la révolution de Juillet.

« Où couriez-vous tout à l'heure? me disait-elle un soir. — « J'avais aperçu là-bas, répondis-je, une forme fine et blanche « dans l'ombre, et je croyais que c'était vous ; mais ce n'était « qu'un lis, un grand lis, que d'ici, à sa taille élancée et à sa « blancheur dans le sombre de la verdure, on prendrait pour la « robe d'une jeune fille. — Ah ! vous cherchez maintenant à raccom-« moder cela avec votre lis, s'écria-t-elle vivement et d'un air de « gronder ; je veux bien vous pardonner pour cette fois d'avoir « passé si près sans m'apercevoir ; mais prenez garde ! Celui à qui « pareille faute arriverait deux fois de suite, ce serait preuve « qu'il n'aimait pas vraiment ; il y a quelque chose dans l'air qui « avertit. »

Il y avait quelque chose dans l'air, c'était ce lis allemand, c'était cette féerie et cette chanson. Qui que vous soyez, qui avez été jeune dans cette génération, vous vous rappelez avec ravissement les mélodies de Schubert. *Elle* chantait une de ces fêtes des nuits d'été, le jour où vous la vîtes, pour la première fois, la beauté qui vous fut si chère. *Elle* chantait cette ballade allemande et elle était blanche comme ce lis que les amoureux prennent pour leur maîtresse au mois d'août, ou pour la lune *assise sur son trône d'argent !*

On a parlé, dans toutes les histoires romaines, de ce champ de blé aux portes de Rome, sur lequel Annibal était campé, et l'on admire, encore à cette heure, la confiance de ce Romain qui achète le champ à la criée, et qui le paie aussi cher que si Annibal n'avait pas quitté Carthage. — Un fait aussi digne d'attention, et dont on parlera moins longtemps, c'est celui-ci :

Le lendemain du 29 Juillet, je dis le lendemain, pas un pavé n'était encore à sa place, et les morts descendaient le courant de ce fleuve de la Seine, trop souvent ensanglanté par nos discordes, que déjà paraissait le premier numéro d'un journal intitulé *l'Artiste*, un journal uniquement consacré aux arts libéraux, et pas d'autre souci, pas d'autre passion ; rien que des peintres, des sculpteurs, des statuaires, des architectes, des écrivains ; et tout ça jeune et grouillant, avec des moitiés et des quarts de noms propres, des palettes inconnues, des burins et des plumes sans nom, bref des folies. Et les habiles qui voyaient ce *prospectus* d'enfants (c'était moi qui l'avais fait), de sourire et de jeter là la feuille innocente en se moquant. *L'Artiste*, ils nous la donnent belle avec leur *Artiste!* Artiste de qui? artiste de quoi? Même je me rappelle une phrase où j'avais dit : « L'artiste vit... de *son*, de forme et de couleur; » et le mot *son* fit beaucoup rire.—« En voilà, disait-on, qui ne seront pas difficiles à nourrir. »

Bon, moquez-vous; le journal paraît : il était splendide et tout rempli de noms inconnus, mais déjà l'auréole était à ces fronts-là. Le premier de ces premiers-venus, c'était Decamps. Decamps, c'est tout dire. Avons-nous crié : Vive Decamps! et chacun de se moquer de nous. Bon! Le second adopté ce fut naturellement Eugène Delacroix. Hurrah! pour Delacroix. L'a-t-on glorifié celui-là; il était bon prince et nous laissait faire. Venait ensuite Ary Scheffer, un dédaigneux de notre admiration, le roi de son domaine, un vrai peintre, un seigneur, un roi des Tuileries, à peine s'il savait, de temps à autre, notre *Hosannah in excelsis!*

Nous avions aussi les deux frères Johannot, à peine arrachés aux enlumineurs de la rue Saint-Jacques; ces riches marchands d'images pesaient une planche avant de l'acheter, et si le cuivre valait six francs, ils en offraient dix aux graveurs. Les deux Johannot, enfants de *l'Artiste!* Et Chénavard, qui est mort à trente ans, et notre ami Henriquel Dupont qui est à l'Institut; et Barye, et Charlet, notre capitaine; et Louis Boullanger, qui a fait les *Djinns*, nous l'avions surnommé le peintre ordinaire de M. Victor Hugo; il était plus fier du surnom que s'il avait été le premier peintre du roi.

Nous admirions aussi et beaucoup, Chaponnière, qui est mort; Jean Feuchères, qui vient de mourir; (c'est lui qui avait ciselé ce fameux bouclier que le roi de Prusse a acheté comme l'œuvre de Benvenuto Cellini, et S. M. le roi de Prusse a fait une belle affaire, ce jour-là). Nous avons fini par admirer même M. Ingres, mais Dieu sait que ça n'a pas été sans peine, il n'était pas assez coloriste pour *l'Artiste!*

Vraiment oui, nous avons attendu avant de proclamer M. Ingres qu'il eût produit son chef-d'œuvre, le portrait de M. Bertin l'aîné.

Alors, ma foi, la postérité en dira ce qu'elle voudra, nous n'avons plus résisté à M. Ingres, ce qui a été diablement heureux pour lui.

Et par la même raison qui faisait que tous les écrivains de ce temps-là s'estimaient fort, voyant la chose publique entre les mains des écrivains, les artistes se félicitaient d'avoir au ministère de l'intérieur, tantôt M. Thiers qui a écrit un Salon [1], tantôt M. Guizot qui, lui aussi, a écrit un Salon ; c'est pourquoi, depuis ce temps-là, et même à commencer à Diderot, la chose est passée en usage, il faut absolument qu'un écrivain qui se respecte écrive au moins un Salon.

Vous riez! Sachez donc que *l'Artiste* fut bientôt une force. Il eut son public, il eut ses lecteurs, il eut ses fanatiques, il eut ses détracteurs. Il brillait surtout par ses gravures, je dois le dire; il se sauvait du naufrage par les planches. Telle gravure de *l'Artiste* vendue à l'abonné cinquante centimes, valait vingt francs; la fameuse gravure des *Moissonneurs* a commencé par se vendre six sous, elle a fini par se vendre six cents francs; elle est restée un des ornements les plus précieux des musées de la petite propriété. N'est-ce pas bien étrange encore un succès pareil, et tous ces hommes qui redoublent de force et de talent pour n'être pas vaincus par les hommes nouveaux : Ingres, Pradier, Léopold Robert qui, depuis... mais alors il était en plein bonheur de vivre et d'être célèbre. Comptez aussi Winterhalter qui se montre au moment où tant de beaux visages réclament les brillantes couleurs de sa palette printanière : fils et filles de rois, vous aviez rencontré votre peintre, il n'a pas manqué à sa mission.

En même temps se montrait dans le lointain, royalement favorable aux efforts des peintres, des sculpteurs, et des graveurs, le Versailles ressuscité. Quelle fête et quel empressement à bien faire, et quelle joie à retrouver le siècle de Voltaire et de Jean-Jacques, enfouis sous ces ruines, le siècle de Racine et de Descartes, de Bossuet et de Condé, de Molière et de Colbert, de Bourdaloue et de Pascal! Ce même palais de Versailles où tous ces

---

[1]. M. Victor Cousin a mieux fait que d'écrire un Salon, il a fait un très-beau livre : *Du Beau et de l'Art*, où il rend toute justice à l'école française. Un des meilleurs critiques de ce temps-ci, M. Vitet, a écrit la vie d'Eustache Lesueur!

grands poëtes avaient rencontré tant de grands peintres, les héros de l'art français : Eustache Lesueur, Le Poussin, Philippe de Champagne, Mignard ! Dans les jardins, tracés par Le Nôtre, à travers cette allée immense qui se perd dans un infini d'eau et de verdure, Puget, Girardon et Coisevox, évoquent pour l'enchantement de ces bosquets, et de ces eaux jaillissantes, tous les dieux de l'Olympe et toutes les déesses des forêts.

C'étaient là des résurrections qui nous trouvaient tous émus et attentifs. C'était là une lutte assidue entre les anciens et les nouveaux artistes à qui conservera ou méritera la louange publique. Hélas ! comptez déjà que de morts parmi ces vivants de tout à l'heure : M. Gérard est mort; M. Gros, qui s'est tué de ses mains à l'heure même où il s'emparait de Versailles, à la suite de son demi-dieu, l'empereur Napoléon; Marilhat, l'émule et le rival heureux de deux paysagistes de *l'Artiste;* Louis Cabat et Jules Dupré; Marilhat l'oriental succombe au désastre de ses sens ; Decamps, l'autre jour, se plaignait de la force qui lui manque, et de ses yeux fatigués à contempler son cousin-germain, le soleil.

Sigalon qui nous apporté de Rome où l'avait envoyé M. Thiers, *Le Jugement dernier* de Michel-Ange, expire au moment où il allait se reposer, enfin ! Lui-même, un Grec, un Athénien, un maître, Pradier, il est mort un jour d'été, frappé par un coup de foudre, après avoir produit *Sapho,* son chef-d'œuvre. O funérailles de ces créatures faites pour charmer les yeux en passant par le cœur, en parlant à l'esprit, et ne dirait-on pas que ce soit la loi universelle, et que véritablement il n'y ait pas d'abri contre l'orage et contre la mort, pour ces êtres à part que l'artiste de là-haut semble mettre au monde afin d'agrandir et d'augmenter les grâces de la vie? Ils disparaissent comme ils sont venus, par hasard, et plus à plaindre que les hommes vulgaires, ils disparaissent avant l'accomplissement de leur tâche, misérablement interrompue par la mort. Quand nous entrions dans cette carrière aventureuse où se sont rencontrés, pêle-mêle ardent et plein de périls, tous les artistes et tous les beaux-arts, dans tous les genres de poésie et d'invention, le poëte à côté du peintre, et le philosophe non loin du sculpteur, pendant que le musicien s'en va, bras dessus, bras dessous, entre le romancier et l'historien, nous les avons vus à l'œuvre, ces pâles enfants de la chose sculptée, chantée, dessinée ou gravée, et maintenant que c'est triste, cette recherche à faire entre tous ces morts!

Parmi les chefs-d'œuvre que fit éclore ce règne excellent, entre la *Stratonice* de M. Ingres et les batailles que livrait Horace Vernet, des murailles de Constantine à la Smala d'Abd-el-Kader, à côté de la Jeanne Grey et du duc de Guise, dans le chœur poétique où la Marguerite de Goethe et d'Ary Scheffer semblait invoquer le *Christ libérateur* de ce même Ary Scheffer, nous nous rappelons avec des adorations, avec des larmes les *Moissonneurs* de Léopold Robert, semblables à une révélation, quand la foule se pressait, ivre de joie, au spectacle de l'Italie illustrée naguère par les plaintes de Silvio Pellico, et les récits de Manzoni.

Les *Moissonneurs* de Léopold Robert, c'était l'Italie et ses triomphes! Les *Pêcheurs* de Léopold Robert, c'était l'Italie et ses souffrances! Infortuné, il est mort comme était mort M. Gros, ce terrible exemple de la mort volontaire : exemple donné par Sautelet et défendu, avec quelle éloquence, vous le savez! par Armand Carrel! (Mettez ce jeune homme sur notre liste funèbre et le placez au premier rang!) Qui donc les a suivis plus tard? Ce nom-là vient tout de suite à votre mémoire attristée... Antonin Moine!

Il était mon compatriote et mon ami. Nous étions nés au bruit des marteaux, au son des enclumes, au bord de ces ruisseaux qui travaillent comme des esclaves, sous un ciel attristé par la fumée errante à travers des nuages sans fin! Il rêvait déjà qu'il était un grand artiste, au moment où je cherchais à peine une voie incertaine à travers les diverses écoles du style français; il appelait à son aide et la toile et le marbre, et le crayon et l'ébauchoir, au moment où j'osais à peine tailler une plume impuissante, et nos deux mères, également tremblantes pour leur fils exilé, s'encourageaient l'une l'autre en se racontant tout bas les quelques biographies des artistes heureux! Antonin Moine! il avait tous les genres de mérite, moins la patience et l'espérance. O l'infortuné! le marbre et le pastel n'avaient pas de secrets pour lui; il commandait au bronze obéissant; les plus beaux visages des belles Parisiennes s'offraient à lui, demandant à son crayon le frais coloris de cette précieuse poussière qu'un souffle emporte, et qui pourtant est plus durable cent fois que notre jeunesse.

Encore un instant, il était riche, il était célèbre, il touchait au but... Oh misère! l'ennui l'a pris, la fatigue est venue avec l'ennui ; il a cessé d'aimer l'art qui le faisait vivre, il a tout oublié, même la jeune femme qui l'aimait tant, même son fils, qui donnait déjà toutes les espérances qu'il a réalisées, et il est mort comme est mort Léopold Robert! Tant c'est un grand crime de donner aux survivants de pareils exemples! M. Gros donne l'exemple à Léopold Robert, Léopold Robert indique le chemin à Antonin Moine. Ils ne savent donc pas, ces impatients, qu'ils sont solidaires celui-ci de celui-là? Pour n'avoir pas résisté à l'entraînement de son désespoir, Nourrit s'est tué en pleine vie, en plein talent, comme il venait d'assister aux grands triomphes de ce grand Meyerbeer, ou plutôt Nourrit est mort de l'ingratitude de Paris, comme si Paris n'avait pas des retours soudains d'enthousiasme et de tendresse! Il brise aujourd'hui avec rage ce qu'il adorait hier avec amour! Il s'emporte, il s'apaise; il siffle, il admire; il traite ses grands artistes comme il a traité ses plus grands rois; puis, quand ils sont morts, il les pleure, il se désole, il porte leur deuil, il se couvre de sa propre douleur, et il ne sait rien de trop grand, de trop beau pour contenir leurs dépouilles mortelles, qu'il s'en va chercher au milieu des flots et des écueils !

Que vois-je encore, au fond de ce nuage mêlé d'auréole? Hélas! ce sont les deux frères Alfred et Tony Johannot, les amis, les compagnons, les serviteurs fidèles, les protecteurs dévoués de nos gloires d'un instant, de nos poëmes d'une heure et de nos romans d'un jour! Ils marchaient, si bien appuyés l'un sur l'autre, à travers le bruit, le mouvement, la mêlée et l'éclat de la bataille lettrée! Ils comprenaient avec une ardeur si fidèle le mouvement, le geste, la parole et l'accent des œuvres qui leur devront, plus tard, tout leur lustre! Ils copiaient avec tant de grâce et d'esprit cette légère et changeante histoire, cette histoire à la Walter Scott confiée à leur palette jumelle! Ils ont rempli de leurs œuvres charmantes nos cabinets d'étude et ce petit musée intérieur que chaque homme intelligent amasse autour de soi, selon son humble fortune, afin d'avoir, en quelque endroit de sa maison, un petit coin éclairé où puisse s'arrêter son regard doucement réjoui et reposé.

Et si j'osais vous placer ici, sur cette liste de grands artistes morts avant l'heure, illustre princesse Marie, ô vous qui fûtes la digne sœur de ces infortunés, vous la mère et la vengeresse de Jeanne d'Arc ressuscitée par vos soins (le plus cruel démenti que Voltaire ait reçu depuis sa mort), avec quelle ardeur je rappellerais votre cher et précieux souvenir; avec quel orgueil je placerais votre image adorée au premier rang de cette liste illustre. Et vous aussi vous avez eu le malheur et le génie en partage, et vous aussi vous avez disparu brusquement de ce monde glorieux qui vous comptait comme son plus rare ornement.

O consolation d'un père admirable! orgueil d'une sainte qui fut votre mère : intelligence, beauté, grâce et bonté, vous aviez un de ces titres rares que les révolutions n'emportent pas avec elles; fille des rois, vous étiez un grand artiste, et les artistes morts et les poètes vivants vous appellent leur sœur, et vous serez une reine pour les artistes à venir!

Nous nous rappelons aussi, dans les nuits d'hiver, quand la musique de Rossini resplendissait de ses limpides et intelligentes clartés, avoir entendu une ombre, un fantôme appelé la Malibran, qui chantait le rôle de Desdémone et tenait une lyre d'or!

Vous pensez que je m'écarte de mon sujet, non pas; seulement je prends le chemin le moins direct, pour revenir à mon prétexte, l'histoire de l'art dramatique. Que diriez-vous d'un opéra sans ouverture, et d'un tableau du Louvre dont le livret ne vous dirait pas la date, l'auteur et le sujet? Quel drame serait, à vos yeux blasés, un drame sans décorations, sans costumes, qui vous jetterait au milieu des choses, *in medias res*, dit l'*Art poétique*, sans avoir pris soin au préalable de vous faire prévenir par Frontin ou par Lisette, de ce que vous allez voir? Eh bien! ces poètes, ces artistes, ces politiques, ces maîtres du monde français en 1830, ils remplissent à merveille, et cet emploi ne les fâchera pas, l'exposition de mon histoire; ils vous expliquent de leur mieux quels furent les spectateurs des drames nouveaux que je vais vous raconter, dans quel lieu se passèrent tous ces drames, sous quelle loi bienveillante, et comment était faite la nation qui applaudissait ou qui sifflait ces tragédies, ces comédies, ces opéras, ces vaudevilles, ces proverbes; si elle aimait à rire ou si elle aimait à pleurer; de quelle passion elle fut agitée; à quelles douleurs elle fut sympathique; combien de temps durait son enthousiasme d'un jour, et combien d'heures sa répulsion éternelle.

Si les spectacles d'un peuple sont les indices de ses mœurs, il n'était pas inutile, en effet, de revenir par la pensée à ces heures qui sont déjà si loin de nous et qui comptent — elles comptent! — parmi les heures que garde l'histoire et qu'elle imprime en gros caractères sur le cadran des siècles. « En politique il faut tenir compte des analogies et surtout des différences, » disait un grand écrivain politique, Armand Carrel; la littérature, est semblable en ceci à la politique; elle tient compte des différences autant que des ressemblances, et si, véritablement vous voulez savoir ce qu'on a vu, ce qu'on a dit, ce qu'on disait il y a vingt ans, vous tiendrez compte des différences et des ressemblances; vous saurez par quel lien direct, le poëte moderne tient au poëtes anciens, quel air de famille ont entre eux Corneille et M. Victor Hugo, Marivaux et M. Scribe, Pindare et M. de Lamartine, Horace et Béranger, Quintilien et M. Villemain, Tacite et M. Guizot. Cette parole est belle d'Armand Carrel, on y retrouve l'homme qui avait foi à la Providence, qui respectait la religion du passé, et qui allait en avant, les yeux attachés sur les débris d'autrefois :

« ..... Les choses, disait encore Armand Carrel, dans leurs con-
« tinuelles et fatales transformations, n'entraînent point avec elles
« toutes les intelligences; elles ne domptent point tous les carac-
« tères avec une égale facilité, elles ne prennent pas même soin
« de tous les intérêts; c'est ce qu'il faut comprendre, avant tout,
« si l'on veut pardonner aux protestations qui s'élèvent en faveur
« du passé. Quand une époque est finie, le moule est brisé, et il
« suffit à la Providence qu'il ne se puisse refaire; mais des débris
« restés à terre il en est quelquefois de beaux à contempler. »

A contempler... ajoutons aussi à *conserver*. Ce fut le plus grand mérite et le grand talent de l'an de grâce 1830 : non-seulement il entourait de ses respects les débris et les ruines, mais encore il relevait tout ce qui pouvait être relevé, il réparait tout ce qui pouvait être réparé; il voulait à la fois, et la tâche était rude, relever l'ordre et sauver la liberté, « deux adversaires qui vivent rarement en paix, disait M. Royer-Collard, car si la liberté tend à l'anarchie qui renverse l'ordre, l'ordre à son tour tend au pouvoir arbitraire qui renverse la liberté. »

# CHAPITRE II

C'est justement dans cette lutte de l'ordre et de l'anarchie, entre les gens qui ne veulent obéir à rien, et ceux qui voudraient tout commander, que le drame moderne a grandi, quelquefois du côté de l'ordre, et le plus souvent du côté de l'anarchie; plus disposé à tout envahir qu'à se maintenir dans les limites naturelles; heureux de vivre, et jaloux de vivre en plein exercice des plus mauvaises et des plus violentes passions. Le moyen, encore une fois, que je dégage mon héros du milieu dans lequel il va naître, et grandir, et mourir? Le moyen, si je me veux mêler aux passions de la multitude, que je ne tienne pas compte de ses joies, de ses douleurs, de ses espérances? Le drame que l'on joue aujourd'hui, il tient par un certain côté, à l'émeute d'hier à la fête d'aujourd'hui; il a je ne sais quel rapport avec le conspirateur, avec les barricades, avec la cour des Pairs? Qui voudrait passer outre et ne s'inquiéter que de son œuvre personnelle, tomberait, tout droit, dans le plus vilain petit abîme et le plus ridicule abîme de ce bas-monde... le trou du souffleur.

Toujours est-il qu'au moment où nous nous plaçons dans la révolution de Juillet, tous les excès inévitables des premières journées se sont peu à peu apaisés ; le bandagiste légitimiste qui a pensé mettre à feu l'église de Saint-Germain-l'Auxerrois, est revenu à ses bandages ; la foule qui s'est ruée, un jour de mardi-gras, contre l'Archevêché et qui l'a mis en pièces, est retournée (heureusement) à ses travaux de chaque jour. Le peuple, heureux un instant de voir ses vieux rois foulés aux pieds des comédiens, a fini par prendre en main la défense de ses vieux rois, et n'a plus voulu de ces insultes publiques qui déshonorent le théâtre et la nation. — Le pontife lui-même est à l'abri de l'injure ; le club (un club unique) est fermé par ordre de la garde nationale ; la garde nationale ne veut pas de ces cavernes ; la rue est calme, le carrefour n'est plus troublé des cris abominables du crieur de pamphlets ; *la Marseillaise* est huée, on n'entend plus aboyer dans les galeries du Palais-Royal toutes sortes d'abominations contre le vieux roi chrétien, Charles X et la vieille et sainte reine M$^{me}$ la Dauphine. « *Achetez les amours de la Dauphine et de l'archevêque de Paris !* » cela se criait dans la rue à l'heure où chaque théâtre imaginait de soulever, à son profit, la pierre des caveaux de Saint-Denis, veufs de leurs rois découronnés par la mort.

Ainsi tout commençait à renaître, à revivre, à grouiller, à germer dans ce chaos fécondé. Le vent tiède enflait la voile moins timide sur cet océan reposé. Si c'est l'esprit, il se montre, on le reconnaît à ses flammes accortes ; si c'est l'élégance, elle reste un peu dans la réserve, mais elle est déjà rassurée ; un peu d'amour aussi, un peu d'élégie, et la jeunesse insouciante qui sort de son trou, pareille à Jean Lapin, trottant parmi le thym et la rosée.

Et chaque jour apportait à la France apaisée une heureuse nouvelle : aujourd'hui on disait que le roi venait d'inaugurer une nouvelle salle aux Tuileries, comparable à la galerie de Diane au château de Fontainebleau, et que de belles Parisiennes avaient dansé, jusqu'au jour, dans la salle des maréchaux ; on disait le lendemain que Vestris et mademoiselle Taglioni (je dis bien : *Vestris*) avaient dansé un pas charmant sur l'air de *la Romanesca* retrouvé par Baillot, ou bien on racontait que M. Villemain, ce roi des beaux esprits de notre âge, avait lu, en quelque belle confi-

dence le discours inédit du *Dictionnaire de l'Académie* qui allait paraître enfin, beau livre digne d'inaugurer ce moment du siècle, et son heure littéraire. Et de même qu'Armand Carrel voulait que l'on tînt compte des différences entre les choses, M. Villemain voulait que l'on tînt compte de l'analogie entre les diverses parties d'un discours, et il célébrait, dans son beau langage, ce fécond rapport des mots et de la pensée : « Au xvii<sup>e</sup> siècle, disait-il, l'analogie
« était la qualité dominante de notre langue, et c'est en grande
« partie la cause du plaisir qu'on trouve à la lecture des bons
« livres de cette époque, de ceux mêmes qui n'ont pas le carac-
« tère éminent du génie, et qui ne peuvent nous préoccuper par
« la nouveauté des idées et des connaissances. Nous y sentons,
« dans le style, dans l'accord des pensées, des expressions, des
« images, une justesse qui satisfait l'esprit. Quand un mérite
« semblable cessa d'appartenir à la langue latine, quand les mots
« effacés et comme usés par le long usage, y perdirent leur sens
« propre, et que l'oubli de leur sens figuré détruisit toute analo-
« gie dans leurs rapports, on put voir, par les auteurs de la déca-
« dence, combien cette langue devint obscure et parfois inintelli-
« gible. L'avenir saura ce que le même défaut de justesse et de
« goût peut faire de notre langue française, autrefois si précise,
« si juste et si claire. »

Chose bien dite et bien pensée ; et c'était un véritable événement, ce dictionnaire de l'Académie, à l'heure de *Jocelyn*, des *Pensées d'Août* et des *Feuilles d'Automne*.

Une autre fois on dansait à l'Opéra, le roi et la reine étaient de la fête, et parmi ces splendeurs, dans ces cris de joie et ces tempêtes d'enthousiasme, on voyait, debout dans leurs loges et qui bénissaient le sultan Philippe, les chefs arabes, étincelants d'or et de soie, le turban à la tête et le sabre au côté. Ils applaudissaient sans bruit, ils saluaient sans transport, regardant ce tourbillon splendide qui s'agitait au-dessous d'eux ! Trois rangs de lustres chargés de bougies étincelaient de mille feux.

Partout du velours, des fleurs, des glaces, sur les escaliers, sur le devant des loges, sur les banquettes, sur le théâtre ; partout de la musique ; l'orchestre de Tolbecque pour les danseurs, se faisait entendre au milieu du foyer tendu d'une soie bleue à franges d'argent ; — sous le péristyle, la musique militaire de la

2ᵉ légion. — Au foyer, s'élevait sur son piédestal de bronze et d'airain le buste du roi Louis-Philippe entouré de drapeaux tricolores ; puis dans le fond, de nombreux buffets chargés de rafraîchissements, puis du haut en bas des femmes brillantes de pierreries, des uniformes riches et variés, russes, allemands, anglais surtout ; — entre autres, lord Codrington, qui fut, avec M. de Rigny, le héros de la bataille de Navarin.

Toujours la même histoire, et toujours le même rêve! A toute révolution le même enthousiasme, et la même page pourrait servir, et quand on vient à se vouloir tout rappeler, dans ce grand drame qui suivit la révolution de juillet, dans ce tumulte où les plus curieux chapitres de notre histoire ne sont qu'un point noir dans l'horizon, une poignée d'Arabes dans le désert, c'est un bruit à ne pas s'entendre, une confusion à ne pas se reconnaître. Figurez-vous que le même jour, à la même heure, on plaçait dans le lieu le plus apparent du jardin des Tuileries, la statue de Spartacus l'esclave, Spartacus le révolté, Spartacus la vengeance, Spartacus un héros, une plaie que l'histoire a chargée d'outrages — une image insultée, un des remords que portait, dans son sein, le peuple de Scipion et de Caton l'Ancien.

Il se tenait debout, sa chaîne brisée et le glaive à la main, cherchant sa place dans ce monde où lui et les siens ils ne laissaient pas plus de traces que la poussière après l'orage, — et cependant sur les hauteurs de la colonne réjouie, au sommet de ce bronze où régnait naguère l'empereur, et dont la glorieuse statue avait été arrachée, ô honte! par le concours odieux des Cosaques, des Autrichiens et du peuple de Paris attelés à la même injustice, on voyait, semblable à l'étoile qui monte, quand vient le soir, monter le nouveau bronze consacré à l'empereur. Ce n'était plus, cette fois, sur les hauteurs impérissables l'empereur passager des Tuileries inconstantes, c'était le soldat éternel ; ce n'était plus le manteau troué qu'avaient abandonné, comme une ruche enfumée, les abeilles amies du butin, c'était la redingote grise ; il n'avait plus sa couronne éphémère, il portait le chapeau de ses batailles ; plus de sceptre, il avait son épée ; plus de fantôme... la réalité vivante ! — Et, comble de fortune et d'honneurs ! quand le roi de juillet, le roi de ces monuments sauvés, le roi de cet arc de triomphe achevé, s'en allait pour couronner un monument ou pour en commencer un nouveau, il entendait retentir à son oreille charmée ces paroles reconnaissantes :

« Sire, il y a du pain et du travail dans toutes les chaumières;
« nos champs sont récoltés, nos greniers sont remplis. »

Et telle était cette passion d'achever tout ce qui était commencé, de sauver toutes les ruines, d'utiliser tous les débris, d'employer toutes les forces et d'encourager toutes les intelligences, que l'on se disait, chaque matin, en s'abordant : Vous savez bien, monsieur un tel, ce grand farceur, ce grand buveur, qui a tant d'esprit, qui est si gai, qui est le boute-en-train de la ville et des faubourgs, monsieur un tel... le jeune un tel... là, qui a fait tant de bruit et de folies... le roi en a fait un préfet ! Et celui-là qui était le maître absolu des élégances parisiennes, ce beau gentilhomme de vingt-cinq ans, le Lauzun de ce siècle, fameux par le total de ses dépenses et le nombre de ses amours, le don Juan blond qui donnait le ton à la jeunesse dorée... sa majesté en a fait un ambassadeur... *Rex erat Æneas nobis.*

A ces étranges nouvelles d'une nouveauté si hardie, il y avait des incrédules qui riaient ; il y avait des gens austères qui se fâchaient. — Le roi s'en repentira, disaient les prévoyants. — Le roi est juste, il fait bien de savoir ce que peut contenir la jeunesse oisive du royaume confié à sa garde, répondaient les autres, du moins peut-il compter sur la reconnaissance de ce préfet et de cet ambassadeur sauvés par lui... Ces *autres* avaient raison à demi. Quand vinrent les mauvais jours, et qu'il fallut opter entre ceci : n'être rien, ou bien être un ingrat, il y en eut un, sur les deux, qui resta fidèle au serment qu'il avait prêté au roi qui l'avait adopté, et celui-là, le fidèle et le dévoué, je le dis à la honte du bourgeois, ce fut le grand seigneur !

Que dis-je ? Au fond même de l'abîme saint-simonien, à l'heure où Ménilmontant, qui est pourtant une assez haute montagne, se trouva, par la misère des temps au niveau de la police correctionnelle ; dans ce tas d'apôtres dégradés par la main de la banqueroute menaçante, entre le père, le fils et le saint-esprit de ce dieu nouveau et vaincu, la bonté royale ne dédaigna pas de choisir les esprits et les intelligences dont la France pouvait encore tirer quelque parti, et la chose était d'autant plus hardie et inattendue, que le grand-prêtre Enfantin lui-même, n'avait rien cédé de ses prétentions à la divinité.

« Qu'il me soit permis, disait-il, de me féliciter d'avoir été con-
« duit devant la cour d'assises précisément le lundi de Pâques,
« quatre jours après le dix-huit centième anniversaire de la mort
« de Jésus-Christ. J'en tirerai l'occasion de proclamer ma foi et
« de persister dans mes doctrines, sur ce que nous appelons la *re-*
« *ligion de la mère.* Le dieu des saint-simoniens a deux natures :
« il est homme et femme, père et mère ; ceux qui communient
« avec lui professent la religion de l'amour céleste. J'avoue que
« ces idées doivent paraître étranges à MM. les jurés et dépasser
« leur portée, attendu qu'ils ne vivent pas dans la même sphère
« que les saint-simoniens ; c'est pourquoi MES ENFANTS sont partis
« pour l'Orient, afin d'y répandre ces doctrines. »

Sur ce mot, *la religion de la mère*, il y eut un demi-dieu de l'auditoire qui fit tout de suite une religion du *père et de la mère*, d'où il prit le titre de *Ma-Pa*, des deux premières syllabes de *papa* et *maman*. On les laissait faire. Celui-là se faisait dieu qui voulait être dieu. Celui-là s'agitait qui vivait d'agitations. Le philosophe se reposait qui songeait que pour lui l'heure du repos était venue. — « *Cum Musis nos delectamus animo æquo,* disait Cicéron ; — *cupio totus, omni cura philosophein.* — L'ambitieux, devenu sage, et qui voyait la vanité de l'ambition, se retirait de la lutte immense. *Quæ putavi præclara expertus sum quam inania*[1] *!* » De leur côté, les jeunes, les ardents, les impatients, sonnaient la charge en soufflant de toutes leurs forces et d'un poumon généreux, dans de grandes trompettes de bronze qui faisaient un bruit à ne pas s'entendre. — Paris, ce Paris de

---

[1]. « Le gouvernement actuel, écrivait M. de Chateaubriand en 1831, me
« protége comme un étranger paisible ; je dois à ses lois reconnaissance et
« soumission tant que j'habite sur le sol où il me permet de respirer. Indé-
« pendamment de ce que les conspirations ont en elles-mêmes d'immoral,
« de coupable et de criminel, elles ont toujours été absurdes en France ;
« elles le seraient bien davantage à l'époque où nous vivons..... Qu'il existe
« parmi les carlistes, comme cela arrive dans tous les partis, quelques
« hommes dont les yeux enténébrés ne voient jamais les choses telles que
« les siècles les ont faites, cela peut être. Mais, Dieu nous préserve de l'in-
« tervention de ces hommes ! »

tant de gens, de tant de choses, de tant et tant de passions, de déceptions et d'espérances :

>............ Cette infernale cuve,
> Cette fosse de pierre aux immenses contours
> Qu'une eau jaune et terreuse enferme à triples tours ;
> C'est un volcan fumeux et toujours en haleine
> Qui remue à longs flots de la matière humaine.
> ............................
> ............................
> Là personne ne dort, là toujours le cerveau
> Travaille, et comme l'arc tend son rude cordeau.

Et toujours et sans fin sur le bord de cette cuve en ébullition cette chasse à courre dont il est parlé dans une fable de l'Orient :

Il y avait une fois un chien fée qui avait le don d'attraper tous les animaux sur lesquels il était lancé : il y avait aussi un lièvre fée qui avait le don de ne jamais être attrapé. Un jour le chien fée fut lancé sur le lièvre fée : qui l'emporta des deux ? Le chien attrapa-t-il le lièvre ? le lièvre échappa-t-il au chien ? Pendant longtemps ils coururent, dit le conte ; puis enfin ils prirent le parti d'aller tranquillement l'un à côté de l'autre.

Que vous en semble ? le chien qui attrape tout, c'est la liberté ; le lièvre qui n'est jamais attrapé, c'est le despotisme. Eh, s'ils pouvaient toujours aller côte à côte et sans se presser, le lièvre à côté du chien, le chien à côté du lièvre, la belle histoire que ce conte ferait là !

Le moment dont je parle, cette minute de 1839, est tout semblable à cette grotte que découvrit en se jouant un jeune pêcheur de Caprée, aux pieds même du rocher habité par Tibère. L'onde montait, le vent était vif, le ciel était voilé ; tout à coup le jeune homme plonge, et l'instant d'après il se trouve à la surface d'un lac, sous des voûtes d'azur. La voûte c'était le rocher, le lac c'était le miroir où se reflète, en passant à travers le flot d'argent, la douce lumière de ce beau ciel.

Je me rappelle, en ce moment (temps heureux où l'air circulait librement dans nos jeunes poitrines !) ces choses-là comme si elles étaient d'hier. Je les revois, ces jeunes gens qui sortaient de tous les côtés nouveaux, mystérieux, de la poésie et de la politique, afin de prendre leur part de cet univers inconnu. Je les entends ces voix vaillantes qui proclamaient toutes sortes de vérités oubliées. Elles sont à l'œuvre ces plumes habiles taillées pour le sarcasme et pour le raisonnement, pour l'ironie et pour le conseil.

En ces temps fabuleux, tout vivait, et combattait; tout agissait, tout espérait, tout rêvait. Ceux-là mouraient qui n'avaient plus de tâche et plus d'espérance ici-bas; ils mouraient désespérés de ne pas assister à l'enfantement de tant d'œuvres et de tant d'aventures que le genre humain pressentait en germe. Ils mouraient, ils faisaient bien de mourir, le monde ne voulait plus des moribonds; ils n'étaient plus nécessaires à rien dans ce mouvement sympathique des faits et des idées. Qu'ils fussent vieux avant l'âge, ou qu'ils fussent en effet accablés sous le poids des années, ces braves gens déblayaient, par leur mort, le chemin frayé des lettres, de la philosophie et de la politique; — tout au moins leur savait-on gré de s'en aller au bon moment du spectacle, au moment où la toile va se lever pour laisser l'espace au drame nouveau. Mourez donc et que ça finisse, esprits qui avez dit votre dernier mot. Ainsi on s'expliquait avec peu de cérémonie avec ces funérailles.

La jeunesse, ah! la jeunesse, elle a la pitié de son âge, c'est-à-dire qu'elle est sans pitié. Elle ne sait rien, et le peu qu'elle sait aussitôt elle l'oublie. Elle n'a pas plus tôt rencontré un vieillard: à bas, dit-elle, le vieillard! Il s'appellerait Christophe Colomb, Homère, Dante, ou M. de Chateaubriand, à bas le vieillard! M. de Chateaubriand le savait bien, en dépit de son ovation à bras nus le 30 juillet 1830; il le savait, et il avait beau sourire à la jeunesse, il ne lui pardonnait guère son mot d'ordre : « à bas tout le monde, et vive moi, le moi qui a vingt ans! »

Le premier qui disparut de l'arène après juillet, ce fut un des talents les plus faux, les plus vantés et les plus surfaits du vieux monde politique; un mauvais rhéteur allemand, un brochurier, un improvisateur qui écrivait ses impressions à tête reposée, un philosophe à la suite, un méchant écrivain, journaliste manqué, un faux homme de lettres en un mot, ce qui est la pire injure que puisse dire un homme, ami des lettres, Benjamin Constant, puisqu'il faut l'appeler par son nom. Il mourut, le pauvre hère, au moment où il allait commettre envers le nouveau pouvoir, de nouvelles lâchetés. C'est dommage, il eût complété ce jour-là, ce maître jour de la mort, toutes ses palinodies. C'est ce même Benjamin Constant, panégyriste du 18 fructidor, qui avait insulté l'empereur Napoléon, au moment où l'empereur brise ses fers.

« Quel peuple, disait-il, serait plus digne que nous de mépris, « si nous lui tendions les bras? Nous deviendrions la risée de « l'Europe après en avoir été la terreur; nous reprendrions un « maître que nous avons couvert d'opprobre; du fond de notre « abjection profonde, que dirions-nous à notre roi ?..... Et pour- « tant il reparait sur notre territoire cet homme teint de notre « sang et poursuivi naguère par nos malédictions unanimes; il « se montre, il menace, et ni les serments ne nous retiennent, ni « la vieillesse ne nous frappe de respect... Parisiens, non, tel ne « sera pas votre langage; tel ne sera pas du moins le mien ! « *Je n'irai pas, misérable transfuge, me traîner d'un pou-* « *voir à l'autre, couvrir l'infamie par le sophisme, et bal-* « *butier des mots profanes pour racheter une vie honteuse!* »

Il parlait ainsi le 1ᵉʳ mars 1815; à la fin de ce même mois de mars de la même année, il mendiait, de ce même empereur, une place de conseiller d'État; la place lui fut accordée à l'instant même..... et l'on dit que l'empereur n'était pas cruel envers ses ennemis!

Ainsi il mourut, en cachette, honteusement, entre ses deux gardes-malades : l'oubli et le dédain. Cet homme était un des caprices de cette popularité menteuse que donnait l'opposition, et dont elle se servait pour les besoins de sa cause. Il tenait à cette race de charlatans qui règnent dans certains salons où ils s'imposent par leurs passions et par leurs complaisances. Qui donc aujourd'hui voudrait relire une seule des brochures, un seul des discours, un seul des livres de ce grand homme? Heureusement il a laissé un petit conte, *Adolphe*, qui fera vivre le nom de Benjamin Constant aussi longtemps que le *mariage libre*, comme on dit, résistera au vrai mariage, au mariage absolu ! Certes, quand il écrivait les misères de ces commerces honteux, quand il épouvantait les âmes les moins timorées du récit de ces mariages saint-simoniens, quand il disait la risée et les huées universelles à propos de cette clandestinité patente des unions misérables, il fallait que M. Benjamin Constant fût cruellement rempli de son sujet.

A peine mort (c'était l'heure *dramatique* où le théâtre, abandonné à toutes ses fantaisies, faisait battre en duel la comtesse Platen et le maréchal Diébitsch, jetait Catherine II aux genoux de Potemkin, nous montrait Mallet détrônant l'empereur, les frères Faucher sous la main du juge implacable, les quatre sergents de la Rochelle sur l'échafaud, et Joachim Murat fusillé dans ce royaume qui fut son royaume), on vit tout de suite surgir un vaudeville intitulé, le dirait-on ? *Benjamin Constant aux Champs-Élysées !* Dans ce vaudeville on voyait, semblables aux figures de Curtius, Benjamin Constant, Foy et Manuel dans la personne auguste de trois comédiens : MM. Allerme, Cudol et Cuillier.

« Oh ! mes amis, » disait Étienne Béquet à l'occasion de cette étrange apothéose, « oh ! mes amis, ne mourons que le moins pos-
« sible, quand nous serions certains d'aller droit aux Champs-
« Élysées : hier on y gelait ; les danseuses n'étaient pas fort jo-
« lies, et les chanteurs détonnaient horriblement. Et puis que
« sera-ce de nous, hommes vulgaires, si les grands hommes chan-
« gent tellement à leur désavantage ? Ainsi vous vous rappelez
« tous ce bon Talma, sa noble et gracieuse figure. Eh bien ! depuis
« qu'il est mort, ce n'est plus qu'un bon bourgeois, aux manières
« communes et empruntées, qui salue avec gaucherie quand on
« lui fait un compliment. M^me de Staël, au contraire, est peut-
« être plus jolie que de son vivant, mais elle a perdu les agré-
« ments de cette conversation si animée, si pittoresque ; lorsqu'elle
« a décliné le substantif liberté, elle est au bout de ses idées.
« Talma lui reproche de n'avoir pas aimé l'Empereur, elle ne
« sait que répondre. Ici-bas elle était moins embarrassée ; quand
« elle entamait le chapitre des ennuis d'Auxerre, des persécutions
« en Suisse, des tracasseries en Autriche, son éloquence ne taris-
« sait pas. Pour Manuel et le général Foy, ils ne disent presque
« rien ; ils ont l'air de s'ennuyer comme des morts ; à la vérité,
« il n'y a guère de quoi rire dans ce qu'ils voient et ce qu'ils en-
« tendent. Picard seul a conservé quelque gaieté, son humeur
« galante ne l'a point abandonné : il presse assez vivement M^me de
« Staël ; mais elle le remet bien à sa place ; c'est une justice que
« vous leur rendrez avec moi. »

Les funérailles qui suivirent ou précédèrent celles de Benjamin

Constant (à quoi bon tenir de pareils registres?) n'ont guère laissé plus de souvenirs dans la mémoire de cette génération : je veux parler de cette femme errante, de cette muse à pied, de cette tricoteuse de romans et de belles éducations, madame la comtesse de Genlis. On la croyait morte depuis cent ans, elle n'était pas morte ; elle râlait encore dans la boutique du libraire Ladvocat, cette pédante qui fut un des scandales des dernières années scandaleuses ; paradoxe en jupons, un des jouets de la philosophie et du bon plaisir de feu M. le duc d'Orléans. Le prince, en cet état de révolte ouverte où il s'était mis avec tous les usages reçus, avait trouvé qu'il ferait une bonne farce au roi de France, s'il abandonnait l'éducation de ses enfants à cette femme compromise, et tous ses enfants, les princes et la princesse, il les avait livrés à la petite Genlis qui jouait de la harpe et qui faisait également bien des châteaux en Espagne, des constitutions, des traités d'éducation, des cantiques et des chansons.

Cette femme avait refait trois choses qu'il ne fallait pas refaire absolument : l'*Émile*, l'*Encyclopédie* et le *Contrat social*. Elle eût refait au besoin la *Henriade* et la *Pucelle*; on lui doit cette idée admirable d'un *théâtre d'éducation*, car on pensait en ce temps-là que le théâtre pouvait élever quelqu'un ou corriger quelque chose. Fi! la pédante ; ah! le doigt taché d'encre, l'éventail en férule, et quelle plus abominable odeur de vieille encre et de musc éventé ?

Cependant au premiers jours du règne, ce fantôme en robe feuille morte, avait encore accès au Palais-Royal. Elle était encore la bienvenue pour ce prince sérieux qui l'avait appelée autrefois : *maman!* La sœur du roi avait des déférences pour cette Alecto des belles-lettres, et plus d'une fois les petits princes, enfants sans volonté, se virent forcés d'embrasser le museau de cette barbouillée de tabac. Cette femme en ce lieu choisi d'urbanité, d'élégance, de libéralisme et de politesse, m'a toujours semblé le meilleur témoignage qu'on pût rencontrer de la bourgeoisie attentive et reconnaissante de M. le duc d'Orléans devenu roi. Comme aussi cette femme était une grande preuve de cette intelligence qui ne s'était pas faussée à cette école, et de ce beau naturel que ni l'exemple ni le conseil de cette amphibie n'avaient pas pu gâter. On l'appelait encore *maman Genlis*, et cette vieille femme bavarde, indigente par sa faute et ruinée à triple couture, en était réduite à faire une concurrence honteuse à la *Contemporaine* qui était sa contemporaine.

A la fin tout finit, même l'écriture de ces sempiternelles. Elle finit donc et rendit, dans un asthme suprême, cette âme éventée et cet esprit de bois blanc, bons à faire des commérages et des manches de couteaux à ouvrir des huîtres. Sur le tombeau de cette infante, au *Mont-Valérien*, dans un cimetière de luxe et de rencontre sur lequel spéculaient les jésuites de ce temps-là, et que le génie a couvert d'une forteresse imprenable, elle fut enterrée en toute cérémonie ; même un des assistants, un faiseur de vers latins nommé Nicolaus Eligius Lemaire, homme fameux pour avoir étouffé Virgile, Horace et Cicéron sous le poids de ses commentaires, prononça cette jolie et élégante sentence sur le tombeau de madame de Genlis : « Nous ne ferons pas l'éloge de « madame la comtesse de Genlis, son plus bel éloge est sur le « trône ! » On ne dit pas que M. le procureur général ait poursuivi, pour diffamation, Nicolaus Eligius.

Mourut ensuite un autre faiseur de *Mémoires*, un contemporain qui était le pendant de *la Contemporaine*, un des plus malheureux caprices de S. M. l'Empereur et Roi, M. Fauvelet de Bourrienne. Il avait été longtemps le secrétaire de l'Empereur, et plus il avait vécu tout proche et tout voisin de ce géant, et plus son esprit était resté troublé de la contemplation surhumaine de cette intelligence, et de ses fabuleuses grandeurs. Pendant vingt ans, M. de Bourrienne avait suivi l'Empereur à la trace, et Dieu sait s'il s'était fatigué à marcher entre deux nuages, dans le sillon lumineux. Il avait tout vu sans rien voir, tout écouté sans rien entendre, et tout entendu sans rien comprendre. Il avait été la main de cette pensée et la plume de ce style, et rien que la plume et rien que la main. Il avait écrit sous la dictée impériale, tous ces ordres de vie et de mort, de fortunes sans nom, de disgrâces sans fin, sans que jamais un seul cri de l'homme qui tenait la plume impériale... un cri, une larme, une pitié, un sourire, ait pu faire imaginer, à l'homme qui dictait, qu'un homme véritable, un chrétien, un civilisé, un homme fait à l'image de Dieu... et même de l'Empereur, était penché sous sa parole ardente, et que cette parole qui commandait au monde, pût traverser l'âme du secrétaire intime en passant par son oreille. M. de Bourrienne avait été une machine inerte entre les mains de l'Empereur : tantôt le glaive qui tue, et tantôt le sceptre qui sauve ; aujourd'hui le soldat qui d'un geste pousse en avant dix armées, et demain le politique qui pèse en sa sagesse et en sa prudence, la moindre parole échappée à sa lèvre indécise. Ainsi le malheureux Bourrienne avait vu l'éclair, il avait vu la foudre, il avait été l'écho de Jupiter tonnant, et quand le dieu était tombé de la cime, le commis était resté le front dans la poussière... on l'avait relevé balbutiant les *Commentaires de César*.

Mais on l'avait relevé fou ; il était comme un homme qui a fait un rêve terrible, un long rêve, parmi les ronces et les gloires, l'auréole au front, le sceptre à la main, et des sabots à ses pieds. Il rêve encore à demi réveillé. En vain le veut-on réveiller tout à fait et le rappeler à la vie et aux sentiments vulgaires de chaque jour, le malheureux ne veut pas se réveiller, il ferme les yeux et il *rêve le reste* de ce rêve infini. Il mourut à Caen dans un hôpital, en pleine ruine de sa fortune, en plein désastre de ses sens, ivre encore et doublement ivre pour avoir touché à la coupe de ces félicités surnaturelles. Pour avoir regardé au fond de ces abîmes, il mourut frappé de vertige. — Le roi Louis XVIII et le roi Charles X, en avaient fait, par pitié, un agent diplomatique on ne sait où !

Dans un autre hôpital, chargé de misère, et dans un lit payé par la charité étrangère, à l'hôpital de New-York, mourut, sur l'entrefaite, un mendiant français qui rapportait sa besace du fond même du Mexique ; il s'appelait, ce mendiant exténué qui ne peut pas aller plus loin, Louis-Joseph Marmontel ; il était le fils, ô misère ! de Jean-François Marmontel, historiographe de France, secrétaire perpétuel de l'Académie Française ; il était né, ce porte-besace, à Paris, le 20 janvier 1789, il avait eu pour son parrain, monseigneur le duc d'Orléans, mort sur l'échafaud ; il avait eu madame la duchesse de Bourbon, la vertu même, pour sa marraine.

Certes, quand le premier prince du sang et quand la première dame du monde français, après la reine, tenaient sur les fonts baptismaux le fils de tant de contes moraux et de tant de tragédies, ils ne pensaient pas, ce parrain et cette marraine, qu'ils faisaient un si complet renoncement aux pompes de Satan.

L'hôpital, un lit d'hôpital au fils de Marmontel ! C'était bien la peine de chercher ces grands remparts à cet enfant de ses amours ; c'était bien la peine d'avoir été célèbre un instant, d'avoir commandé en maître absolu à mademoiselle Clairon, d'avoir été à la mode au milieu de ce Paris du roi Louis XV, où il était si difficile de se faire une place d'un jour ! Marmontel le père de ce mort à l'hôpital de New-Yorck, est enseveli dans un carré de choux, ornement d'un petit jardin normand, non loin de Gaillon ; j'ai vu sa tombe : une tombe à côté du *vide-bouteille* de la maison. Un marbre noir la recouvre où brillaient, ô vanité de la renommée, une suite de titres fameux, en lettres d'or.

Le vent a soufflé sur la pierre et l'a ternie ; il a soufflé sur l'inscription, il l'a effacée ; et la ronce et l'oubli ; le tracas de ce petit manoir où cette tombe est un embarras et une dépense, car elle tient la place d'une salade chaque année ; et l'enfant dont la célébrité commence à New-York, après avoir servi à la dissection des Dupuytren de là-bas. Voilà la vie et la mort, la fortune et la misère des lettres ! Il avait encore, en son portefeuille, quelques vers inédits de sa muse en haillons, ce malheureux Louis-Joseph Marmontel de Bourbon.

Soyez donc le plus beau poëte de votre époque ; arrivez en pleine fête et prenez votre belle part des plus belles passions de la vie et de la gloire ; inquiétez de vos fortunes heureuses les Lauzun du grand faubourg ; faites envie aux plus jeunes et aux plus jaloux seigneurs de la cour ; tenez la ville attentive à vos tragédies ; que Voltaire vous appelle son fils, et que Diderot vous appelle son frère ; amusez et pervertissez à plaisir tant d'imaginations vagabondes, tenez sous vos lois l'Académie et le *Mercure de France*, assistez aux batailles de la philosophie, et prenez votre part de ces triomphes ; faites peur aux princes — que la favorite, à son petit lever, songe à achever le conte de sa veillée, et que pour vous lire à son bel aise, elle fasse attendre, en son antichambre, l'archevêque, le cordon bleu, le maréchal de France, l'espion de police, le philosophe, la princesse et le duc et pair...

Soyez la terreur, le scandale et l'ennemi de la Sorbonne ; ayez donc votre logement dans un des coins de la Bastille croulante, non loin du mur où furent charbonnés les premiers vers de la *Henriade* ; écrivez, écrivez le fameux chapitre de *Bélisaire* « sans lequel, disait Voltaire, le xviiiᵉ siècle était dans la boue. » Allons, courage, et quand vous aurez épuisé la coupe brûlante où tant de princes du sang, tant de princes de l'Église et tant de courtisanes auront porté leur lèvre honteuse ; quand vous aurez dicté à vos enfants, étonnés de la nudité de leur père, les chapitres les moins corrects de votre biographie abandonnée à tous les jeux de l'amour et du hasard, et quand enfin, à soixante ans, vous aurez épousé par amour, et vous épousant par amour, une aimable fille de seize ans, dans toute la grâce printanière et dans tout l'éclat du mois de mai...

Alors, un jour, après une révolution politique qui aura brisé votre piédestal, et après une révolution littéraire qui aura mis au néant vos œuvres complètes, et vous aura placé, tout simplement un peu plus bas que Florian, entre l'abbé de La Porte et Palissot, vous mourrez inconnu dans ces champs de navets, et votre enfant, l'enfant de cette femme adorée, après avoir tendu la main aux philosophes des deux mondes, s'en ira mourir, sur un lit d'hôpital, à trois mille lieues du tombeau paternel !

Nous avons vu, dans ces heures singulières où tout finit, où tout commence, mourir un poëte, un contemporain qui avait fait, chose étrange, le croiriez-vous, races futures ? un poëme épique, un vrai poëme épique en vers alexandrins, avec toutes les conditions exigées depuis l'*Iliade*, de réunir une action *grande, une, entière, merveilleuse,* et *d'une certaine durée ;* une vraie épopée, et du genre *pathétique,* — une morale *sublime, noble* et *universelle,* avec l'accompagnement obligé d'épisodes, de descriptions, de *songes* dont l'action et les acteurs étaient choisis justement dans l'histoire de notre pays.

*Philippe-Auguste* était le titre du poëme épique, *Parceval-Grandmaison* était le nom du poëte épique, et très-naïvement, ce bon monsieur Parceval-Grandmaison, se plaçait parmi les successeurs d'Homère et de Virgile ; il disait : *nous autres,* en parlant du Tasse et de Milton ; il ne jurait que par l'*Iliade* et par l'*Énéide ;* quant à songer à la *Henriade,* il n'y songeait guère que pour dire, à qui voulait l'entendre, que la *Henriade* était un poëme manqué. On dit que les fous ne se parlent jamais entre eux, ainsi font les poëmes épiques modernes, c'est toujours le dernier poëme qui doit être le bon et le vrai poëme épique, les autres poëmes ne sont que des histoires rimées, les autres faiseurs d'épopées ne sont que des charlatans.

Cependant quand il mourut, cet Homère d'un âge sans pitié, on ne s'apperçut pas d'une grande lamentation sur la terre et d'un grand changement dans les cieux. Le monde roula comme à l'ordinaire, dans son cercle prévu, et ce poëte *épique*, entendez-vous, *épique?* disparut comme un autre homme. Je l'ai vu, il était grand, un peu voûté, la tête affaissée et la démarche languissante ; il était bon, affable et dédaigneux. Je ne suis pas bien sûr qu'il ait su, avant de mourir, comment se prononce et s'écrit le nom de M. Victor Hugo. Victor Hujo, Victor Hugot ! autant de bonnes plaisanteries de nos seigneurs de l'Académie, en ce temps-là. — Monsieur, disait M. Royer-Collard à M. Hugo, à mon âge on ne lit pas, on relit. Et il relisait sans doute les œuvres de J.-B. Rousseau, pour ne pas lire les *Odes et Ballades ;* il relisait les *Réflexions* de l'abbé d'Aubignac, pour ne pas étudier la préface de *Cromwell !*

Un autre phénomène dans son genre, un de ces poëtes conservés dans un bocal d'esprit-de-vin, M. Andrieux, avait disparu de ce monde un peu avant le faiseur de poëme épique, M. Parceval. Qui n'a pas vu et qui n'a pas entendu M. Andrieux, dans sa chaire au collége de France, ne saura jamais quel était cet enseignement taquin, étriqué, à voix basse, et contrefait d'après M. de La Harpe et ses leçons du Lycée, auquel s'abandonnaient une centaine d'auditeurs des deux sexes. Figurez-vous une rhétorique rasant le sol et l'enseignement des demoiselles ; un fatras chiffonné de petits paradoxes vernissés que le bonhomme faisait servir, depuis une trentaine d'années, et qu'il mettait à toute sauce.

Il était laid à faire peur, regardez plutôt sa figure de grenouille en marbre taché de noir, au foyer du Théâtre-Français, et si laid avec de petits yeux éteints, une voix (si l'on peut appeler cela une voix) éteinte, et de petits gestes qui couraient, l'un après l'autre à la façon d'un enfant qui veut un jouet... Ce jouet qu'il voulait, le bonhomme Andrieux, c'était l'applaudissement de son auditoire, l'enthousiasme de ces messieurs et l'admiration de ces dames ! Ces messieurs n'étaient rien moins que des rhétoriciens qui savaient Lebatteux par cœur ; ces dames étaient, pour le moins, des aspirantes sous-maîtresses à la pension de madame d'Aubrée ; une de ces dames, la plus savante, en chapeau jaune comme son visage, avait nom *madame Azote*, on avait surnommé l'autre *madame Potasse*; et tout cela roucoulait, souriait, applaudissait du bonnet, que c'était une bénédiction, pendant que dans la Sorbonne épouvantée et charmée, entre les statues de Pascal et de Bossuet, les trois maîtres professeurs de cette époque éloquente, M. Cousin, M. Villemain, M. Guizot, s'abandonnaient volontiers à l'inspiration qui les poussait : éclat, véhémence et bon sens !

Celui-ci racontait à la façon d'un poëte les histoires des diverses philosophies, et il choisissait les plus beaux fruits dans le panier de Condillac et de Pascal, de Dugald Stewart et de Platon. « Non, disait-il, et Dieu sait si nous nous trouvions enchantés de la démonstration, nous n'avons pas été battus à Waterloo. » Celui-là, — le maître des maîtres, l'enchanteur public des esprits et des âmes, éloquence à toute épreuve, esprit, intérêt et charme, — racontait les diverses émotions de son cœur à travers les grands siècles des belles-lettres françaises. Il allait, sans reproche et sans peur, de François I<sup>er</sup> à Louis XIV, de madame de Sévigné à mademoiselle de Lespinasse, de La Fontaine à Voltaire, et de Pascal à Diderot. C'était comme une révélation à côté de cette autre révélation de M. Guizot dans la chaire d'histoire, expliquant ce grand, terrible et inquiétant problème de la civilisation, disant où elle commence, indiquant où il faut qu'elle s'arrête. O les heures fécondes ! O les passions contenues ! O les rumeurs vivantes de nos libertés à venir ! Jamais rencontre pareille d'esprits si divers et si charmants, d'éloquence plus entraînante unie à plus de bon sens, de respect pour le passé et d'espérances pour l'avenir, ne se rencontrera dans un champ de bataille plus semé de progrès, de dangers et de révoltes, — et tout ce drame, à trois ans de 1830, à vingt pas de votre tombe, illustre et terrible cardinal de Richelieu !

Dans ces grands bruits de la Sorbonne, s'effaça bien vite la parole de M. Andrieux, et pourtant le souvenir de M. Andrieux nous est resté, dans ces bruits de l'école, comme l'imperceptible passage de ces infiniment petites choses semblables aux moucherons de l'été, nageant dans un rayon de soleil. C'est bien le soleil qui flamboie et le moucheron qui tournoie. On plaint le moucheron, on marche au soleil. M. Andrieux était trop heureux de son art, et trop content de lui-même, pour s'apercevoir du bruit que faisaient ces trois grandes paroles qui jetaient leur affranchissement d'une lieue ; il s'était arrangé une chaire à son usage, un écho à sa taille et il n'en savait pas davantage. Qu'il eût autour de lui des professeurs applaudis, écoutés et tout puissants, il n'en savait rien, il n'en voulait rien savoir, il n'était pas M. Villemain, il n'était pas M. Guizot, il n'était pas M. Cousin, il était M. Andrieux. C'était assez ; que dis-je ? eh, c'était beaucoup. Il ne savait rien de mieux et rien de plus.

De temps à autre il présentait au théâtre quelque vieille comédie à l'ancienne marque, et de cette chose énorme il chargeait mademoiselle Mars. Même il a fait jouer une tragédie intitulée *Brutus*, en nous disant tout bas à l'oreille que son *Brutus avait fait peur à la censure de la Restauration;* par ce moyen il espérait unir la palme du martyre aux couronnes de la poésie. Il était ambitieux ce petit homme, et il était resté ambitieux à l'heure même du tombeau.

Linquenda tellus et domus et placens...

C'est pourquoi ça ne lui coûtait rien d'accuser le gouvernement et la royauté qui lui avait fait ces loisirs.

Ce dernier des Romains en comédie, en tragédie, en rhétorique, eut l'honneur inespéré d'avoir pour écrire et prononcer son panégyrique, en pleine Académie française, M. Thiers en personne; oui, M. Thiers..... et de toute les fonctions de l'Académie, il y en a peu qui nous semblent plus étranges que celle-ci : M. Thiers dissertant de M. Andrieux, et faisant semblant d'avoir lu et médité *les Étourdis !*

Ainsi (voilà M. Hugo qui va paraître), le dernier poëte épique et le dernier héritier de Colin d'Harleville et de Picard disparaissent en un clin d'œil, emportant leur poétique avec eux. C'était déjà autant de gagné pour l'accomplissement des révolutions littéraires qui allaient bientôt s'accomplir.

Et déjà les Césars dans l'Élysée errants!

En voici encore un cependant, qu'il nous faut enterrer, et qui sera, s'il vous plaît, le dernier de nos morts, car à travers ces petits tombeaux que le temps n'a pas respectés. c'est au poëte le plus vivace et le plus vivant de notre âge que nous tendons.

Dame! il faut bien en convenir, il n'a pas fait de poëme épique, il n'a pas fait de tragédie ou de comédie, il n'a pas encore eu de louange funèbre ce digne monsieur de la Mésangère que le *dieu du goût* accompagne à son tombeau fanfreluché de prose et de vers. Il est mort, il est mort, couché sur les feuilles desséchées des roses de juillet, ce brave monsieur de La Mésangère, une tête shakspearienne entre deux ailes de pigeon poudrées à frimas! Il est mort en son par-dedans, sans secousse et sans bruit, ce tyran de la mode et ce héros de l'étiquette; un homme à qui la fantaisie obéissait dans ce qu'elle a de plus variable et de plus changeant! La veille encore il commandait en tyran à la soie, au velours, aux satins, aux rubans, aux plus belles couleurs. Pas un pli à cette étoffe et pas une plume à ces chapeaux, sans la permission de ce grand homme. Il était plus absolu mille fois, et plus obéi dans ses domaines, que l'empereur Napoléon dans ses royaumes; quiconque n'était pas dans les limites que M. de La Mésangère avait indiquées, il le faisait ridicule. il châtiait du même châtiment, quiconque dépassait la limite.

....... J'ai devancé ton ordre,

disait Séide à Mahomet.

Il eût fallu l'attendre!

répondait le prophète. Avant la réforme, le premier, avant 1789, ce tyran qui régnait sur les élégances, avait établi et fondé le seul journal impérissable, le seul journal éternel, le seul journal qui soit à l'abri de la censure, à l'abri de la foudre, le dominateur absolu des tyrans eux-mêmes : le *Journal des Modes*, et ce *Journal des Modes* il le rédigeait lui-même, ce cher M. de La Mésangère, attentif qu'il était, jusqu'au scrupule, à donner — aujourd'hui la mode de demain, car par la nature même de ses délicates fonctions, il ne devait jamais être en avance que de vingt-quatre heures sur le genre humain; une heure de moins c'était trop tard, et c'eût été trop tôt, une heure de plus. Quel homme! Il prévoyait, il dominait, il indiquait, sans avoir l'air de rien indiquer.

— « Frivolité, c'est le nom de la femme. » Il savait cela mieux que Shakspeare ; il le savait pour avoir été à l'œuvre, trente ans, de la parure et de l'ornement des femmes, y compris l'espèce des petits-maîtres. Il avait le goût, il avait l'instinct de l'habillement, il en avait l'inspiration à la folie, et d'un extrême à l'autre, de l'ample à l'étriqué, du solennel au ridicule, du manteau de cour au pet-en-l'air, il allait, sans hésiter et sans jamais s'étonner de l'excès auquel le condamnait la tâche qu'il avait entreprise.

Et celui-là aussi, il ne savait rien d'impossible ; il avait vu tant de grisettes s'habiller comme des reines, et tant de reines qui s'habillaient en grisettes, que rien ne l'étonnait plus !

Il avait assisté à tant de mascarades dans ce bal masqué de la vie humaine, et de la bure au drap d'or, et du sac à la corde, et du haillon au rubis, et du cilice au *laisse-tout-faire* ; il avait vu exécuter tant de tours de force incroyables ; et des cheveux tantôt bruns, tantôt blonds ; à poignée ; à compter à la douzaine ; *à l'effrontée, à la repentie, à la Paméla, à la guinguette, à la Monaco, à la Pompadour, à l'Élisabeth; en remords, en repentirs, en assassins, en victimes, en bigots, en bigote, en femme insensible, à la Robespierre, à la Marat!* Et la forme, et le fond des chapeaux, car, il acceptait également la forme et le fond, passant volontiers du *coup de poing* au *coup de vent*, de l'habit des marquis, à la souquenille hideuse des égorgeurs, de la culotte des sans-culottes, à celle du *ci-devant jeune homme* ; « Je ne la prends pas si j'y entre ! » disait Potier.

Et la variété infinie, infiniment changeante de la chaussure et de ses mille variations : la coupe, le revers, le cirage, le vernis ; et la moindre inspiration en toute cette affaire palpitante d'un intérêt de toutes les heures : le gant, le mouchoir, l'éventail, la lorgnette, le lorgnon, — on a des yeux aujourd'hui, et le lendemain la mode veut que l'on soit myope ; et l'essence, et les parfums dont les cent mille nuances séparent l'eau de la Reine de Hongrie, de l'eau de Cologne. Et que sais-je ? et que voulez-vous que je vous dise, et qui pourrait compter, énumérer, auner, supputer, calculer les lambeaux, les lez, les recherches, les étoffes, les révolutions, les contre-révolutions, les émeutes, les crimes, les parricides, les excès, les indécences, les chastetés contenues dans le journal de M. de La Mésangère ! — Un homme à la taille de Cléopâtre, un homme au niveau de madame Tallien, ou de la comtesse du Barry !

Jamais pareille tâche ne fut imposée à un mortel de notre sexe, et jamais tâche acceptée ne fut mieux accomplie. Il n'y a pas d'exemple, dans cette longue carrière, que le *Journal des Modes* ait été interrompu un seul jour; il a paru le lendemain du 21 janvier 1792, il a donné le *pouf* à la mode ce jour-là ! Il a inventé un nouveau caraco le lendemain du jour funèbre où la reine de France tendit au bourreau sa tête innocente. Il n'a été gêné par rien, arrêté par rien, le *Journal des Modes;* il a été interrogé également par les proscrits et par les victimes; il était sur la toilette de la princesse de Lamballe, on en trouva un numéro dans les papiers de madame Roland. Pourtant il était royaliste, et bon royaliste ce M. de La Mésangère; il aimait les fêtes de l'hiver et les fêtes du printemps; il tenait à la belle société oisive et parée; il croyait aux beautés de la fortune; il savait que l'élégance même est une aristocratie, et il lui a fallu beaucoup de courage pour chiffonner encore ses rubans et ses indiennes au moment où la rue et le carrefour chantaient en chœur le *Ça ira, ça ira!* Mais quoi? la tricoteuse elle-même, avant d'aller au club, ajustait sa coiffe et jetait un petit coup d'œil à son miroir.

Il était bien vieux et bien cassé, ce galant homme, lorsqu'il écrivit le mot *fin* au dernier chapitre de son livre. Il attendit ce dernier jour pour s'avouer vaincu et dépassé. Ce qu'on ne saurait croire, et pourtant la chose est ainsi, c'est que seul de sa génération il était resté fidèle à l'ancienne coutume : son habit était à l'antique mode, il n'en portait jamais d'autre, sa coiffure était encore une ancienne coiffure d'incroyable; il porta jusqu'à la fin les bijoux qui servaient d'ornement à sa jeunesse dorée, y compris les boucles d'oreilles et la tabatière d'or. Il prenait du tabac d'Espagne, il avait un jabot et des manchettes; sa jambe, à l'étroit dans un bas de soie, avait pour soutien un pied bien fait dans un soulier vernis à boucle d'or; la canne aussi était ornée; il portait la double montre, et le gilet au milieu du ventre; on eût dit un portrait de famille descendu de son cadre. Ainsi vêtu à l'immuable, il était le suprême arbitre des changements de la gaze et des révolutions du satin.

Il mourut le lendemain de son dernier Longchamps, au champ

d'honneur. Les vieilles marchandes de modes l'ensevelirent proprement dans un linceul de mousseline blanche, doublée de satin rose; sur sa tête on plaça une couronne d'immortelles, étrange emblème! De vieux tailleurs, enrichis par ce digne homme, le clouèrent bien gentiment dans sa bière en bois d'acajou. Ce fut à qui le porterait à sa dernière demeure, dans un tombeau tout neuf où l'on voyait l'Amour qui tient son flambeau renversé. Les jeunes ouvrières attendirent le convoi sur la porte, et firent une belle révérence à leur seigneur et maître. « Adieu, disaient-elles, ingénieux coureur d'aventures à travers la gaze et le satin! Adieu, l'inventeur des plus amusantes fanfreluches! » On saluait, on pleurait, on riait au passage de cette bière frivole. Un poëte de l'*Almanach des Muses* (il y en a encore autour des cimetières), improvisa une élégie en l'honneur de ce défunt qui avait habillé et déshabillé tant de passions; un bel esprit écrivait sur sa tombe à peine fermée une sentence qui ne pouvait convenir qu'au fondateur du *Journal des Modes :* « Ne rien croire et tout oser ! »

Il repose à cette heure dans une touffe de coquelicots, de roses et de romarin.

Ça n'a l'air de rien, cette mort de M. de La Mésangère, eh bien, il emportait dans sa tombe le dernier frein, la dernière règle et le dernier ordre qui aient assujetti la *mode* en France. Il était le dernier classique en son genre. Sa mort, semblable à la mort de Despréaux, a ouvert la porte aux novateurs, et désormais la mode elle-même, livrée à tous les caprices, abandonnée à tous les hasards, regrettera souvent ce censeur unique et dévoué qui, plus d'une fois, avait opposé une barrière utile aux tours de force, aux coups de tête, au mauvais goût. C'est bien vite dit : « Effaçons la *poétique* d'Aristote. — Eh, que mettrez-vous à sa place? » répond le bon sens.

N'oublions pas de dire aussi qu'un cercueil du même acabit, entouré des mêmes honneurs, et suivi des mêmes vanités périssables, pensa heurter à la porte de Saint-Roch, le cercueil de M. de La Mésangère. Ce cercueil contenait l'héritier et le successeur de M. d'Hozier, le généalogiste et le conservateur de l'armorial français.

Et ils se heurtèrent sans se faire grand mal, ces deux hommes qui étaient les derniers archivistes des vanités d'autrefois !

# CHAPITRE III

Vous voyez que la route, au premier abord, semblait tout à fait libre, et que le monde des lettres et des arts semblait appartenir désormais à quiconque oserait entrer dans l'arène et porter son drapeau d'une main vaillante. Ils étaient morts et bien morts, Dieu merci ! les faiseurs de vieilles tragédies, les faiseurs de vieilles comédies, les faiseurs de poëmes épiques, et les conteurs de contes moraux, et les faiseurs de vieille rhétorique, et les vieux professeurs de belles-lettres ; il était mort le vieux La Mésangère ; il eût fini par donner un air gothique à la jeunesse, au sourire, aux belles tailles, aux belles mains, aux beaux cheveux.

Il était mort; on l'avait enfoui dans ses vieux patrons, et, ces gens-là morts emportant leurs poëmes et leurs rubans, tout chantait, souriait, fleurissait de nouveau ; même la *mode*, elle parlait une langue nouvelle. Ainsi dans *Hernani*, Josépha, la duègne de dona Sol, porte un corps de jupe cousu de jais, à la mode d'Isabelle la Catholique ; don Carlos sous son manteau, laisse voir un riche costume de velours et de soie ; Hernani, « costume gris,

cuirasse de cuir, à la ceinture une épée, un poignard et un cor. »
De tous ces grands héritages qu'il s'était mis en réserve, M. Hugo
n'avait pas dédaigné l'humble héritage de l'aimable La Mésangère, non plus que les domaines de M. d'Hozier.

> Dieu qui donne le sceptre, et qui te le donna,
> M'a fait duc de Segorbe et duc de Cardona,
> Marquis de Mouroy, comte Albaterra, vicomte
> De Gor, seigneur de lieux dont j'ignore le compte :
> Je suis Jean d'Aragon, grand-maître d'Avis, né
> Dans l'exil d'un père assassiné !

Peu à peu elle prenait tout, l'école nouvelle. Elle touchait à toute chose et changeait toute chose : armes, tableaux, meubles, sculptures, architecture et même le paysage éternel ; elle disposait, elle arrangeait tout à sa guise. Elle a remis en grand honneur les bois vermoulus du XIIe siècle ; elle a fait adorer le gothique flamboyant du XIVe siècle ; elle s'est agenouillée aux autels de la Renaissance ; elle a été jusqu'à Louis XIII, elle s'est arrêtée à Louis XIV. Elle admirait à outrance Notre-Dame de Paris, elle méprisait le château de Versailles ; le nom seul de Mansard lui donnait des nausées. Une fois lancée, elle marcha à travers tous les obstacles, abordant de front tous les préjugés, renversant ou faussant à son profit les règles acceptées, et discutant humblement la rhétorique ancienne, jusqu'au jour où la rhétorique nouvelle, introduite dans la place, montra les dents à la façon de la lice et ses petits :

> Une lice étant sur son terme,
> Et ne sachant où mettre un fardeau si pressant,
> Fait si bien qu'à la fin sa compagne consent
> De lui prêter sa hutte, où la lice s'enferme.
> Au bout de quelque temps sa compagne revient.
> La lice lui demande encore une quinzaine :
> Ses petits, ne marchaient, disait-elle, qu'à peine.
> Pour faire court, elle l'obtient.
> Ce second terme échu, l'autre lui redemande
> Sa maison, sa chambre, son lit.
> La lice cette fois montre les dents, et dit :
> « Je suis prête à sortir avec toute ma bande,
> Si vous pouvez nous mettre hors. »
> Ses enfants étaient déjà forts.

Que vous semble de cette fable? La lice, c'est M. Victor Hugo, et sa *bande* ce sont tous les inventeurs qui ont marché dans le sentier. J'aime aussi, à ce propos, la douleur de Janot-lapin :

> O dieux hospitaliers! que vois-je ici paraître!
> Dit l'animal chassé du paternel logis.

Alors le voilà qui réclame hautement ses pénates, c'est-à-dire l'Académie et le Théâtre-Français, l'attention de la foule et l'admiration de l'univers :

> La dame au nez pointu répondit que la terre
>  Était au premier occupant.
>  C'était un beau sujet de guerre
> Qu'un logis où lui-même il n'entrait qu'en rampant!
>  Et quand ce serait un royaume,
> Je voudrais bien savoir, dit-elle, quelle loi
>  En a pour toujours fait l'octroi
> A Jean, fils ou neveu de Pierre ou de Guillaume,
>  Plutôt qu'à Paul, plutôt qu'à moi?
> Jean lapin allégua la coutume et l'usage :
> Ce sont, dit-il, leurs lois qui m'ont de ce logis
> Rendu maître et seigneur, et qui, de père en fils,
> L'ont de Pierre à Simon, puis à moi Jean, transmis.
> Le premier occupant est-ce une loi plus sage?

Le monde, en poésie, appartient au *premier occupant*, c'est-à-dire au plus habile, au plus éloquent ; c'est la loi, c'est la loi sage et qui fait les poëtes. Vous retrouverez, tout à l'heure, le plaidoyer de Jean-Lapin en présence même de sa majesté le roi Charles X; mais ne sortons pas de ce terrain débarrassé, de cette carrière ouverte, et de cette profession des belles-lettres, en tant que profession, qui semble si facile aux commençants d'aujourd'hui, lorsqu'ils se plaignent de la peine et de l'obstacle...

« En ce temps-là, disent-ils avec un gros soupir, c'était là le bon temps ; la mort avait fait table rase, et il ne restait plus personne devant le soleil de ces messieurs; donc ils n'avaient qu'à marcher et à réussir : *Voir, venir et vaincre*, et c'était tout. » « Les anciens, disent-ils encore (aujourd'hui nous sommes *les anciens* à notre tour), n'ont eu que la peine de naître, ils ont trouvé une profession toute faite, et nous, morbleu !... » Ceci dit, voilà nos jeunes gens au désespoir, qui prennent leur canne et leur chapeau et qui s'en vont se promener aux Champs-Élysées, pendant que *l'ancien* attelé à son œuvre, et rivé à son livre, ose à peine, de temps à autre, oublier sa tâche ingrate, et regarder bruire et poudroyer le soleil à travers les marronniers en fleurs.

Eh bien, même *en ce temps-là, c'était déjà comme ça !* et tout jeune homme bien né et dressé aux grandes écoles, y devait regarder à deux fois avant d'entrer sérieusement, tout à fait, et comme on accepte une profession, dans la carrière des belles-lettres. Certes, celui qui a vécu de l'exercice de cet art d'écrire et de parler à la foule, celui-là qui, grâce à sa plume fidèle, a échappé à tant de changements de la fortune et n'est pas resté écrasé sous quelque ruine, ou sous quelque honte, celui-là qui est resté debout quand autour de lui tant de grandes choses sont tombées, et qui a sauvé l'honneur au milieu de ce désordre dans les idées et de ces trahisons des opinions, celui-là serait le malvenu à méconnaître, à la fin de son œuvre, les bienfaits et les grandeurs de cette profession des belles-lettres, et pourtant, même à celui qui a mené sa barque fragile à bon port, et qui, sur la grève où son bateau s'est échoué, regarde et contemple de loin les naufrages de la haute mer, c'est un devoir de dire aux ambitieux de renommée et de fortune, les dangers et les douleurs de cette profession décevante.

Hélas ! pour un qui se sauve, il en faut compter un si grand nombre qui se perdent ! Pour celui-là qui évite l'écueil, il y en a tant qui s'y brisent. Le plus heureux des lettrés de notre génération, et le plus digne de sa fortune, a commencé, lui aussi, il y a déjà vingt-cinq ans, *à la bonne heure, au bon moment* des belles-lettres comme on dit, et cet homme qui est une gloire de la littérature périodique, un merveilleux esprit à tout dire, à tout comprendre, à tout pouvoir, mais aussi à tout pardonner, lorsque lui-même, au beau milieu de cette brillante carrière où il n'a recueilli qu'estime, honneur, considération, fortune, autorité légitime et faveur méritée, il se rendait compte des dangers et des périls de tout genre, eh bien ! il n'hésitait pas à déconseiller aux jeunes gens les mieux disposés à bien écrire, toutes ces velléités d'écrivains. Il avait peur, lui aussi, du *scribendi cacaothës* indiqué par Juvénal; avec cette mesure exquise et ce bon sens mêlé de sourire et de bienveillance qui sont la force et le charme de son talent, il indiquait l'abîme, et, s'il vous plaît, nous placerons ici quelques-uns de ses irrésistibles arguments.

Sénèque dit quelque part qu'on n'a guère vu un propriétaire afficher à la porte de sa maison : *Maison contagieuse à vendre*. Mais ne fait-il donc pas une action courageuse, ce loyal et galant homme qui vous dit : Prenez garde, je me porte bien, mais j'habite une maison pleine de typhus !

Notre conseiller, M. Saint-Marc-Girardin, passe d'abord en revue les diverses professions libérales auxquelles pouvait aspirer un jeune homme, à la fin de la Restauration :

« L'armée a beaucoup perdu de sa faveur, sauf l'exception ;
« l'Église est livrée aux intelligences médiocres ; on commence à
« peine à s'apercevoir que l'agriculture est un art et peut deve-
« nir une carrière ; l'instruction publique a ses prosélytes, l'ad-
« ministration a ses fanatiques ; on ne sait plus guère le nombre
« des médecins et des avocats ; bref, de toutes les professions, la
« profession de l'écrivain est celle qui attire le plus les ambitions
« et les ardeurs de la jeunesse, elle *est en hausse*, et c'est grand
« dommage, car c'est une profession qui a le grand défaut de
« coûter beaucoup plus qu'elle ne rapporte.

« Cette profession est d'autant plus dangereuse pour les jeunes
« gens, qu'elle est plus commode, plus séduisante, et que par la
« nature de son travail elle est comme la suite naturelle des tra-
« vaux du collége. Pour le jeune homme qui fait des amplifica-
« tions, quoi de plus simple au sortir du collége, que de faire des
« livres, c'est-à-dire une amplification un peu plus longue ? de
« cette manière, il ne fait que continuer sa rhétorique. Tous les
« travaux du collége sont des travaux littéraires, et toutes les pas-
« sions aussi du collége sont littéraires : c'est le désir de surpasser
« son camarade, le dépit amer d'être vaincu, la vanité, la soif des
« éloges. Tout, dans nos colléges, pousse la jeunesse vers la lit-
« térature. C'est cela qu'ils voient priser et estimer par-dessus
« tout ; l'air qu'ils respirent est imprégné de l'amour des livres et
« de l'admiration pour ceux qui les font. Quels éloges des lettres !
« Comme on répète sans cesse les paroles de Cicéron en l'honneur
« des lettres : que ce sont nos compagnes et nos consolatrices,
« qu'elles nous suivent partout, aux champs, en voyage ; paroles

« charmantes et vraies qui séyaient à Cicéron devenu grand sei-
« gneur par sa fortune et ses dignités, et resté homme de lettres
« par goût, par plaisir, par besoin de renommée ; car la littéra-
« ture est le plus beau des loisirs, mais le plus détestable des
« métiers. Ainsi nourris, ainsi repus de tendresse et d'adoration
« pour la littérature, comment voulez-vous que nos lauréats,
« vantés, couronnés, grands hommes le jour de la distribution
« des prix, comprennent que cette littérature, dont l'ébauche et
« l'essai seuls leur vaut tant de gloire et d'honneurs, n'est pas
« dans le monde ce qu'elle est dans les écoles ; qu'ils déposent
« tout d'un coup les préjugés de toute leur adolescence, et qu'ils
« les laissent au collége avec leurs baraques et leurs pupitres
« désormais inutiles? »

A ce propos, notre philosophe (il avait trente ans, mais, dit-il parfois avec orgueil, je n'ai jamais été jeune) raconte qu'il vit un jour un écolier de rhétorique les mains pleines de prix, la tête chargée de couronnes ; le jeune lauréat venait de gagner le prix d'honneur, et, dans le premier enivrement de sa fortune naissante, il pensait que le monde était ouvert à sa libre fortune... Il fallut, avec bien de la peine, expliquer à ce jeune homme que le collége et le monde n'avaient pas les mêmes yeux pour le prix d'honneur ; qu'il ne suffit pas d'écrire en latin comme Cicéron, qu'il fallait encore savoir écrire en beau français comme M. Villemain, et que la chose était rare et difficile. « Au collége c'est par l'esprit que l'on réussit, dans le monde c'est par le caractère. » Hélas! ces belles couronnes du collége, demain elles seront fanées. Ces luttes suprêmes d'hier, il faut que tout de suite elles recommencent dans le monde, ardentes, obscures, patientes, et nul ne va demander si tu as eu des prix au collége, et si tu osais t'en vanter tu serais un objet de risée..... — Ayant ouï toutes ces choses, le jeune homme promit de choisir un état solide et de marcher à un but sérieux. Il le promit... Six mois après il faisait imprimer, à ses frais, ses élégies de décembre et ses chansons du mois d'août.

« Les deux défauts essentiels de la profession d'homme de
« lettres, c'est le manque de poids et le manque de progrès. Dans
« tous les autres états, l'état soutient l'homme et lui prête de la
« force. Si vous êtes notaire, avoué, médecin, avocat, vous avez

« d'abord votre valeur personnelle, et de plus vous avez la valeur
« de votre état. Votre état ajoute à ce que vous êtes, et vous avez
« deux forces au lieu d'une. Il y a tant d'hommes qui ne valent
« que par leur état, que cela prouve évidemment l'importance des
« professions. Dans la littérature, au contraire, l'état n'est rien,
« n'est d'aucun poids, et n'ajoute rien à l'homme. L'homme, dans
« cet état, est délaissé à lui-même, et ne tire rien d'ailleurs. Il ne
« vaut que par lui-même. La littérature est donc, de toutes les pro-
« fessions, la plus difficile, parce que c'est celle qui soutient le
« moins l'homme.

« Que dirai-je du manque de progrès? Cela est plus frappant
« encore. Dans les autres états, il y a une sorte d'avancement
« naturel et nécessaire qui pousse l'homme et le fait monter. Les
« efforts qu'il fait le servent et ajoutent à la vitesse de ses pro-
« grès. Mais, à part ces efforts, sa profession marche en quelque
« sorte toute seule. De lieutenant, le temps vous fait capitaine;
« de professeur de cinquième, le temps vous fait professeur de
« troisième, puis proviseur; à mesure que le temps efface les
« rangs supérieurs, il fait monter les rangs inférieurs, et cela
« dans tous les états, au barreau, dans la médecine, dans l'armée,
« dans la magistrature, partout enfin, sauf dans la littérature.
« Dans la littérature, point d'hiérarchie réglée et suivie, point
« d'ordre du tableau. Vous faites un bon livre, vous voilà au haut
« de l'échelle; le second est moins bon, ce qui arrive presque
« toujours... vous descendez aussi vite que vous étiez monté.
« Ajoutez les vicissitudes du goût public, le besoin de la nou-
« veauté, l'habitude qui émousse le plaisir, toutes les causes
« enfin qui font que dans la littérature les hommes vieillissent
« vite.

« Quel état que celui qui oblige, sous peine de misère, à avoir
« toujours de l'esprit, et toujours le genre d'esprit qui, selon le
« temps, plaît le plus au public! Comment voulez-vous que l'homme
« suffise à cette mobilité? Aussi s'y épuise-t-il bien vite. Alors
« viennent les dégoûts et les amertumes; alors vient le dépit de se
« trouver moins avancé, à quarante ans qu'à vingt-cinq, la jalousie
« contre des rivaux plus jeunes et plus heureux, la colère de voir
« dans les autres états tant d'hommes qui ne nous valent pas,
« croyons-nous, faire fortune et réussir, tandis que nous, morbleu!...

« Telle est la profession d'homme de lettres, toujours mobile, ir-
« régulière, où rien n'est stable et assuré, où rien ne se prête aux
« arrangements ordinaires de la vie civile, et qui tous ont besoin de
« durée, profession qui ne soutient pas ceux qui l'embrassent, qui
« ne leur épargne aucun des pas du rude chemin qu'ils ont à
« faire, et qui semble dire tous les matins à l'homme : Tire-toi
« d'affaire comme tu pourras ! »

Telle était l'opinion de ce maître austère et charmant, l'opinion de l'homme en ce temps-ci qui a donné, en plus grand nombre, les meilleurs conseils à la jeunesse. Et comme il n'a jamais offensé personnne, il reprenait, voyant l'étonnement de cet auditoire emplumé qui l'écoutait :

« Mais, mon Dieu, comprenez-moi bien ; je ne fais pas la sa-
« tire des gens de lettres, je dis au contraire que c'est vous qui
« êtes les dupes de votre profession. Avec le quart du zèle, de
« l'esprit, de l'intelligence et du talent que vous employez à dé-
« frayer cette passion dévorante, vous auriez été les premiers
« certainement dans toute autre profession que vous auriez choi-
« sie, et comptez quel succès, quelle fortune et quel avenir vous
« attendaient. Au contraire, la littérature est une ingrate profes-
« sion, tout au plus si elle rapporte l'habit et le pain de chaque
« jour. »

A ce blasphème, on se récrie, on calcule, on montre au dénigrant toutes les fortunes de la plume et de la *lyre ;* on lui dit que celui-ci peut gagner cent mille francs chaque année, et que celui-là a vendu, cent mille francs, un seul roman écrit en assez petit style, et l'on raconte au théâtre, les droits d'auteur, les fortunes subites de telle comédie ou de tel livre dont personne ne voulait, et même — l'argument était éclatant, — tenez maître, voici le petit Prosper en grand équipage. Eh, c'est lui, n'admirez-vous pas cette berline faite pour un prince? Que vous dit cette livrée, et ne trouvez-vous pas que ces chevaux anglais ont bon air?

De grâce, mettez-y un peu de complaisance, approchez-vous, risquez un œil, et dans cette voiture, armoriée, oui-da ! voyez-vous, roulée à la façon d'une panthère, cette illustre dame harnachée et empanachée autant, pour le moins, que messieurs ses chevaux? Tout cela pourtant, ces valets, cette parure, cette maison, et ce grand scandale que donne à tous cet imprudent Prosper, tout cela c'est sa plume qui l'a payé! Quand il passe, chacun l'admire, et les curieux demandent : N'est-ce pas le carrosse de M. de Rothschild?

Tel était l'argument en faveur de la littérature. Ah! vous dites qu'elle nourrit à peine ses adeptes..... or voilà un écrivain assez médiocre qui va en voiture. Ah! vous dites que le talent est mal payé, et l'on vous répond par trois ou quatre *maréchaux* littéraires, qui gagnent cent mille francs par année. Ajoutez que la littérature est un excellent débouché offert aux jeunes gens. Il n'y a pas d'administration, même celle des finances, qui ait autant d'emplois. Les uns font des romans, les autres des journaux, ceux-ci des prospectus. Il en est qui font les trois choses. Ils cumulent, et personne n'a droit de s'en plaindre. Il n'est pas de médiocre littérateur qui ne gagne, bon an mal an, de trois à quatre mille francs. Disons aussi que cette activité littéraire profite aux libraires, aux imprimeurs, aux fabricants de papier. Aucun état ne répand autant d'argent, et n'en garde autant pour soi. La littérature fabrique beaucoup. Qu'importe que quelques-uns sourient en disant que nous fabriquons beaucoup, mais que nous ne fabriquons pas bien? Jamais nos métiers ne cessent de battre comme font les métiers des autres manufactures. La littérature est donc une profession utile aux siens et utile à l'État, parce qu'elle emploie beaucoup de jeunes gens qui, sans cela, seraient sur le carreau.

« Voilà, reprenait le moraliste, voilà et beaucoup mieux encore, comment plaidait mon écrivain pour la littérature, un pied sur le marchepied de son élégante berline ; et ses chevaux, piaffant le pavé et secouant leurs têtes harnachées de la manière la plus coquette, semblaient applaudir leur maître et témoigner pour lui. Le philosophe Favorin disait qu'il n'avait rien à répondre à l'empereur Vespasien qui avait dix légions à ses ordres. Que vouliez-vous que je répondisse à un homme plaidant en carrosse? Il avait là ses témoins et ses preuves, toutes fort jolies et fort gracieuses. Mes témoins et mes preuves, c'est-à-dire tous les désappointés, tous les mécontents, tous les malheureux qu'a faits la profession littéraire, sont tous à pied, hélas! et ne pouvaient point arriver à temps pour témoigner pour moi, contre mon adversaire qui partait au galop. »

Ainsi il parlait, et notez bien qu'il ne disait pas toute son opinion sur ce plaidoyer en voiture, et en si belle compagnie. Il avait en lui-même l'instinct de la misère, de la honte et de la vanité de ces unions fortuites et de ces fortunes passagères. Il trouvait qu'elles étaient bâties sur le sable ; il songeait, voyant ce luxe d'un jour, à ces fausses et méprisables fortunes de la roulette, où la rouge et la noire, le trente et quarante, et tous les caprices du dieu Hasard, élèvent, abaissent, relèvent et finissent par tuer ce triste joueur, sous un coup de râteau.

Il se disait en homme sage et pieux, que l'argent qui vient si vite est un argent mauvais, que cette fortune en jupon court est une fille perdue, inconstante comme l'onde et volage comme l'ombre, et qu'un homme sage ne doit pas attacher une grande importance à ces fausses confidences du talent payé au poids de l'or. Non, malheureux, tu n'es pas riche parce qu'aujourd'hui l'oisiveté populaire aura voulu lire, à prix d'or, le dernier enfantement de ton cerveau ! Tu n'es pas riche parce que tu étales, en plein jour, ton luxe insolent et tes passions insolentes. Tu n'es pas riche parce que ta maîtresse et tes chevaux sont harnachés à la dernière mode ; ils ne sont pas à toi pour longtemps, ces fantômes de la richesse réelle, solide, étoffée, en fonds de terre, en bons biens au soleil. Fi de ces fortunes du chien qui laisse la proie et qui court après l'ombre ! Fortunes de comédiens, fortunes de poëtes, fortunes de soldat, fortunes de coquette, fortunes de courtisans et fortunes de courtisanes sont également placées à la caisse d'épargne du Hasard.

Voilà ce qu'il pensait et ce qu'il ne voulait pas dire. A quoi bon souffler méchamment sur un château de cartes ? le château ne s'écroulera que trop vite !

« Et voilà pourquoi, disait-il en concluant, en dépit de ces splendeurs, toutes les fois qu'un jeune homme me vient confier qu'il veut être homme de lettres, je le détourne de cette carrière, le priant de considérer combien les chutes y sont nombreuses et cruelles ; que nulle part il n'y a autant d'inégalité et de distance entre le premier et le second rang. — Quelques-uns, et en bien petit nombre, y gagnent une fortune et un nom ; le plus grand nombre vit obscur et pauvre, sans sécurité, sans avenir, livré à la merci des libraires qui, épiant le déclin de votre esprit ou de votre réputation, ne se font point faute, aussitôt ce déclin arrivé (et pour qui n'arrive-t-il pas?), de cruelles réductions de prix ou d'humiliations plus cruelles encore. »

Quoi de plus naturel et de plus juste? Si les femmes gardaient toujours leur beauté, leur jeunesse, et si les hommes d'esprit gardaient toujours la verve de leurs vingt ans, rien ne serait égal dans le monde, à l'état de jolie femme et d'homme d'esprit. Mais l'esprit se ride comme la beauté. Que faire alors? Les plus mauvais métiers sont ceux qui ont beaucoup de contrastes; ils exposent l'homme à des secousses et à des soubresauts qu'il n'est pas capable de supporter.

« L'homme a besoin de suite et de durée. Il meurt quand il passe trop brusquement du froid extrême à l'extrême chaleur. Il meurt aussi ou se désespère et se démoralise quand, dans la vie, il passe d'un extrême à l'autre, de la richesse à la misère, de l'éclat à l'obscurité, de la vogue à la disgrâce. Evitez donc, une profession flottante et mobile où l'homme ne tient à rien, où il suffit d'un caprice du public ou d'une heureuse inspiration de l'esprit... Pour les individus comme pour la société, il n'y a de bon que les états stables et réguliers. — Les états qui ne sont point exposés à de trop brusques vicissitudes, qui ne comportent pas les aventures, qui casent l'homme et qui le contiennent... »

Et voilà pourtant des pages oubliées, des pages enfouies dans le journal... elles devraient être écrites, sur toutes les murailles des colléges, en lettres d'or : *Etiam lapides clamabunt!*

Mais qui peut résister à sa destinée et quels sont les conseils tout-puissants qui vous arrachent à l'abîme, si l'abîme vous attire et vous plaît? Ces merveilleux conseils de sagesse et de prudence que donnait ce galant homme, aux jeunes gens qui venaient l'entendre, étaient en quelque sorte démentis par la position même de celui qui les donnait. Si jeune encore il était, grâce à sa plume, entouré d'obéissances, de sympathies et de respects. On l'écoutait avec toutes les déférences qui sont dues au mérite personnel; tous les hommes des lettres et de la politique allaient à lui naturellement, et sans qu'il semblât y prendre garde; même il était tout ce que peut être un écrivain d'un rare talent, et pour que rien ne manquât à ces chances heureuses, il a fini par toucher à la popularité, en suivant les rudes et austères sentiers du devoir.

# CHAPITRE IV

En revanche (et le contraste, ici, n'est pas cherché, il appartient à la vie littéraire, il est du domaine de notre histoire!), l'homme de lettres, et le journaliste éminent, dont je vais raconter la vie et dont je vous dirai les sages conseils; l'homme anéanti que j'ai entendu exprimer, en termes amers, cruels et sans pitié, du fond même de son abaissement, les mêmes opinions que ce jeune homme disait, tout à l'heure, du haut de sa très-grande fortune, avec son esprit, sa bonne grâce, et ce tour heureux qu'il a puisé aux meilleures sources; cet homme... au bord de sa fosse, maudissant l'exercice des lettres et cette profession qui l'avait conduit là... il devait être écouté, ce me semble, et sa parole devait avoir une toute autre portée, en cet instant suprême de la précoce vieillesse, lorsqu'un pauvre écrivain, plein de misère pour lui-même, et d'inquiétude pour les siens, las de marcher, et forcé d'aller toujours, n'ose envisager ni le passé qui lui fait honte, ni l'avenir qui lui fait peur.

L'infortuné ! il retient ses larmes par orgueil ; il étouffe sa plainte inutile, imposant silence à ses douleurs mêlées de remords ; il lève les yeux au ciel qu'il ose à peine invoquer ; il se tord les mains de désespoir !

Cet infortuné qui était, lui-même, une plaidoirie impitoyable contre la profession des lettres, avait été longtemps célèbre par son courage, par son esprit, par sa repartie heureuse ; et de sa vive parole, et de sa plume habile à l'improvisation de l'heure présente, et de son épée à tout propos tirée, et de sa personne, il avait défendu, protégé et sauvegardé la cause impopulaire du roi Louis XVIII et du roi Charles X. Royaliste, il était né royaliste. Il n'avait jamais eu qu'une opinion, celle qu'il avait proclamée en pleine terreur. Il ne savait pas ce que c'était ce mot-là : *la palinodie*, et jamais il n'avait songé que cela fût possible, à un écrivain honnête homme, de se conduire à la façon des courtisanes qui passent de Pompée à César, bonnes à servir toutes les causes, et acceptant tous les amours. Il s'appelait Martainville, et comme un jour (il avait dix-huit ans) l'accusateur public qui l'avait jeté en pâture au tribunal révolutionnaire, l'appelait : M. de Martainville : — Citoyen accusateur public, répondit le jeune homme en riant, je m'appelle Martainville et non pas *de* Martainville, tu dois bien le savoir, et que je suis ici pour être raccourci et non pas allongé ! — Le mot était vif et gai, il fit rire ces bourreaux qui ne riaient guère ; lui-même Fouquier-Tinville daigna sourire et le jeune homme fut sauvé par un bon mot.

A peine libre il s'abandonna à toute sa verve ; il obéit à tous les caprices de son esprit, à toutes les inspirations de sa jeunesse ; il chanta l'amour et le plaisir, il se moqua de Robespierre, il se moqua du Directoire, et quand ces lâches dictateurs furent tombés dans la boue, il eût bien voulu se moquer du nouveau maître... il se tut, et il fit d'innocents vaudevilles. Il chantait comme un autre, la déesse et les dieux de cette époque, Jocrisse et madame Angot. Il vivait, comme tant d'autres de ses compagnons, au jour le jour, en véritable Bohémien de Paris, et ne craignant rien que la chute du ciel au-dessus de sa tête bouclée.

En toute révolution (c'est justice!), il y a toujours, sur le flanc des victorieux, quelques-uns de ces esprits à la légère et dédaigneux de la force présente qui piquent, écrasent et blessent, de leurs coups d'épingles, le taureau qui passe écrasant les gros obstacles, et s'arrêtant et s'irritant aux moucherons.

Le moucheron Martainville, quand il eut bourdonné tout à son aise et mené le coche aux alentours de 1814, devint tout d'un coup une puissance. Il entrevit que si maintenant la liberté était proclamée, il pouvait, lui aussi, prendre sa part de cette curée, et tout de suite il se mit à l'œuvre, élevant autel contre autel, et répondant, du côté des royalistes, par des excès incroyables, aux premiers excès de la presse libérale. Il avait le bec, il avait le fil, il avait le ton, et l'accent, et le cri et la logique, et le désordre et les mille arsenaux de cette espèce de petite guerre, au milieu des vengeances, des haines, des espérances et des désespoirs du nouveau monde politique. Il riait, il égratignait, il mordait, il *jurait*, car madame la dauphine elle-même lui pardonnait volontiers ces gros jurons qui attestaient beaucoup plus de son zèle que de sa politesse. Il était brusque et violent, taquin et de mauvais goût, et des colères sans fin, et des rages soudaines et tout l'appareil du pamphlet qui tue en riant. Brave à l'attaque, hardi à la réplique, intrépide à l'avant garde, infatigable à la défense, ingénieux, caustique et malveillant à outrance, avec un esprit vif, une imagination alerte, un style entraînant qui vivait de pêle-mêle, et surtout avec l'aide et la bonne volonté de la cour, il trouvait facilement des lecteurs qui l'encourageaient et le suivaient, d'un pas timide et d'un peu loin, dans ces sentiers épineux de l'injure à coups de hache et de l'insulte à brûle-pourpoint. Bref, ce Martainville était un vrai journaliste avec toutes les grâces, tous les défauts, toute l'éloquence et tous les vices de cette charmante et dévorante profession.

Il était peu lettré ; il n'avait jamais rien étudié ; il appartenait à ces temps malheureux qui n'étaient pas encore la république, et qui déjà n'étaient plus la monarchie ; ainsi il était venu à une heure sombre, en pleine ruine, au milieu d'institutions croulantes, de forces brisées, de majestés insultées, entre la nuit qui s'achève et le jour qui commence ; dans ce crépuscule malsain qui confond le droit et le fait, l'anarchie et l'ordre, l'esclavage et la liberté — En ce moment formidable de l'histoire française où tout s'achève, où rien ne commence encore, on n'avait pas le temps d'élever les enfants, à peine songeait-on à en faire, et...

c'était un sauve-qui-peut! dans le sauve-qui-peut universel!

Certes, confier une plume à ces mains inhabiles, donner la parole à ces voix ignorantes, bombarder à la tribune, improviser au journal naissant ces enfants perdus de la monarchie, et donner l'autorité de l'écrivain, à ces nouveaux-venus dans les domaines du style français, que l'on traitait, chose étrange! comme s'ils eussent été les successeurs naturels et les héritiers légitimes de Montesquieu, de D'Alembert, de Voltaire et de Diderot, c'était une licence un peu forte; mais comment faire? — Le monde était pris à l'improviste par la liberté; les grands écrivains étaient morts, les journalistes honnêtes étaient tués, les libres penseurs osaient à peine penser encore, et cependant on avait besoin là, tout de suite, aujourd'hui et demain, des écrivains de chaque jour. La royauté qui revenait de l'exil accepta donc, sans trop d'excuses les premiers venus qui voulaient la servir, et parmi ces premiers venus elle s'estima heureuse de rencontrer la verve, l'audace, l'attaque et la bataille de Martainville. Il était sur la brèche tenant sa plume, lorsque le roi Louis XVIII fit son entrée à demi triomphante dans sa bonne ville de Paris, au milieu de la rage des uns, de l'espérance des autres, de l'humiliation de tous.

Ce que Martainville avait dépensé d'énergie à cette bataille d'une royauté qu'il fallait établir, asseoir et défendre, ce qu'il avait employé de verve et d'audace à porter haut ce drapeau blanc, ce drapeau des émigrations, qui voulait remplacer le drapeau des modernes batailles, ce qu'il avait eu d'obstacles à franchir, d'ennemis à briser, de mépris à souffrir, dans la politique, et sur le théâtre, aux sommets et dans le fond du journal, à travers les pamphlets et les livres, — et combien de fois il s'était battu, seul contre tous, sans que cette cour ingrate lui vînt en aide et protection; au contraire, que de fois on l'avait discrédité, que de fois on l'avait sacrifié; quelles colères dans son propre parti l'avaient poursuivi pour ce mot dont il se vantait : *ultra-royaliste*, c'est à ne pas le croire. Ajoutez qu'il se battait le soleil dans les yeux, le vent en proue, au rebours de la popularité, pour une cause qui avait été, pendant vingt-quatre heures — tout un siècle! la cause même de l'étranger, et sur un sol glissant où les Russes, les Allemands et les Anglais avaient laissé leur empreinte en partant. On parle encore du chevalier Bayard qui seul défendit contre une armée entière un pont où l'ennemi voulait passer ; le chevalier Bayard est un conscrit, comparé à Martainville.

Le chevalier Bayard, avait derrière lui, pour défendre le passage attaqué, toute l'armée française, et avec l'armée le roi François Ier, et avec le roi la France entière, et toutes les épées, et toutes les bannières, et toutes les forces et toutes les gloires..... Martainville était seul à défendre la position contre le général Foy, contre Béranger, contre la France entière ; il était seul, et le roi pour qui il se battait, savait à peine le nom de son défenseur ! Il y a dans toute bataille plus d'un volontaire sans grade et sans nom qui suit toujours les grandes armées et qui se bat en maraudeur.

Toutefois comme il avait bien de l'esprit, et qu'on estime l'esprit, chez nous, cet homme finit par être compté. Il avait institué un fameux journal qu'il avait intitulé *le Drapeau blanc;* et ce journal, qui était l'excès même, obtint, à force d'excès — (puissance incroyable que donne la violence !), un succès pareil à l'enthousiasme que soulève un combat de taureaux. Lui aussi, Martainville il eut son jour et son heure. Il fut une puissance. Il avait ses partisans et ses flatteurs. Paris, enivré de cette politique furieuse, attendait impatiemment, non pas l'opinion mais la déclamation de Martainville. Il écrivait vite, et il était violent. Il était violent aux ministres du roi, violent aux chefs de l'opposition, violent aux serviteurs qui n'étaient pas de son parti, violent à tous, indulgent à peu ; il était revêche, insolent, taquin, faquin, hâbleur, insolent à outrance, avec mille et mille saillies imprévues qui, plus d'une fois, ont fait tomber les plus violentes colères. Ces sortes d'écrivains tiennent beaucoup du paillasse des carrefours et du bandit de grand chemin ; ils tiennent d'une main sûre l'escopette et la plume ; ils ne valent certes pas grand'chose, ils valent encore mieux que ces Laurents de sacristie, armés de la discipline de Tartufe ; au moins le bandit quand il outrage, outrage en face et les armes à la main ; Laurent, lui, se cache dans les buissons pour dépouiller son homme à coup sûr ; il assassine et ne se bat pas... sa religion le lui défend.

Ces tristes enfants perdus de la politique et du hasard, ces chevau-légers du journal ennemi des lois, ne peuvent vivre, et ne vivent en effet que dans les époques troublées ; ils sont les fils des révolutions et les cousins germains de l'émeute ; aussitôt qu'une société est assise, il faut nécessairement que ces coupe-jarrets disparaissent, semblables à ces bandes que le bon Duguesclin emmène hors de France, et qu'il fait bénir par le pape, en passant par Avignon.

Telle fut l'histoire de Martainville. On le laissa faire tant qu'il y eut en France assez de désordre pour supporter le pamphlet de chaque jour, mais aussitôt que la France, mieux réglée, put se rendre compte de ces violences, on fit taire Martainville. On l'avait toléré tant qu'il n'avait été qu'un bruit dans la foule, aussitôt qu'il fut quelqu'un on l'avait jugé compromettant, et on lui avait ordonné de se taire. Exemple à indiquer aux bandits de la plume et de la parole ; des ténèbres ils peuvent tout attendre, et rien de la lumière. Tant qu'il n'y a de frein pour personne ils sont les maîtres ; au premier moment où l'ordre est vraiment rétabli il faut qu'ils tombent, méprisés de ceux qui les emploient, odieux à ceux qu'ils servent, et si à plaindre, en fin de compte, qu'ils n'ont pas même à espérer l'excuse du fanatisme et le pardon du dévouement. Ah! la race exécrable! Il en était, sans le savoir, ce malheureux Martainville ; il était, sans le vouloir, le grand-père du journal dévot... Paix à son ombre, il ne se doutait guère du châtiment qui l'attendait!

Châtiment étrange, abominable aventure, existence de honte et de misère. Il se rendait, à lui même, cette justice intime qu'il avait bien servi la monarchie, et le roi ne savait pas son nom! Il avait défendu, pied à pied, les immunités des royalistes, et quand il passait devant eux, les royalistes détournaient la tête pour ne pas le voir! Il avait le talent, l'esprit, le bon mot, l'audace, la repartie, on lui défendait d'en rien montrer! Il était bon journaliste, et son journal était brisé... en voilà les débris qui se traînent obscurément dans le carrefour, emportés par le vent du nord! Ainsi il était lié, garrotté, muselé, attaché, confisqué, et par l'abandon même où il était laissé, forcé de vivre dans les tabagies où sa bonne humeur et sa bonne grâce lui servaient de passe-port.

Bref, on eût dit d'une âme en peine, et se voyant abandonné, de ceux même qui auraient dû lui venir en aide avec le plus de zèle et de reconnaissance, il se demandait parfois : « Qui trompet-on ici ? » Avec cela nulle considération, nulle estime, et pas une récompense publique ! On eût donné la croix d'honneur à Vidocq plutôt qu'à lui !

Sa vie entière avait été le plus singulier mélange d'oisiveté et de travail : tantôt il passait la nuit et le jour, la plume à la main et le premier à la bataille... la bataille achevée il en mangeait le produit à la façon des corsaires et des boucaniers lorsque après avoir dévalisé les galions de l'Espagne, ils jetaient à qui voulait le ramasser, le produit de leur crime et de leur courage. — Il vivait donc au jour le jour, tantôt riche et tantôt pauvre ; et riche ou pauvre, toujours une dépense qui allait s'augmentant, par la dette cachée, obscure ; la dette qui se fait humble et petite afin de mieux attraper sa victime imprévoyante, au détour de tel piége qu'elle lui aura tendu, à la façon de l'araignée ! On dit même que sa femme, qui était jeune et belle, et non moins prodigue et non moins volage, ajoutait au désordre de cette maison endettée où sonnaient incessamment (la sonnette était attachée à un fil si léger ! On eut dit la sonnette d'une courtisane en crédit !) la vanité, le caprice, la présomption, le duel, la dette, et la fièvre et l'orgie. Une sonnette pareille, et ce fil d'archal où votre vie est attachée, une sonnette agitée, à chaque instant, par les passions mauvaises, doit être, êtes-vous de mon avis ? l'image la plus frappante de l'esclavage ici-bas, et l'image la plus approchante de l'enfer.

Je l'ai peu vu, cet homme qui a laissé dans mon esprit de si profonds souvenirs, et dont le fantôme, aux temps malheureux de mes propres désordres, m'est apparu bien souvent, me montrant sa plaie et sa chaîne, et son rire et son désespoir ; je l'ai peu vu, mais je suis peut-être le dernier écrivain de ce pays qui l'ait entendu gémir et qui l'ait vu marcher, courbé en deux parties inégales, et tout meurtri des faux pas de sa course achevée.

Il y avait cinq ou six mois (la révolution de juillet était proche) que M. Martainville, encouragé par cet homme funeste appelé le prince de Polignac, avait tenté de relever son ancien journal mort à la peine, et mort de l'indifférence même de messieurs les royalistes, qui n'ont jamais paru se douter que leur parti devait être représenté par un journal. A cette résurrection lamentable du *Drapeau blanc*, le pauvre Martainville avait usé les dernières forces de sa vie et les dernières ressources de sa fortune. O misère! En vain il avait fait un appel suprême aux anciennes passions, aux anciens lecteurs, les vieux lecteurs étaient morts ou tombés en enfance.

Ce *Drapeau blanc*, qui avait été un défi au drapeau tricolore, cet esprit d'injure et de violence qui avait été un des plus vifs plaisirs de messieurs les émigrés, et ce fameux Martainville, dont le nom avait soulevé tant de récriminations et tant d'orages..... on se regarda avec étonnement quand on le vit revenir, et peu s'en fallut qu'on ne lui demandât : Qui êtes-vous? Hélas! il n'était guère en retard que de quatorze années, mais par ces temps de révolutions, en quatorze années on meurt. Durée et changement, ça ne va guère ensemble. On en voit beaucoup, de ces plantes de serre-chaude, au matin s'épanouit la fleur, et le soir venu la fleur languit sur sa tige.

Hélas! on se dit à soi-même, se voyant poussé si vite, bah! je n'ai que vingt ans, j'ai encore quarante ans de vie et de force. Non, vieillard, tu n'as pas vingt ans, c'est cinquante ans que tu veux dire. On n'a pas vingt ans avec ce cerveau épuisé, ce talent fatigué, cet esprit blasé ; on n'a plus vingt ans quand on écrit si vite et si mal, sans trouble et sans peine, sans hésitation et sans remords. On n'a plus vingt ans quand plus rien ne vous tente, gloire, honneurs, fortune, renommée ; on n'a plus vingt ans quand on ne sait plus ce que c'est que l'amour. Ne calomniez pas la jeunesse, ô vieillards prématurés, qui n'avez jamais su vous en servir, vous vivez de l'excès, vous mourrez par l'excès. Dans le *Paradis perdu*, quand l'archange de Milton roule sans fin dans un vide sans fond, il offre une image fidèle de cette chute d'esprits précoces, arrivés tout de suite au delà des limites naturelles, et se précipitant dans le gouffre des vanités et des chimères : *inania regna*.

Le nouveau et dernier journal de Martainville était *enfoui* tout au fond d'une basse-cour de la rue des Bons-Enfants. La cour était creusée à la façon d'un puits ; le lieu était humide et malsain ; une espèce de mauvais pavillon en bois, que l'on avait dressé en ce triste rez-de-chaussée, abritait le dernier *Drapeau blanc*. Tout sentait, en ce lieu malsain, l'abandon, la misère et cette inexprimable odeur de papier mouillé, nauséabonde et fade à soulever le cœur. Qui donc eût pris ce trou silencieux, pour l'asile et le rempart du dernier journal royaliste et chrétien ? Qui eût dit que cette niche était toute l'habitation du dernier défenseur du trône et de l'autel ? Quoi ! c'est dans un pareil trou que vous avez logé votre ami, votre soldat, votre plus illustre et plus excellent protecteur, ô roi Charles X que tout le monde abandonne, excepté Martainville ? Où donc en était cette éclatante monarchie ? — Un si petit journal pour protéger une si grande cause !

Hélas ! un si faible écho pour porter tout au loin les grands échos de la littérature et de la politique de chaque jour, lorsqu'au sortir des Chambres, des tribunaux, des Tuileries, de la Bourse, de la Morgue, des hôpitaux, des cathédrales, des promenades et des théâtres, chacun des participants à cette œuvre énorme gagne, en toute hâte, l'abri du journal quotidien, chacun apportant en ce lieu de bruit, de tempête et de bataille, l'émotion de l'heure présente, disant ce qu'il a pensé, ce qu'il a rêvé, ce qu'il a deviné, ce qu'il a vu et entendu dans le grand labyrinthe, pendant que les journaux et les lettres de tous les côtés de l'Europe mêlent à tous ces bruits leurs murmures, leurs craintes, leurs espérances et leurs menaces. Pas un bruit ne venait à l'humble *Drapeau blanc*, pas un bruit n'en sortait.

O misère ! et quels présages ! — On eût dit le digne journal de quelque cité que la peste a ravagée et que rédige le fossoyeur. Rien de plus triste à voir que le ménage d'un journal abandonné : pour gardien une vieille femme, pour écrivain une paire de ciseaux, pour tout meuble une chaise inoccupée, une caisse vide, et la sébile aux pains à cacheter..... Les pains à cacheter, c'est le rédacteur en chef qui les a mangés !

Dans cet antre où se tenait la dernière sybille de la Restauration, vaincue à jamais, sur l'heure de midi, arrivait chaque jour, clopin-clopant, M. Martainville ; il avait conservé du journaliste une qualité essentielle, indispensable, l'exactitude, et il arrivait exactement à sa tâche obscure et sans gloire, une tâche abominable en effet, car depuis le rocher de Sysiphe, le vautour de Prométhée et le tonneau des Danaïdes, il n'y a pas de plus abominable châtiment : écrire un journal que nul ne veut lire.

Oui certes, apportez ici le tonneau des Danaïdes et que je le remplisse, cela vaut mieux que de remplir un journal vide où tout coule, où tout passe et disparaît, sans même produire le bruit de l'eau qui tombe et qui se perd dans le néant.

M. Martainville en était là avec son entreprise. Après avoir fait tant de bruit, il n'était plus que la voix qui crie dans le désert, *vox clamantis in deserto!* Quelle pouvait être en ce moment l'espérance de cet infortuné? Toujours est-il que chaque jour il remplissait de ses conseils, de ses prédictions et de sa rage impuissante la bonne moitié de son journal. Il apportait à cette œuvre ingrate le peu qui lui restait de sa vie et de son esprit d'autrefois. Avec son coup d'œil de vieux politique, habitué aux évolutions des partis, il voyait la ruine prochaine de ce roi Charles X qu'il aimait; il voyait la ruine, il comprenait le désastre, il savait que la chute de ce grand trône était désormais inévitable; déjà se manifestaient de toutes parts la confusion de cette société éperdue, le désordre et le tumulte de ce gouvernement livré à ses propres forces..... Il voyait toutes ces misères; il appelait à l'aide! au secours!... on lui répondait qu'il était fou. Semblable à la Cassandre antique, en vain il se cramponnait à ce règne qui allait périr. Le nouveau venu, le dernier venu, la créature la plus inintelligente qui ait jamais pesé sur un trône depuis madame Dubarry, M. le prince de Polignac fit dire à Martainville qu'il eût à rabattre un peu de son zèle, et que ses cris l'empêchaient de dormir.

Telle était son œuvre sur les derniers jours de ce règne en désarroi (déjà les Tuileries frémissaient du faîte à la base), et seul, accablé de misère et de goutte, il se traînait à son journal, un bâton à la main. Jamais abandon plus entier, jamais démarche plus chancelante. Le dernier jour que je le vis, ce malheureux, il se traînait sur le seuil de cette cour de la rue des Bons-Enfants, et il hésitait à descendre les cinq ou six marches qui le séparaient du bureau de son journal. Naturellement je lui offris mon bras, et sur mon bras et sur son bâton, il descendit en gémissant ces quatre ou cinq marches; il tremblait, il avait la sueur au visage; il fit quelques pas encore, et vaincu par la douleur, il fut forcé de s'asseoir sur un banc de pierre. — Asseyez-vous là, me dit-il, et causons, j'ai à vous parler.

« Vous rôdez beaucoup par ici, jeune homme, et il me semble que vous voilà pris à notre glu. Est-ce vrai? » Et comme je lui répondis qu'en effet j'étais un des nouveaux venus dans l'arène, et que j'aspirais aux honneurs du style public, il me prit les mains et me regardant bien en face :

— Allons, me dit-il, courage, et si vous l'ôsez, contemplez le désastre du vieillard que vous avez sous les yeux ! Voyez cette jambe endommagée où rien ne vit plus que la douleur ; voyez ces cheveux blanchis, ces yeux gonflés, cet anéantissement précoce, et s'il se peut, jeune et brillant comme vous êtes, superbe et florissant de tous les rires de vos vingt-quatre ans, rendez-vous compte de l'existence d'un vétéran de la presse, accablé de misère, pauvre et vieux, ce qui est la plus misérable condition de la vie, et forcé de venir, chaque jour, d'un pied débile, écrire avec ses doigt noués par la goutte, trois ou quatre colonnes désespérées d'un journal que personne au monde ne lit plus ! — Allons, jeune homme, et quand vous aurez bien étudié le vieillard, et bien contemplé les misères de l'écrivain, alors peut-être écouterez-vous son discours. »

En effet, je regardais avec une certaine épouvante cette tête qui avait été belle, et sur laquelle l'esprit, la lutte et les diverses passions de la vie humaine avaient laissé leur profonde empreinte. Sur le front vaste et ridé flottaient en grésillant, quelques maigres cheveux blancs ; les yeux brillaient encore du feu ancien, mais cette flamme amortie était tempérée par les larmes : ainsi brille sous la cendre une étincelle oubliée à la forge du maréchal ferrant. Évidemment cet homme avait été grand et fort, mais la souffrance du corps et les peines du cœur avaient réduit l'athlète aux dimensions d'un vieil enfant. Les pieds tordus, les mains brisées, la voix éteinte, et le voilà !

— N'est-ce pas, dit-il, que je vous fais pitié? Puis, comme il m'était impossible de répondre : Et quel âge me donnez-vous?

— Vous avez, lui dis-je, soixante ans, car je voulais être obligeant avec ce galant homme qui me témoignait un grand intérêt, soixante-cinq ans, tout au plus.

Ma reprise le fit sourire. — Flatteur ! me dit-il. Puis, avec un gros soupir, et me montrant un pâle rayon de soleil qui se jouait sur un vieux pot de terre où languissaient des giroflées : — Quand l'ombre aura touché ce joli petit jardin contenu dans ce vieux pot, j'aurai (écoutez ceci) cinquante-deux années, et pas une heure avec ces cinquante-deux ans!... n'est-ce pas que c'est bien étrange cela?

Il ôta son chapeau pour me montrer sa tête dépouillée et les ravages du temps. Évidemment il avait deux fois l'âge qui sonnait pour lui à cette horloge menteuse. Il vit que je le regardais avec une pitié mêlée de terreur, et alors, d'un geste paternel et d'une voix émue, il me raconta les misères de sa vie. Et lui aussi, il avait eu vingt ans; et lui aussi, il avait trouvé que la voie était ouverte, et avait marché sans obstacles en avant, — à l'avant-garde et sans peine et sans gêne, heureux de vivre et content de parler tout haut à qui l'écoute. Il avait eu, jeune homme, toutes les chances de la jeunesse. Il avait rencontré dans les ruines du style impérial un certain art qui lui appartenait; on l'avait trouvé nouveau dans ses enthousiasmes, charmant dans ses adorations, terrible dans ses haines et dans ses colères! Les méchancetés qu'il avait faites, il les avait faites sans remords et sans savoir qu'il faisait mal. « Tout enfant robuste est méchant, » dit un philosophe [1] : *Malus puer robustus!* Il avait été un des enfants méchants, un de ces enfants perdus de la presse qui, sans le vouloir et presque sans le savoir, donnent la vie et le mouvement à toutes sortes de renommées fières et humbles, abaissant celui-ci sans motif, exaltant celui-là sans raison; intelligence et passion que pousse le caprice de l'heure présente, et tant que la justice ne les a pas réglées, elles ressemblent au choc électrique.

Cette fièvre et ce bruit, que soulève, en ses sentiers, l'écrivain primesautier, sont pareils à la foudre; ils brûlent sans pitié, ils éclatent et tonnent sans respect; éclairs furieux, vives saillies, frivoles sarcasmes, bons mots populaires, et si cette flamme imprudente, en courant rencontre un trône, elle le brise; une gloire elle la tue. En un mot, cet esprit sans lois et sans frein, est un feu grégeois très-périlleux qui peut devenir un instrument fort cruel et fort indocile; il a pour le recevoir et pour le propager des millions de cerveaux humains.

La parole ainsi faite, et propagée à travers les haines et les amours également aveugles de la nation française, c'est toujours le reste de cette France gaie et contente de nos vieux rois qui

---

1. Hobbes.

savait transformer toute chose en plaisir. Elle conspirait, elle se battait en chantant ; la chanson est devenue un journal.

Que sont devenus les poëtes de la Fronde ? — ils sont morts avec leurs chansons. Et les journalistes de la Restauration ? — ils sont morts avec leur journal. Jeune homme, ainsi vivait Martainville ! Il ne se doutait pas, il ne s'était jamais douté des hautes questions qui tiennent à l'intelligence politique ; il ne s'était jamais occupé que des recherches de l'esprit ; il avait pris le livre en horreur, et il avait sacrifié à la feuille volante. Il ne s'était jamais douté des forces sacrées de l'esprit humain dont l'exercice assidu peut mener l'homme à la connaissance et au sentiment du vrai. Pour tout dire, l'idée avait manqué à cet écrivain populaire ; il avait pensé, il avait écrit au hasard, véritable fils en ceci de ces beaux parleurs signalés par Martial : *Gallici causidici*. Il parlait bien, il écrivait agréablement, il amusait. Il était une flûte à six trous, une guitare à six cordes, et naturellement il avait l'importance d'une flûte ou d'une guitare.

Instrument fêlé, cordes brisées à cette heure, et maintenant que malgré lui, à force d'en voir, il avait compris les choses sérieuses, maintenant qu'il donnait et pouvait donner tant de bons conseils, pas un ne voulait l'entendre. — On riait du vieillard, comme on avait souri au jeune homme. C'étaient là sa honte et sa peine secrète, et j'étais l'homme qui en recevait les premiers aveux, tant il redoutait l'ironie et le sarcasme des compagnons de ses licences, et des admirateurs de son esprit.

Confession lamentable ! Plainte et malédiction tout ensemble ! Aveu de sa propre impuissance ! Accusation d'ingratitude et révolte au fond de cette âme ulcérée ! — Est-ce que vous pensez, me disait-il, que les grands hommes de la cause royaliste, les écrivains sérieux, les coryphées, les célèbres et les beaux parleurs aient jamais eu pour moi, leur confrère, un moment de sympathie ou d'amitié ?... A peine savent-ils si j'existe ! Est-ce que vous pensez que M. de Chateaubriand, que j'ai encensé comme un dieu, ait abaissé jusqu'à un ver de mon espèce son front olympien ? Pensez-vous donc que M. de Bonald ait jamais su le nom de Martainville, et que M. de Peyronnet m'ait invité, une seule fois, dans cette fameuse salle à manger pour laquelle je me suis battu ? — Je n'ai pas même obtenu l'amitié de M. Syriès de Marynhac ou de M. Chardel. Hélas ! à peine si je suis salué par M. de Sallaberry, par M. Duchaffaud, ou par M. de Jouvencel. — Fi ! disent-ils quand ils me voient, et ils détournent leur tête auguste ; ils semblent se dire à eux-mêmes : qu'est-ce après tout ce futile, comparé à ces hommes extraordinaires qui, par l'importance du personnage qu'ils ont eu à représenter dans le monde, ont contribué aux changements, à la prospérité ou à l'administration des États?

— Mais, lui dis-je, il me semble que le premier rôle n'appartient pas à tout le monde; on peut être encore un écrivain après M. de Chateaubriand, et rencontrer quelques toutes petites vérités après M. de Maistre ou M. de Bonald. A quoi bon ces vastes ambitions à qui tient une plume modeste ? On n'est pas Virgile, on peut être.....

— On peut être Claudien, reprit-il. On n'est pas M. de Chateaubriand, on est Martainville. On n'est pas tout, on est..... rien ! On ne peut pas marcher, on se traîne, et l'on arrive tout meurtri au terme que voilà : cinquante ans, la vieillesse et la misère, avec un peu de honte pour surcroît. Comment, jeune homme, vous voulez être un écrivain, et déjà, à votre âge, il vous suffirait d'être à la seconde place? On n'est pas un écrivain avec une ambition si mesquine. On est tout au plus un médecin, un avocat, un professeur, un employé du gouvernement. On se fait marchand de quelque chose, et l'on emploie, avec grand profit pour soi-même les deux qualités les plus utiles à l'individu et à la société : l'activité et le bon sens. Voilà ce qu'on est, lorsqu'on se contente de si peu ! Et d'ailleurs ne comprenez-vous pas que, semblable au drame, où il n'y a qu'un rôle principal composé pour un comédien choisi, cette œuvre des belles-lettres, sans fin recommencée et sans cesse renaissante, ne comporte guère qu'une espèce d'écrivain, l'écrivain sérieux, l'écrivain politique, celui qui tient la plume des affaires, qui s'adresse à la morale des intérêts, à la philosophie de la fortune? Celui-là seul est écouté qui se mêle à la passion politique ; celui-là seul qui fait peur à l'homme d'État; celui-là seul qui touche au sommet, qui voit de près les rouages, qui montre le but, qui donne les moyens, qui peut être la voûte où tout passe, et qui peut être aussi l'obstacle où tou s'arrête !

« A la bonne heure, à ce prix-là un homme habile peut compter sur son talent ; l'art d'écrire alors peut vous mener assez loin, justement parce que vous ne l'exercez guère : car à peine avez-vous fait vos preuves, vous montez du journal à la tribune et de la tribune aux affaires, et votre premier soin quand vous êtes parvenu, ou même arrivé, c'est de briser votre marchepied, c'est de renverser votre piédestal, c'est de méconnaître, ô colonnes d'en haut, colonnes politiques du *journal politique et littéraire*, colonnes bariolées de tous les rubans de l'Europe, les humbles et littéraires colonnes d'en bas ! Voilà pourquoi, dans notre profession, il faut être absolument le premier, et pourquoi, il la faut quitter avant qu'elle nous quitte.

« En toute autre profession, il peut y avoir des traînards, ces traînards arrivent plus tard que les autres, mais enfin ils arrivent. — Dans la nôtre, il faut arriver même avant d'être parti ; il faut arriver tout de suite ; tant pis pour ceux qui ne sont pas nés journalistes, et qui se font, de notre art, un métier de seconde main ; tant pis pour ceux même qui sont nés journalistes, et qui s'attardent au second emploi ! Je le plains le malheureux qui se creuse un grand trou au bas du journal pour avoir le plaisir de dire aux passants : *Le roi Midas a des oreilles d'âne !* Une fois à cette humble place, il n'est plus bon à rien qu'à être un homme d'esprit, tout au plus. Et si le malheureux vient à faiblir un instant, si le souffle lui manque avant l'heure, s'il n'a pas en lui-même l'instinct des variations du langage français, s'il ne découvre pas à propos, et toutes les semaines, un nouvel astre dans le petit coin du ciel qui lui est confié, si soudain, après l'avoir beaucoup aimé, le public n'en veut plus, et si quelque jeune plume arrive au milieu de son arc-en-ciel, accaparant les couleurs favorites de ce favori du public, à ce point que le nouveau venu s'empare, en se jouant, des dépouilles du maître et s'en pare au détriment du premier occupant, que va-t-il devenir, ce malheureux chassé du trou qu'il s'était creusé ?

« Ah ! que je voudrais vous expliquer les dangers que vous allez courir, jeune homme, dans cette carrière ? — Les mille distractions du public vous attendent et peuvent vous briser au moment où vous y pensez le moins ! On vous lit aujourd'hui ; vous lira-t-on demain ? Eh Dieu ! ça tient à si peu qu'on ne vous lise plus :

« Un crime à part dans l'attention universelle, une séparation de corps avec les enjolivements du scandale public, un livre nouveau, moins qu'un livre, un bateleur inconnu, un saltimbanque, le dey d'Alger, les Charruas, madame Lafarge, une victoire [1], une simple victoire, un éléphant, une girafe au Jardin des Plantes, et aussitôt voilà vos lecteurs qui s'en vont à la fête nouvelle, et voilà l'attention qui vous quitte ; et si vous voulez lutter contre *Childebrand*, il vous faudra un travail énorme, une patience à toute épreuve, et des efforts inouïs, pour reconquérir, en vingt mois, ce que vous aurez perdu en vingt jours ! Quelle tâche horrible ! ajoutait Martainville, et comment un fils de bonne mère se peut-il condamner, de gaieté de cœur, à ce labeur stérile ? Au moins, puisque vous vouliez vivre des belles-lettres, que n'avez-vous appris de bonne heure une langue étrange, impossible, le sanscrit ou le chinois, par exemple ? Aussitôt que vous eussiez été muni de ce viatique inutile, les portes du collége de France vous étaient ouvertes ; aussitôt l'académie apprenait votre nom ; vous étiez grand, vous étiez un homme sérieux, vous étiez célèbre et vous étiez seul. Vous aviez ce qu'on appelle un privilége, à savoir une force, si aisément toute-puissante, que celui-là serait un prince et le plus riche prince de l'Europe, qui aurait le *privilége* de fabriquer, lui seul, des allumettes inflammables. »

Ainsi il parlait vivement, virilement, oubliant sa goutte et sa misère, attentif à tout dire, et s'il oubliait quelque objection, revenant sur son propre discours comme vous le pouvez voir ici même, à cette place, où je retrouve une à une et dans l'ordre qu'elles avaient, il y a vingt-cinq ans, ses principales objections.

Et telle était sa conviction d'être en ce moment l'expression même de la vérité et du bon sens, qu'il s'élevait, ce pauvre homme futile, aux plus hautes considérations.

« Quoi de plus beau, disait-il, que la lutte à vingt ans ; quoi de plus beau que la vie, et cela ne vous fait-il pas quelque peine de vous dire : Aujourd'hui, déjà, je fais ce que je ferai demain ? Aujourd'hui, déjà, je joue un rôle, et ce rôle je l'apprendrai de-

---

[1]. « On n'a pas plus tôt fait un chef-d'œuvre, qu'il vous arrive une de ces gueuses de victoires !... » disait M. Baour Lormian, et il en voulait à outrance à l'empereur qui se mettait devant son soleil.

main. Nous nous sommes bien moqués, n'est-ce pas, du bourgeois, du boutiquier, du garde national et du petit chemin de la caisse d'épargne; eh bien, en toutes choses, il faut dire : ces gens-là sont nos maîtres ! Ne riez pas, ils ont sur nous, les futiles amoureux de la forme et de la couleur, ce grand avantage, ils vivent d'un labeur sérieux; ils se battent, non pas contre les moulins à vent du bel esprit, mais contre les obstacles réels de leur profession; ils vont dans un cercle étroit, c'est vrai, mais ce cercle étroit contient la vie entière, et savez-vous le nom de ce cercle? il s'appelle : la logique ! Or, la logique a sauvé le monde! C'est elle qui a remporté tous les triomphes de 1789 ! C'est elle qui a brisé et renversé, qui a secouru et qui a sauvé. Elle a été l'accent et l'esprit de tous les grands événements du dernier siècle.

« Elle a poussé nos armées à la bataille; elle a chassé les rêveries inutiles : elle a imposé silence aux ambitions impuissantes; elle a réglé les croyances, elle a agrandi les devoirs, elle nous a enseigné la politique, la philosophie et l'histoire. Si nous respectons le passé, ainsi le veut la logique, et si nous croyons à l'avenir, c'est elle encore d'où nous vient cette confiance. Il faut l'aimer, il faut la craindre; elle a des récompenses sans bornes, elle a des châtiments sans limites; et moi qui l'ai méconnue, et moi qui l'ai insultée, et moi qui la perds en reconnaissant sa puissance, je meurs pour n'avoir pas su obéir à la logique, reine du monde.

« Ah! malheureux Martainville, ah ! tête volage, esprit perverti, cœur brisé, tête vide, maison morte, pauvre famille, foyer dévasté, cercueil sans tombeau ! [1] »

---

[1]. Comme contraste, et afin de ne pas décourager toute jeunesse qui me lit et qui m'écoute, il faut mettre en opposition à tout ce désespoir ce charmant passage d'une lettre de M. Hume à son ami le docteur Cléphane à Edimbourg :

« Ma foi, quand je m'étudie et me contemple, il me semble, — après tant
« et tant de travaux et toutes ces tempêtes, que j'ai assez bien mené ma
« barque et que me voilà à bon port. Je me vois donc à quarante ans, et
« même soyons franc, un peu plus de quarante ans, un homme arrivé au
« point de se dire en montrant son logis : — Vous voyez bien, cette agréable
« petite maison entourée d'un petit jardin ; c'est ma maison. Oui, mon cher,
« je suis propriétaire de ma maison, ceci soit dit à l'honneur de la philoso-
« phie et des belles-lettres de l'Angleterre. Depuis tantôt sept mois j'ai ar-
« rangé mon petit royaume qui se compose de deux sujets, moi qui suis la
« tête, une servante et un chat. Ma sœur est venue me rejoindre et elle com-

Or, voilà comme il parlait. A cette distance où nous sommes de ce tombeau sans honneurs et sans nom, j'entends la voix de Martainville, et je vois son visage où brillait encore un certain feu pour attester les flammes d'autrefois. Son désespoir était grand, immense était son regret, cruels étaient ses pressentiments. Il aimait tant ce roi qui allait tomber et cette monarchie à l'abîme ! On eût dit qu'il entendait gronder la révolution de juillet sur le seuil de ce posthume *Drapeau blanc*.

Il me dit beaucoup encore afin de me détourner de l'obstinée et invincible vocation qui était en moi. — L'avenir du journal, me disait-il, était en plein dans ce petit cercle, animé de tant de passions violentes, qui s'est formé autour des plumes habiles et bien taillées qui ont fait du *Globe* une puissance à douze cents lecteurs.

« Vous n'êtes pas un enfant du *Globe*, eh bien ! le monde entier vous est fermé. L'avenir du journal et de la politique appartient à M. Duchâtel, à M. Vitet, à M. de Rémusat, à M. Jouffroy, à M. Dubois, à M. Duvergier de Hauranne, il appartient, savez-vous à qui ? à ces deux terribles lutteurs enivrés de leur force et de leur jeunesse triomphante : M. Thiers, M. Mignet, à ce nouveau venu de l'armée et des conspirations, qui tient sa plume à la façon d'une épée, Armand Carrel !

« Voilà nos maîtres futurs ; ils sont contenus dans cette arène ouverte à tous les ravages, et vous les verrez surgir, armés de toutes pièces, à la prochaine conspiration. La plus terrible et la plus évidente des conspirations, juste ciel ! une conspiration dans la loi, une conspiration à livre ouvert ; une émulation à qui brisera, plus violemment et plus vite, ce trône illustre qui vient de nous donner un monde ; à qui chassera les derniers fils de saint

« mande à son tour ; si bien qu'avec beaucoup de prudence, d'économie et
« d'attention à ne rien gaspiller, nous joignons facilement les deux bouts et
« nous sommes proprement vêtus, et nous vivons gaîment avec du jour, du
« feu, de quoi vivre et de la gaieté. Que demander de plus ? L'indépendance ?
« je l'ai au suprême degré ; l'honneur ? on dit de moi et sans se tromper :
« voilà un galant homme ; la grâce divine ? elle viendra à son heure ; une
« femme ? ce n'est pas une des indispensables nécessités de l'existence ; des
« livres ? rien de plus nécessaire, mais j'en ai plus que je n'en veux. Bref,
« toutes les bénédictions qui valent la peine qu'on les désire, je les ai plus
« ou moins. Ainsi, vous le voyez, il ne me faut pas être un grand philosophe
« pour me trouver satisfait de mon sort ! »

Louis, écrasés sous les traités de 1815 ; à qui fera sa part au doute, à la révolution, à l'émeute, comme si l'émeute on l'arrêtait à volonté, comme si le doute, une fois dans l'entendement, ne l'envahissait pas tout entier.

« Contre ces envahisseurs éloquents des consciences, des esprits et des âmes, quelles forces avons-nous à opposer, quels noms propres, quels talents? Des forces ridicules, des noms honnis, des talents vermoulus, le journal de M. Genoude, tout seul contre un million cinq cent quatre-vingt-dix-neuf mille volumes du *Voltaire* des chaumières et du *Voltaire* des châteaux, l'abbé Genoude tout seul, contre quatre millions six cent quatre-vingt-dix-huit mille tomes de Jean-Jacques Rousseau ; sa *Gazette* et mon *Drapeau blanc* contre l'armée active, ardente, passionnée de la tribune et de la presse : Armand Carrel, Thiers, Mignet, Casimir Périer, Laffitte, Chauvelin, Chatelain, Pagès, M. de Barante, M. Villemain, M. Cousin, M. de Kératry ! Et que direz-vous de Béranger grandi de la hauteur même de la Conciergerie, un piédestal?

« Que dites-vous des batailles livrées par le *Journal des Débats* (que de remords, hélas ! il se prépare le *Journal des Débats !*) ; que dites-vous des colères, des bouderies et des sorties de M. de Chateaubriand, l'athlète de la restauration, et cela ne vous semble-t-il pas un présage étrange, les juges de la cour royale saluant, du haut de leur tribunal, ce grand journaliste qui parle en maître, aux gens du roi, M. Bertin l'aîné ? A ces signes je reconnais qu'elle approche à grands pas, la fin des temps royalistes ! Nous sommes vaincus, nous autres, les voltigeurs de Coblentz et du *Drapeau blanc*, et c'est à peine, dans la débâcle universelle (de quoi emporter toutes les monarchies de l'univers !), si nous avons encore, pour nos protéger et pour nous défendre contre l'armée envahissante des révolutionnaires, les belles grâces du duc de Levis, l'obstination de M. de Corbières, le nom de M. de Polignac, la prudence de M. Michaud, les sages paroles, les plumes habiles de MM. Castelbajac, de Kergorlay, de Conny, de Frénilly, d'O'Malony, les vieilles colères de M. Bergasse, la verve et le talent de M. de Laurentie et les miracles du prince de Hohenlohë ! En tout ceci la France est semblable à une horloge : un seul homme la monte, le roi, et voyez donc, voyez que de mains pour la régler !

Il passa sa main sur son front plein de sueur. — Je perds mon temps, reprit-il, et le *Drapeau blanc* attend son *premier Paris*. Je l'aidai à se relever et nous entrâmes, l'un traînant l'autre, au fond de ce réduit abandonné. Figurez-vous une niche humide, au niveau du sol; le milieu de ce séjour était occupé par une table en bois de sapin et toute hachée à coups de couteau, ce qui était une preuve que plus d'une fois l'inspiration avait été rebelle à l'écrivain. Une lampe d'une nouvelle invention (on sait que la mode pour les lampes change au moins une fois chaque année), un *cartel* (mot sinistre) cloué à la muraille, une demi-douzaine de chaises empaillées ou peu s'en faut, du papier, des tronçons de plumes, un encrier entouré de son liége humide, un tapis troué, un vieux balai revenu du sabbat, tel était l'ameublement de ce taudis politique et littéraire. — Ah! dit-il en s'asseyant, grand merci jeune homme, je suis brisé.

— Voulez-vous, lui dis-je, me dicter votre article? j'écris assez vite, et ça vous fatiguera moins.

— Mais, reprit-il, ça va bien vous ennuyer, c'est de la politique un peu vieille que nous allons faire; elle est plus avancée que vous, elle a de la barbe au menton..... Au fait, vous voulez être un écrivain politique, car je ne pense pas que vous consentiez à être un littérateur de journal; quelle étrange folie ce serait là, et à quoi donc vous conduirait ce triste sentier? Un écrivain de journal qui écrit pour le plaisir d'écrire, un amuseur de gens, un diseur de riens sonores, un futile, en un mot..... s'il en est ainsi, jeune homme, ayez un bon moment de courage et mettez-vous au cou une belle corde attachée à une belle pierre. On se jette à l'eau, on se noie, et tout est dit. Songez donc à cela, une fois classé définitivement dans les colonnes d'en bas, en deçà des limites qui séparent les grands esprits des esprits futiles, vous êtes un homme perdu! Vous n'êtes plus qu'un amuseur public, vous faites la parade, et vous vivez des bagatelles de la porte! On vous compte à peine et les gros bonnets de la partie engagée, ont autre chose à faire que de savoir si vous êtes mort ou vivant? Si par hasard vous avez un peu de style, mêlé à un peu d'esprit, grand bien vous fasse, on vous lit quand on a le temps, on sourit à vous lire, et voilà tout.

« Quel métier, parler de la littérature et des beaux-arts, dans un journal politique! Autant vaudrait jouer du bilboquet à la chambre des pairs! Vous serez habile, actif, ingénieux, savant même, je le veux bien, et j'imagine aussi que vous serez un véritable écrivain : A quoi bon? diront les maîtres politiques, et ils passeront leur chemin. Cependant vos graves et majestueux confrères toucheront aux événements de chaque jour; ils raconteront les violences de la parole publique; ils citeront à leur tribunal les plus habiles ministres et les plus grands orateurs : on les verra tous les jours, au pied des tribunes, le front sévère et l'air dédaigneux, et à force de les voir attentifs à ces batailles, le public finira par confondre les hérauts avec les capitaines, les soldats avec les tambours. Écrivain politique, on peut arriver à son tour à cette tribune enviée ; on peut être à son tour, un *entendement agissant*, selon la parole de M. de Bonald.

« Oui! l'on est M. de Bonald, on est M. de Frayssinous, on est M. le duc de Fitz-James, M. Pasquier ou M. Lainé; pour ces hommes heureux qui deviennent les arbitres des choses humaines, le journal est un grand chemin qui conduit aux grands emplois..... Mais rester immobile, au bas de ce même journal, dans un temps où tout le monde écrit pour gouverner le monde à son tour, dans un pays où personne n'estime que soi, où les prétentions souveraines poussent, en vingt quatre heures, sur leur fumier, comme les champignons dans un temps d'orage, et renoncer, là, tout de suite, à tout jamais, à occuper un de ces éphémères petits trônes à ras de terre, que chacun dresse ici-bas à l'usage de sa royauté d'une heure, et qui tombent au soleil couchant ; renoncer à la gloire d'être un des niveleurs de son siècle, et se dire à soi-même que l'on ne sera jamais rien dans ce va-et-vient de gouvernements, de réputations, de morales subtiles, de dates sans nombre et de fictions sans fin, qui passent et repassent dans cette lanterne magique..... Ah! jeune homme insensé, vous n'êtes pas assez négligé des dieux et des hommes pour vous attacher à cette glèbe et pour subir un pareil joug!

« Pardon, si j'insiste ; mais enfin il me semble qu'en ce moment j'ai charge d'âme, et que je dois vous sauver. Écoutez-moi, vous allez à l'abîme; vous adoptez le plus difficile et le plus stérile de tous les arts, et que de choses à apprendre, à comprendre, à deviner, à savoir, à prévoir dans ce métier de journaliste ; et quel esprit si attentif, quel jugement si rapide et si sûr, quelle mémoire assez vaste pour retenir et mettre en ordre tous ces noms, tous ces faits, toutes ces œuvres, ces faits qui se croisent, ces goûts qui se disputent, ces admirations qui se contredisent, ces intérêts qui se combattent, ces vicissitudes qui s'enchaînent ; et comment faire, hélas! pour résister, seulement pendant vingt ans à l'incroyable activité de ces esprits envieux et avides d'aliments de tout genre?

« Songez donc à cela : chaque jour une histoire à écrire, un drame à entendre, une bataille chaque jour, et le journaliste obligé de tenir les fils épars et confus de tant d'œuvres et de tant d'aventures d'un bout du monde à l'autre bout. Étrange histoire, où tout compte, une chanson autant qu'un traité de paix, la démocratie autant que la royauté, Méhémet-Ali non moins que le sultan Mahmoud. Aujourd'hui la France s'inquiète de l'Afrique, et le lendemain elle aura souci d'un bateleur; Capo-d'Istria lui plaisait hier, ce soir elle s'occupe du comédien Potier, et elle demande pourquoi il n'est pas mort? L'Opéra a des chances d'intéresser le monde tout autant que l'Angleterre; une heure à M. Canning, une heure à mademoiselle Taglioni! — Et puis tâchez de vous reconnaître au milieu de cette foule grouillante dans ces victoires, dans ces triomphes, dans ces fuites, dans ces retards : voltairiens, républicains, légitimistes, demi-légitimistes, économistes, hypocrites, dévots sans honte, dévots honnêtes gens, patriotes de 1789, impérialistes; — des opinions, des ambitions, des rêves, des vanités, des systèmes, des religions, des folies qui se croisent de mille façons, et dans tous les sens.

« Encore une fois, jeune homme, croyez-moi, ne vous jetez pas dans cette bagarre, tenez-vous au rivage et tenez-vous à l'évidence; restez dans le monde réel où tout est vrai de ce que vous voyez en vous et autour de vous, où la fortune n'est pas un rêve, où le succès n'est pas un fantôme, un monde qui n'est pas un roman, un labeur qui n'est pas une fiction, une guerre qui ne ressemble en rien, à l'expédition de Troie, à la conquête des Argonautes. Dans le monde que je vous indique on marche au pas, on arrive à son heure, on passe à son tour, et l'on ne sait pas ce que c'est que les moyens violents et *par effraction* [1], et pas d'accidents,

---

1. C'est un mot de M. le marquis de Sainte-Aulaire.

et pas de hasard, et pas d'autre maître que le bon sens qui est le maître de la vie humaine! — Hélas, que je les plains les jeunes gens aveugles qui tombent, si volontiers, dans tous les piéges de leur esprit! »

— Monsieur, lui dis-je, il se fait tard; dictez et j'écris, si vous voulez que le *Drapeau blanc* paraisse demain.

Alors il se mit à dicter son article suprême et pour ainsi dire testamentaire. Avec une très-grande sagacité il revint sur les pertes de la monarchie; il en indiquait les causes à merveille; il cherchait, confusément, les remèdes qui se pouvaient apporter à la situation, et naturellement il n'en trouvait guère. En ce moment même le conseil des ministres était réuni pour signer les *ordonnances* de juillet, et dans cette salle où fut consommé un si grand meurtre, le plus prévoyant de ces hommes qui se perdaient, qui nous perdaient... — Je cherche, disait-il, un portrait de lord Strafford.

Arrivé au milieu de son article, la parole manqua à M. Martainville, la voix lui manqua, et il me pria d'achever l'article comme il l'avait commencé. Il se comparait, en commençant, à cet homme au siége de Jérusalem par l'empereur Titus, qui s'en allait dans la ville éplorée en criant: *Malheur à Jérusalem! malheur à Jérusalem!...* Il finit par crier: *Malheur à moi!* et il tombe frappé d'une pierre et répétant: *Malheur à moi!*

Tel était le mouvement de ce passage de M. Martainville, et comme j'avais lu, le matin même, le grand discours de saint Jérôme lorsqu'il pleure les funérailles du monde romain [1], admirable et pathétique description de cette ruine au milieu des philosophies, des amusements et des voluptés de tout genre, il me sembla que ce passage de saint Jérôme finirait très-bien cet article du *Drapeau blanc*:

« J'assiste vraiment à la fin de la grande cité; j'assiste au com-
« mencement d'une ère inconnue. Le Capitole, aux voûtes dorées,
« est désert et sale (*squalet*). Tous les temples de Rome se couvrent
« de poussière, l'araignée y fait sa toile. La ville entière se déplace
« et court aux églises chrétiennes à demi brûlées, aux tombeaux
« des martyrs. Le paganisme, abandonné, pleure. Ces anciens

---

[1]. *Totius orbis mortuos plango.* — *Romanus orbis ruit.*

« dieux des nations, relégués sous les toits, partagent leurs gre-
« niers avec le hibou et la chouette. La croix brille sur le drapeau
« des soldats. On voit cet emblème de vie nouvelle décorer la
« pourpre royale et étinceler sur les diadèmes. Lui-même l'Égyp-
« tien Sérapis est devenu chrétien. De l'Inde, de la Perse, de l'É-
« thiopie, des troupes de moines accourent au désert. Le Hun et
« l'Arménien apprennent les Psaumes ; l'armée blonde et rouge des
« Gètes promène l'étendard chrétien à travers le monde... Ici,
« nous sommes accablés de nouveaux frères ; il nous en vient de
« toutes les régions de la terre ; nous n'avons pas assez de place
« pour eux ; et cependant nous ne pouvons ni faire au delà de nos
« forces, ni renoncer à l'œuvre commencée. Les ressources nous
« manquent ; nous venons d'envoyer un de nos frères en Europe,
« chargé de vendre nos maisons de campagne à demi détruites
« par les barbares, et les débris de nos patrimoines. »

Je lus ce passage à Martainville ; il voulut le relire lui-même.
— « Ah ! dit-il, vous êtes jeune et vous cherchez des consolations
dans l'analogie ; il n'y a pas d'analogie, et jamais on n'a vu ceci
ressembler à cela. Vous nous parlez d'une révolution où tout fut
sauvé, et moi je parle d'une révolution où tout se perd, le roi le
premier... Donnez-moi la plume ; et il se mit à écrire son article
finissant par ce mot plein d'esprit : « C'en est fait, plus de royauté,
mais vive à jamais Sa Majesté ! »

Je quittai M. Martainville, et je ne devais plus le revoir. Entre
cette séparation et une nouvelle rencontre il y eut une révolution,
et l'infortuné, trois jours après, il était mort. « M. Martainville
est mort hier, à l'âge de cinquante-deux ans! » Voilà tout ce
qu'il eut de louanges, et voilà tout le bruit qu'il fit après sa mort!
On n'y mit guère plus de cérémonie qu'à enterrer M. Benjamin
Constant. Ainsi le sage Fontenelle qui avait si bien fait toute
chose, en toute sa vie, est mort le jour où le roi Louis XV fut frappé
d'un coup de canif... et voilà pourquoi la mort de Fontenelle fut
à peine remarquée! Il ne faut pas mourir un 31 juillet 1830, —
un 24 février 1848, — un 2 décembre 1852. Un homme quel qu'il
soit, homme d'État, magistrat, prince ou comédien, doit mourir
à certaines heures favorables, s'il veut que le passant le salue au
détour du chemin.

# CHAPITRE V

Cependant aux sommets lointains de cette longue rue, où chantent les oiseaux du Luxembourg, en plein midi, non loin de Vaugirard, il y avait en ce temps-là, dans un pli des jardins où madame Scarron élevait, en grand mystère, les enfants de madame de Montespan et du roi Louis XIV, une humble maison entre deux peupliers sonores ; au pied des peupliers, un banc de gazon.

Le perron de la maison se composait de six marches ; sur le gazon, et sur le perron, et dans la maison ouverte au soleil, vous rencontriez des enfants bouclés, jouflus, joyeux, à demi nus, souriants, des fantaisies d'enfants, des anges sortis du ciseau français, entre l'art gothique et la Renaissance, quelque chose de viril et de charmant, les deux garçons joueurs, les deux fillettes rêveuses, la mère admirable, le père songeur ! Au-dessus de ce petit monde un pan du ciel bleu ! Véritable indigence poétique. La poésie est semblable à ces roses grimpantes sur les ruines ; mêlées au lierre, elles jettent un manteau royal sur les murailles sombres ; d'une masure elles vont faire un palais enchanté ! Tout riait, tout chantait, tout rêvait, tout espérait dans ce petit coin de terre aimé des cieux. *Angulus ridet!* C'était une fête d'entrer là et d'entendre, écoutant de tout son cœur, les premiers cris de la muse mêlés à tous ces cris d'oiseaux familiers. — Voilà le berceau de toutes nos guerres ! disait le roi Louis XV au tombeau des ducs de Bourgogne ! — Ah ! c'était le berceau de toute la poésie au XIX$^e$ siècle, le berceau de ces quatre enfants !

Je m'en souviens, nous étions jeunes et superbes ! « La tête bouclée et le front étroit à force de cheveux noirs, nous vivions sous le consulat de Plancus, disait Horace, *consule Planco.* » — Nous l'avons tous connu le consulat de Plancus, c'est-à-dire le consulat de la vingtième année, en pleine espérance, en plein orgueil matinal. Pas de doute à ces heures choisies, pas d'obstacle et pas de murmure ! On va tête levée, on obéit à l'inspiration printanière, on ne sait rien du monde et de ses embûches, de l'ambition et de ses délires, de la fortune et de ses obstacles. On croit volontiers à tout ce qui est la passion, la grâce et le charme, et pareil à ces héros d'Homère, on ne demande qu'une chose : un duel à la clarté des cieux ! « De temps à autre j'ôtais mon chapeau, s'écrie un des héros de Shakspeare, un jeune homme, afin de voir s'il n'avait pas pris feu à une étoile ! » En ce temps-là nous nous baissions modestement, quand nous passions sous l'Arc-de-Triomphe, pour ne pas nous briser le crâne à ces hauteurs ! Les beaux temps ! Qu'ils nous étaient légers, la hache et les faisceaux de Plancus ! Virgile avait vingt-cinq ans, Horace en avait trente à peine, Ovide était le roi de la jeunesse, Tibulle était loin de songer au suicide, et Varius ne pensait guère qu'il entrerait aux conseils de César ! — Vive à jamais, disions-nous, le soleil, l'indigence, l'espace, la beauté, la chanson, l'amour, la jeunesse et la liberté !

Ce temps-là, c'était pour nous le temps des miracles ! Chaque heure ici-bas apportait son miracle inattendu, radieux, charmant ! Qui de nous, les hommes de l'autre génération, ne se souvient de l'étonnement et de l'admiration des *Méditations poétiques*, lorsque cette *brochure*, signée d'un nom inconnu, vint tout d'un coup s'abattre au milieu des vieux livres imposés à notre admiration, à notre étude, à notre goût ? — Quelle était donc cette étrange nouveauté ? Quel était donc ce nouveau poëte ?

A quelle famille des grands génies appartenait ce génie? — On lisait en cachette les *Méditations poétiques*, on se passait de main en main, dans l'ombre, à la façon d'un mauvais livre, ce livre défendu. Tant notre jeunesse intelligente avait la conscience intime que ce livre était un de ces chefs-d'œuvre destinés à servir de concurrence et de contre-poids aux chefs-d'œuvre acceptés et reconnus par les siècles! Rappelez-vous aussi, vous, nos frères des premières années, notre émotion des jours de congé, lorsque dans la fameuse galerie de bois du Palais-Royal, où régnait le libraire Ladvocat (rendons-lui des actions de grâces publiques pour sa générosité vraiment royale), il nous était permis de lire, au pied levé, le *Giaour*, *Don Juan*, les *Odes et Ballades*, tout ce qu'avait fait Byron... tout ce qui se rêvait encore, entre les deux saules et dans le petit jardin de la rue de Vaugirard!

Quelles heures ainsi passées pour un écolier plein du feu antique, à s'enivrer tout bas du parfum de ces fleurs des tropiques et de l'éclat de ces météores! Le Palais-Royal était en ce temps-là un lieu profane où se faisait entendre, à chaque instant, le frôlement ardent de la soie et le craquement irritant du soulier neuf; Les vices des nations excédées passaient, en grand appareil, dans cette galerie immonde, et frôlaient le jeune lecteur furieusement agité par le bruit de ces licences, et par le refrain de ces chansons :

> L'ombre naît et ta porte est close,
> Lève-toi; pourquoi sommeiller?
> A l'heure où s'éveille la rose,
> Ne vas-tu pas te réveiller?

> O ma charmante
> Écoute ici
> L'amant qui chante
> Et pleure aussi.

> Tout frappe à ta porte bénie!
> L'aurore dit : Je suis le jour;
> L'oiseau dit : Je suis l'harmonie,
> Et mon cœur dit : Je suis l'amour.

Et toute cette chanson des premiers printemps, ces fleurs de poésie et d'espérance, au milieu de l'obscène Palais-Royal, parmi ces âcres senteurs et sous le regard du vice en passant! Étrange contraste, à peine incroyable ! — Il fallait véritablement que cette poésie eût en elle-même, une toute-puissance, pour l'emporter sur les bruits irritants d'alentour ! Ce fut ainsi, que dès le collége, aux derniers moments du collége, il y eut pour le nouveau poëte, et pour le chef nouveau, *dux gregis*, une légion, toute faite, et toute prête à le suivre, d'esprits ardents, curieux, ingénieux, passionnés et déjà convaincus !

Ce qui se fit, en ce temps-là, de pages oubliées et dignes d'un meilleur sort, de vers méconnus et charmants, de tentatives avortées, ne saurait se croire et se compter. La vocation était partout ! Partout le zèle à comprendre et l'ardeur à chercher ! Qu'il y eût au delà du monde ancien, un monde nouveau, ce n'était un doute pour personne ; ainsi l'Amérique était pressentie et reconnue, ou peu s'en faut, vingt ans avant le départ de Cristophe Colomb ! Or, c'était à qui s'avancerait le premier, à la suite du maître, dans les domaines de sa fantaisie et de sa découverte. Alors bien des tentatives impuissantes, bien des espérances trompées ! Il ne s'agit pas, pour réussir dans ces grands arts, d'y porter une ambition vulgaire, il ne suffit pas ici : de vouloir pour pouvoir ! Au contraire, dans les arts de poésie il faut posséder la puissance, avant tout ; la volonté vient toute seule, elle a même un nom qui lui est propre, elle s'appelle l'inspiration !

Voilà comment, dans la foule des derniers matelots du grand navire à hélice qui portait l'art nouveau et sa fortune, il y eut plus d'un petit mousse, favorisé par le hasard, qui découvrit, lui aussi, à travers ces rapides courants, son grain de sable dont il fit une île, et son brin de gazon dont il fit un continent ! Personne qui ait vu un petit loup, personne aussi qui ait découvert un petit monde ! Une étoile, fi ! je la laisse au grand Arago ; il me faut, à moi, une comète !

Ainsi l'on partit, toutes voiles dehors, et Dieu sait, au départ, la raillerie et le mépris que l'on faisait du vieux continent ! Évidemment nous allions découvrir l'Orient et les Florides ! C'en était fait, nous remontions au principe de toutes les mers, à la source de tous les fleuves. « Avant la mer, avant la terre, avant ce grand tout que recouvre le Ciel, il y avait... le chaos ! » Et nous aussi nous allions recommencer *les Métamorphoses !* Je vous laisse à penser l'inquiétude et la terreur des vieux écrivains que nous allions mettre à la réforme, et leur épouvante et leur misère, lorsqu'ils virent, qu'en effet : *Victor Hugo* était maître de la haute mer ! Il y en eut qui se jetèrent par les fenêtres pour se rajeunir ! D'autres, voyant danser Alphœsibée, eurent l'idée assez grotesque de danser comme lui ; quelques-uns tentèrent de résister au courant, ils furent noyés ; les plus *grincheux* écrivirent au roi de France, ils furent hués ! Évidemment, cette fois encore, Médée et la Fortune étaient pour les Argonautes à la recherche de la Toison-d'Or.

Ce fut justement dans ces moments d'usurpation, de violence et de mépris pour tout ce qui n'était pas le *moi* régnant, pour tout ce qui n'était pas le *dieu* nouveau, que fut écrit et composé ce livre étrange intitulé : *l'Ane mort et la Femme guillotinée*... On écrivait ces choses-là sérieusement et sans rire en 1828 ! Et, la chose écrite, on la livrait à l'enthousiasme universel avec autant de confiance que si l'on eût mis au jour : l'*Iliade* ou la *Jérusalem délivrée !* Or vous jugez de l'étonnement des vieux de la vieille poésie impériale, vous jugez de leur épouvante en retrouvant, dans ces aimables pages un baiser qui certes n'était pas classé parmi les baisers de Catulle ou de Jean Second, *le baiser à la guillotine !*

En effet, voici un jeune charpentier qui vient de mettre à bonne fin cet abominable chef-d'œuvre ! La machine est toute dressée, et toute luisante, et parfumée de cire vierge ! Ce bel échafaud est fait de main d'ouvrier ! Tout y joue à plaisir ; en même temps tout chante, et tout rit sur ce gai plancher ! Voyez plutôt : la bouteille est à demi pleine et le verre est à demi vide ; une goutte de la douce liqueur a taché le chêne poli ; mais la tache est inaperçue ! Il chante, il est content, le jeune ouvrier ! il attend sa maîtresse, il attend sa jeunesse ! Il calcule, à chaque coup de marteau, ce que va lui rapporter cette machine d'État... et des douleurs, et des angoisses, et du sang, et des larmes, et des spasmes, et de l'infinie épouvante que représentera bientôt chacune de ces marches à franchir, bah ! le jeune homme n'en sait rien ! Est-ce que ça l'occupe ? est-ce que ça le regarde ? Il a bien autre chose à quoi penser ! Il a ses amours, il a ses embûches, il a une fillette enamourée et rieuse qui tantôt va se glisser dans l'atelier, pour admirer à son tour la machine, et c'est toi, la belle fille, qui en feras l'essai ! Ne crains rien et pas de honte ! — Avant toi, Zoé, des rois l'ont essayée, la machine, et des reines, et des poëtes : le roi Louis XVI, la reine de France, André Chénier, Madame Élisabeth, ce qu'il y a de plus auguste et ce qu'il y a de plus charmant ! Ainsi, ma petite Zoé, vous pouvez jouer, sans honte et sans peur, et vous coucher en riant sur cette planchette, où, tout entière, l'ancienne société fut attachée, des cordes à ses pieds, des cordes à ses poignets, une lanière autour du corps. Affaire de rire et de plaisanter, ma belle enfant, affaire très-agréable au jeune homme, et de ne pas pouvoir retirer ta joue et ton cou de ses baisers !

La fillette cependant montait, riante et parée à ravir. D'abord elle hésitait, la coquette ; puis, vaincue, elle consentait à se placer sur la planche fatale de la bascule ; et quels petits cris joyeux, et quel beau geste à plier sa robe à ramages, sur ces deux petits pieds d'enfant, à courber sa tête innocente sous ce joug enchanté ! *Castà cervice juvenca !*

Elle tombe, et tombant range ses vêtements...

Ah ! la jolie invention et le beau livre que c'était là ! Le plaisant tour de force et l'aimable plaisanterie ! On en avait l'eau à la bouche de ce baiser *à la guillotine*; même on m'a dit, tant le succès avait été grand de cette *élégie* et de cette *idylle* sous le hêtre et *sur* le chêne, qu'un jour une société en belle humeur avait voulu réaliser cette agréable fiction sur la vraie machine, une machine à tuer, qui avait servi et qui servait depuis longtemps. Bon ! l'homme à la machine y consent. Plusieurs dames et plusieurs messieurs, grands liseurs des romans de 1829 et années suivantes, se trouvèrent au rendez-vous du bourreau ; lui cependant il attache une de ces dames à la planchette, et la planche tombe dans le trou horizontal, et de rire !... O soudaine et épouvantable vision ! comme la dame, en riant, relevait sa tête joyeuse et tiède encore du baiser traditionnel, elle pousse un cri, et sa tête retombe immobile... Au sommet de la rainure on avait oublié le couteau, et l'homme à la machine, oubliant que c'était un jeu, s'appuyait nonchalamment sur le ressort qui fait tout partir. Voilà, voilà ce que c'est que de jouer avec les livres de dommage et avec les instruments de meurtre ; on y laisse toujours un lambeau de sa chair, un morceau de son cœur ! Tu veux passer par la haie, à travers le buisson ? tant pis pour toi ! tu y laisseras pour le moins un flocon de ta toison !

Par ce *baiser à la guillotine*, un des plus merveilleux chapitres de ce fameux *Ane mort*, vous pouvez juger du chef-d'œuvre entier. Ce livre abominable était pour ainsi dire un perpétuel démenti à tout ce qui fait peur, à tout ce qui fait rêver, à tout ce qui est le vague et l'idéal ; si bien que, en ce temps-là, l'auteur fut chassé du camp des poëtes, absolument chassé, et qu'il se vit forcé, par la nécessité même de sa propre condamnation, d'entrer dans le camp stérile, abominable, odieux, dans le camp des critiques ! Il avait fait, sans le savoir, une satire, l'idiot, et, sans le vouloir, une dissertation, l'imbécile ! Il n'était plus bon à rien désormais, qu'à peser des diphthongues, à vanner des participes, à trier des petits pois dans le rauque giron de la vieille critique ! Ah ! monstre ! ça t'apprendra à te moquer de l'idéal ! ça t'apprendra à te moquer de la fantaisie ! Ainsi finit son rêve ! il obéit à l'*ananké* ; il ne fut plus compté pour rien dans le cénacle ; il fut hors de compte, hors de cour, hors de tout, et classé parmi les impossibles ! Ah ! maudit livre ! Ah ! maudite *guillotine* qui fut pour ce maladroit une galère !... Et songer que l'on se ferme ainsi toutes les belles portes, en se jouant !

Voilà comment et pourquoi le malheureux auteur de *l'Ane mort*, enseveli sous ces décombres, n'a jamais été rien de rien dans ce monde ouvert à toutes les ambitions les plus furieuses ! Voilà pourquoi il est resté attaché à sa roue, à sa glèbe, à son gibet, dans le carrefour des maisons impies qui seront renversées, parmi les arbres qui ne portent pas de fruit, et qui sont jetés au feu, hors du tabernacle d'une surprenante germination, au dernier rang de ces malheureux dont parle Ovide, et qui ont bien de la peine à vivre dans leur humble condition :

*Vix humili duram reppulit arte famem !*

Et c'est justice, et c'est bien fait, et, le maladroit ! il a bien mérité cet esclavage et cet abandon ! Il a planté du mauvais plant de vigne, il s'en est enivré, tout comme le père Noé ! *et de eâ inebriatus est !*

Dangereuse et mauvaise fantaisie, œuvre sans nom ! Tristes fantômes qui m'apparaissent, à cette distance et à cette heure.

. . . . . . . . . . . . Comme on voit voltiger
Une chauve-souris dans la nuit d'une tombe !

Or il y avait bien longtemps que je ne savais plus ce qu'étaient devenus ces rires sans pitié, ces larmes sans motif, et surtout ces vieilles, vieilles amours éteintes sous la cendre (âge heureux où l'on guillotine absolument sa maîtresse à la première trahison !); Alors il me sembla que j'étais soumis à une servitude infâmante : *Infamissimam servitutem;* lorsqu'un jour je vis flamboyer ce titre fameux : *l'Ane mort*, sur l'affiche d'un théâtre ; il me sembla, que moi aussi, j'étais attaché sur la machine, et que je voyais le couteau en l'air ! Le couteau, à cette distance, eh bien ! c'est pis que le couteau, c'est la censure des honnêtes gens, c'est le reproche mérité d'avoir amusé le lecteur en lui montrant des choses véritablement abominables ; le couteau, c'est ce paradoxe de style et de mensonge qui consiste à rendre supportables des monstruosités, des pensées de l'abîme et des idées dignes de l'enfer : voilà le couteau ! Damoclès et son épée enfantine sont des jeux, comparés à ce plomb aiguisé sur une tête aujourd'hui dépouillée et sans prestige ! En toutes choses, Messieurs, qui êtes jeunes, lorsque vous faites des livres sans freins et sans lois, il faut penser à *l'épée*, il faut penser au couteau, il faut penser à l'heure où l'écrivain rend compte des anciens témoignages ! Il faut penser que le rire s'efface, que le paradoxe vieillit vite, et que bientôt le plus merveilleux tour de force, en fait de style et d'invention, est dépassé, imité, copié ; alors rien ne vous reste que l'idée, et tant pis pour vous si l'idée est horrible ! Horrible idée, en effet, ce jeu avec le vice, avec le sang, avec les sales boudoirs, avec les échafauds sanglants, avec les bagnes, avec les filles de joie et leurs acolytes ! Horrible idée, on l'avoue, on en rougit, ce jeu funeste et dangereux qui consiste à mettre des tentures riantes sur l'infection, à badigeonner le cloaque, à dissimuler l'abattoir, à donner au spectre une forme élégante, au vice un manteau de pourpre, à la vénalité de la conscience et du corps une excuse, au mensonge un prétexte, aux plus horribles descriptions du lupanar et du charnier, je ne sais quel vernis menteur et quelle odeur malsaine qui rend l'ulcère même supportable, et qui fait contempler, sans dégoût, les plus vils abcès du corps humain.

Ah ! vous jouez, jeune homme, avec les mauvaises mœurs de ces grands carrefours, vous soldez la petite note des guillotineurs, vous dînez chez le bourreau, vous chantez des chansons de fête au gardien de la Morgue, et cela vous plaît de savoir les dernières pensées d'un pendu, et cela vous charme de suivre, en ses désordres et en ses crimes, une fille errante, le haillon au corps et la vermine aux cheveux, jusqu'à ce que, sur la paille obscène du cachot des condamnés à mort, elle enfante un fils à son image... Eh bien ! faites ! vous êtes libres ! Abandonnez-vous, à vingt ans, aux délires de vos sens, aux folies de votre esprit, aux mensonges, aux trahisons, aux perfidies de votre cœur ! Entassez, dans ces pages enivrées de jeunesse et saturées de fantaisie, tous les genres d'audace et toutes les espèces de blasphèmes : la boue et le sang, l'immondice et le vol ! Croisez au frontispice de votre conte (armes parlantes de cette belle poésie) l'éventail de la fille de joie et le scalpel de l'opérateur ; comptez les sanies, les pustules, les échancrures, les ulcères, les chairs pantelantes, les opérations, les coups de bistouri, les coups de bâton, les morsures et les baisers que reçoit, en un jour, le Paris de la plaie et de la peste, le Paris de l'orgie et de l'empirisme, le Paris du venin et des trahisons...

Afin qu'un jour, au bout de vingt ans, quand vous croyez l'œuvre oubliée et pardonnée, un dramaturge oisif, un dramaturge innocent, s'abritant à votre ombre, imagine de lâcher en public ces sanies, ces spectres, ces chauves-souris, ces désespoirs, ces lamentations ! Vous alors, que faire et que devenir en cet abîme ? A ces vengeances comment échapper ? De quel front répondre au spectre ? Et c'était bien la peine, vraiment, de se figurer que les morts ne mordent pas parce qu'ils n'ont pas de dents ! Au contraire, il n'y a que la dent qui reste au cadavre ; la dent brille encore et menace quand le crâne est vide, quand l'œil est éteint. « Hélas ! pauvre Yorick ! »

C'est le châtiment ! c'est la vengeance, et voilà le couteau ! Elle va d'un pied boiteux, la vengeance... elle arrive enfin ! Ce vieux petit livre vermoulu et tout ridé, il est mort par son côté grotesque et sanglant, et s'il n'est pas mort tout de suite, il faut s'en prendre uniquement aux quelques fleurs qui se sont hasardées dans ces ruines, aux honnêtes cris entendus dans ces blasphèmes, aux humbles croyances qui circulaient dans tous ces doutes! Ajoutez le grand triomphe et le rapide enchantement de la jeunesse! Oui, il y avait nécessairement dans ces haillons, dans ces tombereaux, dans ces immondices une certaine fleur de grâce, de jeunesse innocente et d'honnête esprit qui a fait supporter le néant de tout le reste, qui l'a rendu supportable une heure; après quoi la couleur sombre a reparu sur le blanc d'ivoire, et la mort s'est montrée en grand triomphe sur les fleurs!

Flairez-moi ça, quelle odeur de cadavre! Écoutez ça, quelles voix de l'abîme! Approchez-vous : l'anéantissement a posé sa main implacable sur ces ossements vermoulus!

Affreuses reliques! le cadavre de cette infortunée a gardé l'empreinte du panier des supplices! Vous reconnaîtrez à la coupure des vertèbres, le couteau qui les a tranchées! Sur cette joue où fut la vie, on retrouve uniquement la trace pâle des soufflets et des baisers! Ce peu d'innocence est parti, ce peu de rougeur s'est dissipé! Le léger parfum des jeunes années, il s'est envolé! Ces cris d'oiseau, ils ont fait place aux rugissements du désespoir! Ce beau petit livre où brillait, de temps à autre, une larme... cette larme est devenue une tache! Ces fleurettes cueillies dans les prés de Vanves et placées entre ces pages humides, elles ne sont plus que cendre et poussière! On lisait, sur ces hêtres, quelques jolis vers, inspiration du mois de mai; et le hêtre, et les vers, et les chiffres entrelacés, tout est devenu échafaud! Le livre est devenu une fosse commune où rien ne flotte, pas même un petit bout de crucifix! A cette heure, il est changé en glu et en sang caillé. Encore une fois, c'est la vengeance et c'est justice! « *Quisque suos patimur manes,* » disait Rameau le fou.

Ajoutez, pour que l'accusation soit complète, et afin que rien ne manque aux vanités de ce premier succès, que *l'Ane mort* arrivait après une page très-belle et très-héroïque : *le Dernier Jour d'un Condamné,* ce grand livre dont l'impression est ineffaçable à qui l'a osé lire une fois. L'*Ane mort* voulait ressembler à une parodie; heureusement pour l'auteur que la parodie eut tournée bien vite au sérieux. « Je sens que je tourne au sérieux, » disait

Byron en plein *Don Juan*; il faisait bien, le rire est bon, mais il fatigue ; il est charmant quand il est vrai, mais il n'y a pas de poëme et pas même de chanson, où d'un bout à l'autre, on rie. Il n'a pas été donné à l'homme, et Dieu merci, de tant rire : on est gai, et tout d'un coup je ne sais quelle épouvante et quelle tristesse jettent l'ombre sur vos fronts et la gêne dans vos cœurs. On veut rire d'une infidèle, on l'accuse, on se la montre au doigt, soi-même, à soi-même, et tout d'un coup on la retrouve au fond de son âme ; alors, au milieu du rire on pleure, le chagrin se montre, et la douleur éclate ; on est jeune après tout, et l'on n'est pas un bouffon sous un masque...

Et voilà pourquoi c'est beau la jeunesse ; elle accroche son fil doré comme fait le ver-à-soie, à la première branche, et tant qu'elle a de la soie elle file, appelant à la parure de sa bien-aimée toutes les couleurs de l'arc-en-ciel : le bleu de l'espérance, le blanc de la jeunesse, le violet de la courtoisie, l'incarnat de la bonne grâce ! O jeunesse enamourée ! elle croit filer un manteau pour la fée, elle file un suaire ! Elle croit réchauffer un agneau, elle réchauffe une couleuvre. Elle est semblable à la Fortune, dans la tragédie latine, semant ses faveurs à l'aveugle :

> Spargitque manu
> Munera cœca, pejora favens

Eh bien, il paraît que je ne mis pas dans mon premier livre assez de grâce, assez de charme et de jeunesse ; on n'y voulut pas reconnaître un poëte, et pas même un romancier ; on y vit, chose horrible à dire.... un critique. *Haro sur le baudet !* et il fallut bien se soumettre. Allons, le sort en est jeté. Soudain je renonce à la poésie, au roman, au rêve, et j'entre, par cet arc de triomphe d'un si fameux livre, au beau milieu de la critique. Avouons que ce n'était pas avoir une chance heureuse, et que M. Martainville, s'il avait pu savoir qu'il parlait à un romancier déclassé, à un poëte découragé, n'aurait pas manqué d'ajouter, à tant d'arguments sans réplique, une bonne douzaine d'autres arguments, également sans réplique. Avez-vous lu dans Celse une admirable définition du chirurgien parfait ? Cette définition de Celse, je la vais placer dans cette *rhétorique ;* elle s'applique très-bien au critique, et l'on ne saurait mieux rencontrer :

« Le chirurgien (ou le critique), dit Celse, doit être jeune ou
« voisin de la jeunesse ; il doit avoir la main exercée, et ferme ;
« il doit se servir aussi facilement de la main gauche que de
« la main droite ; sa vue est nette et perçante, son cœur est
« inaccessible à la crainte ; et, dans sa pitié, comme il se pro-
« pose avant tout, de guérir le malade, loin de se laisser ébranler
« par ses cris, au point de montrer plus de précipitation que le
« cas ne l'exige, ou de couper moins qu'il ne faut couper, il ré-
« glera son opération comme si les plaintes du patient n'arrivaient
« pas jusqu'à lui. »

« Moi! disait Diderot, mon métier est celui de critique, je suis
« un critique comme on est un avoué, un avocat, un médecin...
« J'ai des clients dont je sais les affaires, les tableaux, les livres :
« il me vient plus d'affaires que je n'en puis plaider. Je fais mon
« métier avec conscience, et je m'y plais. Il y a pourtant des
« moments où le tracas de ma boutique me fait regretter, comme
« le barreau à Cicéron, les champs, le loisir des muses, et les
« entretiens d'amis à Tusculum. Sedaine me disait hier : *Oui!*
« *mais votre métier vous le faites avec sensibilité, vous y mêlez*
« *votre âme!* — Je ne nie pas que le métier ne gagne à cela,
« mais moi j'y perds. Vous autres poètes, vous employez votre
« sensibilité à faire l'amour et à procréer des êtres terribles ou
« charmants, moi le critique, lorsque je mets mon cœur dans
« mes jugements et dans mes sentences, je fais comme un pauvre
« chirurgien qui, soignant ses malades, panse, saigne et tranche
« avec une sensibilité qui s'y dépense douloureusement et stéri-
« lement. »

Voilà l'homme au scalpel, et voilà l'homme armé d'une plume !
On pouvait dire aussi que le jeune chirurgien et le jeune critique
sont également dangereux dans leur coup d'essai, et malheur au
pauvre diable qui leur tombe le premier sous la main ! L'un et
l'autre ne demande que plaie et bosse ; il coupe, il taille, il
arrange, il répare, il invente ; il fait saigner la plaie, il se réjouit
des gémissements du patient. Quoi d'étrange ? les cris et la douleur attestent la toute-puissance et le sang-froid de l'opérateur !
Poètes, et vous tous qui avez besoin pour vivre des opérations
de la critique, méfiez-vous du jeune critique, il est impitoyable,
il ne connaît pas les ménagements et les moyens termes ; il taille

en plein drap, il vous tue, il vous foule aux pieds, c'est une rage !

Attendez plus tard que la bête féroce ait mordu tout à l'aise, attendez qu'elle ait fini par se rendre compte de ses morsures, alors enfin vous trouverez quelque chose d'humain dans le cœur du critique rassasié. Plus il saura combien l'art est difficile, et plus il sera modéré, patient et bon homme. Il aura honte alors de ses rages contre des œuvres mal nées, qui seraient si bien mortes de leur belle mort ; et, devenu plus sage, ou si vous aimez mieux, plus habile, il cessera de parler, en son nom, pour ne plus parler qu'au nom du public. Il ne dira plus : *Je crois*, il dira : *Nous pensons*, mettant ainsi le lecteur de moitié dans ses expériences et dans ses doutes, et comme enfin le public a son amour-propre et son esprit de corps, le critique a beaucoup gagné qui met le lecteur de moitié dans ses répulsions et dans ses amours, et qui se met lui-même de niveau avec son juge, le public, en causant familièrement avec lui, en lui donnant sa part dans la malice et dans le sourire, dans l'enthousiasme et dans la louange.

Appelez-vous *légion*, vous qui parlez au public, c'est le seul nom qu'il vous permette ; il n'aime pas ceux qui parlent seuls, il aime ceux qui lui parlent et qui le laissent parler à son tour. Dans ce grand orchestre de chaque matin, c'est le public qui donne le ton et qui conduit l'orchestre. Essayez d'aller de votre côté et de chanter votre chanson isolée en un coin, et ce sera tout à fait comme si je chantais.

Sous l'Empire, Hoffmann, Dussaulx, M. de Feletz, Geoffroy racontaient le xviii$^e$ siècle interrompu par les massacres politiques, ou pour mieux dire c'était le xviii$^e$ siècle qui se jugeait lui-même, avec une justice impitoyable. Ils jugeaient le siècle de Voltaire, de l'*Encyclopédie*, et de Diderot, comme en ce temps-là le jugeait ce même public dans les maisons pleines de deuil. Aujourd'hui, tous les excès portent leur remède avec eux ! Il n'y a pas un esprit sensé et bien pensant, pas un homme ayant de lui-même quelque respect, qui osât écrire et signer une seule des pages que Geoffroy écrivait contre Voltaire, par la raison que dit Tacite : *qu'il ne faut pas parler témérairement de si grands hommes*, et par cette autre raison plus vraie et plus juste, que la philosophie est loin, aujourd'hui, de ces jours de triomphe et de toute puissance.

Ils étaient un obstacle, on les a combattus ; ils sont devenus un rempart : honneur à qui les défend et les protége. En un mot et à tout prix il ne faut pas que l'on puisse dire : « La France s'ennuie! »

Il y a trop de périls dans les ennuis de la France. Elle ne sait pas s'ennuyer, et cette rage de distraction à tout prix lui a coûté cher ; elle n'est pas habituée à ce grand silence ; le bruit, la grâce et la véhémence des paroles lui plaisent et la charment ; elle n'est pas faite à ce grand calme des actions qu'elle aime et qu'elle honore. Elle est semblable à la Grèce, et comme Athènes elle-même, elle a besoin de ses jeux olympiques ; elle veut voir, de ses yeux, elle veut couronner, de ses mains, les vainqueurs de la guerre et les vainqueurs de la paix ; elle veut toucher aux soldats des Perses pour les combattre, aux mages de l'Orient pour les comprendre. Un instant, peut-être, elle va se contenter de bâtir, de forger, de semer, de creuser, de fabriquer, de voyager ; soudain, lasse de cette vile fortune, elle s'arrête pour applaudir aux terreurs de Sophocle, aux larmes d'Euripide, pour couronner Hérodote, le père de l'histoire, qui donnait le signal à un fils plus grand que lui. Le jeune Thucydide, caché dans la foule, pleurait de joie et d'orgueil. « Tu es heureux, dit Hérodote au père du jeune Thucydide qui lui présentait son fils, tu es heureux, car ton fils aime la gloire. » C'est ainsi qu'en ce temps-là on appelait la vertu.

Revenons cependant à notre héros de tout à l'heure, au poëte de la rue de Vaugirard, dans ce nid charmant où il oubliait toutes choses, au moment des saturnales que toute révolution amène après elle, insultant aujourd'hui ce qu'elle adorait la veille à deux genoux.

C'était l'heure formidable où de tous côtés, dans ce Paris envahi par l'émeute, survenaient de lâches solliciteurs comme des chiens à la curée, arrachant au nouveau pouvoir un lambeau de sa chair. Du fond des diligences, des coches, et des pataches ; des abîmes de toutes les antichambres et de toutes les basses-cours arrivaient des intrigants du plus bas étage pour solliciter une place qui les fît vivre. Ils représentaient les *fidèles* de 1814, seulement cette fois, Valère avait remplacé Géronte. Il était mort, ce pauvre Géronte, en balbutiant : *Vive Henri IV* et *Charmante Gabrielle;* arrivait Valère en chantant *la Marseillaise!*

Géronte se plaignait de Marat et de Robespierre ; Valère accusait M. de Corbière et M. de Peyronnet. Géronte venait de l'Œil-de-Bœuf, Valère descendait de la prise de la Bastille. Ils avaient tout fait, ils avaient tout pris et tout sauvé. « Je ne sais pas comment cela se fait, disait un bel esprit qui cependant a été ministre longtemps, nous étions quinze cents à Gand, et nous en sommes revenus quinze mille. »

Hippias est administrateur général : — Comment cela, bon Dieu ? — Hippias, le 24 juillet, s'est foulé le bras en tombant de cheval ; il est resté six jours dans sa chambre, le septième il est sorti le bras en écharpe, et le huitième il a été nommé administrateur général. Voilà l'histoire d'Hippias. Ajoutons qu'il a renvoyé le valet qui l'accompagnait le jour de sa chute. — Mais Hippias n'entend rien à l'administration ; c'est un homme aimable. Vous savez..... — Tête sans cervelle ! Je vous dis qu'Hippias est sorti le bras en écharpe.

O lâchetés ! Mais elles passent à côté du poëte ; il ne les voit pas, il ne les sent pas ; il n'a jamais fréquenté les muses prostituées. Son regard se détourne du spectacle honteux de ces hommes qui ne savent pas vivre de leur propre vie, et qui se vautrent. Rien n'est plus vrai, cependant : pour vivre il faut absolument une place. Le mal est profond, et le remède est encore à trouver. On dirait, à les entendre et à les voir, que celui-là est déshonoré qui n'a pas un emploi de l'État, et il semble que ce soit une humiliation de ne pas puiser dans le budget de la fortune publique ! C'est que rien ne plaît à la paresse humaine, comme d'être porté à dos de mulet, sur ces vastes machines qui vont toutes seules ; rien non plus ne convient si bien à l'esprit routinier des petites familles du terre à terre, que ces appointements qu'on est sûr de toucher à la fin de chaque mois ; c'est une sorte de rente ; c'est un *fixe*, comme disent les ménagères, avec cela on est sûr de ce qu'on gagne, y compris la pension qui vous ôte à la fois, toute prévoyance et tout souci pour l'avenir !

Aussi bien, malheur aux solliciteurs de province qui reviennent de Paris, sans avoir obtenu quelque chose ! Les mères de famille les montrent à leurs filles comme des espèces de parias qu'il faut bien se garder d'accueillir. Danser avec un homme qui n'a pas su être procureur du roi ! y pensez-vous ma fille ? Ainsi, tous nos préjugés contribuent à allumer cette soif inextinguible de travailler à sa tâche le moins possible. Ainsi la société est sans cesse tenue en suspens, inquiète, entre ceux qui obtiennent et ceux qui n'obtiennent pas, agitée entre la joie des uns et la colère des autres. Quiconque est refusé, quand tant d'autres réussissent qui ne valent pas mieux que lui, s'éloigne la rage dans le cœur, jurant de bouleverser l'État puisqu'il n'est pas sous-préfet. — Si bien, qu'à tout prendre, et avec tant de risque cruels, mieux vaut encore être un écrivain dans la foule, qu'un employé aux finances, ou au ministère de l'intérieur.

C'était l'heure aussi où les écrivains de la borne et les assassins de la plume insultent, à vil prix, ce qu'il y a de plus respecté parmi les hommes : la gloire, la royauté, la piété, l'infortune ! On criait dans la rue immonde : Achetez l'*Histoire des Amours de Charles X;* voilà les *Amours de la duchesse d'Angoulême avec l'archevêque de Paris;* voilà les *Amours secrètes des Bourbons;* et pour comble d'infamie, à la parole écrite, on ajoutait l'image obscène. — Il y avait aussi en ce temps-là, des gens qui juraient et se parjuraient au milieu des huées. Il y avait, à la Chambre des députés, M. Azaïs, qui offrait d'appliquer son *Système des compensations* à la révolution de 1789, à la restauration de 1814, à la révolution de 1830, et de rire ! Il y avait, dans une humble maison de je ne sais quel village, un petit vieillard nommé Rouget de l'Isle, qui se mourait dans l'obscurité et dans la misère, et le nouveau roi accordait *publiquement* une pension de 1,500 livres [1] sur sa cassette à l'auteur de *la Marseillaise !*

Ah ! cette pension publique de 1500 livres et la colonne de la Bastille, où furent ensevelis les héros de Juillet, quels exemples vous donnez, Sire, aux *Marseillaises* et aux insurgés à venir ! Il y avait aussi les théâtres qui faisaient disparaître l'affiche et la

---

1. Au moins fallait-il donner une pension à Rouget de l'Isle pour avoir mis en musique, avec beaucoup de grâce et d'esprit, l'agréable chanson dont voici le refrain :

> Elle est blonde
> Sans seconde :
> Elle a la taille à la main.
> Sa prunelle
> Étincelle
> Comme l'astre du matin.

lâcheté de la veille, pour les remplacer par des lâchetés toutes nouvelles. Il y avait ce roi qui sortait à pied, son parapluie à la main, et l'assassin qui l'attendait dans l'ombre, le pistolet au poing. Il y avait les radicaux de Sainte-Pélagie qui réclamaient l'honneur d'avoir illuminé, en réjouissance de la mort du *marquis* de Lafayette, « le représentant de l'aristocratie bourgeoise, » et cette lettre de Sainte-Pélagie était chargée de quatre-vingt-douze signatures... une de plus 93 y était!

Le pire des états c'est l'état populaire.

a dit Corneille. Cicéron avait dit, avant lui, dans le même sens : *Mihi nihil unquam populare placuit.*

La mort de M. de Lafayette devenue un sujet d'illumination et de joie; on se demande si la chose est vraie? — Elle est vraie : ils ont appelé : un *marquis*, M. de Lafayette au cercueil!

Un jour, en 1789, à l'audience publique de M. de Lafayette, un solliciteur se prévalait de ses titres de noblesse. « Monsieur, cela n'est pas un obstacle, » lui répondit-il. Le mot était vrai : si la naissance n'est pas un titre, au moins qu'elle ne soit pas un obstacle; on peut être un prince et tout ensemble un grand capitaine : le prince de Condé, le vicomte de Turenne. On peut être un marquis et un parfait honnête homme, et pour exemple M. de Lafayette. Il était un honnête homme d'esprit, et d'un esprit courageux qui savait vivre au milieu des révolutions, comme on dit que vit la salamandre au milieu du feu. La grande distinction de cet homme-là, c'est qu'il n'avait pas de génie! Que parlez-vous de génie? on a tant abusé de ce mot-là, qu'on en a fait une injure.

Le génie aujourd'hui c'est le désordre et c'est le caprice; on le reconnaît à ses folies, et c'est par ces tristes dehors que les hommes prétentieux le singent et le copient. Le génie est dispensé de règles et de devoirs; soyez mauvais fils, mauvais mari, mauvais père; passez par toutes les douleurs de la banqueroute et par toutes les transes de la faillite, n'ayez ni vertu, ni honneur, ni scrupule, qu'importe? vous êtes homme de génie, et vous voilà blanc comme neige! L'homme en effet aime mieux ce qui est grand, dût cette grandeur l'écraser, que ce qui est bon, dût cette bonté le secourir.

L'espèce humaine est semblable à la femme de Sganarelle, elle aime à être battue. Elle a pour l'exagération un respect imbécile et immoral. — De là une funeste tentation pour toutes les âmes naturellement perverties, de singer le génie, de viser au grand, et de se faire, des fautes de quelques grands hommes incomplets, un piédestal insolent. Le vice, au lieu de rester dans son ordure, se pare et se drape ; le crime, au lieu d'être honteux et tremblant, a pris le ton rogue et fier, et il parle de haut à la société, qui a trop souvent la bêtise de l'écouter, chapeau bas. Voilà où nous en sommes venus avec cette manie de croire que le génie est tout, avec ce culte de l'excès que chacun a prêché par amour-propre.

Ainsi grâce à Dieu (il n'eût plus manqué que ce malheur à la révolution française), M. de Lafayette n'était pas un homme de génie, il était un brave et digne homme avec tous les genres de courages, y compris le courage civil qui est, dit-on, le plus difficile de tous. Jeune homme, à la cour même du grand Frédéric, qui ne plaisantait guère, il avait osé soutenir la supériorité des républiques sur les monarchies, et le roi, quand M. de Lafayette eut parlé :« Monsieur, lui dit-il en le regardant de la tête aux pieds, j'ai récemment connu un jeune homme qui, après avoir visité des contrées où régnaient la liberté et l'égalité, se mit en tête d'établir tout cela dans son pays. Savez-vous ce qui lui arriva ? — Non, Sire. — Monsieur, reprit le vieux roi, il fut pendu. »

M. de Lafayette rit beaucoup de ce petit apologue de despote ; et il faut lui rendre cette justice, on l'eût plutôt pendu, que converti. En 1784, à Versailles et à Potsdam, son républicanisme pouvait paraître une originalité piquante ; en 1793, à Olmütz, ce fut du dévouement et du martyre.

Tout le monde connaît le trait du cardinal de Retz qui, dans une émeute, mis en joue par un homme du peuple, s'écria vivement : « Ah ! malheureux, si ton père te voyait ! » L'homme crut qu'il avait mis en joue un ami de son père, et baissa son fusil. Là-dessus on s'est récrié, à bon escient, sur la présence d'esprit du cardinal. Le 16 juillet 1789, le général Lafayette, sur la place de Grève, s'efforçait d'arracher un malheureux abbé à la multitude armée et furieuse qui criait : *à la lanterne !* Un de ses amis lui amène, en ce moment, son fils George Lafayette. « Messieurs, dit le général se tournant vers la foule, j'ai l'honneur de vous présenter mon fils. » Il y eut un moment de surprise, et grâce à ce moment les amis du général firent entrer dans l'Hôtel de Ville ce pauvre abbé, qui fut sauvé. Retz, avec son mot, sauva sa vie ; M. de Lafayette sauva celle d'un proscrit... et véritablement l'avantage est resté, cette fois, au *marquis !*

Même dans sa lutte ardente contre la cour, et, disons-le, contre la reine, on retrouve en M. de Lafayette, le gentilhomme incapable de manquer de respect à une femme, et le républicain qui ne veut pas céder aux sourires et aux grâces de la reine.

Il y a, dans le même homme, un courtisan accompli et un républicain dévoué ; — ses manières sont de l'ancienne cour ; ses paroles sont de la nouvelle Constitution. Il est respectueux, souvent même il est ému, et cependant rien ne saurait ébranler ses principes. Cette contenance désespère la reine. — « M. de Lafayette, dit-elle, est sensible pour tout le monde, excepté pour les rois. » La reine se trompe ; M. de Lafayette est sensible pour le roi dans les limites de la Constitution de 91. Mais faites donc comprendre, je ne dis pas à une reine, — à une femme, des limites au dévouement qu'on lui porte : un peu *trop* pour les femmes et pour les reines, ce n'est pas encore *assez*.

Aussi la reine haïssait M. de Lafayette ; M. de Lafayette à son tour n'aimait pas la reine : « La reine, écrivait-il en 1791, songe à être belle dans le danger, plutôt qu'à le détourner. » Et ce mot-là nous fait aimer la reine et la plaindre davantage, tant il y a de la femme, dans ce soin extrême à ne rien négliger de ce qui peut la parer, fût-ce le malheur ! Il y a dans Marie-Antoinette un peu de Marie Stuart ; avec moins de fautes, plus de grandeur.

Dans sa coquetterie elle vise à l'admiration plus qu'à l'amour. Tout se ressent, dans cette reine au désespoir, de la grandeur de son âme. Et plus tard, quand viendront les horribles journées, quand il faudra passer du cachot de la Conciergerie au tribunal de Fouquier-Tinville, son juge, pour aller de là à la guillotine, au milieu des insultes du peuple ! certes, alors, ce sera du malheur. Eh bien ! à ce moment, elle a su être belle ; à ce moment, elle a gardé sa majesté devant la mort, et devant les outrages, pires que la mort ! La reine ! qui donc oserait soutenir que la reine a songé à être belle, sinon de la beauté des victimes ? Après tout, ne les blâmons pas ces héroïnes superbes qui vont, tête levée, au supplice ; au fond de l'âme une voix leur dit que le malheur n'enlaidit que les lâches, et qu'il sied aux courageuses. Ainsi les petits sentiments les conduisent aux grandes résignations, aux grandes vertus qui restent seules dans ces suprêmes moments. On commence par la coquetterie de la femme, on finit par le courage du martyre. A ce prix on est Marie-Antoinette, à ce prix on est Marie Stuart !

Il était ainsi fait ce *marquis* de Lafayette dont la mort faisait pousser des cris de joie aux échos de Sainte-Pélagie en goguettes ; il était naturel, simple, et naïvement grand ; aussi peu semblable aux héros de l'histoire qu'aux dieux de la fable mêlés aux héros [1] !

« Après tout, je ne veux pas me plaindre, s'écriait-il, j'ai eu mon jour. » ... un fanatique de renommée n'eût pas mieux dit que cela ! Un jour à soi, c'est beaucoup si l'on songe au nombre de créatures vivantes qui n'ont fait que passer, semblables au grain de sable emporté par les vents du nord ! Heureux, en effet, qui parmi tant de siècles, tant d'années, tant de jours tombant les uns sur les autres comme les feuilles des bois, qui peut avoir son jour ; heureux qui peut, en passant, dérober au temps qui fuit quelques moments, fût-ce un seul — ce jour que Dieu lui donne et que l'humanité lui cède, il s'en pare hardiment pour sa gloire, et il le renvoie à l'éternité, marqué de sa griffe et de son nom !

Ceux qui l'ont vu de près, M. de Lafayette, même un instant, dans ses réceptions à l'Hôtel de Ville, n'oublieront jamais cet accueil simple et digne tout ensemble, ce beau regard intelligent et fin, ce mélange exquis du grand seigneur et du plébéien ; ni trop haut, ni trop bas ; sceptique avec l'accent même de la croyance, habile à souffler le feu, heureux de l'éteindre. Il aimait l'orage, il n'était pas son complice ; il ne craignait pas la foudre, mais il n'eût jamais consenti à en faire un des ministres de son gouvernement ; le désordre pouvait venir, il lui tenait tête, et à aucun prix, même au prix de sa vie, il n'eût accepté l'appui, les services et les bons offices du désordre. Au milieu des plus grandes révolutions il était resté le capitaine qui sait vaincre et qui ne sait pas profiter de sa victoire ; enthousiaste, ardent et convaincu, il possédait au plus haut degré cette grande qualité

---

[1]. Divisque videbit
Permixtos heroas et ipse videbitur illis.

de l'homme d'État : le mépris pour les mensonges, pour les injustices et pour les violences de la politique [1], et véritablement ces violences coupables, il faut les regarder un instant afin de s'en rendre compte au besoin, et passer outre. Elles ne sont pas dans l'âme et dans l'esprit de cette nation, ces violences malséantes.

A l'heure où ces farouches sautaient de joie à la mort de M. de Lafayette, où la mort du général Lamarque était le signal d'une émeute, il y avait dans Paris une insurrection d'écrivains nouveaux-venus qui ne pouvaient pas suffire à tous les contes, à tous les romans, à toutes les nouvelles de la consommation quotidienne. On publiait, en ce temps-là (en huit ou dix tomes, s'il vous plaît), les *Contes bruns*, les *Contes roses*, le *Livre des jeunes femmes*, le *Livre des très-jeunes femmes*, *à la Brune*, *à Minuit*, entre *Chien et Loup*, et sous le moindre prétexte ; pour avoir été soldat, marin, médecin, étudiant, homme d'État, jeune fille ou veuve, plus ou moins veuve de la grande armée, on se trouvait en droit de publier les mémoires et les impressions de sa vie, et toutes ces choses se lisaient peu ou prou, tant la calme lecture était un grand besoin après toutes ces agitations de la rue. On lisait pour lire, on lisait pour oublier ; on lisait les petits écrivains justement parce que les grands écrivains étaient en marche ; le nombre des lecteurs est considérable que M. de Balzac a donnés à ses confrères.

Tel jeune homme, à lire les *Odes* et *Ballades*, se trouvait poëte : « Et moi aussi ! » se disait-il. Nos souvenirs ont conservé des pièces charmantes, écrites sous la vive et première impression de Joseph Delorme. Écoutez, par exemple, ce sonnet charmant (Joseph Delorme avait remis le sonnet en rare et difficile honneur, et dites-moi s'il n'est pas dommage que ces choses-là se perdent et disparaissent à tout jamais, comme un article de journal ?) :

> Mon âme a son secret, ma vie a son mystère,
> Un amour éternel en un moment conçu :
> Le mal est sans espoir ; aussi j'ai dû le taire,
> Et celle qui l'a fait n'en a jamais rien su.

---

1. Un jeune homme, en 1830, disait au général Lafayette : — Au moins, général, faites un exemple, livrez-nous M. de Polignac. — Mon enfant, reprit le général, ne tuons personne ; j'ai été guillotiné quatre fois, pour ma part !

> Hélas j'aurai passé près d'elle inaperçu,
> Toujours à ses côtés, et pourtant solitaire,
> Et j'aurai, jusqu'au bout, fait mon temps sur la terre,
> N'osant rien demander, et n'ayant rien reçu.
>
> Pour elle, quoique Dieu l'ait faite douce et tendre,
> Elle ira son chemin, distraite, et sans entendre
> Ce murmure d'amour élevé sous ses pas.
>
> A l'austère devoir pieusement fidèle,
> Elle dira, lisant ces vers tout remplis d'elle :
> « Quelle est donc cette femme ? » et ne comprendra pas !

Cette langue est belle, cette passion est vraie, il y faut croire ; l'auteur de ce sonnet *sans défaut*, est mort à vingt-cinq ans, au moment où il allait prendre sa place au soleil, il s'appelait Félix Arwers.

Dans cet amas de livres qui ont occupé la frivolité des premières années et qui remplissaient les intervalles des grandes choses, quand rien ne sortait du jardin, que dis-je ? du Parnasse de la rue de Vaugirard (le petit jardin était une dépendance de cette maison cachée et mystérieuse où madame Scarron élevait en silence, et songeant à l'avenir, les enfants doublement adultérins du roi Louis XIV et de madame de Montespan), il faut placer dans le monde oisif des écrivains et des lecteurs, chose très-recherchée en ce temps-là, toutes sortes de fièvres, d'obscénités et de gémonies. Ce fut l'heure où M. Vidocq, par exemple, écrivait ses *Mémoires*, et sur toutes les murailles, dans un cadre entouré de chaînes et de carcans, vous pouviez voir annoncés en toutes lettres : *les Mémoires de M. Vidocq*, digne pendant d'un livre intitulé : *le Dictionnaire des supplices*, « dédié au barreau de Paris, » par un nommé Saint-Elme ; et nous relevions en riant, dans ce beau texte, une faute d'impression — c'est au *bourreau* de Paris, disions-nous, que M. Saint-Elme a dédié son livre.

En ce temps-là quiconque avait été non pas *quelqu'un* (*Si vis esse aliquis*, dit le poëte), mais seulement quelque chose : un tambour-major, une servante des Tuileries, un munitionnaire général, écrivait impudemment ses mémoires, impunément et impudemment, à la façon de ces incroyables personnalités qui se font, elles-mêmes, sans que personne les en prie, et de leur plein droit, le centre du monde.

A les entendre, ils ont créé, ces héros de l'écritoire, le monde en moins de six jours, et ils ne se sont pas reposés le septième jour.

« Écoutez-moi. Je vais vous raconter ma vie en vingt tomes. — Je suis né en tel endroit, tel jour, de parents riches mais honnêtes ; rien n'était si beau à voir que ma mère, et rien de plus beau que mon père : on dit que je suis leur image vivante ; elle était fille de roi ; il était fils de prince ; on dit que c'est elle qui a bâti Ninive, et que c'est lui qui a gagné la bataille d'Arbelles. La reine de Saba fut ma nourrice, un nommé Bossuet fut mon précepteur, avec Aristote pour sous-précepteur. A quinze ans j'étais déjà un grand homme, et je dînais chez M. Ouvrard, qui a laissé des Mémoires où il n'est guère plus question de moi, qui vous parle, que si je n'avais pas existé. »

En effet, dans tous les mémoires mâles de cette époque, il est question de M. Ouvrard. Hommes d'État, écrivains, conspirateurs, capitaines, évêques et magistrats, ils ont connu M. Ouvrard, ils ont emprunté de l'argent à M. Ouvrard ; plus d'un même a oublié de rendre à M. Ouvrard l'argent prêté. Ainsi, pendant vingt volumes, ces messieurs courent après la fortune, et s'ils n'y arrivent jamais, c'est que la gloire les empêche de toucher le but. Beau rêve, et toujours ce beau rêve se termine par un tableau des Cent-Jours, et par l'histoire de la Charte de Saint-Ouen ; les plus enragés poussent la complaisance jusqu'à nous raconter la mort du général Foy. Après quoi, l'auteur rentre dans la retraite, ou bien se couche dans la tombe avec son livre, d'où il ne sortira (l'auteur) qu'au jour de la résurrection universelle. — *Ainsi soit-il !*

Mais voici bien une autre épreuve. Les femmes de la Restauration, voyant que messieurs leurs maris se faisaient, à eux-mêmes ces magnifiques oraisons funèbres, imaginèrent de leur côté, d'aller sur les brisées de ces messieurs. N'avaient-elles pas, en effet, de bien magnifiques souvenirs ? N'avaient-elles pas vu passer, sous leurs yeux éraillés à la lueur des bougies, tant d'armées et tant de grands hommes ? A leurs pieds, oui, à leurs pieds, aujourd'hui quelque peu caducs, s'étaient précipités tous les traîneurs de sabre de quelque importance, et elles leur avaient distribué, tant bien que mal, quelques menues faveurs dont ces messieurs ne se souvenaient plus.

Ainsi furent enfantés de nos jours, plus de cent mille volumes féminins remplis des plus véridiques révélations, dans lesquels l'esprit le plus prévenu, ne saurait découvrir la plus petite tache contre l'honneur, contre la morale publique ou privée, contre les plus saintes lois du foyer domestique. Non! parmi toutes ces Vestales de l'histoire, c'est à qui n'a pas voulu des hommages de Sa Majesté l'empereur et roi, c'est à qui aura repoussé les billets doux du roi Murat; et le prince Eugène donc, comme il a été traité par ces dames? Pauvre empereur! malheureux rois! Ils n'ont trouvé, en leurs chemins, que des rebelles; ils ont renversé plus de trônes qu'ils n'ont touché de cœurs; les royaumes armés ne leur résistaient pas, les princesses de leur création leur résistaient! Fi! vous dis-je, un empereur!

Après les femmes historiques, comme elles s'appelaient, vinrent les femmes de salon, comme on les appela. La femme de salon est un être peu défini; cet être-là vit à la lueur des lustres, au bruit que font les pianos et les danseurs; elle vit de médisances adorables, de calomnies innocentes, d'une galanterie qui ne dépasse pas l'épiderme. Elle ne marche pas, elle reste assise; elle ne va pas, on vient à elle; elle n'écoute pas, elle parle; elle passe ainsi vingt-cinq ou trente belles années, les plus belles, dans cette nonchalance occupée; au-dessous d'elle, à côté d'elle, au-dessus d'elle, les amours vont leur train, les alliances se contractent, les jeunes gens se marient, les enfants viennent au monde, les vieillards meurent, les ambitieux s'élèvent, les poëtes et les artistes se révèlent au monde attentif, sans qu'elle daigne ou sans qu'elle puisse prendre sa part de ces joies, de ces douleurs.

Que voulez-vous, n'est-elle pas la reine des salons, et peut-elle dépasser certaines limites, aller plus loin que le canapé où elle est assise, plus loin que le piano d'Érard où elle roucoule, plus loin que la chaise ou le fauteuil qui lui servent de garde du corps? Non, non, l'honneur le veut, elle restera, jusqu'à la fin, dans les froides limites de cette convention.

Cependant, comme je vous le disais tout à l'heure, on a vu même des femmes du monde écrire leurs Mémoires à leur tour. C'était la mode, et elles voulaient obéir à la mode. Alors elles se mirent à se souvenir de toutes les futilités lamentables qu'elles avaient dites ou qu'elles avaient entendu dire. Ces tristes pages, écrites dans le style des marchandes de modes de la rue Vivienne, se traînèrent comme elles purent, à travers tout cet ennui. De ces dames qui ont ainsi radoté, nous en savons une qui a écrit quatre gros volumes, tout exprès pour nous dire que, dans une vie très-longue et passablement agitée, elle n'avait jamais perdu... que sa pantoufle. Et même cette pantoufle était restée suspendue à quelque liane du désert! Pantoufle pour pantoufle, j'aime mieux celle de Cendrillon ; au moins quand la jolie petite chaussure est perdue, c'est un beau jeune homme qui la trouve en son chemin et qui en fait son profit.

Notez bien que plus la dame était avariée, et plus la dame était méchante, et que cette méchanceté même était un sujet de contentement pour le libraire et de bonne humeur pour le lecteur. Plus il y en aura d'appelés et plus de piqués au vif, plus la foule sera contente; le lecteur aime la médisance, il se plaît à la calomnie. Même les gens insultés dans ces petits livres s'en font les propagateurs, soit que leur petite vanité y trouve son compte, soit que le voisin, plus maltraité que vous-même, vous console de ces mauvais traitements. On subit le coup d'épingle assez volontiers, pourvu que voisin soit frappé d'un coup de canif.

Il n'est donc question, dans le grand monde de ce temps-là, que des *Mémoires* de madame de V***. — Les avez-vous lus, ma chère? c'est une horreur! On prétend que madame d'A*** n'a pas moins de quarante ans! — Et ce pauvre M. de B***, comme il est traité! Et le colonel K***, il a trahi à Waterloo ; et la baronne de F***, la fille d'un épicier! et le grand docteur ***... ignorant au premier chef, il a empoisonné vingt hommes d'un seul coup! Et la petite de R***, il paraît qu'elle n'est pas mariée avec M. de R***. — Avez-vous lu le chapitre xi, où il est parlé de l'influence du corset sur la beauté? En voilà des cruautés! Je ne sais pas comment la petite P*** se peut montrer en public! »

Ainsi l'on parle des *Mémoires* de madame de V***, et le moyen, pour un livre ainsi fait, de ne pas réussir?

La plupart du temps il arrivait même que l'auteur de ces *mémoires* prêtait tout bonnement son nom au libraire, et le libraire, à bas prix, se chargeait de fournir à madame *une telle*, ses mémoires tout dictés et tout écrits. L'habile éditeur avait à ses ordres une douzaine de faiseurs, qui ne se gênaient pas pour raconter à tout venant, la vie et les aventures de *M. le maréchal* un tel, de *madame la duchesse* une telle ; on y allait sans gêne et sans façon avec ces messieurs et ces dames. — Ils fournissaient le poisson, les faiseurs fournissaient la sauce ; et c'est pourquoi, lorsque par malheur et par hasard vous avez lu deux ou trois de ces livres insipides, vous trouvez qu'ils se ressemblent tous. Quoi d'étonnant ? ils sortent de la même fabrique.

A cette fabrique on doit, ou peu s'en faut, les *Mémoires de Bourrienne*, les *Mémoires de Constant*, les *Mémoires d'Antomarchi* et les *Mémoires du mameluck de l'Empereur*, les *Mémoires de madame Dubarry* et les *Mémoires de Fleury*. Madame de Genlis, qui a fait, elle aussi, ses *mémoires*, et d'insipides mémoires de vieille femme, épuisée, anéantie et ridicule, a du moins écrit, elle-même, ses propres mémoires. Avec cette rage de *mémoires*, un homme de beaucoup d'esprit écrivit pour le Théâtre Français une comédie intitulée : *les Mémoires de la marquise de I\*\*\**, que jouait madame Desmousseaux avec cette verve qui n'épargne rien. Était-elle assez amusante à voir lorsqu'elle abjurait ces infâmes volumes des vieilles femmes qui se font hommes de lettres afin d'utiliser la lie et le râle de leurs amours ! On eût dit, à la voir s'indigner ainsi, que madame Desmousseaux avait fouillé dans un cabinet de lecture pour en relire quelques-uns, de ces affreux volumes tout souillés de taches de suif et de pommade, délassement de l'écurie et de l'antichambre, moitié fumée et moitié cheveu, pages souillées par tous les sales doigts, où il est question de beau monde, de beau langage, de belles manières, où sont inscrits les plus grands noms du plus noble faubourg, et alors, dans son indignation contre cet infect plaisir, madame Desmousseaux avait créé le rôle et *les mémoires de madame de I\*\*\**.

Le chef-d'œuvre de ces publications honteuses et de ces livres hideux dont se repaissait un public imbécile, et ma foi, tant pis pour lui ! ce fut un livre intitulé : *Mémoires de la Contemporaine* ; oui, la vie entière de cette horrible et sale créature qui s'est appelée un instant : *la Contemporaine*. La *contemporaine* de quoi ? et de qui la *contemporaine* ? Elle était, ô misère ! la contemporaine des sergents-majors et des goujats de la grande armée ; et s'il y a jamais eu une femme obscène à qui l'on ait pu dire : cache-toi ! certainement c'était cette femme-là. Elle régnait dans les printemps de 1804, et ces vainqueurs l'avaient aimée un instant, le temps de boire un verre de chenick, en passant d'une armée dans une autre armée ! — Elle était horrible à voir ; elle était immonde, tout embarbée et toute pelue, avec ce rapiécé et ce réchauffé du vice forclos que nulle palette ne saurait rendre, et comme dit le satirique d'un homme, à plus forte raison d'une femme innocente :

> Ah ! malheur à celui qui laisse à la débauche
> Planter le premier clou sous sa mamelle gauche !
> Le cœur d'un homme vierge est un vase profond :
> Lorsque la première eau qu'on y verse est impure,
> La mer y passerait sans laver la souillure,
> Car l'abîme est immense et la tache est au fond.

Bientôt ce *premier clou sous la mamelle gauche* est un ulcère, et ce visage est une plaie. Au lieu de la cacher, cette femme-là montrait sa plaie ; elle avait vécu de vol, de prostitution et d'espionnage, elle s'en vantait en douze volumes in-8°, la malheureuse ! Et non-seulement elle vantait ses propres obscénités, mais encore elle en inventait d'étranges, d'inconnues, et elle avait des hommes à ses gages qui lui en prêtaient de leur invention. Elle fit, je l'avoue, un certain bruit, cette malheureuse, entre les premiers romans de George Sand et les premiers poëmes de M. Alfred de Musset ; Paris s'arracha ces livres fangeux jusqu'à ce qu'enfin, toute vieille et ridée, elle mourut dans sa dernière patrie, un hôpital. Ce fut pourtant pour avoir de l'argent qu'à l'âge de soixante ans, qui pesaient sur sa tête abominable, cette malheureuse se mit à étaler ses oripeaux et ses fantaisies, comme on fait des haillons dans l'enceinte du Temple.

A soixante ans, la hideuse créature, elle s'est regardée de la tête aux pieds, et comme elle n'avait plus rien à faire, elle s'est mise à faire son portrait plus bas que le buste, à grands traits, et je vous jure, sans complaisance. *Ne descends pas de carrosse les pieds joints*, dit un sage proverbe ; mais elle avait passé l'âge où l'on se rappelle ces précautions salutaires, et de ce char de triomphe elle était descendue comme elle y était montée, au hasard ; puis son grand plaisir avait été de voir disparaître dans le lointain le carrosse doré qui emportait sa vie entière — au tombeau ? — à l'hôpital !

Chose étrange! cette drôlesse qui ne mentait pas sur son âge et qui ne cachait pas sa corruption, elle mentait sur sa naissance! Évidemment elle sortait de l'hôpital où elle allait rentrer; mais à l'entendre, elle était fille d'un jeune comte polonais qui commença par perdre son château. Ce jeune homme, prisonnier de l'impératrice d'Autriche, enlève la fille de son geôlier, et la pauvre enfant, plutôt que de devenir une comtesse, s'en va ensevelir sa faute dans un cloître. Celle-ci perdue, le jeune comte trouve une noble jeune fille qui s'amuse à épouser le proscrit. De ce mariage est née *la Contemporaine*, comtesse de père, duchesse de mère, et baronne de mille autres lieux.

La Contemporaine vint au monde à Florence, sur les bords de l'Arno, dans quelque vieux palais gibelin, mollement bercée par les douces mélodies italiennes, italiennes à ce point que l'enfant savait déjà le latin à un âge où c'est à peine si l'on parle la langue de sa nourrice ; à neuf ans elle citait Virgile, elle montait un cheval hongrois, elle tenait un fleuret comme Saint-Georges.

La Toscane allait s'éprendre d'une belle passion pour l'héroïne, quand tout à coup, — par un temps assez froid, — au mois de novembre, la bise soufflant sur l'Arno, il fallut quitter l'éternelle fête de l'Italie, pour aller se perdre dans les marécages de la Hollande. C'est que la Toscane avait eu peur de ce proscrit polonais, qui ne songeait qu'à donner à sa fille une éducation convenable! Triste voyage! Ces pauvres gens emmenaient *deux* femmes de chambre et un fidèle Hongrois, fidèle même pour un Hongrois; ce malheureux Hongrois allait être englouti par les glaces, lorsque le père de la Contemporaine se jeta à la nage pour sauver ce bon domestique. Peu s'en fallut même que la jeune fille ne suivît son père. — Le domestique fut sauvé; mais le digne gentilhomme mourut d'une fluxion de poitrine, le 17 décembre 1787, et, ce qui est plus triste, c'est que, vingt jours après son maître, le domestique mourait à son tour. 1787 la jeune fille avait neuf ans, donc elle était née en 1778. — 1778, et 1835, comptez combien cela fait, non pas sur votre tête, Messieurs! Dieu vous en préserve, mais tout simplement sur vos doigts.

La voilà seule avec sa mère et ses neuf ans bien sonnés; neuf ans, c'est un joli commencement de fortune, mais ce n'est pas une fortune. Deux ans se passent, et nous touchons, tant bien que mal, à la première jeunesse. Plus de leçons ; nous montons à cheval comme la reine de Hongrie. Ceux qui nous voyaient passer, disaient déjà entre leurs dents : — Sacrebleu (en hongrois) ! le joli brin de fille, et nous n'étions pas fâchée de les entendre. Oh ! le bon petit cheval cet arabe de Hongrie ! Un jour il nous jette la tête la première, mais le cœur suivra la tête, justement dans les bras d'un beau jeune homme ; vous pensez bien que des amours commencées à cheval doivent aller à bride abattue, ainsi vont-elles. Quoi donc, à onze ans, à onze ans peu sonnés ? mais qu'y faire ? nous ne sommes pas, pour ne pas agir à notre guise, la Contemporaine du tout jeune homme qui gagna la bataille d'Austerlitz ?

En effet, au bout de deux ou trois rendez-vous de l'âge d'or, ce jeune Achille hollandais demande positivement cette main précoce. Qui le croirait ? Le jeune homme était riche, jeune et beau ; mais son père fut assez ridicule pour hésiter à donner son consentement quand on lui parla de ce mariage. Eh bien ! cette seule hésitation pensa tout perdre. La jeune contemporaine de l'autre siècle était fière, sa mère aussi ; elles auraient voulu que ce père hollandais se précipitât dans une alliance si bien assortie. Bref, si ces dames renoncèrent fièrement au mariage, la jeune fille ne renonça pas à l'amour ; au contraire : elle permit à son jeune et beau Van *Trois-Étoiles* de l'enlever à sa première sommation respectueuse. Aussitôt dit, aussitôt fait ; notre jeune demoiselle se lève, tout doucement, à minuit ; madame sa mère ronflait en rêvant. Voilà notre enfant hors de pages ; — chemin faisant, elle prie son beau Van *** de lui donner sa main en toute hâte. Van *** ne dit pas non ; ils vont frapper à la porte d'un ministre qui passait pour un bonhomme fort disposé à compatir aux faiblesses du cœur ; mais voyez le guignon ! le digne ministre était en train de mourir, et il ne devait plus marier personne.

Heureusement qu'en fait de mariage l'intention est souvent réputée pour le fait ; ainsi ils pensaient elle et lui, lorsqu'ils furent interrompus par la maréchaussée qui ramena saine et sauve la jeune demoiselle à sa maman. Cependant il était écrit làhaut que M. Van Trois-Étoiles deviendrait l'époux heureux de la Contemporaine. Il y a des gens qui sont nés..... coiffés !

La lune de miel dura six mois ; ce qui prouve bien que la Contemporaine n'était qu'une enfant en ce temps-là. Mais vint la guerre avec la France, et le jeune Van Trois-Étoiles entendit retentir à son cœur cette chanson de tous les pays :

   Il faut partir, Agnès l'ordonne.

Laquelle chanson M. Van Trois-Étoiles chantait avec ces variations : Il faut partir, même quand Agnès ne l'ordonne pas. Il était parti en effet, ce malheureux Patrocle, lorsque sa femme voit entrer chez elle des officiers du duc d'York, de vrais Anglais sans façon et sans gêne. Ces messieurs se vautraient sur les sofas, lorgnaient insolemment la femme de la maison, et, qui pis est, ils s'emparèrent de l'innocent Van Trois-Étoiles, sous le vain prétexte qu'il veut passer à la France avec sa femme et son épée, c'est-à-dire avec armes et bagages. Que fait la dame ? Elle appelle à son aide la dive bouteille, et elle vous enivre les habits rouges de façon à ce qu'ils ne se réveillent pas avant demain. Allez donc ! A cheval, et partons ! Le duc d'York, demain à son réveil, en sera quitte pour avoir au moins un demi-pied de nez.

Malheureusement tous les Anglais n'étaient pas ivres-morts. Une patrouille veillait ; cette brave patrouille rencontre le Contemporain et la Contemporaine ; pour commencer, on vous expédie le Contemporain pour un joli endroit nommé Lutphen, et zest ! on vous escamote la Contemporaine dans le fourgon du duc d'York. Ce fourgon était déjà meublé de deux jeunes Briséis, la part du butin. *Omnes ut tecum meritis pro talibus...* Cette fois, la dame était perdue sans ressource. Elle avait contre elle sa beauté et ses deux compagnes, sa jeunesse et le duc d'York, quand tout à coup passent des soldats français quoique émigrés ; d'un revers de sa jolie main, la Contemporaine donne au duc d'York son congé, et voilà la dame au milieu des bons émigrés qui, sans la connaître, et en véritables chevaliers de l'Œil-de-bœuf, se mettent en quatre pour défendre cet œil si vif et cette main si leste. On se battit longtemps, mais enfin le ciel se déclara pour la bonne cause, et la dame fut remise entre les mains de son mari.

Vous voyez que nos confessions ne sont pas tout d'une pièce ;

nous vous faisons venir l'eau à la bouche, et puis, — bonsoir la compagnie! *la suite au prochain numéro!* A vrai dire, ce mari nous fatigue et nous ennuie; il n'y a pas grand mérite à s'acharner à ce digne homme; à chaque instant il se fait prendre comme un niais. Au moins finissons-en avec celui-là, et que s'il retrouve sa femme, eh bien! ce soit tant pis pour lui! Patience, patience, nous voilà au siège de Lille; messieurs les officiers nous trouvent passablement jolie; l'un d'eux surtout nous regarde à nous faire rougir, et si nous rougissons, c'est que nous l'aimons. A la bonne heure, mais que ne disiez-vous plus tôt cet amour-là, Lisette? ne vous souvenait-il pas que vous allez avoir quatorze ans?

Et le mari? Ma foi! on se soucie bien du mari; nous avons notre nouveau petit capitaine qui nous entoure de ses timides hommages. Bientôt la timidité s'en va, le délire s'en mêle; après le délire viennent les larmes, le repentir. « Zaïre, vous pleurez? » Et de quoi? et pour si peu! Oh! comme la Contemporaine à quinze ans eût éclaté de rire de se voir en larmes, à cette occasion puérile, si dans quelque miroir magique elle eût pu deviner les promesses de l'avenir!

En effet le lendemain de Valmy (nous allons vite en besogne), voici le général de Beurnonville qui s'avise de nous trouver jolie, et qui se permet de nous le dire. Fi donc! un général; nous ne monterons pas si vite en grade, et pour le quart d'heure *la graine d'épinards* n'a rien qui nous charme. Quant à l'aide de camp du général, nommé Meunier, pour celui-là c'est autre chose.

D'abord il est l'ami de Marescot, le capitaine, et c'est autant de gagné; puis il est plein de respect, ce qui est beaucoup; va pour Meunier! Mais la femme propose et la guerre dispose : la guerre nous mène à Bréda, où nous rencontrons enfin le général Grouchy, un jeune homme de vingt-six ans, d'une exquise politesse, et qui nous donne une fête! Toutes les femmes étaient à demi vêtues d'une tunique grecque et sans manches, sans manches! aussi le général ne fut pas manchot pour nous applaudir.

Dans cette rencontre à armes courtoises, le général Grouchy ne fit que blanchir; le maréchal Ney, le brave des braves, devait couper cette herbe amoureuse sous le pied de son camarade. — Et pourtant c'est la renommée seule qui dispose Etzelina (un nom d'il y a quarante ans) à une tendresse anticipée.

Elle a vu le visage de Ney dans sa renommée et dans sa gloire, elle l'aime par ouï-dire, par l'ouï-dire de la victoire. D'ailleurs notre petit capitaine du prologue, Meunier-Marescot, ou Marescot-Meunier vient d'être tué d'un boulet de canon, et nous envoie dans une boîte funéraire un bracelet et une lettre ; puis il meurt, sans se douter, le maladroit, que son dernier bracelet tombera entre les mains du mari trompé et détrompé, car ce digne M. Van *** ne voulait pas croire à son malheur, et il fallut que sa plaintive épouse le lui affirmât, à trois reprises, pour qu'il restât convaincu qu'il avait été trahi tout à fait.

Afin de châtier ce digne homme de sa bénigne confiance, la dame résolut de s'enfuir et de le planter là comme de la chair à canon. — En effet la dame s'en va tout droit devant elle, et comme un bonheur n'arrive pas sans un autre bonheur, elle retrouve son cher Marescot ! Quel malappris ! Marescot n'était pas mort ! Mais que le capitaine Marescot s'arrange à sa guise, on l'a pleuré sa suffisance, on n'ira pas s'arracher du cœur un deuil qui s'en va, pour commencer sur nouveaux frais. Nous aussi nous sommes d'avis que Marescot en prenne son parti, et d'ailleurs, qu'il le prenne ou non, nous voilà sous la loi du général Moreau.

Moreau était peu galant et dameret, c'était un brutal qui allait droit au fait, ou bien qui vous disait : Dieu vous bénisse ! Il ne dit pas à la dame : Dieu vous bénisse ! au contraire il l'emmène à Kehl avec lui, et pour ne pas scandaliser l'armée, il fit d'Elzelina un jeune hussard. La Contemporaine battit la campagne tant que cela plut au général Moreau, puis il l'envoya à Paris en qualité de fourrier pour préparer les logements.

Ici commence cette liste à la don Juan, sur laquelle sont écrits les plus grands noms de nos armées. Quelle revue alors brillante et si triste aujourd'hui ! Tous sont morts. Le général Moreau est le troisième nom inscrit sur la relation des conquêtes et victoires de la Contemporaine. Feu M. le fermier général Beaujon n'était pas plus généreux envers ses maîtresses. Moreau donne à la sienne un hôtel, et surtout le premier châle de Cachemire qui ait été porté à Paris. Ovide eût écrit à ce sujet une métamorphose. Ce brave général s'éprit d'*Elzelina* de façon à y manger le produit de ses plus belles victoires.

Reine de la mode, arbitre des plaisirs, elle protégeait Elleviou et Talma ; elle avait maison à la ville, maison à la campagne, à Passy, le doux village ; elle prenait de toutes mains ; elle avait deux noms, son nom de ville, Elzelina, *l'aimée* du général Moreau ; son nom de guerre : madame la générale Moreau ! Moreau l'emmena avec lui en Italie, toute bottée, et il en fit un lieutenant de son infanterie légère ; puis un ordre du Directoire arriva qui fermait l'armée à ces aides de camp d'un sexe douteux.

Hélas ! le général Moreau avait beau faire, nous n'étions plus au temps du maréchal de Saxe et de madame Favart. Peu s'en fallut cependant que cet habile général ne renonçât au commandement de son armée pour suivre, nouvel Antoine, cette autre Cléopâtre, si coquette, qu'elle l'eût été, même avec l'aspic.

La dame partit, elle renonça à sa part des lauriers qu'attendait son quasi mari ; tout l'état-major s'en vint pour calmer la belle Elzelina, mais ce pauvre Moreau ! il fut aussi peu favorisé dans ses amours que M. de Turenne dans les siennes. La dame était seule, dans sa voiture, chacun s'inclinait au nom de la femme du général en chef, on lui préparait les meilleurs gîtes, on lui donnait les meilleurs chevaux, je crois même qu'on lui eût présenté la clef de la porte des villes sur des plats d'argent, « et le plat aussi » toujours au nom de son mari le général Moreau.....

La dame n'avait pas fait vingt lieues qu'elle avait trahi le général, non par action, mais par pensée et par omission. Elle pensait... non pas à Elleviou, mais à un autre colonel, au général Ney, dont l'idée revenait toujours dans cette tête folle et pleine de caprices. Elle était comme l'Hermione de Racine. — *Sais-tu quel est Pyrrhus ? t'es-tu fait raconter... ?* Elle ne pensait qu'au général Ney, et pourtant (mais c'était bien une raison pour y tant penser) elle ne l'avait jamais vu. En attendant le plaisir de te voir, mon bel ange à épaulettes d'or, Elzelina, veuve Moreau, fréquentait le beau monde, elle lisait les vers de Parny, et pour une si jeune femme il n'y a pas de quoi se vanter ; elle faisait une visite à mademoiselle Comtat et même à Molé ; elle faisait de son mieux pour ne pas trop songer à Pyrrhus, rien n'y faisait, elle le voyait même en songe ; c'était son idéal. — *Je ne t'ai point aimé, cruel !* La pauvre dame ne fait pas autre chose ; seulement, pour se distraire, elle imagine un jour de jouer la vraie tragédie, de s'abreuver de ce rôle d'Hermione, avec Talma pour Oreste, en attendant le vrai Pyrrhus. Savez-vous que c'eût été une belle affiche, en ce temps-là. — « *Andromaque*, pour les débuts de madame la générale Moreau. » Ce qui la rassurait dans cette épreuve difficile, c'est qu'elle avait vu applaudir mademoiselle Volnay dans *Zaïre*.

La belle raison ! Donc on se livre à l'étude ; il me semble même que le plus difficile est fait, puisqu'on sait déjà porter les chlamydes en manches courtes. Enfin, au bout de quelques mois, et quand notre maître de prononciation a prononcé que nous pouvions prononcer les vers français, on vous bombarde la générale Moreau sur le Théâtre-Français. Elle s'habille dans la loge de Monvel. En ce temps-là, c'était déjà comme ça, nous étions si sûre d'être redemandée que nous avions fait faire, à l'avance, un magnifique peignoir garni de dentelles. C'est d'un bon effet, avouez-le ! On est en train de se déshabiller, on a déjà dénoué les tresses de ses blonds cheveux, on a dépouillé même la tunique virginale. — Tout à coup des cris se font entendre ; c'est le parterre qui hurle son admiration ! Que faire ? que devenir ? La salle est croulante, il faut obéir ! Alors on jette sur ses blanches épaules le premier chiffon qui vous tombe sous la main, une dentelle, des rubans roses, de la broderie transparente, du vent brodé ! — Ce chiffon-là, du moins pour le théâtre, fut la précaution inutile. Où diable le parterre avait-il donc les yeux ce soir-là ? Le parterre siffla à outrance cette Contemporaine qui depuis les a enterrés tous. Bonhomme de parterre ! il nous a délivrés là d'une bien mauvaise ouvreuse de loges ; mais en revanche on ne lui montra pas ce peignoir habile et complaisant qui avait été fait tout exprès pour ne rien cacher.

Ce qu'il y eut de sage en tout ceci, c'est que la dame se tint pour sifflée et pour bien sifflée. Pour se consoler, elle envoya son portrait à M. de Talleyrand ! Comment et pourquoi M. de Talleyrand arrive là, on n'en sait rien ; mais puisqu'il a ce portrait, qu'il le garde ; d'ailleurs il n'en veut pas davantage. Au reste, M. de Talleyrand, avec son tact exquis, avait bien jugé qu'en ce moment il ne faisait pas bon se frotter à cette dame. Ne riez pas, la dame se trouvait compromise innocemment dans une conspiration contre le premier consul. Fouché pria *madame veuve Moreau* de passer dans son terrible cabinet, elle y vint ; elle en fut quitte pour..... un peu plus que la peur. Cependant il fallut quitter Paris ; la Contemporaine n'hésita pas. Elle partit pour Marseille, et, chemin faisant, elle revint naturellement à son amour pour le maréchal Ney. C'était son amour de voyage, c'était le château en Espagne de sa chaise de poste ; dès que tintait le grelot d'un cheval, au bruit de ce grelot fatidique apparaissait l'image glorieuse du maréchal Ney. Devinez cependant où nous mènent toutes ces fictions ? A Draguignan !

Oui, nous voilà sur le théâtre de Draguignan ; du maréchal Ney, nous voilà *l'attentionnée* d'un gendarme. — Draguignan, qui s'y connaît, applaudit la dame à outrance ; toutefois ce grand succès ne suffit pas pour payer les dettes de ces malheureux comédiens, et il fallut que la Contemporaine payât l'aubergiste de ses deniers. Toute la troupe était en gage pour sept cents francs, ce qui prouve la confiance sans bornes de l'hôtelier. Touchés de reconnaissance, ces dignes compagnons offrent à Elzelina une place de sociétaire à part entière, et une place dans leur tombereau de Thespis, une vraie charrette. Va pour la charrette ! mais quel chemin pour arriver au cœur du grand capitaine que l'Empereur appelait le brave des braves ? Il est fâcheux, pour la bonne renommée du maréchal, que ses nouveaux amours tombent soudain dans une innocence champêtre. Le maréchal Ney devient tout à fait un berger de Florian ; il parle de son *amitié fraternelle,* et enfin (le général Moreau faisait mieux les choses) il propose à la tragédienne de Draguignan, une place de cantinière ! Oh ! la bonne folie..... et pourtant c'était la seule position honorable qui convînt à notre Elzelina !

Alors plutôt que de chanter la chanson de Béranger : *Tin ! tin ! tin ! tin !* nous nous revirons du côté de M. de Talleyrand ; il a gardé notre portrait, il nous doit un dédommagement, il faut qu'il s'acquitte, — en effet M. de Talleyrand nous donne des papillotes. Chaque papillotte était un billet de mille francs ; or en ce temps-là, nos cheveux étaient si épais et si fins ! — Arrive enfin pour la cantinière en herbe, le tour de l'empereur Napoléon lui-même. La scène se passe à Milan ; l'empereur, quand il vit ce hussard qui forçait sa porte, appelle à son aide, et la dame s'en revient fort *humiliée.* Elle en appela à la gloire, de cette défaite, et la gloire répondit à l'appel. Elzelina était à la bataille d'Eylau parmi les mourants, au milieu des morts, à la tête des vainqueurs; elle fut blessée; Ney parla de lui donner la *croix*; on fit plus, on la compara à *Jeanne d'Arc!* — et même, à cette heure encore, le général Jomini est en doute si ce n'est pas la Contemporaine qui a gagné la bataille d'Eylau!

La guerre et la tragédie, Elzelina ne sort plus de ce cercle vicieux; elle aura désormais, pour ses *armes parlantes*, le fusil et le poignard. A ses heures perdues elle voyage et elle fait l'amour. Elle colporte de ville en ville son héroïsme et sa déclamation : Gênes, Florence, Pise, les villes principales de l'Italie ont vu passer cette vagabonde; elle porte en tout lieu cette activité inquiète et maladive qui ne la devait laisser libre qu'au tombeau. Le maréchal Ney est toujours le but auquel elle tend de toutes ses forces, non pas sans s'arrêter à tous les buissons du chemin. Elle raconte, mais il faut qu'elle l'ait rêvé, qu'elle est allée, aux heures les plus cruelles de 1812, chercher le maréchal Ney jusque sur les bords de la Bérésina, et elle ajoute, ce qui rend le récit assez probable, que le maréchal fut très-mécontent de rencontrer cet obstacle auquel il ne s'attendait guère. — Au diable la folle! Elle eût été fouettée et mise au banc de l'armée, s'il y avait eu encore une armée! Cette fois la Contemporaine fut surnommée d'un triste surnom : « la Renommée volante, — *Fama Volat*, et nous ne pensions pas, qu'à ce terrible passage de la Bérésina, le maréchal Ney ait montré tant d'esprit que cela!

Mais enfin ce vagabondage... il s'arrête! A force de battre les mauvais sentiers, cette malheureuse arrive à l'abîme. Elle a laissé sur tous les rivages les années de sa jeunesse errante, les roses de sa beauté fanée. O malheur! ces belles mèches de cheveux blonds qui portaient les billets dorés de la Banque de France, seront bientôt des mèches argentées. Lui-même, le maréchal Ney, il a beaucoup perdu dans l'admiration d'Elzelina. En ce moment, l'envie la prit d'aller retrouver l'Empereur à l'île d'Elbe. Peut-être était-ce un moyen d'être mieux traitée et de prendre sa revanche de la première rencontre à Milan. Elle part, et, chose étrange! dans cette île si bien gardée elle arrive aussi facilement que si elle se fût embarquée pour le port de Bercy. Napoléon à l'île d'Elbe était aussi réservé qu'à Milan même, et il reconnut, d'une façon peu galante, les offres de service de madame *Fama volat*. Autour du héros tombé, étaient accourus pour partager les ennuis de Prométhée, Cambronne, le général Bertrand, le général Drouot, âmes vaillantes et dévouées, et, Dieu merci, ils ne furent guère charmés d'avoir pour compagne d'un si glorieux exil, madame *Fama volat*, et sans tant de compliments, ils la mirent à la porte de l'île d'Elbe.

Mais ça m'ennuie à la fin de suivre en ses misères cette mauvaise fille *à confessions!* Elle va où elle peut, laissons-la se rouler et se vautrer tout à son aise. Elle a, dit-elle, visité l'Angleterre; voilà une chance heureuse pour l'Angleterre; elle y a vu lord Byron qui voulait lui dédier un poëme; elle eût bien fait de demander à lord Byron l'adresse de la contemporaine anglaise Henriette Wilson : ces deux grâces étaient faites pour se comprendre. — La nôtre finit par revenir à son vomissement, c'est-à-dire elle revint au théâtre. Ces dames y reviennent toujours, comme à un lieu de délices sans nom et de fêtes sans fin.

Le théâtre, et voilà sa honte! est le piédestal de ces beautés fatiguées non pas assouvies, filles du fard et du blanc de céruse, enfants de la joie et de la misère, exposées aux baisers et au bâton de quiconque s'amuse, pour son argent, à les aimer ou à les battre. Ainsi, loin de Paris et de Draguignan, elle joua la tragédie à Madrid, et peu s'en faut que le roi Ferdinand VII ne lui ait donné la moitié de sa couronne en priant Elzelina de lui enseigner à mériter l'autre moitié. — A Madrid, la Contemporaine assiste au triomphe du duc d'Angoulême, et au supplice de Riégo; puis elle revient à Paris pour la dernière fois, et enfin, elle prononce le mot *misère*, elle s'avoue vaincue du temps et de la fortune, elle écrit, chose incroyable! un roman intitulé *Corinne!* et, chose non moins étrange, les libraires préfèrent à cette *Corinne* la *Corinne* de madame de Staël. — La voilà donc vieille et ridée, abominable, et c'est ici que le châtiment commence!

Cinquante ans, c'est bien dur d'arriver là à travers tant de passions! Cinquante ans sans pitié, sans bons souvenirs et sans respects! Bientôt vint la maladie, et se montra le mont-de-piété, monument funeste dont l'ombre menaçante se prolonge durant le cours de ces existences de fièvre et de mendicité, puis la maison de santé, l'antichambre de l'hôpital, hélas! — Ce fut alors que M. Ladvocat acheta en bloc, à cette femme, les hontes, les mensonges, les remords et les souvenirs de sa vie passée ; la mode était alors aux souvenirs ; tout se vendait. — On fit huit volumes de cette histoire. — Puis Ladvocat voulut avoir une *suite*, et il envoya la Contemporaine en Égypte ; la malheureuse en revint avec huit longs volumes supplémentaires ; mais à son retour l'intérêt était épuisé, quelque chose de nouveau occupait l'attention publique ; je ne serais pas étonné que ce quelque chose-là fût Jocko, ou la Girafe. Toujours est-il que le public ne voulut plus entendre parler de cette femme. Elle revint alors en Angleterre, où elle tripota on ne sait quelles lettres, qu'elle voulait vendre, le pistolet sur la gorge ; elle ne vendit pas ces papiers, et personne, la connaissant, n'y voulut croire. — Pour en finir, quelques bonnes âmes charitables lui firent obtenir à l'hospice de Bruxelles le lit dans lequel elle est morte, en bavant !

Triste histoire ! Eh ! c'est l'histoire commune à tous les désordres de l'esprit, du cœur, de la vanité et des sens. De cet éclat, de cette beauté, de ces aventures héroïques, que reste-t-il ? Une poignée de cendres dont l'infirmier dispose à son gré.

Cette ignoble femme a pris le soin de laisser d'elle un double portrait. Un sculpteur habile avait fait le marbre d'*Elzelina endormie* ; elle avait dix-neuf ans alors, elle montrait ses bras, sa taille, ses pieds nus, et le reste. Devéria, bien plus tard, en 1828, eut l'horrible courage de dessiner cette malheureuse dans son attirail de vieillesse et de misère. Cette fois la *Vénus endormie* dans les bosquets de Chaillot, est devenue une horrible portière dont on ne voudrait pas pour tirer un des cordons les plus graisseux de la rue Mouffetard.

Jeunes beautés de l'intrigue et du hasard, de la mode et du théâtre, de la littérature et des beaux-arts, que ceci vous apprenne à songer, dans vos printemps, que l'automne est proche et que l'hiver n'est pas loin ; rappelez-vous aussi qu'il faut laisser aux grands hommes le soin d'écrire leurs *Mémoires* ; enfin profitez de cette morale, de ce portrait et de cet enseignement, jeunes beautés !

# CHAPITRE VI

Or, voilà justement à quoi ils servent ces poëtes qu'on insulte, ils jettent leur pourpre sur ces immondices, ils couvrent d'un voile sacré ces abjections. Tel peuple serait perdu par un mauvais livre, qui est sauvé par un bon vers. Pendant que les prostituées, les esclaves et les sacristains de la plume écrivent leurs Mémoires ou leurs poëmes rimés dans un but sordide, il arrive que le poëte se dévoue aux grandes idées, aux nobles conseils, aux utiles enseignements. S'il a la populace en dédain, il a le peuple en grand amour; il croit à la liberté humaine, il croit au génie, il croit à la vertu; il enseigne tout ce qui est grand et tout ce qui est beau, et, d'une main généreuse, il répand ses encouragements et ses sympathies sur ces générations plongées dans la nuit profonde, qui se meurent, faute d'air, d'espace et de soleil.

Il entend, le poëte, ces voix confuses; il comprend ces menaces, il a pitié de ces souffrances, et tantôt par l'ode et tantôt par la chanson; par la fiction, et par l'histoire, et souvent par le théâtre, il verse à la foule heureuse, à travers le rire et les pleurs, l'enthousiasme et l'indignation, ces émotions, ces tendresses, ces douleurs, ces spasmes, ces pitiés, ces espérances, ces repentirs qui ouvrent à toute misère une issue, à toute espérance une entrée ; éternelle provocation de la poésie à toutes les grandes choses divines et humaines. La poésie assiste au commencement de toutes les croyances, elle se retrouve à la fin de tous les doutes. Platon lui-même, qui a proscrit les poëtes de sa république, on ne sait pas assez ce qu'il a dit des poëtes tragiques. Dans le livre de Platon intitulé *Minos*, Socrate ayant fait l'éloge du roi-juge Minos, l'ami qui sert d'interlocuteur à Socrate s'exprime en ces mots :

« D'où vient donc, Socrate, cette tradition si généralement ré-
« pandue, que Minos était un homme farouche et cruel ?

« Socrate. Cela vient, mon cher ami, de ce que, si tu es sage,
« tu dois bien prendre garde, toi et tous ceux qui ont soin de leur
« gloire, d'avoir un poëte pour ennemi. Car les poëtes ont une
« grande influence sur l'opinion, quand ils distribuent aux hommes
« le blâme ou l'éloge, et Minos a commis une faute grave en fai-
« sant la guerre à une ville comme la nôtre, remplie de gens
« habiles dans tous les arts et surtout de poëtes et d'auteurs tra-
« giques. L'origine de la tragédie, chez nous, remonte très-haut ;
« non-seulement, comme on le croit généralement, à Thespis et
« à Phrynichus ; mais si tu veux y faire attention, tu en trouveras
« des traces dans des temps bien plus reculés. La tragédie est
« de tous les poëmes, celui qui plaît le plus au peuple et touche le
« mieux les cœurs. En produisant Minos sur notre scène, nous
« nous sommes vengés de ces tributs qu'il nous forçait de lui
« payer. Minos a donc fait une faute en s'attirant notre haine, et
« voilà, pour te répondre, d'où vient sa mauvaise réputation. »

Vous verrez que Platon lui-même disait du mal des poëtes comme des femmes Euripide, uniquement parce qu'il les avait trop aimées. C'est beau, c'est charmant, et, disons mieux, ça n'est pas inutile un grand poëte ; il est l'ornement le plus rare et le plus excellent dont se puisse parer un grand peuple ; — il est la gloire et le conseil, la louange et le blâme, la croyance et le doute, et ceux-là sont des ennemis publics qui l'insultent, du fond de leurs ténèbres et de leurs sacristies. Ces misérables, quand ils disent : un poëte ! ils disent en même temps un hérétique.

Au feu l'hérétique, au feu le poète, au feu Béranger, au feu le *Jocelyn* de M. de Lamartine ; au feu le rhythme, la mélodie et le beau langage ; au feu cette intime union de ce qu'il y a de plus beau et de meilleur ! — Celui-là sent le fagot déjà qui ose employer la prière des Spartiates : — *Ut pulchra bonis adderent !*

Nous avons vu, de nos jours (honte et douleur !), la poésie et les poëtes insultés par les donneurs d'eau bénite ; nous avons vu M. de Lamartine traîné aux gémonies par des malheureux, *le poison de l'Église* ; nous avons entendu, du fond des cavernes, attenter à la divinité d'Homère et de Virgile ! — Et pourtant, un grand poëte vaut au moins un grand ministre, un grand capitaine ; il y avait dans Corneille l'étoffe de Richelieu lui-même ; il y avait dans Tacite un grand empereur ; si la fortune eût fait de Bossuet un pape, ce jour-là le Vatican se fût glorifié de son plus grand pontife depuis saint Paul. Est-ce que par hasard vous ne pensez pas que Molière, était au fond de l'âme, un plus grand philosophe que le père La Chaise, Fénelon un plus sage administrateur que M. de Louvois, et M. le duc de Saint-Simon un plus profond politique, sans nul doute, que M. de Choiseul ?

Ce qu'ils ont dit, une fois, ces maîtres, reste éternellement. Saluons, en nous prosternant, l'œuvre éternelle. Elle est semblable au soleil immuable ; voilà tantôt trois mille années que le genre humain tourne autour du poëme d'Homère. Ainsi le chef-d'œuvre seul échappe à la mort, pendant que toute œuvre humaine passe et s'efface. Il n'est pas de champ de bataille où le blé ne repousse ; il n'est pas de contrat ou de traité que le temps ne déchire..... *Agricola*, *Cinna*, *Tartufe*, l'*Oraison funèbre de Henriette d'Angleterre*, autant d'œuvres immortelles. Ce que dit le poëte et ce qu'enfante l'historien, écoutez ce que deviennent ces grandes semences, M. de Lamartine l'a dit lui-même, et certainement il le savait :

> Voilà ce chêne solitaire
> Dont le rocher s'est couronné :
> Parlez ; à ce tronc séculaire,
> Demandez comment il est né ?

> Un gland tombe de l'arbre et roule sur la terre ;
> L'aigle à la serre vide, en quittant les vallons,

S'en saisit en jouant et l'emporte à son aire
Pour aiguiser le bec de ses jeunes aiglons.
Bientôt, du nid désert qu'emporte la tempête
Il roule confondu dans les débris mouvants,
Et sur la roche nue un grain de sable arrête
Celui qui doit un jour rompre l'aile des vents.

    L'été vient ; l'aquilon soulève
La poudre des sillons qui pour lui n'est qu'un jeu ;
Et sur le germe éteint où couve encor la sève,
      En laisse retomber un peu ;
      Le printemps de sa tiède ondée
      L'arrose comme avec la main ;
      Cette poussière est fécondée,
      Et la vie y circule enfin !

Écoutez aussi cette définition du poëte ; elle nous vient de l'antiquité, elle est digne de notre sympathie et de nos respects ; ô louange adorable ! ô démenti magnifique ! A ce poteau suprême il faudrait attacher les aveugles et les sourds qui nient à la fois la poésie et le soleil.

    Sed vatem egregium, cui non sit publica vena,
    Qui nihil expositum soleat deducere, nec qui
    Communi feriat carmen triviale monetâ !
    Hunc qualem nequeo monstrare, et sentio tantùm,
    Anxietate carens animus facit, omnis acerbi
    Impatiens, cupidus silvarum, aptusque bibendis
    Fontibus Aonidum.

« Laissez-moi vous le montrer tel que je voudrais le peindre et
« tel que je le vois, le grand poëte. Il dédaigne les sentiers
« frayés ; il aurait honte de s'abreuver à la source commune ; son
« vers ce n'est pas cette vulgaire monnaie exposée à toute em-
« preinte banale ; âme libre d'envie, exempte d'amertume, elle
« aime les retraites sacrées, elle aime le doux loisir ; elle s'a-
« breuve aux flots de vos fontaines, chastes nymphes d'Aonie ! »

En même temps, comme un vrai sage, il souhaite au poëte une certaine indépendance chère à la muse ; un peu de fortune, ô Muse ! et beaucoup de poésie ; un peu de liberté et beaucoup d'honneurs, voilà le poëte.

« Hélas ! la pauvreté nue a peur des brises du Piérus ; elle a froid, elle se tait ; une main indigente n'ose pas toucher au thyrse du dieu :

> ........ Neque enim cantare sub antro
> Piereo, thyrsumve potest contingere sana
> Paupertas......

Ainsi, honte au poëte vulgaire, et malheur au poëte mendiant ! Celui-là n'arrive jamais à rien qui marche dans les sentiers battus ; celui-là est tout près d'être esclave, qui a faim, qui a soif, qui a froid. « L'amour, fils de la pauvreté, » disait un sage ; oui, mais il ne parlait que de l'amour des courtisanes. La pauvreté est une muse sans honte [1] ; la pauvreté est une mauvaise conseillère ; elle abat ce qu'elle ne saurait diffamer, elle énerve le plus grand courage, elle fait du travail poétique un horrible labeur, elle couvre de haillons le vieil Homère, elle laisse Corneille à jeun et sans souliers. En tout état de cause, un galant homme qui veut conserver toutes les libertés de son esprit, doit se mettre, et tout de suite, à l'abri des nécessités de la vie. En ce moment seulement on est libre, quand on se dit à soi-même : Je ne suis pas forcé d'écrire pour gagner mon pain de chaque jour, et si ça me plaît d'être oisif aujourd'hui et demain, laissons venir l'oisiveté. Comme aussi le vrai poëte doit se méfier de la trop grande fortune.

Un jour M. de Chateaubriand disait à M. de Fontanes : — Pourquoi donc n'avez-vous pas écrit plus souvent ? — A quoi M. de Fontanes répondait : — Ça vous va bien, à vous qui avez toujours été un pauvre diable, mais moi qui ai toujours eu des emplois de cinquante mille francs ! — Il disait juste : entre l'extrême pauvreté et l'extrême richesse, il existe un milieu facile à saisir : ni trop, ni trop peu ; pas d'inquiétude et pas de sécurité ; pas d'envie autour de vous, mais aussi pas de pitié. A bas la paresse, et vive le loisir !

Ces lois à part, ces entraves infinies, ces obstacles sans nombre et ces difficultés sans nom (sans compter la diffamation et les injures), dont le métier de poëte est entouré, vous

---

[1] ..... Paupertas impulit audax
Ut versum facerem.....

expliquent parfaitement l'excellence même de cette rare et divine profession. Certes, nous rendons toute justice aux miracles modernes, à la table qui tourne, au fil électrique à travers l'Océan, à la douleur endormie et calmée par le chloroforme; autant qu'un autre homme nous admirons la machine à charger d'or les métaux trempés dans un bain mystérieux, la machine à fixer sur le papier changé en miroir, l'image errante à la clarté du soleil; le soir venu, nous battons des mains à ces flots de lumière lâchés à travers la cité réjouie, et nous attendons impatiemment *l'Erikson* que pousse en avant la douce chaleur qui circule entre deux réseaux de fer; partout le miracle : au sommet et dans l'abîme, sur la terre et dans les cieux ; il touche au ciel, il est dans nos mains, nous jouons avec lui, mais rien dans notre estime, dans notre admiration et dans nos respects ne vous remplace, ô divins mystères de la poésie ! Ils ont beau dire : le *chloroforme*; et que dites-vous du *népenthès*, la fleur d'oubli dans Homère?

Ils sont passés maîtres en consolations de tout genre, les enfants de la muse; ils ont inventé mieux que la vapeur, ils ont inventé la joie et la tristesse; ils ont glorifié l'esprit et le génie, et ils ont prouvé, par leurs œuvres, que l'homme était vraiment fait à l'image de Dieu. Le poëte, dans ces grands abîmes qu'on appelle des villes, est le véritable inventeur de toutes choses : il est l'abri dans l'orage; il est le calme dans la tempête; il est le flambeau dans la nuit profonde; c'est lui qui console, et c'est lui qui conseille ; il est le repos; il est le réveil; il est la consolation ; il est l'espérance. Astre du matin, arche d'alliance, étoile de la mer, porte du ciel !

N'essayez donc pas de comparer vos petits miracles de cornue et d'alambic aux merveilles de la poésie. L'homme aura attelé le soleil à son char, avant de refaire les adieux d'Andromaque et d'Hector. La boussole et l'électricité seront dépassées, on ne dépassera pas le : *qu'il mourût!* du vieil Horace. Vous avez inventé les chemins de fer, les machines à feu, et vous voulez que je les adore... adorons, mes amis, les élégies de M. de Lamartine, les fables de La Fontaine, et les madones de Raphaël ! Vous me vantez l'industrie et ses prodiges, vous me contez les mille et une nuits de l'enclume et du marteau, vous me faites assister aux féeries de la mécanique, au coup de foudre électrique à travers l'Océan, et vous me dites : l'espace est vaincu, le temps est dépassé, et plus d'Océan ! A quoi bon cependant ces espaces supprimés, s'ils consistent à réunir cet idiot, qui est à Paris, à cet autre idiot qui est à Saint-Pétersbourg ? La belle avance, ils se seraient bien réunis assez vite. Et votre télégraphe électrique, à quoi bon, s'il ne sert qu'à donner plus vite à Londres, le cours de la rente de Berlin ? Le cours de la rente aurait toujours fini par se savoir. Parlez-moi cependant du quatrième livre de l'*Énéide*, ou des *Femmes savantes*, voilà de vraies merveilles contre lesquelles rien ne saurait prévaloir !

Insensés ! vous mettez des corps en présence, et les âmes ? Vous mettez aux prises des marchands contre des marchands, et les penseurs ? Rappelez-vous donc les grandes époques : 1830, par exemple, lorsqu'il y avait, à travers l'Europe une sympathie électrique; alors chaque pensée allait à sa pensée, et chaque idée à son idée, chaque passion à sa passion. De ces feux et de ces flammes le ciel était le complice, et la terre entière était la complaisante. Avait-on besoin, pour s'entendre, du feu de vos locomotives et des manivelles de vos télégraphes ? La pensée universelle allait, triomphante, à travers les tressaillements de l'esprit. Si quelque chose tressaille aujourd'hui, c'est la matière. O tristes fils de fer que recouvre une masse inerte de *gutta percha*, messagers occultes de l'abîme et de l'argent qui ne portez que des rentes, des marchandises, des voleurs à arrêter, des fugitifs à saisir, je ne saurais vous comparer à aucun des chefs-d'œuvre éternels ! Inventeurs, agitez vos télégraphes, frottez vos machines à électriser, l'âme en aura-t-elle plus de chaleur et plus de vie ? Irons-nous plus vite à la vraie beauté, et trouverons-nous, dans le mouvement de ces rouages, cette agitation mêlée de grâce et de plaisir qui agite les belles âmes, à entendre une parole d'amour ?

Il y avait donc, au milieu de ce jardin de la rue de Vaugirard, entre les deux peupliers, à côté de cette femme rayonnante de vie et de lumière, entre ces beaux enfants, le vrai printemps de ce jardin, un poëte, un vrai poëte, venu à son heure, et réservé, on le devinait rien qu'à le voir, à accomplir d'illustres destinées. On eût dit qu'en venant au monde, il avait choisi le beau moment où le bruit des armes allait tomber, où la liberté allait grandir, où, jeune homme, il assisterait aux derniers moments de Byron, de Goethe et de Walter Scott, car des hommes de cette taille la nature est avare, et quand elle en donne un ou deux à quelque nation vivante, elle s'inquiète peu de faire des nations jalouses. Lui-même, notre poëte, il a raconté, quelques jours avant 1830, son entrée en ce monde qu'il devait remplir de ses rayons et de ses ombres, de ses foudres et de ses éclairs :

> Ce siècle avait deux ans, Rome remplaçait Sparte,
> Déjà Napoléon perçait sous Bonaparte,
> Et du premier consul trop gêné par le droit,
> Le front de l'empereur brisait le masque étroit.
> Alors dans Besançon, vieille ville espagnole,
> Jeté comme la graine au gré de l'air qui vole,
> Naquit, d'un sang breton et lorrain à la fois,
> Un enfant sans couleur, sans regard et sans voix,
> Si débile, qu'il fut, ainsi qu'une chimère,
> Abandonné de tous, excepté de sa mère,
> Et que son cou ployé comme un faible roseau
> Fit faire en même temps sa bière et son berceau.

Cet enfant, c'est lui-même, et qui l'eût vu naguère, comme je l'ai vu, *expulsé*, à tout jamais *expulsé de ce plaisant pays de France*, couché sur deux chaises d'auberge, à peine couvert d'un vieux drap, la tête nue et dormant profondément, — pareil à un géant qu'un souffle peut réveiller, eût admiré le miracle de cette mère qui a fait vivre cet enfant aussi fragile que le jeune enfant Pascal, ou le petit Arouet lorsqu'on le porta, en tremblant, au baptistère d'une église de village. Enfants menacés, comme si Dieu lui-même était en doute de son œuvre, et se demandait s'il faut laisser vivre cet enfant? *Cogitabunda hærebat natura!*

Celui-là vécut donc, et quand il fut décidé, là-haut, que cet enfant serait un poëte, aussitôt avec la vie arriva la santé, et avec la santé vint la force. Il faut admirer beaucoup les esprits qui s'agitent dans un corps malade, et je ne crois pas que ce soit un blasphème d'affirmer que la santé est une des conditions du génie.

Ah! que de soins, ah! que de peines, ah! quelle lutte acharnée et violente à qui veut surmonter l'obstacle: et si le corps est malade, et si la tête est lassée, et si manque le souffle à cette poitrine brisée, et le regard à ces yeux fatigués, et même si manquent les tendons et les nerfs à cette main vaillante, actif, obéissant et docile instrument de la pensée, hélas! il sera bien difficile d'accomplir ces travaux pleins d'insomnies. L'abîme que tu vois à ta droite, infortuné, tu vas le porter dans tes livres. Un convalescent, rien qu'à bombarder *Hernani* sur les planches du Théâtre-Français, serait mort à la peine. Un malade, au milieu de cet implacable océan, sur ce rocher battu des flots, il y serait mort !

> Cet enfant que la vie effaçait de son livre,
> Et qui n'avait pas même un lendemain à vivre,
>   C'est moi.....

C'est lui-même! il a vécu, il devait vivre. Il était le précurseur d'un nouveau monde, que dis-je? Il était le dieu d'un poëme nouveau ; il avait en lui-même toutes les causes de la vie et de la durée ; il était patient, il était convaincu, il avait la volonté, il avait l'inspiration, il avait foi en lui-même, et dans cette foi intime se trouvait sa vraie croyance.

> Certes plus d'un vieillard sans flamme et sans cheveux,
> Tombé de lassitude au bout de tous ses vœux,
> Pâlirait, s'il voyait, comme un souffle dans l'onde,
> Mon âme où ma pensée habite comme un monde,
> Tout ce que j'ai souffert, tout ce que j'ai goûté,
> Tout ce qui m'a menti, comme un fruit avorté ;
> Mon plus beau temps passé, sans espoir qu'il renaisse,
> Les amours, les travaux, les deuils de ma jeunesse,
> Et quoique encore à l'âge où l'avenir sourit,
> Le livre de mon cœur à toute page écrit.

Véritablement, si sa jeunesse était belle, il avait eu une enfance assez triste. Il avait trois ans à peine, et déjà son père *le soldat* et sa mère *la Vendéenne* l'emportaient à l'île d'Elbe, une île sans nom en ce temps-là, un écueil perdu dans les flots. De l'île d'Elbe on revint à Paris, dans le Paris désert, aux sommets de Clichy, dans une cour, autour d'un puits, à l'ombre d'un arbre, et pour camarades de pauvres enfants. Deux ans plus tard, le général Hugo faisait la guerre aux bandits de la Calabre, et le soleil italien, le paysage éclairé, la chanson des lèvres éloquentes restèrent dans le souvenir de l'enfant-poëte. Hélas! quand ce pauvre bandit *Fra-Diavolo* fut exterminé, lui et sa bande, au profit de M. Scribe et de M. Auber qui en ont fait un admirable opéra-comique, il fallut revenir à Paris, non plus sur les hauteurs de la ville Blanche, mais dans les ténèbres de l'antique Lutèce, au mont Saint-Jacques, si loin du Parnasse, dans une masure des Feuillantines. Désormais plus de soleil et de patois italien, plus de ces frais paysages chers à Salvator Rosa, plus rien que la pluie et le froid, l'isolement et le silence, hélas!

Un jour dans cette masure où sa mère le tenait enfermé, l'enfant vit arriver un homme, un proscrit, un condamné à mort qui demandait un asile. Dans *Notre-Dame de Paris* se crie une grande parole : — *Asile! asile!* Il se sera souvenu, le poëte, de ce vieil homme proscrit et plein de fièvre qui s'en venait, la nuit, frapper à la porte de cette mère et de cet enfant. C'était le général Lahorie, un proscrit de ce temps-là (quelle époque, hélas! n'a pas ses proscriptions et ses proscrits?) Depuis 1804, (on était en 1811), le général Lahorie était un condamné à mort; il échappa longtemps à la recherche ardente de la police impériale et quand il se vit dans cette retraite, entre cette femme généreuse et ces beaux enfants qui le protégeaient de leur silence, et le charmaient de leur sourire, il se mit à les aimer comme un père. Il s'attacha surtout à celui-là : Victor. Le nom lui plaisait... le maréchal de Saxe se voulut marier à une femme qui s'appelait Victoire.

Le proscrit lisait à l'enfant qui était son hôte les histoires de Tacite, un code ancien, dans lequel sont contenues toutes les maximes vengeresses : l'espoir mêlé à la haine, et je ne sais quoi de stoïque et de charmant qui pénètre, dans les jeunes âmes, à la façon de ces âcres parfums qui suffisent à sauver un homme de la léthargie. Il y aurait un tableau à faire avec ceci : une ruine où se tient ce vieil ami de Moreau, pendant que ce bel enfant, sur les genoux du soldat proscrit, suit d'un œil calme et profond, la révélation du premier livre des *Annales* : « *Urbem Romam a principio reges habuere; libertatem et consulatum L. Brutus instituit.* »

Ils lisaient aussi Polybe et les *Commentaires de César*. Lahorie eût jugé, à voir l'intelligence de cet enfant de toutes les choses de la guerre, qu'il avait sous sa main puissante, un général d'armée; il avait mieux qu'un général d'armée, il avait un poëte!

Ainsi, pendant deux ans, cet homme et cet enfant vécurent l'un par l'autre jusqu'au moment où l'humble demeure fut envahie... un misérable qui vit encore et dont le nom sera prononcé un jour, avait dénoncé la retraite de Lahorie ! On le prit ; à peine s'il eut le temps de dire adieu à ce pauvre enfant qui pleurait. Jeté dans la prison de Mallet, ils en sortirent l'un et l'autre pour aller à la mort. O nuit funeste ! et qu'il avait bien raison, M. Royer-Collard, lorsqu'il faisait entendre à la Chambre passionnée de 1815 ces belles paroles : « Ce n'est pas le nombre des supplices qui sauve
« les empires ; l'art de gouverner les hommes est plus difficile, et
« la gloire s'y acquiert à plus haut prix ; nous aurons assez puni
« si nous sommes sages et habiles, jamais assez si nous ne le
« sommes pas. »

Jusqu'à ce jour, l'enfant avait hésité entre le dévouement de son père le soldat, et les opinions royalistes de sa mère la Vendéenne ; à la mort de Lahorie il passa aux opinions de sa mère. On peut lire aussi dans une de ses compositions les plus terribles, (et l'idée est étrange en effet, à cette place, au dernier chapitre du *dernier jour d'un Condamné*), les souvenirs de cette enfance pleine de silence, d'étonnements, de folles gaietés, de rêves, d'épouvantes, de voyages, d'isolement :

« Je me revois, enfant, écolier rieur et frais, jouant, courant,
« criant avec mes frères dans la grande allée verte de ce jardin
« sauvage où ont coulé mes premières années, ancien enclos de
« religieuses que domine de sa tête de plomb le sombre dôme du
« Val-de-Grâce.

« Et puis quatre ans plus tard, m'y voilà encore, toujours en-
« fant, mais déjà rêveur et passionné. Il y a une jeune fille dans
« le solitaire jardin.

« La petite Espagnole avec ses grands yeux et ses grands che-
« veux, sa peau brune et dorée, ses lèvres rouges et ses joues
« roses, l'Andalouse de quatorze ans, Pepa.

« Nos mères nous ont dit d'aller courir ensemble, nous sommes
« venus nous promener.

« On nous a dit de causer, et nous causons ; enfants du même
« âge, non du même sexe.

« Pourtant il n'y a encore qu'un an, nous courions, nous lut-
« tions ensemble ; je disputais à Pepita la plus belle pomme du

« pommier ; je la frappais pour un nid d'oiseau, elle pleurait ; je
« disais : C'est bien fait, et nous allions tous deux nous plaindre
« ensemble l'un de l'autre à nos mères, qui nous donnaient tort
« tout haut, et raison tout bas.

« Maintenant elle s'appuie sur mon bras, et je suis tout fier et
« tout ému. Nous marchons lentement, nous parlons bas. Elle
« laisse tomber son mouchoir, je le lui ramasse. Nos mains trem-
« blent en se touchant ; elle me parle des petits oiseaux, de l'é-
« toile qu'on voit là-bas, du couchant vermeil derrière les arbres,
« ou bien de ses amies de pension, de sa robe et de ses rubans.
« Nous disons des choses innocentes, et nous rougissons tous
« deux. La petite fille est devenue jeune fille.

« Ce soir-là, c'était un soir d'été, nous étions sous les maron-
« niers au fond du jardin. Après un de ces longs silences qui rem-
« plissaient nos promenades, elle quitta tout à coup mon bras, et
« me dit : Courons.

« Et elle se mit à courir avec sa taille fine comme le corset
« d'une abeille, et ses petits pieds qui relevaient sa robe jusqu'à
« mi-jambe. Je la poursuivis, elle fuyait, le vent de sa course
« soulevait par moments sa pèlerine noire et me laissait voir son
« dos brun et frais.

« J'étais hors de moi. Je l'atteignis près du vieux puisard en
« ruines : je la pris par la ceinture, du droit de victoire, et je la
« fis asseoir sur un banc de gazon ; elle ne résista pas ; elle était
« essoufflée et riait. Moi j'étais sérieux et je regardais ses pru-
« nelles noires à travers ses cils noirs.

« — Asseyez-vous là, me dit-elle ; il fait encore grand jour,
« lisons quelque chose ; avez-vous un livre ?

« J'avais sur moi le tome second des *Voyages de Spallanzani*.
« J'ouvris au hasard, je me rapprochai d'elle, elle appuya son
« épaule à mon épaule, et nous nous mîmes à lire chacun de
« notre côté, tout bas, la même page. Avant de tourner le feuil-
« let, elle était toujours obligée de m'attendre : mon esprit allait
« moins vite que le sien. — Avez-vous fini ? me disait-elle, que
« j'avais à peine commencé.

« Cependant nos têtes se touchaient, nos cheveux se mêlaient,
« nos haleines peu à peu se rapprochèrent, et nos bouches tout à
« coup.

« Quand nous voulûmes continuer notre lecture, le ciel était
« étoilé.

« Oh maman! maman! maman! dit-elle en rentrant, si tu sa-
« vais comme nous avons couru.

« Moi je gardais le silence.

« Tu ne dis rien, me dit ma mère, tu as l'air triste.

« J'avais le paradis dans le cœur. »

Dans les Mémoires de M. de Chateaubriand, cherchez et fouil-
lez, vous ne trouverez pas une page, égale à cette page enfouie au
milieu de tortures sans nom.

Et Pepita, la belle enfant aux yeux noirs, aux cils noirs, au
dos brun et frais....

C'était cette beauté superbe et charmante aux yeux noirs et tout
brillants des douces larmes de la joie et de l'orgueil :

Devant laquelle s'inclinait la salle entière, à la première représentation d'*Hernani* !

Ainsi, dès l'enfance, on sentait que la volonté, l'énergie et la
constance ne manqueraient pas au jeune homme. Il était déjà un
poëte amoureux et rêveur lorsque sa mère le conduisit en Espagne, au moment où régnait le roi Joseph, ce roi d'un jour ; mais
dans cette Espagne éphémère, ce que vit *l'enfant sublime* (il fut
ainsi nommé par M. de Chateaubriand, son sublime parrain), ce
fut surtout la vieille Espagne. Il la vit si bien et de si bonne
heure, il en comprit si bien les mœurs, les usages, les croyances
et les passions, l'accent même, qu'on le prit pour un jeune Espagnol des Castilles chevaleresques, lorsqu'il fut ramené en France
à la fin de 1812, à l'heure suprême ! Il avait l'habit, la démarche
et la gravité de don Juan adolescent, avec une ardeur qui le poussait du beau côté des poésies de la sainte et chaste jeunesse.

Entre l'heure où l'amour va se faire entendre, et l'heure où il
n'a pas encore parlé, dans ce crépuscule adorable où l'ignorance
est un charme, où la crainte va jusqu'au malaise, où l'on n'ose
pas oser, il y a pour les esprits d'élite un moment d'extase qui
représente ou peu s'en faut, les plus belles minutes de la vie.

Hélas ! c'est notre histoire à nous tous, enfants des premières
années de ce siècle ; où est-elle, notre jeunesse envolée et qui de
nous n'a pas gardé les meilleurs souvenirs de ces printemps d'un
jour ? M. Glayre, un peintre habile, a très-bien représenté ces

divines extases dans un tableau sérieux qu'il appelait : *la Barque de la vie*.

Un homme déjà vieux, plutôt vieilli par les passions que par les années, à demi couché sur le rivage, voyait passer tout là-bas, emportée au courant du fleuve grondeur, une frêle barque à la voile de pourpre, au gouvernail d'ivoire et d'or ! On eût dit le navire de Cléopâtre elle-même, obéissant à la rame de ses mille rameurs ; sur cette île flottante apparaissaient, incertaines déjà et emportées dans l'espace, les joies, les beautés, les folies, les poésies, les amours de la jeunesse ! C'étaient des chansons, c'étaient des merveilles ! Des fleurs sur toutes les têtes, sur les lèvres le sourire, le feu dans tous les yeux, l'enivrement dans tous les cœurs ! On sentait la vie, et ses fièvres, et ses délires circuler entre ces ondes fugitives ; c'était le printemps, c'était le ciel !

Frêle nacelle que pousse le vent du midi, que l'arbre du fleuve protége de son ombrage contre les ardeurs du soleil, que l'étoile de Vénus salue éclatante et paresseuse, au sommet du ciel à demi voilé par le dernier crépuscule de la nuit d'été ! Ce drame intime s'en allait au pas de course, attiré par la mer profonde... encore un instant, et tout va disparaître ! Adieu les rêves du jeune homme ! adieu les poésies et les poëmes, adieu les aspirations et les espérances — tout passait, tout s'enfuyait, tout se perdait dans le lointain !

Telle était la vision qui apparaissait aux yeux éblouis de l'homme couché sur ce sable aride. Autour de lui déjà tout est mort. La rose desséchée est tombée de sa branche fanée ; l'arbre séculaire a été frappé de la foudre ; la montagne s'élève, morne et sombre, écrasée sous cet épais nuage. Pas un oiseau qui chante ! pas un insecte qui bruisse ! pas d'autre voix dans cette solitude désolée, que le clapotis de cette eau verdâtre et massive si peu semblable, ô ciel ! à ce flot plein de soleil et de murmures qui roulait, en pleine clarté, ses rubis, ses diamants et ses perles, perles sonores dont l'écho redisait les gaietés !

Puis quand il a reconnu enfin ces visages, ces grâces, ces sourires, ces élégies, ces chansons, ces romans, ces drames, ces heures d'amour, tout le *Décaméron* flottant et jaseur de sa vingtième année, ces lyres qu'il touchait d'une main exercée, ces jeux où il était sûr de gagner toujours, ces écharpes qu'il avait données et que la brise du soir lui jetait au visage, vagues parfums de la personne aimée, ces cheveux flottants, noués et dénoués d'une main distraite et charmante, ces discours, ces silences, ces longs poëmes de la félicité d'une heure ; quand il avait reconnu à des signes certains cette fête ardente de la vie heureuse : « — Hélas! disait-il, c'est pourtant là ma jeunesse! — Elle passe... elle est passée! Où va-t-elle? O ma jeunesse! ô la barque chargée de mes belles années, arrêtez-vous! arrêtez-vous un instant! le temps de me jeter dans cette onde glacée et de vous rejoindre!

« Attendez-moi! ô mes amis : Louis! Hector! Prosper! Ernest! Attendez-moi, ô mes amies! Louise! Cécile! Virginie! Armantine! Cruels!... et ingrates! Pourquoi m'avoir déposé sur ce rivage inhospitalier? pourquoi m'abandonner dans ma misère et pourquoi partir sans moi, vous les enfants de ma joie et les hôtes de mon cœur?

Plainte touchante, plainte inutile! La barque était une vision! les amis étaient des fantômes! les amours étaient des rêves! Ami, te voilà seul loin de ces extases matinales. Désormais pour toi, le poëme est sans mystère, la fiction n'est plus qu'un mensonge, il te faut renoncer — la barque les emporte — aux folles joies des féeries amoureuses, aux enchantements du livre, à ses grâces, à ses flammes, à ses merveilles. Elle a tout emporté la barque, et plus jamais tu ne feras de découverte dans le domaine des vieux livres; plus jamais tu ne reverras, de tes yeux éblouis, cette aimable confusion de héros, de chevaliers, d'amoureux, d'amoureuses, de traîtres, d'enchanteurs et de tyrans. Elles s'en vont dans la barque emportée par le temps et le souci de la vie, les Iphigénies, les Lesbies, les Cynties, les Cymbelines, les Cydalises, les Angéliques et les Mariannes de ton cerveau; elles s'en vont par les sentiers qui les ont amenées du côté de l'Espagne et du côté de l'Italie, au nord, au midi, à la suite des poëtes Homère, Virgile, Horace et Shakspeare, Racine et Corneille!

Ils sont partis, les doux fantômes, et si tu les revois de temps à autre, eux aussi ils auront perdu la grâce et la vie et le charme; ils étaient jeunes quand tu avais vingt ans; plus tard tu auras peine à reconnaître ces enchanteurs dans ces vieillards moroses et remplis de conseils. Adieu donc, adieu jeunesse, et pourtant à qui veut la revoir un rien suffit pour l'évoquer : un son, un bruit, un murmure, un aspect, une odeur, la fumée qui monte, le moulin qui travaille, le coq qui chante, le chien qui aboie, le four du village à l'instant même où s'exhale la vapeur de la pâte savoureuse! — Quoi encore? Il faut compter surtout dans ces évocations magiques, le livre que nous avons lu dans nos belles premières années d'ignorance et de repos! Et parmi ces livres, comptez les premières musiques, comptez le premier roman... le troisième ciel qui s'ouvre à nos esprits délivrés du joug!

Dieux! quel bonheur et quel chef-d'œuvre, quand soi-même on est le contemporain du livre qui vous charme, le contemporain du musicien qui parle à votre âme; quand vous entrez pêle-mêle et en même temps, les uns et les autres, le poëte qui parle et la foule qui écoute, dans la bataille acharnée de la vie! Alors rien ne s'est fané dans le livre, rien ne s'est flétri dans les âmes; alors la chanson est nouvelle et nouveaux sont les chanteurs! — Elles ont gardé leur suave odeur ces fleurs de la poésie à peine cueillies, fraîches écloses, par des mains innocentes! Eh! les fraîches couronnes qui tombent sur ces têtes bouclées d'hier! Alors l'enchantement est complet, la fête est sans égale! — Rossini! — Walter Scott! — Lamartine! — Casimir Delavigne! — Victor Hugo! Nos poëtes d'hier, ils ont été pour nous ce que fut le poëte de *l'Iliade*, il y a trois mille ans, quand le vieil Homère chantait à ces âmes ingénues, les dieux et les déesses de cet Olympe qu'il avait découvert.

Qui de nous, surtout en ce moment de doute où le souvenir est devenu notre plus cher trésor, oui, plus précieux même que l'espérance; qui de nous, si on lui demandait, là, tout de suite, quel jour, à quelle heure, en quel lieu il a lu, pour la première fois, *Lara* ou *Don Juan*, ne répondrait tout de suite, et sans hésiter... tenez! rien qu'à ces mots : *un poëme de lord Byron!* voilà déjà la barque qui se montre à votre regard enchanté; voilà le flot qui ramène les heures depuis si longtemps écoulées! Rien qu'au titre du premier roman que vous avez lu, vous revoyez soudain tout le passé. Heureux livre!

Déjà vous savez comment il était relié ou broché et quel nom portait la première page du livre. — *Ce livre est à moi, comme Paris est au Roi!* Vous l'avez trouvé sur la table de votre mère, dans la poche du tablier de votre sœur! Vous l'avez ouvert par oisiveté d'abord, puis tout d'un coup vous voilà pris ! Mais la cloche sonne, on vous appelle pour le déjeuner... Le déjeuner !... Cependant à quinze ans on finit toujours par déjeuner ! Qu'avez-vous mangé ? — rappelez-vous ! — Un œuf frais et du fruit, car c'était en pleines vacances, aux vendanges, et le collége vous attendait dans huit jours ! Et le déjeuner fini, vous partez ! vous traversez le jardin, vous allez tout au bout de la pelouse un peu brûlée, derrière la charmille, sur le banc de gazon, entre le petit flûteur, dont la flûte est cassée depuis votre enfance, et la Vénus pudique : la main de la Vénus est partie on ne sait où !

Oui, mais le jardinier passe, votre petit frère pousse un cri de joie, la fille de basse-cour appelle ses poulets..... que de bruit ! C'est impossible, on ne s'entend pas lire ! et vous voilà vous glissant contre la muraille où se cache la porte qui donne sur la petite ferme. — La porte résiste ! la clef est rouillée, la serrure aussi. — Bien ! la voilà ouverte... Fuyons ! Vous voilà dans la plaine, et vous pensez déjà que vous n'avez emporté qu'un volume, et un volume c'est si tôt lu ! Que faire ? Revenir sur ses pas, c'est bien long ! On peut être pris par quelque voisin, par quelque visite, par la vieille tante Marie et ses histoires ! Votre mère va peut-être se servir de vos deux mains pour dévider son écheveau de fil... — Allons, c'en est fait, et vous voilà dans les champs !

Ainsi vous pourriez dire, à vingt-cinq ans de distance, à quelle place vous étiez assis, sous quel noyer, sous quelle vigne ! Vous entendez encore le gémissement de la charrette qui passe dans le sentier voisin ! Vous voyez encore les moutons sur la lisière du champ, la bergère qui vous dit bonjour, et le chien au long museau orné de dents blanches, ses petits yeux gris couverts d'un poil fauve ! Vous avez vu tout cela sans rien voir, tout en dévorant votre livre inconnu. Vous avez écouté tous ces bruits sans rien entendre. Et pourtant aujourd'hui que vous interrogez vos palpitations et vos souvenirs, vous vous rappelez que M. le curé a passé près de vous en haussant l'épaule ! que les deux frères ignorantins vous ont dit : *Bonjour, monsieur Paul !*

Vous avez vu à cheval, au trot, le médecin, bonne et joyeuse figure, qui vous a trouvé bien studieux pour votre âge ; vous avez envoyé au diable l'huissier du bourg voisin, venu pour instrumonter, et qui vous a demandé l'adresse du gros Guillaume? Ou bien c'est un chasseur qui a tué à vos côtés une perdrix égarée; il a pâli en voyant un jeune homme qu'il pouvait tuer, et il s'est enfui, vous laissant son gibier. — « Je remplis à la fois ma tête et mon carnier, » disait Pline le jeune, lorsqu'en pleine campagne romaine il tendait à la fois son âme à la philosophie, et ses filets aux sangliers.

Oh! la barque! la barque de notre jeunesse! Hélas! elle a beau être attachée au rivage, il faut qu'elle obéisse à la pleine mer qui l'entraîne pour l'engloutir? Pas de vague si haute qu'elle ne gravisse, pas de tempête si violente à travers laquelle on ne puisse l'entrevoir battue de tous les flots! Oh! la barque! la barque! et voilà déjà que le flot l'emporte! Hélas! le jeune homme y avait entassé dans un pêle-mêle heureux tous les amis de son esprit, tous les dieux de son cœur : Anacréon, Virgile, Homère, et Voltaire, et Diderot, et M. de Parny! Il y avait mis ses parents, ses amis, ses cousins germains; le Dante, et Shakspeare, et Pindare, et Sophocle, et Calderon! La barque est chargée et pleine jusqu'aux bords de toutes sortes de génies les plus opposés et les plus divers : Saurin et Bossuet, Gœthe et Boileau, Rousseau et Rétif, La Fontaine et Du Bartas.

Il y est aussi, nous l'avons dit, l'enchanteur de ce siècle, avec Lamartine et Byron, Walter Scott, le romancier des amoureux de quinze ans, le premier homme de son art que le jeune Victor Hugo ait célébré dans sa prose ingénieuse, esprit, gaieté, finesse, honnêteté que rien ne gêne et ne déconcerte! Il était dans la barque avec tous nos héros, ce maître excellent, et il nous consolait de ce grand tapage des batailles gagnées, des batailles perdues, villes brûlées, campagnes dévastées; ignorants que nous étions, en pleine adolescence, de toutes les grandeurs et de toutes les trahisons de la gloire, au milieu des plus lâches parjures et des plus honteuses défections dont se soit jamais souillé ce livre abominable que l'on appelle : le *Moniteur Universel*.

Une fois que le grand géant fut tombé, « ne laissant après lui, c'est un mot de M. de Salvandy, d'autre héritier que le genre humain, » notre adolescence avait fait place à la jeunesse, et la barque, heureuse et libre en son cours, parcourait paisiblement l'océan d'*il y a vingt ans*. — Quand l'Europe était en paix avec les dieux avec les hommes; quand la France heureuse et libre représentait une grande nation de magistrats et de poëtes, de philosophes et de capitaines, de jeunes gens et de vieillards, l'avenir étant si bien mêlé au passé, le fruit à la fleur, que nul ne savait dire si c'étaient les jeunes gens qui étaient les sages, si c'étaient les sages qui étaient les plus jeunes! Et tant de trônes qui touchaient aux étoiles les plus hautes du firmament, tant de fêtes du mois de mai qui se montraient dans ces champs de bataille où toutes ces armes brisées se recouvraient de bleuets et d'épis !

O relâche! ô bonheur! Après tant de gloire et tant de revers au dedans et au dehors, la France enfin revenait à la gloire innocente des belles-lettres et des beaux-arts. Désormais (nous entrions à pleines voiles dans la jeunesse, et la barque déployait au soleil sa voile d'or), plus de sang, plus de larmes, plus de mères en deuil, plus d'entraves à la libre et honnête parole, sinon les entraves légitimes. Oui, et voilà soudain que d'un bout du monde à l'autre s'élèvent à la fois vingt tribunes éloquentes, et que les lettres longtemps comprimées et soumises au joug du censeur, se pressent autour de ces chartes, pareilles à des boulevards, afin de veiller comme une sainte milice à la défense de ce qu'il y a de plus auguste et de plus grand dans ce bas-monde, les libertés de la patrie et la stabilité de ses lois inviolables! Ainsi, du côté de la monarchie et du roi légitime se tenait la liberté. Plus on s'était battu, plus l'empereur avait été grand, obéi et tout-puissant, plus la France éprouvait maintenant le besoin de parler et d'être libre.

Grâce aux nouvelles libertés, c'était le poëme et c'était la tribune, c'était le livre et c'était le journal qui commençaient à vivre; à leur tour les libres penseurs respiraient librement, et toute la jeunesse était allégée en ce moment pacifique d'un poids énorme : l'horrible et abominable conscription, qui prenait naguère le jeune homme à peine formé, et le jetait, à demi nu, dans ces champs sans pitié, où le poëte, le philosophe, l'historien, l'orateur, toute une part du génie et des gloires de la France, était livrée en pâture aux canons ennemis!

« L'âge heureux et le beau moment pour en jouir! L'Europe
« entière était en paix, la France essayait déjà ses libertés nais-

« santes ; j'avais seize ans ; je n'avais plus à redouter les vio-
« lences qui faisaient tant de peur à ma mère, et j'essayais de toute
« chose, en homme qui aura le temps de tout approfondir. J'ai-
« mais tout ensemble l'argumentation, la poésie, la philosophie
« et les livres d'agrément, tant la lecture était, pour mon jeune
« esprit une cause de volupté et une source de consolation !

« Je lisais, je rêvais tour à tour ; je passais, avec une variété
« qui n'est pas sans charme, du philosophe au poëte, du poëte
« à l'historien. Un chant des *Géorgiques* me servait de com-
« mentaire excellent et d'appendice à une *Tusculane* de Cicéron,
« *de ægritudine lenienda*. C'est qu'en effet, le sage du philo-
« sophe et l'agriculteur du poëte s'entendent et s'arrangent bien
« ensemble. L'un et l'autre aiment le repos de l'âme, le calme,
« l'indépendance ; tous deux méprisent les richesses, le pouvoir
« et la gloire ; ils sont également calmes et paisibles ; rien de
« tumultueux ni d'orageux dans leur vie... Pour moi, je vivais
« comme un roi, presque toujours avec moi-même, sans beaucoup
« d'action ni de trouble... *molles somnos.* »

M. Victor Hugo lorsqu'il s'abandonnait à ce grand charme, avait seize ans à peine, il était le fils d'un républicain que les déceptions de tout genre avaient fait royaliste ; il était lui-même un royaliste, ce jeune homme ; il l'était par instinct, par reconnaissance, et par cette ambition généreuse d'un grand artiste qui a besoin de silence et d'attention pour son œuvre à venir.

Or, ce fut sans doute ce besoin de silence pour lui-même, et d'attention au dehors, qui fit de M. Victor Hugo un royaliste. A seize ans, il avait perdu sa mère, à seize ans il était libre et pauvre et le maître de ses destinées. Il avait le génie et naturellement il avait l'ambition ; il rêvait la gloire, et il n'en savait pas de plus souveraine et de plus haute que la gloire des lettres.

Jeunesse éclatante et pétulante, active et féconde ! On dirait, à la voir en son éclat, ces rayons tordus avec lesquels le dieu-forgeron forge les foudres de Jupiter. L'inspiration chez ce jeune homme était devenue une fièvre, ses passions étaient un volcan. C'était un entassement, sans forme et sans fin, d'extases, d'ambitions, de délires, de misères, d'espérances, de désespoirs ! Il allait, il venait poussé par l'émeute intérieure, et s'abandonnant sans retenue et sans frein à ces joies, à ces tumultes, à ces délires, à cette abondance, à ces fièvres. C'était, dans le plus étrange et le plus merveilleux pêle-mêle, des odes sans nom, des drames sans fin, des antiennes, des fanfares, des fantaisies, des ivresses !

Il s'enivrait du sacré et du profane ; il passait volontiers du poëme épique à l'épigramme, de l'élégie au bout rimé, de la tragédie au feuilleton, car il a fait de tout, même un feuilleton. Figurez-vous une de ces grandes machines obéissantes à la vapeur, qui leur fait accomplir à tout instant un miracle, seulement il faut supposer que la machine a perdu le sens commun, qu'elle est folle et qu'elle va toujours fabricant à la fois le ruban de soie et le sabre d'acier, la gaze et la tôle ; elle serait tout ensemble une forge, un orgue, un métier, cette machine.

Cette tête épique était une ardente fournaise où tous les éléments conjurés, l'un par l'autre se contrariaient, se heurtaient, se brisaient, se confondaient dans cette écume, si bien qu'à la fin de chaque jour, apparaissaient toutes sortes de produits inattendus : pamphlets, comédies, chansons, romans, gouvernements ; et dans ce tohu-bohu de tentatives, d'essais, de préfaces, de théories, de rhétoriques ; dans ce pandemonium d'un inspiré, tout ça allait, venait, hurlait, doutait, croyait, criait, affirmait avec une bonne foi, une raillerie, une autorité, une omnipotence incroyable ; et ni frein, ni règle, ni commencement, ni milieu, ni rien qui fût semblable à quoi que ce soit, dans les choses connues, réglées, acceptées, divinisées. Tout ça bouillait et bouillonnait au grand feu de cet écolier émancipé. Quelle bête féroce à dompter, et comme il fallut que cet homme eût en lui-même une force incroyable, pour régler et gouverner, en fin de compte, les forces, les puissances, les inspirations, les révoltes et les révolutions qui étaient en lui.

En ces temps de nuages mêlés d'éclairs, l'antithèse était sa reine et le paradoxe était son roi. Il avait des curiosités étranges, celle par exemple : « Voltaire jugeant Marat, » c'est-à-dire la cause jugeant l'effet. Il avait des haines très-vivaces et très-inattendues ; il s'attaquait à Mézeray ; il était furieux contre le père Daniel ; il appelait (ça lui allait bien) les historiens : des *faiseurs d'emphases*. — Quant à l'histoire moderne, il n'en voulait pas entendre parler. Il disait que nos grands généraux, avec un peu plus de chances, auraient été de grands poëtes « ils se battaient comme on voudrait écrire. » Enfin, ça l'amusait beaucoup, ce jeune homme, de voir se battre, à armes peu courtoises, M. Donnadieu contre M. Decazes, M. Clausel de Coussergues contre M. d'Argout.

Il y avait de quoi rire, en effet, et il riait de bon cœur, car il est très-gai, même dans ses colères ; il a la gaieté des fortes têtes et des fortes poitrines ; il rit volontiers, du rire même de Rabelais ; il riait, si jeune encore, de Brutus devenu sénateur :

>Brutus te souvient-il, dis-moi,
>Du temps où las de la livrée,
>Tu vins en veste déchirée
>Te joindre à ce bon peuple-roi,
>Fier de la majesté sacrée
>Et formé de gueux comme toi ?...
>Las ! l'autre jour, monsieur le prince,
>Pour vous parler des intérêts
>D'un vieil ami de ma province,
>J'entrai dans votre beau palais.....
>Lorsqu'entrant d'un air de noblesse
>Un des amis de votre altesse
>Dans vos salons éblouissants,
>Vint fouler les parquets glissants
>Que tu cirais dans ta jeunesse.

Bientôt après les vers et la prose en ronflantes périodes, arrivaient les *pensées* à la façon de Vauvenargues ou de La Rochefoucauld :

« Les rois ont le jour, les peuples ont le lendemain. »

« La dernière raison des rois : le boulet ! la dernière raison des « peuples : le pavé ! »

« Alfieri l'a dit : L'ordre sous la tyrannie est une vie sans « âme. »

« Il faut quelquefois violer les chartes pour leur faire des en- « fants. »

« M. de Talleyrand a dit à Louis-Philippe : « Eh ! eh ! sire, c'est « mon treizième serment. »

Et ceci qui explique, à merveille, comment un galant homme peut changer d'opinion sans se déshonorer :

« Ce qui est honteux, c'est de changer d'opinion pour son inté- « rêt, que ce soit un écu ou un galon qui vous fasse passer du « blanc au tricolore, ou du tricolore au blanc. »

Et cette loi qu'il a faite en 1820 :

« Article premier. Tout Français est électeur.
« Art. 2. Tout Français est éligible. »

Il disait aussi, à vingt ans, qu'il pouvait avoir :

« La licence se crève les yeux avec ses cent bras. »

« Ne demandez pas de droits politiques pour les peuples, tant
« que le peuple demandera des têtes. »

Fut-il gai et content le jour où il entendit à la tribune cette belle parole :

« C'est *proscrire* les véritables *bases* du *lien* social. »

Et le jour où M. O'Connell, le grand agitateur, appela les whigs, *des tories sans places*.

Après le politique imberbe arrivait le littérateur enfant.

Il comparait un jacobin classique à un bonnet rouge sur une perruque.

A la mort de lord Byron, il emprunta ce vers d'André Chénier :

Adieu donc, jeune ami, que je n'ai pas connu !

Telles sont les prémisses ; peu à peu l'idée arrive à la fois plus nette et plus claire ; on voit que le jeune homme, à force de chercher sa voie, est en train de la trouver. A peine a-t-il crevé l'outre d'Éole, ou pour mieux dire à peine a-t-il soulevé la grande querelle des *classiques* et des *romantiques*, que déjà il la déclare épuisée, tant il est sûr *que la victoire appartient aux générations nouvelles!* « Justement, nous dit-il, parce que la politique est en révolution, la littérature, à son tour, doit opérer sa révolution. L'esprit humain ne marche pas d'un seul pied, les mœurs et les lois s'ébranlent d'abord, l'art ensuite. Il faut laisser les obstinés se cramponner au vieil art poétique *qui fait eau* de toutes parts, la jeunesse a d'autres inspirations, elle a créé une langue nouvelle, elle doit arriver à quelque poésie inconnue. » Et plus loin : « Réformons, dit-il, ne déformons pas ! »

Tant il est habile à se concilier les uns et les autres, à ne décourager personne, à se pousser dans la bonne opinion des retardataires. Pour apaiser toutes les résistances, il a trouvé un mot : *le style*; il ne jure que par le style, comme autrefois les dieux juraient par le Styx. — « Le style est la clef de l'avenir. — Sans le
« style et sans le dessin, vous pouvez avoir le mérite du moment,

« l'applaudissement, le bruit, la fanfare, les couronnes, l'accla-
« mation enivrée des multitudes, vous n'avez pas le vrai triomphe,
« la vraie conquête, le vrai laurier, comme dit Cicéron : *Insignia*
« *victoriæ, non victoriam.* »

Ah! l'admirable hypocrite et l'ingénieux charlatan! Voilà pourtant avec quelles belles phrases et quelles doctes citations il enjôlait les vieux critiques, le bonhomme Duvicquet, par exemple, lorsqu'il se mettait à l'ensorceler et à l'enguirlander avec ces paroles de l'autre monde. Il célébrait *le style* on riait, et l'on se moquait *du barbare*... en ce temps-là, c'était lui qui était *le barbare*, et pourtant on a compris plus tard qu'il avait raison, lorsque, faute de style, on a vu tant de fameux *romantiques*, tant de bruyants phénomènes, tant de parleurs, essoufflés et boursouflés, qui restaient anéantis et impuissants au milieu de leurs œuvres vives, objets de pitié pour ceux qui savent écrire, objets d'ennui pour ceux qui savent lire à peine; ils n'avaient, ces infortunés, que les apparences du style ; ils n'ont eu que les apparences de la renommée et le reflet de la gloire, pendant que M. Hugo, leur maître, un peu dédaigneux, marchait d'un pas sûr à son but, et s'avançait, de la renommée à la gloire, uniquement et justement parce qu'il était un écrivain, un grand écrivain en prose, un grand écrivain en vers, un homme qui avait fait une étude savante de la langue qu'il allait écrire et parler. — *Memento quia pulvis es!* « Poussière, souviens-toi que tu es la poussière, écrivain de pacotille et de hasard, souviens-toi que tu mourras comme tu as vécu : par hasard! »

Ceci dit, il reconnaît que la littérature d'hier est morte pour faire place à la littérature d'aujourd'hui. Les vieillards sont partis, bonsoir la compagnie! Il ne faut pas pleurer des gens semblables à ce fou de l'Arioste qui vantait sa jument, et qui ne lui reconnaissait qu'un seul défaut, c'était d'être morte. « Oui! et
« reconnaissons qu'il n'existe aujourd'hui qu'une seule littéra-
« ture, comme il n'existe qu'une société; que les littératures an-
« térieures ont dû disparaître et ont disparu avec les générations
« dont elles ont exprimé les habitudes sociales et les émotions
« politiques. » Et plus loin : « Le génie de notre époque peut être
« aussi beau que celui des époques les plus illustres, il ne peut
« être le même, et il ne dépend pas plus des écrivains contempo-

« rains de ressusciter une littérature passée, qu'il ne dépend du
« jardinier de faire reverdir les feuilles de l'automne sur les ra-
« meaux du printemps. »

C'était plaider, convenez-en, de bonne heure : *pro domo suâ;* car plaidant ainsi *pour sa maison*, il n'avait pas encore une maison. Ainsi Dorat (pardon!) a composé une *Épître à la maîtresse que j'aurai...* Dorat finit par avoir la petite Fanier pour toute maîtresse, et ce n'était vraiment pas la peine de tant chanter. — Lui cependant avait bien raison d'écrire ces belles invocations à la gloire à venir, notre poëte sans abri, car il a fini par se bâtir un Louvre dont il est à la fois l'architecte, le maçon, le peintre et le sculpteur :

>De tous les arts je fais le tour,
>J'ai leurs secrets, et pour mes stances
>Je prends au peintre les nuances,
>Au statuaire le contour.

Ainsi il était en lutte avec lui-même, en combat avec les autres; ainsi il représentait, mieux que personne, ce jeune homme, les deux grandes qualités du XIXᵉ siècle, la pensée et l'action. Agir et penser sont véritablement les deux conditions essentielles de toute initiative et de toute nouveauté.

Seulement il faut prendre garde à ne pas pousser trop loin la pensée et l'action. Modération, c'est le mot d'ordre à qui veut durer longtemps. De cette sagesse et de cette prudence, nous avons eu de grands exemples dans notre siècle : Casimir Delavigne et Béranger, Gœthe et Walter Scott. « Comment faut-il s'y
« prendre, disait Gœthe, pour se connaître soi-même? — Il faut
« bien agir se répondait-il à lui-même. Fais ton devoir, tu sau-
« ras ce que tu vaux et ce que tu renfermes. » Il disait aussi :
« Gardez-vous d'exagérer votre activité; toute activité sans re-
« lâche se dénoue par la banqueroute; tout ce qui affranchit,
« l'esprit sans nous rendre maîtres de nous-mêmes, est perni-
« cieux. — Il faut que l'art soit la règle de l'imagination, pour
« qu'elle se transforme en poésie. Rien de plus terrible que l'i-
« magination privée de goût. » Il disait encore, écoutez! c'est le
secret d'un maître : — « Ne nous fions pas trop à la littérature
« et aux œuvres écrites; la littérature n'est qu'un mince et mi-

« sérable débris de ce qui a été fait et pensé ; c'est le fragment
« des fragments. »

Il disait aussi qu'il fallait prendre son art au sérieux, se méfier de l'inspiration, mépriser l'*à peu près*, et qu'un homme de lettres était perdu, qui avait moins de respect pour ses œuvres, qu'un forgeron ou un tailleur. — Tu as la flûte, il te faut encore le souffle, la méthode et le doigté. Et comme il eût pris en pitié, l'auteur de *Faust*, nos improvisateurs à la tâche, nos machines à vapeur littéraire, nos fabricants de poésie à la ligne et à la toise, nos méprisables inspirations de chaque jour.

« Notre temps dit Gœthe, ne permet à rien de mûrir, et c'est
« un de ses grands malheurs. Chacun mange son blé en herbe,
« dissipe sa journée et vit de l'heure présente, sans songer que ce
« jour aura peut-être un lendemain. C'en est fait, et je m'en af-
« flige, le monde moral marche à la vapeur. Le jeune homme
« apprend, pour premiers principes sociaux, que l'activité des
« échanges est tout, que le papier peut remplacer les écus, et que
« la grande base du système financier, c'est de créer des dettes
« pour payer des dettes. Éléments monstres. »

On dirait à le voir agir, dès le principe, avec cette prudence et cette habileté, que tout d'un coup, M. Victor Hugo, jeune homme, avait entendu ces nobles paroles, et que replié sur lui-même, il se mit à obéir à des conseils partis de si haut. A peine, en effet, eut-il mené pendant trois ou quatre ans cette existence d'enfant prodigue, et sitôt qu'il eut la pleine et entière conscience de ses forces, il renonça à l'improvisation, au hasard, au *peut-être*, et tout de suite il devint un écrivain sérieux. Or, nous appelons : un écrivain sérieux, l'artiste amoureux de son œuvre, inquiet et patient, qui pour rien au monde ne consent à se séparer de ses chères créations tant qu'il ne les sent pas arrivées à la perfection qu'il a rêvée. Un pareil homme est, de nos jours, un oiseau rare ; pendant que ses confrères s'abandonnent au bruit et au tapage, il cherche le silence et la solitude ; en vain, autour de lui les impatients se produisent, se fatiguent, soulevant autour d'eux la poussière, l'écume et la fumée, il se cache, il se fait humble et petit, il rêve, il médite, il songe, il n'est jamais content de ce qu'il a tenté.

— Passez, Messieurs, hâtez-vous, dit-il, aux plus pressés que lui, et mettez-vous, tant qu'il vous plaira, au devant de mon soleil ; hâtez-vous, j'ai le temps ; parlez, je me tais ; avancez, j'hésite, et prenez à votre belle aise, le chemin que je veux suivre. Il n'y a d'obstacles que pour moi seul, dans nos sentiers. Vous partirez de bonne heure, par la fraîcheur matinale, moi je veux partir à midi par le brûlant soleil. Vous avez, pour vous porter un char de triomphe, et moi j'irai à pied, un bâton à la main, le sac sur le dos. Le peuple vous voyant passer, va vous accueillir d'un : *Hosannah in excelsis!* moi je serai trop heureux si je ne suis pas accueilli par les huées.

A vous la gloire, à vous l'argent ; moi je ne fais qu'un rêve, c'est de gagner, mon pain de chaque jour, et d'élever mes jeunes enfants pendant que vous sèmerez l'or d'une main prodigue, à tous les enchantements de la vie ! Allez donc, mes maîtres, allez par les chemins faciles, par les sentiers pleins d'ombre, par les vices élégants, par les passions permises et défendues, par le luxe, par la vanité et par la dépense ; allez où vous mène la fantaisie, où vous pousse le talent. Vous serez rois, Macbeth du livre imprimé et du théâtre imprévu, quand c'est à peine si l'on saura mon nom parmi les lettrés. Mes amis, mes émules, mes rivaux, soyez heureux et que je ne vous gêne en rien ! Vivez et régnez tout à votre aise, et lorsque enfin mon heure sera venue, eh bien, puissé-je vivre à votre ombre illustre un instant.

Telle est, au premier abord, la modestie, et telle est la résignation de l'écrivain sérieux qui ne veut pas que son esprit soit purement la parade et l'amusement d'un jour. Il méprise, autant qu'il la hait, la popularité à bon marché, la gloire au rabais, la renommée enfantine ; tout cet enthousiasme de la foule abonnée aux cabinets de lecture, il le troque, et volontiers, contre la bonne opinion d'un galant homme bien élevé, qui se rencontre, par hasard, dans la foule des lecteurs gloutons, à qui tout est bon, le bon, le médiocre, et le pire ! Ce rare lecteur, ce lecteur choisi, qui n'aime et ne reconnaît que l'*excellent*, il est l'arbitre suprême de l'écrivain sérieux. Celui-là seul qui est sérieusement un écrivain ne compte pas les suffrages, il les pèse ; avant de publier un livre, il ne cherche pas à savoir l'argent qu'il va gagner, mais l'estime. Il veut, avant tout, que son livre ait la durée, et qu'il soit compté parmi les livres que l'on garde et dont on conserve le souvenir.

Un pareil homme, à quelque opinion qu'il appartienne, est un aristocrate; il sait que la gloire vient d'en haut et qu'il faut plaire avant tout aux consuls, c'est-à-dire aux beaux esprits qui servent de règle, d'exemple et de frein à tous les autres. Quoi de plus juste? Est-ce que les enchantements de l'esprit, les fêtes de l'imagination, ces heures divines que donnent, à ceux qui les aiment, la poésie et les beaux-arts, n'appartiennent pas, de préférence, aux honnêtes gens bien élevés, instruits de bonne heure aux miracles de l'imagination, aux chefs-d'œuvre de la parole? Est-ce que l'idée et le goût de la perfection ne sont pas le domaine exclusif des studieux?

En un mot, et pour tout dire, à quelle époque de l'histoire littéraire a-t-on vu les lettres se passer du suffrage et de l'approbation des hommes choisis qui en sont les juges et les arbitres naturels? C'est donc l'élite qui choisit à son tour, et quand elle a fait son choix, elle indique à la foule ce que la foule doit choisir. Des choses de l'esprit, l'esprit seul en est juge; il est maître, il est roi; salut à l'esprit!

> ....... Salve, Getulice, seu tu
> Silanus, quocumque alio de sanguine, rarus
> Civis et egregius patriæ contingis ovanti.
>
> As-tu par tes discours et tes faits mérité
> Le titre d'honnête homme ami de l'équité,
> Je te déclare grand. Salut, race chérie,
> Salut, Getulicus, Silanus, la patrie
> Te nomme avec orgueil, ô rare citoyen! [1]

Salut à l'esprit, à l'esprit moderne, à la vie, à l'espérance, à la force. « Cette vieille Europe m'ennuie, » disait Napoléon lorsqu'il voulait porter en Orient le poëme de ses batailles; il était de son temps, comme tous les grands poëtes sont de leur temps. Le passé l'ennuyait, il n'avait rien à y voir. Jean-Paul Richter dit quelque part que le passé et l'avenir se voilent à nos regards; « mais l'un porte le voile des veuves, l'autre celui des vierges. » C'est pourquoi, sans doute, l'avenir a tant de charme et d'autorité

---

1. Juvénal, satire VIII, traduit par M. Jules Lacroix.

sur les grands esprits et sur les grands hommes. C'est parce qu'ils ont été de leur temps, que les beaux esprits de la France nouvelle ont accompli tant de belles choses. Ils obéissaient, les uns et les autres, à l'idée, au mouvement, à l'espérance qui étaient dans l'air, leur révolution a été bientôt faite.

Quelle unité dans cette marche guerrière, et pourtant nul ne semblait donner le mot d'ordre. Le monde obéissait sans le savoir, sans le vouloir, à ces inspirés qui n'avaient pas encore de chef ou de maître. On ne savait pas encore à qui resterait la palme du triomphe; elle devait rester en fin de compte au plus laborieux, au plus patient génie, au plus amoureux de sa mission et de sa grandeur. Et toute chose allait sans hésitation, sans indifférence et sans violence, uniquement parce qu'on était en bonne voie et parce que la victoire était proche. Il n'y avait, en ce moment suprême, qu'un seul mouvement dans cette société qui sera tantôt si divisée; l'initiative ainsi que l'obéissance étaient partout; enfin, ce fut une joie immense lorsque parmi tant d'étoiles, la véritable étoile fut proclamée (*sua sidera norunt*), et lorsque de tant d'efforts vint à surgir le maître absolu de cette *république non libre* (c'est un mot de Montesquieu), ce même jeune homme de tout à l'heure, qui, après avoir marché d'abord d'insolences en insolences, s'était arrêté tout d'un coup dans une modestie étrange, afin de reprendre haleine, et de ne plus marcher, sans savoir désormais où il posera son pied tout-puissant.

Telle fut cette sortie hors du cénacle; M. Victor Hugo en sortit à la façon du législateur qui s'en va, parmi les foudres et les éclairs, chercher les tables d'airain sur lesquelles la loi est gravée; il en sortit, à la façon du conquérant qui vient d'arrêter le plan de la bataille d'Austerlitz. Cette fois, plus d'hésitations, plus d'embages, plus de réserve et plus de doutes; nous voilà le maître; nous sommes Mahomet lui-même, et tout prêt à brûler ce qui n'est pas de notre *Koran*. « L'art n'a que faire des lisières, « des menottes, des bâillons. Il nous dit : Va ! et nous lâche dans « ce grand jardin de poésie, où il n'y a pas de fruit défendu. » Ainsi nous parlons, à l'heure où il faut déployer la bannière, à l'heure où nous n'avons plus de ménagement pour personne, à l'heure où le mouvement c'est nous-mêmes et nous seuls.

>  ....... Me quoque dicunt
> Vatem pastores.....

Ou comme dit Théocrite : « Et moi aussi je suis une bouche brûlante des muses! » — Et plus loin : « C'est bien assez pour tous d'un seul Homère. »

C'est bien assez, pour la gloire et pour la fête d'une grande nation, de posséder un grand poëte ; or, nous avions deux grands poëtes quand nous avions vingt ans : M. de Lamartine et M. Victor Hugo, s'abreuvant aux trois sources vives de toute poésie, à savoir : la liberté, la foi, la tradition ; deux génies, celui-ci qui disait dans son langage inspiré les malaises sublimes de la conscience et de l'imagination, maîtresses d'elles-mêmes ; celui-là qui racontait dans une langue pittoresque et savante dont il était le plus habile ouvrier, les souvenirs de la France d'autrefois, la France des rois, des chevaliers, des grands évêques, des vieux artistes. A vingt ans M. Victor Hugo était vraiment un poëte lyrique, un poëte à l'ancienne marque ; il avait l'âme et le cœur d'un poëte lyrique (la plus excellente et la plus rare des familles poétiques) ; il avait la volonté, l'inspiration, l'intelligence et le conseil de l'époque où il allait apparaître !

Il savait que sa vocation serait un jour de parler à la foule, et de bonne heure il s'était imprégné des convictions, des regrets, des espérances du peuple auquel il devait parler.

Ainsi dans cette retraite d'un instant sur les hauteurs de notre Vaugirard (Rousseau dans l'Hermitage de Montmorency, Buffon sur les terrasses de Montbar, Voltaire au pied des Alpes !) il fit sur lui-même une étude profonde, et bientôt, des *Odes et Ballades*, il arriva, par des gradations de génie, aux *Feuilles d'Automne*, aux *Voix intérieures*, aux *Chants du Crépuscule*, puis tout d'un coup, dans ce progrès de son style et de sa pensée, à travers les cantiques d'actions de grâces, mêlés de doutes et d'accusations implacables, le poëte s'arrête et s'en va, la tête haute, à la rencontre du moyen âge dont il découvre le mot d'ordre aux sommets fabuleux des tours de Notre-Dame de Paris, entre l'Esmeralda et le Quasimodo, deux problèmes.

Quel zèle alors, quelle attention de la France attentive au poëte nouveau ! Il était une langue, il était une école, il était toute une poésie et tout un poëme, cet homme-là ; il était vraiment, avec le prince royal, le prince de la jeunesse française, et nous autres nous partagions glorieusement les batailles et les triomphes de sa jeunesse. Avec quel grand courage, les uns et les autres, nous portions la main sur ce fer chaud qu'on appelle l'avenir ! Comme nous étions également disposés à tout renverser, à tout proclamer ! Quelle fête immense des arts, de la liberté, de l'amour, de la parole, de tous les enchantements !

Ces beaux vers de M. Victor Hugo, ces tentatives illustres, ces batailles, ces rêves, cet idéal éblouissant, tel était notre domaine nouvellement conquis à la pointe de nos plumes fraîchement taillées. Nous allions, vainqueurs, l'arme au bras et le chapeau sur l'oreille, à ces batailles d'Iéna et d'Austerlitz. — *Et qui m'aime me suive !* Et sans nous aimer plus qu'il n'était raisonnable, chacun nous suivait par curiosité, et tout simplement pour savoir où nous irions.

En ceci nous avons été les dupes ingénues de M. Victor Hugo ; ce n'était pas nous qui marchions, c'était lui ; nous le suivions dans son chemin brûlant, mais nous le suivions du regard ! Il allait, nous allions, puis, arrivés à certains passages difficiles, notre homme nous plantait là, et franchissant l'obstacle d'un pas léger et obstiné tout ensemble, le voilà qui grimpait sur ces hauteurs inaccessibles, emportant l'ardeur, le mot d'ordre et le drapeau de cette armée de volontaires qui n'étaient plus qu'un embarras pour lui. Cela s'appelle : *impedimentum* dans les *Commentaires* de Jules César.

Ce qui ajoutait à notre enthousiasme, en ce temps-là, c'est que nous regardions la venue et le succès de M. Victor Hugo comme un affranchissement définitif. Romans et drames, nous semblaient autant de conquêtes très-charmantes et très-curieuses, dont nous avions le premier bénéfice et le premier enchantement.

Qui nous les rendra ces fêtes poëtiques ? qui nous les rendra ces heures fébriles de l'attente au premier rendez-vous que nous donnait le drame nouveau ? Nous arrivions au théâtre à quatre heures, pleins d'inquiétude et de passion ! Nous attendions trois heures sous la pluie et sous le froid de décembre que la porte fût ouverte, et quand enfin, sur ces merveilles, longtemps proclamées à l'avance, la toile se levait frémissante, aussitôt commençaient nos angoisses, nos délires. Nous restions à notre place émerveillés, attentifs, bouche béante et tout occupés, pendant cinq heures, à nous rappeler le moindre détail de ces histoires compliquées de toutes les recherches du poëte, de l'antiquaire, du décorateur, du comédien. — Où sommes-nous? — Dans quel lieu? — Dans quel palais? — A quelle époque? — Comment ces belles dames portent-elles le voile et l'éventail? — Quel armurier a damasquiné ces armures, a fourbi ces épées? — Où se tient ce peuple qui hurle là-bas au fond du drame? — Enfin quelle langue vont parler ces soldats, ces capitaines, ces princesses, ces bourreaux, ces geôliers, ces fous de cour, ces vierges folles, ces bourgeois, ces manants, ces héros?

En ce temps-là, dans les temps de notre première ferveur, quand nous étions des enthousiastes sans nom et des spectateurs perdus dans cette salle ouverte à toutes les admirations, à toutes les résistences, le plus petit comédien, M. Faure ou M. Desmousseaux, devenait un héros à nos yeux; le moindre accessoire avait son importance : l'aiguillette du haut-de-chausses, le bouton de l'habit, le ruban au soulier, la dentelle au chapeau, que disons-nous? le Saint-Esprit, l'ordre de Saint-Michel, la Jarretière, les plaques, l'habit de cour *avec toutes ses broderies et toutes ses dentelles*, les meubles, la façade, les murailles, la porte, la clef, l'échelle, le poignard, la hallebarde, le mousquet, le plafond du Primatice, le château de Chambord, la forteresse de Beaugency; l'échafaud que l'on dresse, le cercueil que l'on cloue, la coupe et le flacon; la livrée du valet qui porte d'une main élégante, le plateau d'or chargé de cristal, tout, et même le moindre outil du drame, avait une forme arrêtée, une date certaine, un sens.

Si bien que les yeux, l'esprit, les oreilles — et parfois aussi l'âme et le cœur étaient également occupés; mystérieuses et haletantes histoires, toutes remplies des plus étranges événements et d'une histoire que le poëte arrangeait à l'usage particulier de son drame, sans trop s'inquiéter s'il ne donnait pas un démenti insupportable à nos passions, à nos jugements, à nos souvenirs, en un mot, à la réalité que nous nous étions faite d'après les récits, d'après les tragédies et dans les livres d'autrefois.

De là un intérêt immense à tous ces livres, à tous ces drames d'une exactitude si minutieuse dans la forme, et dont le fond était formé d'une nouveauté si étrange et si hardie. — Un poëte qui se serait fait tuer pour la forme d'un manteau, pour la broderie d'un habit, qui faisait de Lucrèce Borgia le modèle des mères, et de Marion Delorme le modèle des femmes amoureuses!

— Un homme hardi qui ne doute de rien et qui n'est arrêté par aucun scrupule, quand il s'agit de représenter des hommes, et qui cependant va passer ses nuits entières à feuilleter de gros livres pour savoir, très-exactement, comment ces hommes étaient logés, armés, parés, vêtus! Et c'étaient des formes, des couleurs, des étoffes, des écharpes, des modes, des plumets, des pourpoints, des pasquilles d'or, des chapeaux, des mortiers, des musiques, des Cydalises, des comédiens, des folies, des élégances à faire tourner toutes les têtes : les vieilles têtes, par amour pour la vérité, les jeunes par l'instinct même et par cette passion naturelle qui les pousse à aimer les choses parantes, quel que soit l'âge de cette reine des femmes qu'on appelle *la mode*. — La forme du drame nouveau était parfois d'une nouveauté contestable, on ne dit pas non! mais les étoffes, mais les broderies, mais les plumes, mais les armures, mais les velours étaient tout neufs.

Je sais bien ce que répondaient, à ces rares succès, les esprits moroses, quinteux et difficiles. Ils disaient que cette nouveauté du costume, de l'architecture et de l'ajustement est la moindre et la plus fugitive des nouveautés; qu'on s'y fait vite, et qu'à la longue on n'est guère plus curieux de revoir la galerie des Glaces ou l'Œil-de-Bœuf, que le palais d'Agamemnon. L'objection serait vraie, s'il n'y avait, dans ces poëmes choisis, que les choses qu'on voit de ses mains, que l'on touche de ses yeux. Si M. Hugo n'eût été qu'un antiquaire, il aurait eu encore cette gloire et cette force d'avoir retrouvé ces mystères, d'avoir réuni ces débris, d'avoir démontré la grâce et la beauté de l'ancienne patrie, et de t'avoir saluée et reconnue, ô France des rois, des dames et des poëtes, dans les ruines et dans les débris de ton antique majesté.

Heureusement s'il était un antiquaire qui cherche, il était avant tout un inventeur qui trouve; il ne se contentait pas d'ôter sa rouille à l'armure de chevalerie et de rendre leurs robes à la grand'gore aux reines des vieux siècles, il ne se contentait pas d'entasser dans son musée intérieur les stalles et les vitraux des cathédrales, et le bahut bourgeois à côté de la cassette du prince ; il tenait aussi en réserve dans le trésor de son génie le trésor même de Shakspeare : « De la gaieté qui pleure, « des larmes qui rient, des facéties sérieuses, des moralités dé-« vergondées ; on peut compter toutes les espèces imaginables « de monstres ; la pastorale héroïque et bouffonne ; la tragi-« comédie-mystère, la comédie-parodie-élégie ; la farce lugubre « et plaisante. »

Ainsi avec toute cette science d'habile antiquaire, il avait *l'esprit ;* l'esprit qui souffle où il veut, et qui suffit à ranimer toutes les poussières. Que m'importe, en fin de compte, l'éventail de l'héroïne et l'habit du héros, si je contemple à loisir cette comédie aux cent actes divers ? Allons ça, le drame commence, et croyez-moi, soyez attentifs à l'action qui se passe au milieu de l'antique cité ; écoutez tout cet esprit qui est indépendant du costume ; admirez les belles grâces de ces amoureux, même quand ils ont négligé l'élégance de leur pourpoint, riez aux bouffonneries du Taillebras, aux grimaces du Scaramouche ; souriez à la Chimène, à la Bradamante. Que la décoration soit ou ne soit pas un un chef-d'œuvre, le drame ne s'en inquiète guère ; il a d'autres ressources que la brosse du peintre, il a la jeunesse du poëte et la beauté de la comédienne. Admirez donc comme cette belle fille enrubanée est restée jeune dans cette robe de belle soie qui était à peine un déjeuner de soleil! Prêtez l'oreille aussi à la verve, à la grâce, au charme de cette poésie ! le frais ramage ! les fines railleries ! les douces chansons ! le vers souple, amoureux, câlin, tapageur, bon enfant, légèrement aviné, solennel, railleur, bel esprit, bohémien, comédien, faiseur d'élégies, de chansons, de rondos, — la fière poésie qui prend toutes les formes, qui s'inspire de toutes les passions, qui fait la roue à tout ce bruit, à tout ce peuple, à l'histoire, à l'abîme, à l'amour, à la gloire, au soleil !

Tant il était, M. Victor Hugo ; il était le maître absolu, le dominateur souverain, le créateur de son héros ; son héros lui appartenait de l'aigrette à l'éperon, de la pourpre à la besace, du sceptre au bâton. Si bien que toutes les passions et tous les fragments, tout ce qui était du costume et tout ce qui tenait aux mœurs de son peuple, était également de son domaine ; il était le moraliste et le machiniste de son drame ; il aiguisait le glaive, il aiguisait l'amour, il était lui-même, il était seul, il était tout. Le monde au delà du monde, et même au besoin l'impossible lui appartenaient par droit de conquête ; il tenait en sa main toute-puissante la baguette même de la fée, et, ses personnages une fois évoqués, il en usait à son caprice, il en abusait à sa volonté. Il était inflexible, il était sans pitié ; quand il avait commandé, homme ou fantôme, il fallait obéir, et que l'on tînt au monde réel, ou que l'on vînt du fond des tombeaux, il fallait rire ou pleurer, vivre ou mourir, au gré de l'enchanteur.

Alors, ma foi, bien hardi eût été celui-là qui lui eût demandé compte de ses personnages et de leurs destinées, et de quel droit il faisait ceci ou cela ? Pardieu ! dans son livre ou sur son théâtre le poëte est roi chez lui. Il peut, à son gré, fermer les portes, ouvrir les fenêtres, attacher et détacher les échelles, aiguiser les poignards, dénouer les ceintures, dresser l'échafaud, se cacher dans le prie-Dieu ou sous la portière des boudoirs ! Il sait les paroles mystérieuses, absolues qui fait que toute volonté s'incline, et il ne craint pas qu'on vienne lui dire : Mais votre amoureux a déjà porté ce plumet, ou ce manteau ! Mais nous l'avons vu tomber dans tel piége, il a déjà tendu telle embûche ! Mais votre amoureuse a déjà versé ces larmes de sang ! mais vous-même, prenez-y garde, vous vous êtes déjà passionné à cette douleur ! — Maître absolu de ce drame qu'il savait impossible, notre poëte obéissait avec joie à tout ce hasard.

Encore une fois, au courage, à la science, à la volonté, au zèle, à l'esprit, au talent, cet homme unissait la toute-puissance ; il avait ce grand art d'être précisément le bandit ou le héros qu'il voulait être, et même quand il parlait en leur nom, vous sentiez toujours que c'était le poëte qui parlait !

Si tu parles d'épée et de valeur, sois brave !

Il avait le don des langues, et après avoir parlé, pour employer les paroles même de Fontenelle, *une certaine langue sacrée entendue des seuls poëtes et de quelques initiés*, il a parlé la langue la plus vivante, et la plus populaire de ce temps-ci.

Il avait le don des larmes et de la persuasion éloquente ; il était actif, volontaire, amoureux, ambitieux ; il était bien portant, il était jeune, il était fier, il était fantasque, il était orgueilleux, il était insolent ; il heurtait la foule et la charmait.

Sur le passage de son drame il soulevait, tour à tour ou tout à la fois, cent mille clameurs et cent mille louanges : des admirations et des blasphèmes, des sifflets et des tonnerres, des sifflets à tout briser, des adorations à tout écraser. Rien de médiocre n'a accompagné les diverses tentatives de ce poëte heureux ; on ne pouvait ni le haïr un peu, ni l'aimer un peu ; on le haïssait avec rage, on l'aimait jusqu'au délire ; il occupait les deux extrémités du blasphème et de l'adoration.

> ..... Tibi numine ab omni
> Cedetur, jurisque tui natura relinquet
> Quis Deus esse velis, ubi regnum ponere mundi.

Telle fut l'étude et telle fut la contemplation de notre jeunesse ; en ces temps d'une humble et innocente vie, il n'y avait pas pour nous d'autre intérêt et d'autre curiosité : prêter l'oreille aux bruits de la nouvelle poésie et saluer les poëtes nouveaux ! C'est pourquoi les autres passions ont eu une prise assez médiocre sur nos esprits et sur nos âmes, tant notre passion littéraire était poussée à l'extrême. Et quand, par hasard, par malheur, nous rencontrions ce monstre en nature (*monstrum in naturâ*), le jeune homme occupé de politique, et perdant les belles heures de la jeunesse en quelque obscure occupation de conspirateur, parmi des niais et des agents provocateurs, nous nous sentions pris d'une pitié profonde.

Ils disaient, ces enfants : Où en est l'Europe à cette heure ? Nous disions, nous autres : que fait à cette heure M. de Lamartine ? où en est M. Victor Hugo ? quand paraîtra le nouveau drame de M. Casimir Delavigne ? avez-vous vu la pièce nouvelle de M. Scribe ? on dit que M. Alfred de Vigny écrit un drame ; on dit que Béranger prépare une nouvelle chanson ! J'en ai connu plusieurs de ces Catilinas en herbe, de ces Babeufs en retard, de ces innocents bien élevés, et tout remplis du souffle antique ; au mépris des lois de leur pays, au mépris de tout ce qu'il y a de bon dans la liberté et de charmant dans la vie, ils connaissaient, dans les endroits les plus fangeux de la Cité, certaines cavernes où ils s'assemblaient, à certains jours de chaque mois, uniquement pour conspirer contre les tyrans.

En vain eussiez-vous dit à ces braves gens : « Mais vous êtes jeunes, le soleil est beau, l'air est pur, la campagne est fraîchement parée, les chemins sont remplis d'oiseaux chanteurs ; l'eau éclate là-bas en mille complaintes joyeuses ; allez vous promener dans les bois, allez en paix aujourd'hui, vous conspirerez demain. » Ils vous auraient regardé d'un air sombre en vous toisant des pieds à la tête. En vain vous ajoutez : « Mais les tyrans, où sont-ils ? où les avez-vous rencontrés ? où se cache le monstre ? Appelez-vous un tyran, ce vieux roi qui balbutie d'une lèvre encore amoureuse les vers d'Horace, ou M. le dauphin son frère, ce gentilhomme qui prie Dieu les mains jointes, au seul souvenir de sa profane jeunesse ? Il n'y a pas de tyrans dans notre monde ; il y a des lois qui vivent, il y a des progrès qui marchent ; il y a des colères qui éclateront quand il en sera temps, sans avoir conspiré ; il y a les vieux débris de l'Empire qui s'agitent au seul nom de l'Empereur ; il y a le drapeau tricolore qui reparaîtra, tôt ou tard, dans la France nouvelle et pour n'en plus sortir : donc ne conspirez pas, c'est inutile.

Donc soyez jeunes et soyez heureux, jeunes gens, c'est le plus pressé ; emparez-vous de l'avenir par le travail, par l'espérance, par la bonne humeur, et ne perdez pas votre bonheur présent en vaines menaces ; fi ! de ces sombres colères, fi ! de ces formidables serments ! Allons, allons, pensez donc enfin à l'amour, à la jeunesse, aux travaux utiles ; à votre âge, il n'est permis de rêver que pour écrire de molles élégies, ou pour improviser les adorables romans qui se font à vingt ans. Mais rêver creux comme vous faites, vous perdre ainsi dans les utopies lamentables, commencer à Platon, pour arriver, juste ciel ! à Saint-Just ! C'est abuser étrangement de tous les biens que le bon Dieu a faits aux hommes ! C'est être injuste envers le ciel ! »

Certes, qui eût parlé ainsi à ces jeunes et honnêtes esprits, eût été traité de *mouchard*.

Donc ils conspiraient, ils écrivaient, ils dissertaient, ils s'annonçaient à eux-mêmes, une fois tous les mois, les nouvelles destinées du monde ; ils s'appelaient entre eux des proscrits et des martyrs. Forts qu'ils étaient de leur probité et de leur bonne conscience, ils ne voyaient pas que leur conspiration était puérile ; que, grâce à Dieu, il n'est plus besoin de conspirer aujourd'hui pour renverser ce qui est injuste, car, c'est la loi commune en temps de liberté, toute injustice tombe d'elle-même ; la calomnie se tue de son propre venin, la vengeance se perce le cœur de son propre poignard, l'émeute expire sous les pavés qu'elle a soulevés ; les causes justes se passent de conspirations et de conspirateurs. Où étaient-ils, je vous prie, les conspirateurs en 1830 ? C'était tout le monde qui conspirait.

On dit que la chose arrive ainsi dans les universités allemandes. L'étudiant vient à l'université, le bonnet sur l'oreille et la révolte dans le cœur. Il s'occupe uniquement à fumer sa pipe et à brouiller les cartes politiques ; il jure haine et mort aux tyrans ; il voue aux dieux infernaux M. de Metternich ; il est féroce ; il est furieux ; il se bat en duel tous les huit jours. Après trois ou quatre ans de cet aimable exercice, notre homme devient conseiller aulique ou quelque chose d'approchant ; il se marie ; il devient père de famille ; il se met à défendre, tout bonnement, cette même société qu'il a si cruellement battue en brèche. Il n'a rapporté d'Iéna que sa pipe, dans laquelle il fume toujours, et son grand sabre d'étudiant, sur lequel ses jeunes enfants vont à cheval.

Pareille chose est arrivée chez nous à plusieurs conspirateurs illustres. Après avoir été les plus terribles orateurs dans les clubs où s'agitaient les destinées de l'Europe entière, nos gens se sont trouvés tout d'un coup dépassés par une révolution de trois jours. — *Ce que tu as dit, je le ferai*, disait un Spartiate à un Athénien ; la révolution de Juillet a traité les susdits conspirateurs comme le Spartiate a traité l'Athénien ; elle a fait plus que ces messieurs n'avaient osé prédire, et elle l'a fait en trois jours, tout d'un coup, sans hésitation, d'une façon nette et ferme, si bien que pour conspirer de nouveau, après un pareil exemple de l'inutilité des conspirations, il fallait y mettre bien de la bonne volonté. Que pouvaient faire alors les conspirateurs de bonne foi, sinon s'avouer vaincus, eux et leur prudence ? Et puisqu'ils ne pouvaient pas rester éternellement à conspirer, que pouvaient-ils faire de mieux, je vous prie, que de prendre place dans une révolution qui les avait chassés de leurs clubs d'une façon si polie et si péremptoire, en leur prouvant combien, sacrebleu ! morbleu ! ils étaient timides, arriérés et niais de conspirer ainsi ?

Ils ont donc usé de leur droit en prenant place dans la victoire. Ils ne l'avaient pas faite, au moins ils l'avaient rêvée et des premiers. Ils n'avaient pas bâti le palais, ils en avaient deviné le modèle dans les nuages que chasse le vent du Nord. En ceci, il me semble que ces conspirateurs adroits ont été conséquents avec eux-mêmes. En leur donnant un peu plus de liberté qu'il ne leur en fallait pour leur usage, on renversait de fond en comble, un peu plus qu'ils ne voulaient renverser; ce qu'ils poussaient, dans le fossé, d'un timide coup d'épaule, on le jetait dans l'abîme à coups de hache; ce qu'ils voulaient briser, on l'écrasait; qu'avaient-ils de plus à désirer et qu'avaient-ils de mieux à faire, qu'à remercier le nouveau roi qui leur faisait ces loisirs ? Vouliez-vous donc que les cheveux blancs leur vinssent dans les clubs ? Hélas ! ils ne sont que trop à plaindre d'y avoir perdu leurs belles années. Un club ! comme s'ils n'avaient pas la forêt de Meudon, les bords de la Seine ou du Rhin; comme s'ils n'avaient pas Rome, Naples et Florence, et le monde entier ?

Des années recueillies de notre poëte, et de sa solitude inspirée, un livre est resté; ce livre est écrit par un poëte, M. Sainte-Beuve, un peu avant que son ami *se lançât pour la première fois dans le bruit et les orages du drame*, et il est impossible de lire ces doux poëmes sans une profonde sympathie.

Ils étaient deux amis du même âge, deux frères en poésie; ils croissaient ensemble, et tous les deux ils rêvaient la gloire. Ils vivaient heureux de peu, contents de rien; celui-ci s'effaçant pour laisser passer celui-là, et, d'une main dévouée, arrachant les ronces du sentier où son ami va marcher le premier. De cette communauté de travaux, de craintes et d'espérances, est résulté ce livre des *Consolations*, à l'heure où dans le petit jardin doucement éclairé on entend venir

> La gloire aux mille voix, comme une mer montante.

Elle approche, et déjà elle envahit la maison, et le poëte qu'elle

appelle hésite encore à la suivre; il n'a pas, dit-il, assez fait
pour elle, et il s'en va en quête des chefs-d'œuvre :

> Ami, d'où nous viens-tu, tremblant, pâle, effaré,
> Tes blonds cheveux épars et d'un blond plus doré,
> Comme ceux que Rubens et Rembrandt à leurs anges
> Donnent en leurs tableaux par des teintes étranges?
> Ami, d'où nous viens-tu? D'où la froide sueur
> De ta main qui me presse, et la blanche lueur
> De ton front grand et haut comme s'il était chauve?
> Ta prunelle est sanglante et ta paupière est fauve;
> Ta voix tremble et frémit comme après un forfait;
> Ton accent étincelle. — Ami, qu'as-tu donc fait?
> . . . . . . . . . . . . . . . . . . . . . . . .
> Jacob et l'étranger ont mêlé leurs haleines.
> Mazeppa, le coursier t'a traîné par les plaines,
> Honneur à toi, poëte, honneur à toi, vainqueur!

Ne dirait-on pas ce passage de Virgile où la pythonisse inspirée
va succomber sous l'inspiration qui l'obsède. « Le dieu, voici le
dieu! » Il y a encore un passage où il est parlé de *Pathmos*.
Dans les poésies de Joseph Delorme, une belle pièce a pour titre
*le Cénacle*; on voit poindre et naître le culte :

> Oui, le siècle est à nous!
> Il est à vous; chantez, ô voix harmonieuses,
> Et des humains bientôt les foules envieuses
> Tomberont à genoux.
>
> Parmi vous un génie a grandi sous l'orage,
> Jeune et fort; sur son front s'est imprimé l'outrage
> En éclairs radieux;
> Mais il dépose ici son sceptre et le repousse;
> Sa gloire sans rayons se fait aimable et douce,
> Et rit à tous les yeux.
>
> Oh! qu'il chante longtemps, car son luth nous entraîne,
> Nous relève et nous guide, et nous tiendrons l'arène,
> Tant qu'il retentira;
> Deux ou trois tours encore aux sons de la trompette,
> Aux éclats de sa voix que tout un chœur répète,
> Jéricho tombera.

*Jéricho* c'était le vieux monde poétique! Et toujours, et toujours, à propos du nouveau monde qui allait surgir vous retrouvez
dans les poëmes de M. Sainte-Beuve, la paraphrase éloquente de

cette parole auguste. « Ces chantres sont de race divine, ils possèdent le seul talent incontestable dont le ciel ait fait présent à la terre ! » C'est ainsi qu'en dépit des beaux esprits de l'empire et des grands critiques de la restauration, en dépit de l'opposition unanime, ironique et violente de tout ce qui faisait loi à l'académie et dans les salons — dans l'entourage armé de la république des lettres, l'œuvre du maître perçait le nuage, et que peu à peu, au plus fort de cette opposition inintelligente et brutale, s'établissait dans les esprits jeunes, dans les âmes candides, la croyance et l'instinct que le nouveau venu était un grand poëte, destiné à tous les honneurs poétiques. Certes, les trompettes ne manquaient pas autour de Jéricho chancelante, et les hommes du cénacle, ardents à cette brèche entr'ouverte, s'amusaient à montrer du doigt les défenseurs de l'ancien bon goût, de l'ancien art poétique, et des vieux priviléges : M. Étienne, M. Jay, M. Jouy, M. Colnet, M. Hoffmann.

Pauvre Hoffmann ! Il avait l'esprit d'un Parisien, il écrivait comme un Allemand. Si l'on savait comme c'est amusant de relire les petits vers de ce grand pourfendeur des *Odes et Ballades*, et comme on trouve que Geoffroy avait raison ; un jour on demandait à Geoffroy, pourquoi il ne faisait pas de comédies, lui qui les jugeait si bien ? — « Quand on donne le fouet aux autres, disait-il, il ne faut pas montrer son derrière... » Et de rire. Eh bien, M. Hoffmann qui donnait des férules à M. Victor Hugo jeune homme, était plus hardi que Geoffroy. Voici comme échantillon de sa poésie, et pour marquer rigoureusement le droit qu'il avait de corriger M. Hugo, quelques vers du bonhomme Hoffmann :

> Du *nectar* et de *l'ambroisie*
> J'*ignore* le charme *enchanteur*;
> *Mais j'ai ce qu'il faut pour la vie,*
> *Et peut-être* pour le bonheur.
> De mon lit *j'aperçois* l'aurore
> *S'éveiller* et sourire *aux cieux,*
> Mes rideaux blancs *qu'elle* colore
> Se teignent de pourpre *à mes yeux.*
> Bientôt je savoure le lait
> Qu'une *jeune Io* me *procure;*
> Simple et *fragile* nourriture,
> Mais c'est Claudine qui le *trait.*

Or, on lisait charitablement *trait* pour *trait* ces jolis vers dans *le cénacle*, et l'on riait du *bon* Hoffmann, comme autrefois Molière de Cathos et de Madelon, et puis pour répondre au *corps bleu*, dont Hoffmann s'était moqué avec tant de bonne grâce, ils citaient (un pédant en *us* n'eût pas mieux fait) le *cærulea glacies*, le *mare purpureum*, la *neige d'or* et le *sommeil fatigant* d'Horace et le *sommeil laborieux* de Tibulle ; « A pédant, pédant et demi ! » disaient-ils. — De temps à autre, avec une bonne grâce accomplie, ils reconnaissaient qu'ils n'étaient pas tout à fait sans reproche, et d'un certain côté vulnérable, du côté de la rime, par exemple, ou de la langue, qui représentaient toutes leurs obéissances et tous leurs respects, ils promettaient formellement de se corriger :

> O rime, qui que tu sois,
>     Je reçois
> Ton joug, et longtemps rebelle,
> Corrigé, je te promets
>     Désormais,
> Une oreille plus fidèle !

Toujours est-il que par ces obstacles, par ces résistances, le chemin s'était fait ainsi ; le poëte était reconnu, le maître était trouvé (l'autorité en littérature c'est le *goût*, il l'a dit lui-même), il ne s'agissait plus que d'aller en avant, à cette heure, et d'achever les conquêtes commencées par les *Odes et Ballades*, qui étaient désormais le cortége ingénieux et tout-puissant des premiers triomphes de ce jeune homme. Ah ! quelle fête (il vous en souvient) pour notre jeunesse, ces odes éclatantes d'inspiration et de génie, enfants illustres de Clément Marot, de Pindare et du grand poëte Ronsard !

Quelle joie à nos esprits impatients, cette révélation d'une poésie inconnue ! On aime tant les beaux vers et les jeunes poëtes du mois de mai, quand soi-même on appartient au frais printemps de l'année ; on se sent vivre à ces ombres sacrées, et l'âme a tant de force à ces heures choisies. Oh ! les belles passions au commencement de ce long voyage de la vie ! oh ! l'heureux, l'heureux moment exempt de tout labeur utile, en pleine rêverie, en pleine espérance, quand le pain de chaque jour est gagné par votre père, quand vous êtes vous-même, à vous-même, un prince, un roi, un héros, justement parce que vous n'avez pas rencontré d'obstacle! — Espérance! orgueil! courage enfin! On a tout quand on est jeune; on a tout, on est tout : on est Corneille, on est La Fontaine ou M. de Lauzun tour à tour ou tout ensemble; et que de choses inconnues, que d'étranges idées, quel monde infini, quelle heureuse et suprême ignorance! Elle a même des formules arrêtées depuis longtemps, cette aimable ignorance de la jeunesse qui ne doute de rien. « *Une idée me frappe en commençant ce long travail..... Je vais jeter un jour tout nouveau sur ce point de l'histoire du monde. — On ne sait pas généralement — nous sommes à l'affût d'une découverte imposante et solennelle...* »

Enfants-prophètes! chefs des nations, voilà comme on marche, et malheur à qui aura dit ce que vous vouliez dire les premiers :

Pereant, qui, antè nos, *nostra* dixerunt!

Oui, nous aussi nous voulions les dire, et les raconter à qui de droit, ces choses nouvelles! M. Victor Hugo (que nous bénissons) les a dites, le premier, ces *Odes et Ballades ;* au génie, aux batailles, aux libertés d'autrefois ; le premier dans ce siècle épuisé de gloire, de révoltes, de massacres et de servitudes, il a marché dans les sentiers nouveaux, parlant d'ordre et de liberté, de religion et de patrie aux jeunes esprits attentifs et charmés de ces nouveautés que leur avaient révélées les premiers vers de M. de Lamartine.

— A qui donc obéissez-vous, jeune homme? — A la vérité! — Et quel est votre modèle? — La nature seule est mon modèle, et je ne jure par aucun maître. Ainsi il allait et le monde l'écoutait : *racontant le destin des poëtes dans les révolutions.* Car ce fut là son premier cri de détresse et de sympathie :

Les hommes vont au précipice,<br>
Les chants ne les sauveront pas.<br>
Avec eux, loin des lieux propices<br>
Pourquoi donc égarer tes pas?<br>
Peux-tu, dès tes jeunes années,<br>
Sans briser d'autres destinées,<br>
Rompre la chaîne de tes jours?<br>
Épargne ta vie éphémère.<br>
Jeune homme, n'as-tu pas de mère;<br>
Poëte, n'as-tu pas d'amour?

A ces cris de l'égoïsme et de la peur, la réponse ne se fait pas attendre ; le poëte a vu les misères de son temps et il a compris qu'il devait des consolations à son peuple. Il a éprouvé, lui aussi, ce rapide épuisement des âmes au milieu du monde ancien qui s'écroule, et il s'est dit, l'orgueilleux et le superbe, qu'il serait peut-être un consolateur à tant de misères. Dans cette littérature avide d'émotions, de nouveautés et d'espérances, il s'est dit qu'il serait un exemple, un encouragement, une force.— Il a trouvé, lui aussi, que le monde était possédé du malin esprit, et il a voulu prononcer les paroles de l'exorcisme.

Hélas! nous les avions déjà entrevues, ces misères de l'abandon, du doute et du désespoir au quatrième siècle de l'ère chrétienne, et le consolateur suprême, en ce temps-là, était un poëte aussi, il s'appelait la *Bouche d'or*. Lui aussi, Jean Chrysostôme, il s'attaquait à la tristesse maladive de ces époques mauvaises, à *l'athumia*…, un mot qu'il avait composé pour exprimer qu'il comprenait ce désordre et cet abattement de l'âme qui affaissent un homme, et le ravalent au niveau de la brute inerte, inoffensive, incapable de bien, incapable de mal! Voyez donc ce vampire, et voyez cette confusion. Regardez-moi ces jeunes gens qui passent, semblables au fantôme errant sur la plage, au premier acte de *Lucrèce Borgia!* «Qu'est-ce à dire?» ajoute la *Bouche d'or*. Voilà des jeunes gens fagotés comme des vieillards, sans crainte et sans espoir, sans présent et sans avenir, âmes inertes, esprits malades, jeunesse abrutie, ils ont fait de l'univers créé une infirmerie, et de la vie un suicide. Insensés! ils se repaissent de leur propre faiblesse, ils aiment leur propre tristesse, ils réchauffent leur découragement dans leur sein. « Adieu, César! ceux qui vont mourir te saluent! »

Or voilà ce qui offense également le saint évêque et le poëte; ils ont charge d'âmes l'un et l'autre! Ils ne veulent pas que leurs ouailles s'abandonnent à ces découragements sans motifs, et ils combattent, de toutes leurs forces, cette torpeur insensée! — Ils appellent à leur aide le passé, le présent, l'avenir ; ce qui me charme, en fin de compte, dans les premiers poëmes de cette muse naissante, ce sont justement ces cris généreux de pitié, de courage et de sympathie. O Vendée! ô courage! Il raconte le supplice impie des jeunes filles de Verdun, le massacre de Quiberon et la mort abominable de cet enfant des rois, plus touchant et plus malheureux qu'Astyanax, la mort du jeune roi Louis XVII, tué à coups de pied par le savetier Simon ! — Il chantait aussi le roi Henri IV, le duc de Bordeaux — et Bonaparte ! Il célébrait ses odes elles-mêmes :

> Mes odes, c'est l'instant de déployer vos ailes !

En même temps (courbe la tête fier Sicambre!) il s'inclinait devant l'histoire avec ce pressentiment que l'histoire était la mère elle-même de la tragédie et du drame ! Il y avait vraiment un vif et profond sentiment de tendresse et de piété dans le *fils de la Vendéenne.* Il chantait la liberté, il chantait mademoiselle de Sombreuil, il chantait M. de Chateaubriand ; il se passionnait pour les ruines ; il eût voulu relever tous les débris ; il eût voulu ranimer toutes les poussières ; dans ses imprécations contre la *bande noire,* on voit naître à l'avance le poëme intitulé : *Notre-Dame de Paris !* — Il eut des louanges et des larmes pour le roi qui nous donna la charte, et de toutes les pompes des funérailles de Louis XVIII, de ces discours, de ces oraisons funèbres, de ces grandeurs, cette ode seule est restée :

> Oh ! qu'il s'endorme en paix dans la nuit funéraire,
> N'a-t-il pas oublié ses maux pour nos malheurs ?

Le roi Louis XVIII aimait les poëtes, il était lui-même, un lettré. Ce roi bel-esprit savait rendre aux bons sentiments toute justice, et voici comment il s'était attaché à M. Victor Hugo, qui, pour ce roi de France, était un enfant.

Un de ses amis d'enfance le jeune Delon avait été *condamné à mort* comme complice de la conspiration de Saumur. M. Victor Hugo écrivit à la mère de cet infortuné, pour lui offrir de recueillir et de cacher son fils : « Madame, lui disait-il, que Delon vienne « ici, je suis trop royaliste pour que la police s'avise de le venir « chercher dans ma chambre. » La lettre interceptée à la poste, fut portée au roi..... Il faut espérer pour l'honneur même de la couronne de France que M. Delon fut sauvé.

Quand sur le trône de son frère monta le roi Charles X, les deux poëtes français, M. de Lamartine et M. Victor Hugo, rare et excellent honneur qui durera plus longtemps que le sacre même, célébrèrent le sacre du roi Charles X :

> Le roi dit : « Nous jurons, comme ont juré nos pères,
> De rendre à nos sujets, paix, amour, équité ;
> D'aimer, aux mauvais jours, comme en des temps prospères,
> La charte de leur liberté.....

C'est ainsi que les premiers chants de sa Muse furent consacrés à célébrer les grandes choses que le poëte avait sous les yeux, à invoquer les grands exemples, et — déjà — à murmurer d'utiles conseils :

> Ars monet et magna testatur voce per umbras !

Bientôt, lui-même, il a son tour ; après l'ode arrive la ballade, et le voilà qui chante aux fleurs, aux ruisseaux, aux étoiles, à l'ombre errante du printemps, les passions charmantes de la vie et de la jeunesse :

> Sois heureuse, ô ma douce amie,
> Salue en paix la vie et jouis des beaux jours ;
> Sur le fleuve du temps, mollement endormie,
> Laisse les flots suivre leur cours.

Ainsi tout se montre, en ces chers poëmes, de ce qui tient aux transports de la jeunesse ; on y entend, à chaque vers, le doux murmure emprunté au psalmiste : « Permets à mes pieds de « suivre ta trace ! Couvre-moi de l'ombre de tes ailes. » — Ou comme disait Shakspeare : « J'ai fait un songe, il est au-dessus « des facultés de l'homme de dire ce qu'il était, ce beau songe ! » Un songe d'été, une invocation aux bonheurs présents, passés, et à venir, toutes les gloires réunies dans une seule gloire ; et le poëte inassouvi, rêvant les gloires qu'il n'a pas :

> J'aurais été soldat si je n'étais poëte !

Arrive enfin dans ces élégies printanières, quelque chose qui vaut mieux que la gloire, et ce quelque chose de divin c'est l'amour.

En ce moment aussi le poëte fait sur lui-même un grand travail de style ; il veut enfin savoir les derniers secrets de la langue empruntée à Ronsard, empruntée à Voltaire, en passant par Clément Marot et Jean de La Fontaine, et de ce travail excellent résultaient des chefs-d'œuvre de grâce, de recherche et d'un charme accompli.

> C'est toi, lutin. — Qui t'amène ?
> Sur ce rayon du couchant
> Es-tu venu ? Ton haleine
> Me caresse en me touchant.

Et comme nous chantions ces choses-là, quand nous étions jeunes et superbes ; ces choses-là mêlées à des fragments de Pindare ou d'Horace à ce point que dans ce vertige de nouveauté et d'antiquité, nous ne savions pas dire à qui appartenait ce fragment : à M. Hugo ou à Pindare. *Discrimen obscurum.* Avons-nous chanté (elle-même, la fille de Charles Nodier, elle avait quinze ans, et elle mettait ces beaux vers en musique) : *Écoute-moi, Madeleine !* Avons-nous chanté la *Chasse du Burgrave.* — *Taïaut les chiens ! taïaut les hommes !* et le *Pas d'armes du roi Jean,* et la *Légende de la Nonne !* Nous aimions ces beaux vers comme on aime, à dix-huit ans, l'amour et la révolte ; ils étaient une protestation vivante de toutes les études que nous avions faites, et quand ces livres nouveaux voyaient le jour dans quelque galerie écartée du Palais-Royal, nous les lisions debout, devant la boutique du libraire Ladvocat, à la senteur de l'ambre, au craquement des souliers neufs, au frôlement des courtisanes éhontées, au bruit de toutes les licences errantes de ce pandémonium voisin de l'enfer.

Quelle joie et quel triomphe en ces fièvres, de rencontrer, tout brillants de leur fortune naissante, les trois grands poëtes de cet âge de fer : lord Byron, M. de Lamartine et M. Victor Hugo ! Lui-même, M. Victor Hugo, il a pris pour épigraphe d'une de ses chansons :

> Hic chorus ingens
> ..... colit orgia.....

Et ne dirait-on pas à lire cette ballade, une ballade improvisée au milieu du Palais-Royal de 1828, sous les fameuses galeries de bois :

> Mêlons-nous sans choix !
> Tandis que la foule

> Autour de lui roule,
> Satan joyeux foule
> L'autel et la croix.
> L'heure est solennelle
> La flamme éternelle
> Semble, sur son aile,
> La pourpre des rois!

Ainsi nous fûmes portés des *Odes et Ballades* aux *Orientales*. Cette fois dans les *Orientales* on voit un homme qui a conquis la toute-puissance en persévérant (*persevrando* c'est la devise des Ducie) et qui déjà n'a plus de compte à rendre à la critique.

« Et l'auteur, dit-il, ne reconnaît pas à la critique, le droit de le questionner sur sa fantaisie. » Il n'a que faire des lisières, des menottes, des bâillons, il n'en veut plus supporter ; il en a souffert trop longtemps ; il est libre après tout ; il est son maître ; il peut aller où le pousse sa fantaisie, à Pluton, à Satan, à Morgane, à Canidie, et vous avez beau faire, jamais vous ne lui ferez admirer le palais de Versailles, la place Louis XV et la rue de Rivoli.

« Que s'il appelle *Orientales* son nouveau recueil, c'est que « l'Orient est appelé à jouer un rôle dans l'Occident. » — Il ajoute, et il semble en ce moment (1853) que sa prédiction se confirme : « tout le continent penche à l'Orient. » En même temps il prédit : « que la vieille barbarie asiatique est peut-être dans l'enfantement de quelques hommes qui seront de grands hommes. » Au moment où il écrivait ces choses, en 1819, le réformateur de l'antique nation de Mahomet, Reschid-Pacha avait vingt ans !

Les *Orientales* vous représentent, en effet, une suite de poëmes tout pleins de vie et de soleil. La Grèce y brille en traits d'une vive flamme ; elle est l'apothéose, elle est le phénix, elle est le but, elle est le point de départ.

> En Grèce ! en Grèce ! Adieu, vous tous ! il faut partir !

*Missolonghi*, *Navarin*, *la chanson des Pirates*, *la Captive*, *le Derviche*, *la Marche turque*, *la Ville prise*, *la Bataille perdue*, il n'y a pas un de ces poëmes de l'Orient, où la Grèce ne soit invoquée ; elle éclate à la fois dans son triomphe et dans sa défaite, dans sa joie et dans ses douleurs :

> Les Turcs ont passé là, tout est ruine et deuil,
> Chio, l'île des vins, n'est plus qu'un sombre écueil...
> Ah ! pauvre enfant, pieds nus, sur les rocs anguleux,
> Hélas ! pour essuyer les pleurs de tes beaux yeux.....
> Que veux-tu ? fleur, beaux fruits, ou l'oiseau merveilleux ?
> — Ami, dit l'enfant grec, dit l'enfant aux yeux bleus,
>    Je veux de la poudre et des balles !

En ce temps-là, il n'y avait pas une fille de seize ans qui ne chantât d'une voix attendrie et d'un accent pénétré, les *Bleuets*, les *Fantômes :*

> Hélas ! que j'en ai vu mourir de jeunes filles !

Il n'y avait pas, à l'exposition du Louvre, un peintre amoureux de l'idéal, qui ne représentât, d'un pinceau clair et charmant, *Sarah la Baigneuse :*

> Sarah, belle d'indolence,
>    Se balance
> Dans un hamac au-dessus
> Du bassin d'une fontaine
>    Toute pleine
> D'eau puisée à l'Ilyssus !

A l'instant même où paraissaient les *Orientales* pour la *quatorzième fois* (tant le succès est grand d'un livre de poésies qui réussit chez nous), la France allait chercher en Orient l'obélisque de Luxor, et, plus tard (en octobre 1836), sur cette place fatale *de la Concorde* qui avait été la *place de la Révolution*, juste à l'endroit où s'élevait l'échafaud du roi Louis XVI, de la reine, de madame Élisabeth et d'André Chénier, quatre cent quatre-vingts artilleurs placés trois par trois à des cabestans, au bruit des clairons et des trompettes, posaient sur sa base éternelle, l'obélisque de Luxor.

— Il fallait absolument *qu'il y eût quelque chose là*, disait le roi Louis-Philippe au retour de cette opération accomplie par M. Lebas.

# CHAPITRE VII

Êtes-vous comme moi, et ne trouvez-vous pas que ce soit une tâche nouvelle de suivre ainsi le poëte à chaque pas de sa course haletante, à travers les passions de son âge et ses passions personnelles? Certes c'est là une œuvre pleine d'intérêt et d'émotion, d'éblouissements et de périls. Marcher à la suite de cette pensée hardie et que rien n'arrête, la suivre échevelée et vagabonde, à travers les ruines qu'elle relève, à travers les monuments qu'elle brise; prêter l'oreille à cette voix puissante, et tour à tour l'entendre maudire et bénir, blasphémer et prier.

En même temps passer avec son guide infatigable, d'un lieu à l'autre, comme on passerait d'une idée à une autre idée. — Tantôt sur le bord de la mer quand l'océan gronde, — tantôt dans le fond de quelque petit vallon dont le feuillage frémit sous la tiède haleine du printemps! — aujourd'hui prosterné dans les décombres d'un monastère antique — le lendemain, improvisant une chanson d'amour sur la mandoline espagnole — un autre jour, au milieu d'une révolution qui passe, l'œil en feu, et les bras croisés, regardant à ses pieds ce vaillant peuple qui bouleverse le monde. — Voyez donc le poëte rêver une autre fois au pied de la colonne, et se grandissant, comme c'est le droit de la poésie, à la hauteur de cet empereur en bronze que M. Thiers et le roi Louis-Philippe ont replacé sur son piédestal éternel ! — l'instant d'après, le poëte agenouillé murmure un pieux cantique au berceau de l'enfant qui dort. Il marche ainsi, du ciel à l'abîme, et qui le voudrait suivre aurait le sort du fils imprudent de Dédale.

Eh bien! quel que soit le charme et la fatigue à le suivre en ses sentiers brûlants, il n'y aurait guère moins de peine et moins d'imprudence à vouloir pénétrer dans l'intime secret de cette âme aux impressions si mobiles, tour à tour joyeuse jusqu'à la folie et triste jusqu'à la mort, passant avec le même abandon du rire aux larmes, de l'amour à la haine, de la colère à la paix, du bonheur sans frein au désespoir sans limite ; ajoutez que ses passions politiques sont variables et multiples, terribles et orageuses autant que ses autres passions. Aujourd'hui il est à genoux devant la monarchie expirante, le lendemain il se prosterne devant le peuple, justement parce que le peuple est vaincu !

Plus tard, il va pleurer le roi de Rome comme il a pleuré le duc de Bordeaux ; plus tard, il tend la main au jeune prince royal, parce qu'il a été bienfaisant et généreux comme un poëte qui serait prince royal. — Quelle âme à comprendre! un philosophe, un rhéteur, un homme, un enfant, un croyant, un sceptique, un républicain, un royaliste, un orateur, un déclamateur, un amoureux, un fantasque en pleine règle, en pleine fantaisie ; invoquant Racine et Virgile ; adorant Shakspeare et Corneille ; ami de Molière et ne haïssant pas Despréaux. Il va parler tantôt en grand politique, et tantôt en songe creux ; il va sans cesse et sans fin de l'ironie au pathétique, du simple au grotesque, de Lord Byron à Rabelais, de Triboulet à François I$^{er}$ !

Il a cherché tour à tour et en même temps l'ordre et la révolution en toute chose ; il écrivait ses poëmes les plus hardis, avant même d'avoir écrit sa *poétique;* il était avec un bonheur égal le maître écouté, l'écolier attentif ; il était architecte, légiste, avocat au besoin quand il a le plus bizarre de ses drames à défendre ; mais en haut et en bas, dans la vérité ou dans le sophisme, il est resté toujours un grand écrivain, toujours un grand poëte, et ce qui vaut mieux, ou pour mieux dire, ce qui revient au même, toujours un brave homme, un galant homme et un homme de bonne foi.

A revenir avec lui sur les pas de sa jeunesse, il n'est pas un de nous qui ne revienne en même temps à sa propre jeunesse. Après juillet 1830, vingt-quatre heures après les *Harmonies poétiques* de M. de Lamartine, M. Victor Hugo a publié les *Feuilles d'Automne*, et dans cette phase nouvelle de sa poésie, il n'était pas troublé, que je sache, « du retentissement perpétuel de la tribune sur la presse, et de la presse sur la tribune. » Au contraire, il y trouvait son compte, et que les poëmes faisaient assez bien leur chemin à travers l'*émeute endormie* « et ce bruit sourd que font les révolutions encore dans la sape. »

Il disait (il disait vrai) que le mouvement, le bruit, la fumée et la dispute en toutes choses ne sont pas funestes à la poésie, et qu'elle s'accommode encore mieux des excès des champs de bataille, que du sommeil des tombeaux. La poésie est un oiseau, *Musa ales;* elle aime à voler contre le vent; elle n'est jamais plus belle et plus forte qu'au milieu des orages politiques; elle aime à hanter la ruine; elle se plaît sur l'avalanche; elle bâtit son aire dans la tempête; le poëte, quoi qu'il arrive, obéit à sa destinée. — « *Data fata secutus!* — Fais ce que dois, advienne que « pourra. »

C'est surtout dans ce livre merveilleux des *Feuilles d'automne* que le poëte se révèle : il y raconte son enfance, il y dévoile sa jeunesse, il y explique ses amours. — Ses enfants et ses amis, il les a placés dans ce recueil, écrit avec toutes les tendresses de son cœur. — Vous y êtes tous, vous les frères de sa pensée et de son âme, Louis Boulanger, Sainte-Beuve, David, Lamartine, Fontan (un mort !) :

> Famille, enfants, amour, Dieu, liberté, patrie...
> La lyre à réveiller, la scène à rajeunir !

Telle est l'œuvre nouvelle : *Nostri ferrago libelli*, disait Horace.

Ah ! les merveilles qui sont contenues dans ce livre, on voudrait tout citer, il n'y a rien à choisir. C'est la vérité même, la même simplicité, la même grâce; un charme, un repos après les grandes compositions de l'Orient. Qu'il était heureux et libre en ce temps-là! Quelle fête et quel avénement! Il était jeune, il était libre, il marchait, l'auréole au front; il avait des accents qui allaient à l'âme, il avait des sourires qui allaient au cœur. Sa moindre parole était écoutée, et sa moindre chanson était chantée en chœur par tant de jeunes esprits éblouis et charmés de son génie; ainsi lui-même

> Dans une grande fête, un jour au Panthéon,
> J'avais sept ans, je vis passer Napoléon!

Je le vois encore dans cette douce maison des Roches, dans la vallée de Bièvre, qu'il a chantée en invoquant Virgile! Le maître de ces beaux lieux créés par lui, M. Bertin, était l'hôte de cette heureuse et naissante famille, et les deux petites filles et les deux jeunes garçons, lâchés dans ce grand parc sous l'œil attentif de leur mère, éclataient en mille fanfares pendant que le poëte, leur père et leur amour :

> Poursuit au coin du bois la rime qui le fuit!

C'étaient des fêtes, c'étaient des rires et des extases. Que c'était beau à voir ce charmant et petit monde ingénu, étonné, causeur, et qui ne savait pas qu'il était célèbre! Et dans cette abondance de poésie arrivaient, sans rancune et sans envie, une demi-douzaine de grands prosateurs esprits sérieux et tout jeunes, dont la plume active et hardie enfantait, en se jouant, des pages qui n'étaient pas sans puissance et sans charme. O les belles journées!

La musique avait son tour; nous chantions les beaux chœurs d'un opéra dont l'écho savait les mélodies. Eh bien! ceux qui ont vu naître et grandir ces beaux enfants et ces beaux vers, sous le toit hospitalier du plus rare et du plus sage esprit de ce temps-ci, peuvent attester, ils l'attesteraient au besoin par leurs larmes, qu'en effet telle était la poésie et tel était le poëte, et que ces ravissements que je raconte ici, afin que l'avenir les sache et s'en souvienne, n'étaient pas de vaines fictions. Je les entends encore, ces voix éloquentes, ces cris joyeux, ces ravissements de la vie et de la gloire à leur aurore. Oui, et je te revois, frais vallon, parc séculaire, onde éclatante, notre chère patrie, que le poëte a chantée :

Oui, c'est bien le vallon ; le vallon calme et sombre !
Ici l'été plus frais s'épanouit à l'ombre ;
Ici durent longtemps les fleurs qui durent peu ;
Ici l'âme contemple, écoute, enivre, aspire
A grand pitié du monde, et voit ce fol empire,
Où l'homme tous les jours fait moins de place à Dieu.
Une rivière au fond, des bois sur les deux pentes.
Là, des ormeaux bordés de cent vignes grimpantes,
Des prés où le faucheur brunit son bras nerveux ;
Là des saules pensifs qui pleurent sur la rive,
Et comme une bergère indolente et naïve
Laissent tomber dans l'eau le bout de leurs cheveux......
Oui c'est un de ces lieux où notre cœur sent vivre
Quelque chose des cieux qui flotte et qui l'enivre,
Un de ces lieux qu'enfant j'aimais et je rêvais,
Dont la beauté sereine, inépuisable, intime,
Verse à l'âme un oubli sérieux et sublime.
De tout ce que la terre et l'homme ont de mauvais !

Les *Chants du Crépuscule* contiennent aussi des merveilles. En vain le poëte se plaint de la nuit qui commence, il retrouve en ces vers d'un âge plus mûr, des éblouissements dignes des *Orientales*. Dans le poëme intitulé : *Noces et Festins*, il arrive, à la façon du génie invisible qui tantôt écrira, sur la muraille croulante de Balthazar, la sentence de malédiction. Laissez-le faire, il sait les moindres détours de ces palais de la grande orgie ; il sait l'or et l'argent qui s'est dépensé dans cette fête horrible ; les esclaves, les gardiens, les muets, les eunuques, les folies des cinq sens déchaînés dans cette arène du blasphème, de l'ivrognerie et de la mangeaille !

Et maintenant il revient de l'Orient sur notre terre ; il n'est plus au festin de Balthazar ; il assiste au banquet immense où sont assises, confusément, nos ambitions de chaque jour, et c'est lui, lui le poëte, qui écrit de son doigt vengeur, sur les murs de la salle hantée, les trois mots qui doivent dépeupler ces riches demeures, et couvrir ces danseuses légères de leur premier et dernier linceul !

De pareils drames ne s'analysent guère. Ces vers-là ne peuvent pas être coupés pour la citation. C'est un lingot d'or. Il y a dans ces poëmes complets, tant de bruits étranges, tant de mouvements passionnés, tant de silences inquiétants ; vous assistez si fort au spectacle honteux de toutes les convoitises humaines : l'or, le cristal, l'argent, le blason, le sceptre, la chaîne, la guerre, le canon, l'amour... *miel et poison*, le destin lui-même qui préside la fête, les convives couchés sur la soie, sur la pourpre, sur le duvet :

> Tous mangent, tous ont faim, et leur faim les égare ;
> Et les plus acharnés sont, autour des plats d'or,
> Ceux qui n'ont plus de dents, ou n'en ont pas encor.

Et toujours on mange, et toujours on boit, et le festin renaît toujours sous la dent des convives, comme le foie de Prométhée sous le bec du vautour. Les rires, les voix, les lampes, le vin, les chansons, les chevelures et les ivresses mêlées et confondues, la nudité sans honte et sans peur, et là haut et là bas des voix qui chantent ; pendant qu'à la porte de la salle, s'entassent menaçants, suppliants et tremblants des haillons qui pleurent ; si bien que sur ce seuil de marbre et d'or la faim se lamente, la soif se plaint, les nudités se tordent sous la convulsion, les fièvres maudissent la santé, les femmes enceintes maudissent leur fécondité ! Là haut, l'orgie abominable de la richesse insolente, là bas, l'orgie horrible de la misère sans frein ! Voilà tout l'abîme ! Alors, vous tremblez, vous avez peur, l'effroi vous gagne, cet enivrement mortel vous porte à la tête et au cœur... — Fiez-vous au poëte pour vous venger :

> Hélas ! à cet instant d'ivresse et de délire,
> Où le banquet hautain semble éclater de rire,
> Narguant le peuple assis à la porte, en haillons,
> Quelqu'un frappe souvent l'escalier des talons,
> Quelqu'un survient, quelqu'un en bas se fait entendre,
> Quelqu'un d'inattendu qu'on devrait bien attendre !
> Ne fermez pas la porte. Il faut ouvrir d'abord,
> Il faut qu'on laisse entrer. — Et tantôt c'est la mort,
> Tantôt l'exil qui vient la bouche haletante,
> L'une avec un tombeau, l'autre avec une tente ;
> La mort au pied pesant, l'exil au pas léger,
> Spectre toujours vêtu d'un habit étranger :
> Le spectre est effrayant. Il entre dans la salle,
> Jette sur tous les fronts son ombre colossale,
> Courbe chaque convive ainsi qu'un arbre au vent ;
> Puis il en choisit un, le plus ivre souvent,
> L'arrache du milieu de la table effrayée
> Et l'emporte, la bouche encor mal essuyée !

Or ce fantôme, ce convive *de pierre*, ce *quelqu'un d'inattendu*, cette menace et cette vengeance, imprévoyants que nous étions, il nous semblait que le fantôme ne devait jamais venir... Il est venu pourtant. Un jour, en 1848, un mardi gras, le fantôme souffla sur ces fêtes, sur ces banquets, sur ces forces, et les convives se prirent à pâlir. « La propriété, disait le fantôme, la propriété, c'est le vol. »

Et plus loin, car ces prédictions ne s'arrêtent pas, et elles montent aussi haut qu'elles peuvent monter :

> Hélas! vous crénelez vos mornes Tuileries;
> Vous encombrez les ponts de vos artilleries;
> Vous gardez chaque rue avec un régiment;
> A quoi bon? A quoi bon? De moment en moment
> La tourbe s'épaissit, grosse et désespérée
> Et terrible; et qu'importe à l'heure où leur marée
> Sort et monte, en hurlant, du fond du gouffre amer,
> La mitraille à la foule et la grêle à la mer?

C'est ainsi que le poëte (*rates!*) est doué de prophétie. Il y a plus d'un vers prophétique dans les *Chants du Crépuscule :*

> O Dieu! si vous avez la France sous vos ailes,
> Ne souffrez pas, Seigneur, ces luttes éternelles;
> Ces trônes qu'on élève et qu'on brise en courant,
> Ces tristes libertés qu'on donne et qu'on reprend;
> Ce noir torrent de lois, de passions, d'idées,
> Qui répand sur les mœurs ses vagues débordées,
> Ces tribuns opposant, lorsqu'on les réunit,
> Une charte de plâtre aux abus de granit;
> Ces flux et ces reflux de l'onde contre l'onde,
> Cette guerre toujours plus sombre et plus profonde,
> Des partis au pouvoir, du pouvoir aux partis;
> L'aversion des grands qui ronge les petits;
> Et toutes ces rumeurs, ces chocs, ces cris sans nombre,
> Ces systèmes affreux échafaudés dans l'ombre,
> Qui font que le tumulte, et la haine, et le bruit,
> Emplissent les discours, et qu'on entend, la nuit,
> A l'heure où le sommeil veut des moments tranquilles,
> Les lourds canons rouler sur le pavé des villes.

Prédictions! prescience! et divination! — Ajoutez cet autre mot : *vengeance!* Oh! quel châtiment sur la tête de cet abominable Deutz qui a livré madame la duchesse de Berry!

Ce Deutz... avec *l'autre*, celui qui livrait ses camarades en mangeant leur pain, l'homme qui a volé des vers à Lacenaire, le plus abominable coquin de notre âge, ils resteront plus fameux, par leurs trahisons, que des parricides et des tueurs de rois! — A peine il eut commis ce crime énorme, ce Deutz, que dans une prédiction vengeresse le poëte foulait aux pieds ce misérable :

> O honte! ce n'est pas seulement cette femme,
> Sacrée alors pour tous, faible cœur mais grande âme,
> Mais c'est lui, c'est son nom, dans l'avenir maudit,
> Ce sont les cheveux blancs de son père interdit,
> C'est la pudeur publique, en face regardée,
> Tandis qu'il s'accouplait à son infâme idée,
> C'est l'honneur, c'est la foi, la pitié, le serment,
> Voilà ce que ce juif a vendu lâchement!

Alors il prend Deutz à partie, avec une fureur toujours croissante, et il le traîne aux gémonies de sa parole :

> Juif! les impurs traitants à qui l'on vend son âme,
> Attendront bien longtemps avant qu'un plus infâme
> Vienne réclamer d'eux, dans quelque jour d'effroi,
> Le fond du sac plein d'or qu'on fit vomir sur toi!

> Ce n'est pas même un juif, c'est un païen immonde..... [1]

---

[1]. M. Victor Hugo a fait naguère, sur les journalistes de sacristie et sur les aboyeurs en soutane, une admirable satyre. On n'en donne ici que les premiers vers par pitié pour ces assassins de toute poésie, et peut-être le lecteur trouvera que cette fois Tartufe et Laurent, son valet, ont été trop rudement châtiés :

> Parce que la soutane est sous vos redingotes,
> Parce que vous sentez la crasse et non l'œillet,
> Parce que vous bâclez un journal de bigotes,
> Pensé par Escobar, écrit par Patouillet,

> Vous vous croyez le droit, trempant dans l'eau bénite
> Cette griffe qui sort de votre abject pourpoint,
> De dire : Je suis saint, ange, vierge et jésuite,
> J'insulte les passants et je ne me bats point!

. . . . . . . . . . . . . . . . . .

> Vous insultez l'esprit, l'écrivain dans ses veilles,
> Et le penseur rêvant sur les libres sommets

Alors il lui prédit, — la prédiction s'est accomplie et au delà — toutes les ruines, toutes les misères, toutes les hontes, tout ce que peut inventer de plus abominable et de plus affreux l'imagination d'un honnête homme qui se sent remué, au fond de son âme, et remué jusqu'au délire, par certaines hontes exceptionnelles que l'esprit humain ne saurait concevoir :

> Et tais-toi ! que veux-tu balbutier encor ?...
> Garde tous les soufflets entassés sur ta joue.
> Que fait l'excuse au crime et le fard sur la boue ?

Quant à ce bien volé, quant à cette fortune hideuse, il lui prédit que la ruine est au bout du trésor, que la corde est au cou du voleur ! En effet, ce *vendeur d'une femme* eut bien vite dissipé le vil salaire qui avait été jeté à sa face ! L'argent eut peur de ces mains vénales, et il s'écoula comme fait l'eau dans un crible. Il s'était fait chrétien, ce juif; il se refit juif, également en horreur aux deux croyances et aux deux peuples ; il voulut se marier, le bourreau lui refusa sa fille, plus d'un forçat refusa de devenir son beau-père.

> Et Louvel indigné repoussera ta main !

Il mourut, en effet, dans un taudis, sur des haillons, plein de vermine et rongé de remords, invoquant le ciel et l'enfer, égale-

> Et quand on va chez vous pour chercher vos oreilles,
>   Vos oreilles n'y sont jamais.

> Après avoir lancé l'affront et le mensonge.
> Vous fuyez, vous courez, vous échappez aux yeux
> Chacun a ses instincts, et s'enfonce et se plonge,
> Le hibou dans les trous, et l'aigle dans les cieux.

> Votre infâme journal est une charretée
> De masques déguisés en prédicants camus,
> Qui passent, en prêchant la cohue ameutée,
> Et qui parlent l'argot entre deux oremus.

> O saints du ciel, est-il sous l'œil de Dieu qui règne,
> Charlatans plus hideux et d'un plus vil esprit,
> Que ceux qui, sans frémir, accrochent leur enseigne,
>   Aux clous saignants de Jésus-Christ !

ment sourds à ce misérable ; son boyau se tordit dans son ventre et il en fut étranglé ! Enfin, ce vil cadavre sur lequel l'amphithéâtre avait fait toutes sortes de bonnes plaisanteries passa, du tombereau des déjections publiques, dans la voirie indignée, où il fut jeté par deux vidangeurs.

Les *Chants du Crépuscule!* — Avant M. Victor Hugo, Gœthe, au moment où la patrie allemande touchait au doute, au nuage, à la ruine, à la mort, s'écriait, lui aussi, avec son héros Wilhem Meister : « Le sérieux nous envahit » (*der ernst überrascht uns*). Il y a un certain héros de Shakspeare qui s'écrie en tombant : « Je sens que je tombe dans le sérieux ! »

Viennent enfin, dans les œuvres du poëte épique, les *Voix intérieures*, les *Rayons et les Ombres*, et ce n'est qu'en passant par ces deux recueils que nous entrerons, s'il vous plaît, dans le drame de M. Victor Hugo.

Il y a donc, au dedans de nous-mêmes une voix qui nous parle, qui nous conseille, qui nous inspire et, dont le poëte est l'écho. Cette voix, pour tous les hommes, c'est la conscience; pour les poëtes, c'est le souffle inspirateur, le *mens divinior*.

Ces deux voix de l'âme, la conscience et l'inspiration, M. Hugo les a entendues en même temps l'une et l'autre ; la conscience a porté le poëte en présence de tous les événements humains de notre histoire : les trônes qui tombent, les rois qui s'en vont en exil, les rois qui meurent, les monuments qui s'élèvent, les statues renversées qui remontent sur leur piédestal d'airain. Puis, quand la première voix a poussé le poëte à travers les ruines d'hier et les ruines de demain, l'autre voix intérieure, l'inspiration, d'un souffle puissant, le reporte doucement aux vives joies de la jeunesse, aux bonheurs du foyer domestique, à tous les enivrements des bois, des montagnes, de la pleine mer, aux merveilleux hasards de la vie heureuse, jeune, inspirée : l'oiseau qui chante sur la branche, l'enfant qui rit, la fleur entr'ouvrant son calice, le ruisseau chantant son mystère. Ce sont là : les *Voix intérieures* qui murmurent de si beaux vers à l'oreille du poëte ; voilà la double muse dont il est le reflet éloquent.

La conscience, c'est-à-dire la mémoire et la prévoyance; l'inspiration, c'est-à-dire l'amour, la joie, le rêve, les belles passions, les émotions naïves, les transports poétiques — tel est le Dieu qui est en lui (*est Deus in nobis*), le Dieu qui l'échauffe et qui l'agite (*agitante calescimus illo*).

Donc, cette fois encore, comme dans les *Odes* et dans les *Feuilles d'Automne*, vous entrevoyez une double histoire : l'histoire de nos travaux et de nos révolutions de chaque jour, et en même temps l'histoire personnelle du poëte ; l'histoire d'une nation et l'histoire d'un homme, mais tellement confondues et mêlées ensemble, qu'en effet, cet homme et cette nation semblent vivre l'un par l'autre, et l'un pour l'autre ; entre elle et lui désormais, tout est commun : les larmes, la joie, la haine, l'amour, l'enthousiasme, la colère, le deuil, le découragement, l'espérance, la douleur.

Telle est en effet la grande puissance poétique de M. Victor Hugo. Il se mêle tellement à la nation dont il est le poëte par droit de conquête, il en partage si complétement les émotions prochaines ou lointaines, il est tour à tour si grave et si ironique, si amoureux et si triste, qu'il est impossible à un peuple mobile comme nous sommes, de ne pas s'abandonner corps et âme à ce délire poétique qui prend ainsi toutes les formes.

Que le poëte, capricieux et volontaire comme un enfant, s'agite dans la rue au milieu des révolutions qui passent, qu'il se promène au hasard parmi les fleurs des champs, se posant sur chaque fleur comme fait l'abeille chargée de butin, qu'il rentre chez lui le soir rassasié d'émotions, de contemplations, d'adorations, d'extases, et qu'il joue avec sa jeune famille sous le regard bienveillant et mouillé de leur mère, toujours dans ces circonstances diverses la France heureuse salue et reconnaît son poëte ! Elle le reconnaît à sa verve, à sa hardiesse, à son enthousiasme, aux tendres palpitations de son cœur. Dans ces vers de son génie et de sa jeunesse M. Victor Hugo est tour à tour un tribun sans peur, un ingénieux vagabond à travers les plaines fleuries de l'imagination, un père de famille ébloui de la grâce et de la beauté de ses enfants. L'éloquence de la rue, c'est-à-dire la ballade, la poésie des ruines et des champs de bataille, le touchant poëme du foyer domestique, c'est-à-dire l'ode et l'élégie, tel est son triple domaine ; la rue, le champ de bataille, le foyer domestique, tel est aussi le triple domaine de la France.

La France agit et se passionne, comme le poëte. — Elle s'inquiète à la fois de la liberté, des beaux-arts et des enfants qui jouent, encore abrités par l'ombre maternelle. Elle passe facilement de la colère contre les puissants à la pitié pour les vaincus ; elle se plaît également dans la paix et dans la guerre ; elle aime avec la même passion tous les excès, surtout l'excès de la gloire, et elle s'abandonne d'autant plus volontiers à celui-là, que, même contre la gloire, elle a un sûr asile, le foyer domestique. C'est là aussi le refuge de M. Victor Hugo ; son lieu de repos et de fraîcheur, — *Refugium peccatorum.*

Dès les premiers vers des *Voix intérieures*, le poëte explique sa mission. Hier encore, dans les *Feuilles d'Automne*, il disait que la poésie était bonne au milieu des tempêtes, pour rassurer contre la foudre ; et voici qu'en ce moment, où la tempête lui semble apaisée, il nous annonce que la poésie est bonne encore pour nous mieux faire sentir les douceurs de la paix. La rue est calme à cette heure, l'émeute s'endort, les combats de la parole ont remplacé les combats du glaive ; vienne maintenant la poésie :

> Pour reconstruire enfin ces deux colonnes saintes,
> Le respect des vieillards et l'amour des enfants.

Oui, respect aux vieillards, c'est-à-dire respect aux vaincus, respect aux détrônés, respect aux morts ! Respect à la femme qui tombe ! Honte au misérable qui la vend, comme Judas Iscariote a vendu son maître ! M. Hugo est un brave poëte de comprendre ainsi les devoirs de la poésie et de baisser sa royale bannière devant toutes les royautés qui passent, comme faisait Napoléon le Grand devant les ennemis vaincus. — *Honneur au courage malheureux !*

C'est pourquoi le jour où mourut, saintement et incognito, S. M. le roi Charles X (respectable vieillard qui perdit la plus belle couronne du monde avec un sang-froid qui, dans l'antiquité, eût fait honneur à un épicurien ou à un stoïque, et que bien des chrétiens de bonne foi ont eu peine à comprendre), alors que l'Europe occupée ailleurs apprenait avec indifférence cette mort royale, quand tout faisait silence autour de ce cercueil béni par le prêtre, délaissé par les hommes, le poëte se promenait devant le dôme des Invalides ; et là, seul, en proie à sa pensée, il se souvenaît que celui qui venait de mourir dans l'exil avait été un roi, un roi de France, un Bourbon; qu'il était un vieillard, un vaincu?

Bientôt le poëte, obéissant à ses souvenirs, remplissait envers cette royauté tombée, le ministère de l'orateur chrétien, le seul juge compétent de ces sortes de misères une fois qu'elles sont accomplies. Il remplaçait Bossuet, du haut de cette chaire à jamais détruite, où Bossuet déplorait, en termes magnifiques, les malheurs d'Henriette d'Angleterre et de Charles Stuart. L'ode de M. Hugo sur la mort de Charles X est en effet une admirable oraison funèbre; elle était la seule oraison funèbre qui se pût prononcer, en France, sur cette tombe, deux fois consacrée par la royauté et le malheur. — *Il est mort, rien de plus!* C'est ainsi que Massillon s'écriait, en présence du cercueil de Louis XIV : *Dieu seul est grand!* Puis tout d'un coup, se tournant vers les canons muets des Invalides, le poëte les apostrophe avec toutes sortes d'ironies.— Pourquoi muets? Parce qu'il était vieux, parce qu'il était pauvre, parce qu'il était vaincu? — *Soyez flétris!* vous ne savez hurler que pour le victorieux et pour le puissant; vous oubliez, le lendemain, votre enthousiasme de la veille :

> Lâches, vous préférez ceux que le sort préfère!

Il s'indigne ainsi, pendant tout un poëme, qu'un si bon roi, tombé de si haut, puisse disparaître dans ce profond silence! — Il a des larmes pour cette noble tête chargée d'une si lourde couronne; il a des respects pour ce faible et courageux successeur de Napoléon! Princes infortunés, ils croyaient régner sur la France et ils ne voyaient pas que l'ombre impériale couvrait encore le monde entier !

> Repose, fils de France, en ta tombe exilée;
> Dormez, Sire! — Il convient que cette ombre voilée,
> Que ce vieux pasteur mort, sans peuple et sans troupeaux,
> Roi presque séculaire, ait au moins le repos!

Belle et touchante élégie que nul en France n'osa démentir.

L'instant d'après cette muse, agenouillée au tombeau du roi mort, se relève enthousiaste et prophétique. Tout à l'heure elle s'attaquait aux canons des Invalides, maintenant elle mesure d'un œil brûlant, l'arc de triomphe de l'Étoile :

> Toi dont la courbe au loin par le couchant dorée
> S'emplit d'azur céleste, arche démesurée !

Et cependant, s'il faut en croire M. Hugo, savez-vous ce qui manque à cette arche toute neuve, pour qu'elle soit tout à fait grande et belle? Moins que rien, un peu de mousse à son sommet, des ruines à sa base, le silence éternel dans Paris.

Attendez, dit le poëte, attendez trois mille ans encore que l'Arc de triomphe ait l'âge des Pyramides, quand les visita Bonaparte, alors en effet ce sera une œuvre grande et belle. Toute cette gloire amoncelée sur toute cette pierre ne paraîtra, dans son plein jour, que quand les générations auront passé une à une sous cette arche immense, en disant comme les gladiateurs du Cirque : *ceux qui vont mourir te saluent!*

Quoi donc, poëte, l'arc de triomphe est à peine achevé, et déjà votre voix intérieure nous raconte à nous, si fiers de notre œuvre, à nous, si heureux d'avoir entassé à cette place tant de pierres et tant de gloire, qu'un jour tout cela sera ruine, désolation, oubli peut-être? Certes, c'est là une prédiction triste à entendre au pied d'un monument bâti d'hier ; c'est prévoir de bien loin les ruines et les ravages, et il faut en vérité que M. Victor Hugo soit terriblement convaincu du néant de la gloire, ou qu'il soit bien assuré de sa toute-puissance sur l'esprit de ses contemporains, pour venir ainsi, comme à plaisir, troubler leur joie et dégrader leur triomphe.

Pourtant, qui de nous l'eût jamais pensé, qu'un jour le poëte remplacerait à ce point les prophètes, et que la hardise chrétienne serait à peine égale à la hardiesse lyrique? M. Hugo s'écrie — *vanité* à propos de l'arc de triomphe! Il a jeté sur *Notre-Dame de Paris* cet autre cri de guerre — *fatalité! Vanité*, voilà pour la gloire ; *fatalité*, voilà pour la croyance. — Entre ces deux abîmes, que nous reste-t-il donc pour nous sauver ?

> Voulez-vous qu'une tour, voulez-vous qu'une église,
> Soient de ces monuments dont l'âme idéalise
>     La forme et la hauteur ?
> Attendez que de mousse elles soient revêtues,
> Et laissez travailler à toutes les statues,
>     Le temps, ce grand sculpteur.

Je ne sais plus quel poëte, un poëte allemand, je crois, avait imaginé qu'un jour l'univers rentrerait dans le néant, et que sur cet immense débris des mondes détruits, il ne resterait plus que la Colonne, et au sommet de la Colonne, l'Empereur ! M. Victor Hugo n'est guère moins impitoyable que le poëte allemand ; il ne sauve de tout ce néant, que la Colonne et Notre-Dame de Paris :

> Il ne restera plus dans l'immense campagne,
> Pour toute pyramide et pour tout Panthéon,
> Que deux tours de granit faites par Charlemagne,
> Et qu'un pilier d'airain fait par Napoléon.

Cependant laissez-le quitter la ville, donnez-lui l'air, l'espace, la liberté, l'enthousiasme des champs ; plus de gloire et plus de ruines, plus de misères, plus de néant, plus d'élégie, et plus de doute ! Une fois lâché dans les campagnes, ce n'est plus le même homme ; il croit, il espère, il aime, il s'abandonne en paix à tous les heureux instincts de son cœur ; il est comme cette bonne vieille femme dont parle Jean-Jacques Rousseau, et qui n'avait pas d'autre prière que cette exclamation partie de l'âme : *O mon Dieu !*

— *Dieu est toujours là !* C'est l'hymne des hymnes. Dieu est la fleur du printemps, il est l'épi de l'été, il est le feu de l'hiver ; Dieu est le père de l'orphelin, il est l'époux de la veuve ; il est le bruit, il est la clarté, il est l'ombre, il est la charité, il est l'amour :

> Car sur les familles souffrantes,
> L'hiver, l'été, la nuit, le jour,
> Avec des urnes différentes,
> Dieu verse à grands flots son amour,
> Et dans ses bontés éternelles
> Il penche sur l'humanité
> Ces mères aux triples mamelles,
> La nature et la charité.

A propos du pauvre qui souffre et qui espère, le poëte se souvient du riche qui s'abandonne à la joie, et qui ne pense ni à rendre grâces à Dieu, ni à secourir ses frères. C'est tout à fait une chanson comme on en trouve dans les banquets d'Horace :
— *Vivamus dum licet esse bene!* A quoi bon la science ?

À quoi bon le travail ? Vive l'amour ! Allons, jeune homme, laisse là ton livre :

> De quoi te servira ton labeur ennuyeux ?
> Sais-tu ce que diront les belles aux doux yeux,
>   Dont le sourire vaut un trône ?
> — O jeune homme inutile ! — Et puis elles riront.
> . . . . . . . . . . . . . . . . . . .

Toute cette description est charmante. M. Victor Hugo, comme c'est son droit de poëte, est amoureux des belles et jeunes femmes. Les jeunes têtes brunes ou blondes, les yeux bleus ou noirs, les blanches épaules, les petites mains, les jolis pieds qui glissent sur les fleurs, il les chante, il les porte au ciel, il en pare ses vers. Quand il s'agit de ces belles et jeunes créatures, l'amour de la jeunesse, l'orgueil de la terre, M. Victor Hugo est l'égal de Properce, d'Ovide, de Tibulle, de tous les grands maîtres de la poésie érotique ; pourtant ne craignez pas que le poëte oublie, un seul instant, de donner à la poésie une sage consécration. Non, jamais la leçon ne manque d'arriver après les descriptions les plus brûlantes :

> Le sage cependant, qui songe à leur destin,
> Ramasse tristement les miettes du festin,
>   Tandis que l'un l'autre ils s'enchantent ;
> Puis il donne ce pain aux pauvres oubliés,
> Aux mendiants rêveurs, en leur disant : — Priez !
>   Priez pour ces hommes qui chantent !

Dans une touchante élégie adressée *à un riche*, M. Hugo porte la vue encore plus loin sur les misères du riche.

Le poëte se promène dans ce beau parc, comme se promènent les poëtes, en admirant toutes choses, du cèdre à l'hysope ; il admire les vieux chênes, les fleurs fraîches écloses, les eaux bondissantes ;

> L'étang, lame d'argent que le couchant fait d'or,
> L'allée entrant au bois comme un noir corridor.

Et quand il a tout admiré, il se retourne vers l'heureux propriétaire de ces beaux lieux, et lui dit : — *Je te plains!*

> Que fais-tu donc ici ? Jamais on ne te voit
> Quand le matin blanchit l'angle ardoisé du toit,
> Sortir, songer, cueillir les fleurs.....
> Et parfois t'arrêter, laissant pendre à ta main
> Un livre interrompu, debout vers le chemin.
> Tu n'es pas de ces fous qui vont, et qui s'en vantent,
> Tendant partout l'oreille aux voix qui partout chantent ;
> Rendant grâce au Seigneur d'avoir fait le printemps :
> Que te fait tout cela ?...

Et plus loin, quelle charmante description des honnêtes femmes !

> ..... Les tièdes nuits d'automne
> Versent leur chaste haleine aux coteaux veloutés.
> Tu n'en sais rien. D'ailleurs qu'importe ? A tes côtés,
> Belles, leurs bruns cheveux appliqués sur leurs tempes,
> Fronts roses empourprés par le reflet des lampes,
> Des femmes aux yeux purs, sont assises formant
> Un cercle frais qui brode et cause doucement.
> Tu n'en sais rien. Tu fais, parmi ces élégies,
> Tomber ton froid sourire, où, sous quatre bougies,
> D'autres hommes et toi, dans un coin attablés
> Autour d'un tapis vert, bruyants, vous querellez
> Les caprices du whist, du brelan ou de l'hombre.
> La fenêtre est pourtant pleine de lune et d'ombre.

Il y a bien des larmes, et des plus douces, dans ce dernier vers. Quelle tendre amitié pour ce pauvre riche ! Et comme cette pitié se change en quelque chose qui ressemble au mépris, quand le poëte se rappelle que ce riche daigne s'occuper quelquefois de poésie et de beaux-arts !

> Tu dors, et quand parfois la mode, en souriant,
> Te dit : Admire, riche ! Alors, joyeux, criant
> Tu surgis, demandant comment l'auteur se nomme ?
> Pourvu que toutefois la muse soit un homme ;
> Car tu te raidirais, dans ton étrange orgueil,
> Si l'on t'apporte un soir quelque musique en deuil,
> Urne que la pensée a chauffée à sa flamme,
> Beau vase où s'est versé tout le cœur d'une femme [1].

Durant les longues promenades que fait le poëte dans les bois, prêtant l'oreille à ces *Voix intérieures* qui lui parlent sans fin et

---

[1]. Ceci était adressé à mademoiselle Louise Bertin, l'auteur de la belle partition intitulée : *Esméralda*.

sans cesse, et dont le gracieux murmure l'accompagne comme ferait une musique invisible, il se rappelle tour à tour ses amis, ses poëtes, ses amours :

Tantôt Virgile, et il raconte à Virgile :

> J'ai trouvé, mon poëte, une chaste vallée,
> A des côteaux charmants nonchalamment mêlée,
> Retraite favorable à des amours cachés,
> Faite de flots dormants et de rameaux penchés,
> Où midi baigne en vain, de ses rayons sans nombre,
> La grotte et la forêt, frais asiles de l'ombre.

Tantôt Dante ; il a relu la *divine Comédie* à l'ombre des bois (*Præneste relegi*), et ce souvenir n'est pas sans amertume :

> Quand le poëte peint l'enfer il peint sa vie.

Plus loin, c'est Albert Durer, le grand artiste allemand, triste, plein de caprices et d'adorables fantaisies, sévère, diffus, hardi, chrétien, amoureux de la forme, un des maîtres de M. Hugo :

> Aux bois, ainsi que toi, je n'ai jamais erré,
> Maître, sans qu'à mon cœur l'horreur ait pénétré,
> Sans voir tressaillir l'herbe, et par le vent bercées,
> Pendre à tous les rameaux de confuses pensées.

Par une belle soirée de printemps, calme et sereine, il prend son ami sous le bras, le plus jeune et le plus cher de ses amis, et il lui murmure, tout bas, toutes les beautés d'une femme qu'ils ont admirée dans un bal :

> Qu'elle apparut soudain à tes yeux fraîche et belle,
> Dans un lieu radieux qui rayonnait moins qu'elle.
> Ses cheveux pétillaient de mille diamants,
> Un orchestre tremblait à tous ses mouvements,
> Tandis qu'elle enivrait la foule haletante ;
> Blanche avec les yeux noirs, jeune, grande, éclatante,
> Tout en elle était feu qui brille, ardeur qui rit.

Voilà comme il parle à l'amant, de sa maîtresse, et c'est à peine si dans cette description, faite tout entière dans l'intérêt de l'amitié, il s'arrête à *cette ardente épaule*, tant la beauté est puissante sur ce noble esprit !

D'autres fois il se parle à lui-même, et il se raconte tout ce que lui chantent sa tête ou son cœur. Par exemple, il se rappelle que l'an passé il a été toute une nuit sur la mer, et il raconte ce qu'il a vu sur la mer. Un autre soir *il a entendu la mer sans la voir*, et il se rappelle très-bien ce que murmurait l'Océan. Un autre jour il se met à décrire un vieux château du temps de Louis XIII, dans lequel il s'est promené longtemps :

> Dans cet antre où la mousse a couronné la dalle,
> Venait, les yeux baissés et le sein palpitant,
> Où la belle Caussade, où la jeune Candale,
> Qui d'un royal amant conquête féodale,
> En entrant disait : — *Sire !* — et *Louis !* en sortant.

Un soir que le ciel était beau et sans nuage, il se rappelle, qu'un soir aussi, *pendant que la fenêtre était ouverte*, il lisait les vers d'Homère et il vit entrer chez lui une femme :

> Elle parlait charmante et fière, et tendre encor,
> Laissant sur le dossier de velours à clous d'or,
> Déborder sa mante traînante.

Puis c'est le mois d'avril qui frappe à sa fenêtre d'une main joyeuse, et il salue le printemps comme autrefois, dans ses plus ardents enivrements, le saluait le poëte Théophile :

> Voici le temps de respirer les roses,
> Et d'ouvrir bruyamment les vitres longtemps closes.

Ainsi commence une ode d'Horace : *Nunc est bibendum*.

Quelques mois plus tard, il s'arrête tout pensif, devant une ferme, et quel tableau plus naïf, et quel paysage plus flamand que celui-là !

> Une vache était là tout à l'heure arrêtée,
> Superbe, énorme, rousse et de blanc tachetée,
> Douce comme une biche avec ses jeunes faons,
> Elle avait sous le ventre un beau groupe d'enfants,
> D'enfants aux dents de marbre, aux cheveux en broussailles,
> Frais et plus charbonnés que de vieilles murailles,
> Qui, bruyants, tous ensemble à grands cris appelant
> D'autres qui, tout petits, se hâtaient en tremblant,
> Dérobaient sans pitié quelque laitière absente.

Juste ciel, quelle chose plus poétique et plus charmante, et dans tous ces poëmes, quel que soit le titre qu'il leur donne, on retrouve avec le même génie et la même abondance le même poëte vagabond dans toutes sortes de peines, de travaux, de passions, de paysages, de misères, d'espérances, d'ambitions et de désespoirs, qui revient chaque soir se reposer avec un bonheur tout nouveau, sous son toit domestique, au milieu de cette nombreuse famille dont il se pare avec autant d'orgueil que faisait Cornélie, la mère des Gracques. — Dans l'action et dans le repos, dans la ville et dans les bois, au dedans et au dehors de sa maison, c'est toujours le même poëte, exigeant, passionné, énergique et croyant; il obéit à l'idée, à l'inspiration, à *la voix intérieure*, à *l'ombre*, au *rayon*, et lorsque enfin vous croyez sa verve épuisée, ô ma muse, dit-il, sois prudente,

> O muse, contiens-toi.....
> Attends que l'heure vienne où tu puisses parler!

Comment donc? tant de poëmes, tant de beaux vers, tant de ravissements, et tant d'extases, en pleine liberté de tout penser et de tout dire, et le poëte, à son compte, n'avait pas encor parlé! Comment donc, après ces grands recueils qui avaient fondé sa renommée, il en était encore aux *préludes!* Il était semblable à ce héros dont il est parlé dans les poëmes, qui croyait n'avoir rien fait tant qu'il lui restait quelque chose à faire.[1]

> Ami, cache ta vie, et répands ton esprit!
> Sois petit comme source et sois grand comme fleuve!

Deux beaux vers qu'il pouvait écrire à la porte de sa maison. C'était l'heure féconde et calme entre toutes. Chaque printemps donnait sa fleur, chaque automne donnait son fruit. L'espérance éclatait sur tous ces fronts couverts de l'auréole, et le courage était dans tous ces cœurs. Toute chose, en ce temps-là, se montrait dans une éblouissante confusion, en plein lyrisme, et de toutes parts, les héroïnes, les drames, les romans, les rêves, les visions : Ethel, Ordener[2], Claude Frollo, Esmeralda! Il vivait, en ce temps-là, dans le pays des enchantements et des féeries; il

1. Nil actum reputans si quid supercsset agendum.
2. Dans *Bug-Jargal*.

réunissait d'une main diligente, les feuilles jaunissantes de l'automne, aux boutons d'or du printemps. En un mot, il était prêt pour le drame et pour la lutte extérieure..... enfin !

« Du reste, il y a du drame dans la poésie, il y a de la poésie
« dans le drame. Le drame et la poésie se pénètrent comme toutes
« les facultés dans l'homme, comme tous les rayonnements dans
« l'univers. L'action a des moments de rêverie: Macbeth dit: *Le*
« *martinet chante sur les tours;* le Cid dit: *Cette pâle clarté*
« *qui tombe des étoiles;* Scapin dit: *Le ciel s'est déguisé ce soir*
« *en Scaramouche.* Nul ne se dérobe, en ce monde, au ciel bleu,
« aux arbres verts, à la nuit sombre, au bruit du vent, au chant
« des oiseaux.

« De son côté, la rêverie a des minutes d'action ; l'idylle à
« Gallus est pathétique comme un cinquième acte ; le quatrième
« livre de l'*Énéide* est une tragédie ; il y a une ode d'Horace
« qui est devenue une comédie de Molière : *Donec gratus eram*
« *tibi,* c'est le *Dépit amoureux.*

> La plaine brille heureuse et pure ;
> Le bois jase, l'herbe fleurit...
> Homme, ne crains rien, la nature
> Sait le grand secret et sourit.

Ainsi, en bonne critique, et malgré ce titre fastueux : *Histoire de la littérature dramatique*, il était impossible de couper M. Victor Hugo en deux parties égales, d'oublier l'auteur des *Odes*, pour ne s'occuper que de l'auteur des tragédies et des drames. Cet homme est un poëte complet, il marche entouré de ses poëmes, comme on dit que M. de Sully se promenait dans son parc, précédé et suivi de ses hallebardiers.

Et c'est pourquoi il faudra toujours réunir au théâtre de M. Victor Hugo, les *Odes*, les *Orientales*, les *Feuilles d'Automne*, les *Rayons et les Ombres*, les *Voix intérieures* et les *Chants du Crépuscule*.

# CHAPITRE VIII

Alors il écrivit, et lâcha dans le monde, en guise de manifeste, *Cromwell* et la *Préface de Cromwell*.

La préface de *Cromwell* était tout ensemble un manifeste et une déclaration de guerre. A cette heure enfin, le poëte faisait sentir sa domination, à la façon de ces conquérants silencieux qui tout d'un coup se révèlent au monde en menaçant de tout conquérir.

« Je sais maintenant, se disait M. Hugo, quelle place occupe ma poésie, et je prétends l'agrandir. Je sais que mon nom remplit enfin les livres et les écoles, je veux qu'il remplisse le théâtre. En vain l'obstacle m'apparaît de toutes parts, je brise l'obstacle, et si l'on m'oppose les grands poëtes, si l'on invoque, à mon propos, Euripide et Sophocle, Racine et Corneille, à la bonne heure, et me voilà arrivé (débattu par ces grands noms devant lesquels je m'incline), à la gloire même que j'ai rêvée.

« En effet, je voulais être reconnu un homme de génie, et — tout ambitieux que je suis véritablement, je n'en demande pas davantage. A coup sûr l'heure est peu favorable, mais on ne choisit pas l'heure de sa naissance. Dieu m'a fait un grand poëte, il m'a jeté dans le monde à l'heure qu'il a voulu. La critique peut m'atteindre ; l'oubli ne m'atteindra pas, et la preuve vous la fournissez vous-même : c'est qu'à l'heure où nous sommes, il est impossible de parler de poésie et de littérature sans me nommer ! »

Ainsi le revoilà qui se met en route et qui remonte à la source même du poëme, à l'*Iliade*, à l'*Odyssée*, à la voix qui chante les siècles, les peuples et les empires. Si le poëme est l'histoire en action, le drame alors devient le poëme en action, et les tragédies de ces trois maîtres : Eschyle, Euripide et Sophocle, sont réellement les reliefs du festin d'Homère. Tragédie ou poëme invoquent également les dieux, les héros, les géants, les oracles, la terre et le ciel. Le spectacle est le même, un peu plus grand que la nature, et tout à fait à la taille de ces héros de dix coudées, la taille d'Achille et d'Hector. Prométhée, un géant cloué avec des clous de diamant sur une montagne, grande comme un pic des Alpes, Antigone au sommet de sa tour, Avachné sur le bûcher de son frère, et les cinquante princesses suppliantes, autant d'images dignes de l'*Odyssée*. Ainsi M. Victor Hugo donne au drame une origine divine. Il le voit tout de suite grand et terrible, et rien que terrible et rien que grand ! sublime, et voilà tout.

L'autre côté de la question humaine, le côté railleur, disons le mot : le côté *laid* de l'humanité, pour l'atteindre il faut attendre... le *christianisme;* voilà un grand mot, pour arriver à un effet de rhétorique. A ce compte, le *grotesque*, un nouveau type, daterait seulement de dix-huit cents ans tout au plus, comme si *Thersythe* et *Vulcain* n'étaient pas dans l'*Iliade!* Ainsi, et il se posait à lui-même cette objection dans sa préface, M. Victor Hugo proclamait l'introduction du *grotesque* et du *laid* comme une des nouveautés de sa poésie et de sa poétique.— « L'antiquité, dit-il, n'eût pas fait *la Belle et la Bête*. Dans sa passion pour la *beauté universelle*, elle ne savait pas mêler dans ses créations l'ombre à la lumière, le grotesque au sublime. (En d'autres termes le corps à l'âme et la bête à l'esprit.) Elle n'avait rien à voir avec ces trois Homères bouffons : Arioste, Cervantes et Rabelais, — et pourtant de cette combinaison du grotesque et du sublime, du terrible et du bouffon, de la tragédie et de la comédie, est sorti, armé de toutes pièces, Shakspeare : « Le poëte-roi qui devait tout fixer ! »

Ainsi pour nous expliquer sans ambages : « La poésie de notre temps est le drame ; le caractère du drame est le réel ; le réel résulte de la combinaison toute naturelle de deux types, le sublime et le grotesque qui se croisent dans le drame, comme ils se croisent dans la vie et dans la création ! » Puis, comme il a toutes sortes de preuves en réserve, il cite en effet des cas terribles mêlés de grotesque. *A la mort, et allons dîner !* tel est l'arrêt de mort prononcé par un des assesseurs de Fouquier-Tinville. — *Sacrifiez un coq à Esculape,* dit Socrate en buvant la ciguë. Ainsi il parle avec la ténacité d'un théologien de bonne foi, et comme il parle bien, on l'écoute. — Oui, lui dit-on (nous parlons des bonnes gens facilement convaincus, et à qui la chose est assez égale, en fin de compte), vous avez peut-être raison avec le *grotesque* et le *laid*, et nous comprenons très-bien que le drame ne soit pas une âme sans corps ; mais que faites-vous de l'*unité*, maître, et que faites-vous des *deux unités*?

Alors, le voilà (il ne se gêne avec personne !) qui se met à éclater de rire au nom seul de la double unité. Vous nous la donnez belle *avec vos petites règles conventionnelles*, et vous voilà, certes, bien retranchés *dans vos petits labyrinthes scolastiques!* Vous êtes à Lilliput, mon cher ami, et le drame a brisé ces petits fils d'araignée à son réveil. Qu'est-ce que l'unité de lieu ? un péristyle, un vestibule, un lieu banal où se rendent les conspirateurs pour déclamer contre le tyran, voilà *pour l'unité de lieu.*

Quant à *l'unité de temps*, le cadran de l'horloge est aussi dans son genre un péristyle, « et l'action est aussi ridicule encadrée dans les vingt-quatre heures que dans le vestibule. » Il ajoute : « Toute action a sa durée propre comme son lieu particulier. Quoi donc ? verser la même dose de temps à tous les événements ? Appliquer la même mesure sur tout ! On rirait d'un cordonnier qui voudrait mettre le même soulier à tous les pieds ! »

Puis il se moque : « Imitez les modèles, » disaient les critiques. — « Les modèles sont inimitables, » ajoutent ces mêmes cri- « tiques. Cela ne ressemble à rien. » S'en vient tout de suite après : « Cela ressemble à tout. » Quand il a bien ri, il se fâche : « A bas les théories ! Mettons le marteau dans les poétiques et dans les systèmes ! Jetons bas ce vieux plâtrage qui masque la façade de l'art ! Il n'y a ni règles ni modèles, ou plutôt il n'y a d'autres règles que les lois générales de la nature qui planent sur l'art tout entier. Le poëte ne doit prendre conseil que de la nature, de la vérité et de l'inspiration. »

De la colère il revient au sourire, et il joue agréablement avec feu l'abbé Delille, qui se vantait d'avoir décrit, ou comme il le disait lui-même, d'avoir *fait* douze chameaux, quatre chiens, trois chevaux, six tigres, deux chats, deux cafés, un seul jeu de trictrac... Il ne savait pas le nombre de ses *aurores*, de ses *printemps*, de ses *hivers*. Enfin l'abbé Delille se moquait du : *Tout beau, Monsieur!* dans Corneille. — « C'est l'abbé Delille, disait M. Hugo, et non pas Racine qui a enfanté toutes les tragédies qui ont été faites depuis quarante ans. » — Et, vous le voyez, sa malédiction va jusqu'à l'exécration.

Lui, aussi Corneille, un révolutionnaire, il a fait sa préface de *Cromwell* dans ses trois discours du *poëme dramatique*, et naturellement il commence par invoquer le maître Aristote : « Il ne faut pas prétendre, dit-il, et Corneille, en ceci plus modeste que M. Hugo, copie Aristote, *que l'art dramatique nous donne toute sorte de plaisir*, il ne donne que le plaisir qui lui est propre. » Or, pour trouver ce plaisir propre à l'art dramatique, il faut suivre, dit Corneille, les préceptes de l'art. Il ajoute : « Il est constant, *puisque c'est un art*, qu'il y a des préceptes. » Seulement il reconnaît volontiers que les divers artistes, c'est-à-dire les divers poëtes, ne sont pas d'accord sur ces règles et sur ces préceptes. « Il faut observer l'unité d'action, du lieu, du jour (*trois* unités, monsieur Hugo !), personne *n'en doute*. Oui, mais ce n'est pas une petite difficulté de savoir ce que c'est que cette unité d'action. Alors, voilà M. Victor Hugo et le grand Corneille, à tant de distance et séparés par des œuvres si diverses, qui disent à peu près la même chose. « Il faut que le poëte trace son sujet selon la vraisemblance et le nécessaire ! » Corneille l'avoue, et M. Hugo ne dit pas davantage. Il dit aussi, avec Aristote (il a de bons moments, Aristote), *que ce n'est pas l'art qui donne les bons sujets de tragédies, mais bien la fortune !*

Ils disent aussi, Aristote et Corneille : « Que le poëte n'est pas obligé de traiter les choses comme elles se sont passées, mais comme elles ont pu ou dû se passer selon la vraisemblance ou le nécessaire. » Et Corneille ajoute : « C'est *un privilége* qu'il nous donne, et non pas une servitude qu'il nous impose. »

Corneille, malgré son dévouement *à l'unité*, en fait bon marché dans son discours. « Douze heures, ce n'est pas assez, » dit Corneille ; il se contente, à peine, de vingt-quatre heures. « Il y a des sujets malaisés à renfermer en aussi peu de temps, et j'irais volontiers *jusqu'à trente heures*. » Il va plus loin, il appelle à son aide un axiome du droit romain, que l'on ne s'attendait guère à rencontrer en cette affaire : « *Odia restringenda*, dit le droit romain, *favores ampliandi !* » C'est-à-dire qu'il faut élargir ce qui est favorable, et restreindre au moins ce qui est rigoureux. Dans les *Suppliantes*, Euripide (l'argument a échappé à M. Hugo) nous montre Thésée au moment où il part d'Athènes avec son armée ; d'Athènes il s'en va sous les murs de Thèbes, à quinze lieues de son point de départ ; il se bat, il remporte la victoire, et il revient victorieux.

Eschyle amène, en moins de temps encore, Agamemnon sous les murs de Troie, et le chemin se faisait si vite au retour, que le roi des rois arrive avant même que la flamme, allumée de distance en distance, ait annoncé le retour de son époux, à Clytemnestre. « Il est facile aux spéculatifs d'exiger sévèrement
« que l'on obéisse à la loi de l'unité, mais s'ils voulaient donner
« dix ou douze pièces au public, ils élargiraient peut-être les
« règles plus que je ne fais, sitôt qu'ils auraient reconnu par
« l'expérience, *quelle contrainte apporte leur exactitude*, et
« combien de belles choses elle bannit de notre théâtre. »

A entendre Corneille, ne dirait-on pas, je vous prie, entendre M. Victor Hugo ? L'un et l'autre ne parlent-ils pas le même langage, et n'est-il pas fâcheux que M. Victor Hugo n'ait pas lu, avant d'écrire sa préface, la préface du grand Corneille ? Il y eût trouvé là pour *sa poétique*, des arguments excellents, et comme dit la Médée, il eût dit au grand Corneille :

Marchez, je vous suivrai par des sentiers nouveaux!

Aujourd'hui que *l'école* a produit ses chefs-d'œuvre, que des succès incontestables et des chutes cruelles ont signalé les gloires et les dangers du nouveau drame annoncé par la *Préface de Cromwell*, cette préface de Cromwell a perdu beaucoup de la curiosité et de l'intérêt qui l'accueillirent tout d'abord.

Que de louanges en ce temps-là et que de huées! Des admirations et des blâmes sans fin. Ceux-ci disaient qu'un nouveau monde allait surgir de la préface de *Cromwell*. — Elle nous mène à l'abîme, disaient les autres. De part et d'autre on se battait jusqu'aux morsures. Jamais, depuis la grande bataille des anciens et des modernes, où tant de haines et tant d'éloquence furent inutilement dépensées, on n'avait vu, dans une question littéraire, plus de violence des deux parts. C'étaient des haines de famille à famille; ici les Capulets, plus loin les Montaigus! Madame Dacier et Lamothe-Houdard! Corneille, avant cette rencontre des anciens et des modernes, avait pourtant cité heureusement une phrase admirable de Tacite, où Tacite reconnaît que les anciens n'ont pas été seuls à produire de belles choses, et que les modernes ont aussi leur part dans l'admiration et dans l'étude des poëtes à venir. « *Non omnia apud priores meliora, sed nostra quoque ætas multa laudis et artium imitanda posteris tulit.* »

De cette rage et de ces colères d'école à école, on pourrait raconter des énormités. Le mot : *Enfoncé, Racine!* a été bel et bien prononcé dans une farandole échevelée, au milieu du foyer du Théâtre-Français. L'autre parole, à propos de Corneille : « *Eh! de son temps, nous n'aurions pas mieux fait que lui!* » a été dite en toute naïveté. Les curieux ont conservé, dans leur cabinet, telle médaille en plomb qui avait été frappée à l'avance en l'honneur d'un drame intitulé *Caligula*, et qui tombait le soir même du jour où la médaille fut frappée. Hélas! c'est le penchant de l'esprit humain de s'admirer soi-même, et de s'exalter indignement à la fumée enivrante de son amour-propre.

On raconte que le poëte adopté par l'empereur Napoléon, et traduit par M. Baour-Lormian, Ossian (l'empereur Napoléon, qui n'était pas un très-habile connaisseur, eût donné pour son poëte favori, Racine, Voltaire et Shakspeare), un jour qu'il se disputait avec saint Patrice, le patron de l'Irlande, comme saint Patrice, qui s'y connaît, reprochait au vieux barde la crudité de ses poëmes et la rusticité de son style, au lieu de courber la tête et de convenir que saint Patrice avait raison, Ossian (il se doutait sans doute du protecteur qui l'attendait au xixe siècle) : « Grand saint, dit-il à saint Patrice, j'en suis très-fâché, mais vous n'êtes qu'un âne, et vous ne connaissez rien en poésie. » En ce temps-là, Ossian n'avait pas été arrangé par Macpherson en anglais, et traduit en français par Letourneur.

Même de nos jours on vit, en fait de passion littéraire, une chose assez étrange et qui n'étonna personne en ce temps-là.

Non loin de Paris, à Courbevoie (dans la rue de Besons), il y avait un perruquier nommé Mollard, à qui la préface de *Cromwell* avait monté la tête à ce point qu'il avait pris en haine l'Académie et tout ce qui tenait à l'Académie. Il haïssait également Despréaux et M. Casimir Delavigne ; on lui nommait Voltaire, il écumait ; M. Andrieux, il se trouvait mal. Il allait partout disant que la langue française était perdue et qu'elle ne pouvait se régénérer que par les *romantiques*. De ce brave homme on a conservé quelques épigrammes qui attestent de sa colère et de sa bonne volonté [1].

Et comme il vit que l'Académie, en dépit de ses épigrammes, se portait encore assez bien, et que son ennemi personnel, M. Casimir Delavigne, était applaudi chaque soir malgré le perruquier Mollard, le brave homme résolut de mourir en vouant l'Académie et M. Casimir Delavigne aux dieux infernaux. Ainsi mourut la reine de Carthage, insultant du haut de son bûcher l'ingrat qui l'abandonnait :

> Exoriare aliquis nostris ex ossibus ultor !

Toujours est-il que ce pauvre Mollard alluma non pas un bûcher, mais un réchaud, et qu'il expira en proclamant la préface de *Cromwell*. Il avait écrit ces deux lignes en guise de testament :

« Adieu, père Henin ! Adieu, monsieur et madame D... Adieu « mes amis en politique et en littérature... Adieu tout le monde

---

[1].  Il fallait compléter les quarante immortels,
Leur président leur dit cette courte harangue :
« Prêtres de l'ignorance, appuis de ses autels,
« Proclamez Casimir, il ne sait point la langue. »

de mon bon bon voisinage... A bas les *Vêpres Siciliennes*, et vive *Cromwell!*

« MOLLARD. »

Jamais personne, que je sache, n'a poussé si loin la haine et l'amour des choses littéraires que le perruquier Mollard.

Je me trompe, il y avait dans les passionnés les plus passionnés, mais cette fois en sens inverse du perruquier Mollard, trois hommes recommandables à des titres différents : MM. Duval et Jay, membres de l'Académie française, et M. Fulchiron, membre de la Chambre des députés. M. Duval avait été longtemps le *tyran dramatique* du Théâtre-Français ; il y régnait par la contrainte et par certaines qualités d'invention que son style était loin de faire valoir. Il était maussade, atrabilaire et mécontent, avec des brusqueries qu'il avait conservées de ses anciennes qualités de marin ; si rétif à la censure qu'un seul mot le mettait en rage, si jaloux de la publique faveur qu'il pensa mourir de douleur le jour où il découvrit que M. Scribe était un concurrent qui avait ses dangers, et que le seul petit acte de la *Demoiselle à marier* valait, pour le moins, les cinq actes de la *Fille d'honneur!* Vous pensez si cet homme-là fut content quand, au fond du Marais où il avait creusé sa tanière, il entendit parler, pour la première fois, d'un nommé Victor Hugo, qui avait publié certaines poésies, et qui proclamait dans une préface insolente, que lui, Victor Hugo, il avait découvert, tout ensemble, un nouvel art poétique et un drame tout nouveau.

Comment donc, s'écriait le bonhomme Alexandre Duval (il n'y a rien de plus furieux qu'un poëte dramatique lorsqu'il sent que le public échappe à ses lois), est-ce possible, est-ce vrai, qu'un blanc-bec, un faiseur de vers, un saltimbanque, un fou furieux viendra sur mes grèves, pêchera dans mes filets, et, trouvant mes filets étendus à sécher sur le rivage, les couvrira de mépris et de sable ? Comment donc ! ce morveux aura l'audace, moi vivant, de proclamer la vanité des travaux, de la gloire et des succès de ses anciens ; et sans nous avoir jamais lus, il fera fi de nos chefs-d'œuvre, les traitant comme autant de hasards et de radotages. Et je le souffrirais moi-même, moi, Alexandre Duval ! Non !

Quos ego..... sed motos præstat componere fluctus !

Or, pour que le torrent débordé rentrât dans son lit, M. Alex. Duval écrivit une Catilinaire en forme de roman contre les *nouvelles doctrines littéraires.* Écoutez le bonhomme. Il parle au nom du goût, de la morale et du roi Louis XIV. Il parle au nom « des plaisirs délicats de l'imagination et des douces sensations « d'une illusion dramatique ! » Il parle au nom de Lemière, de Ducis, de Demoustier, de M. de La Harpe et de Fabre d'Églantine ! Il parle au nom des vieux amateurs, des vieux comédiens, des vieux critiques ; au nom de la littérature de l'Empire, il parle aussi ; et sa préface achevée, il se met à reprocher à l'*école romantique* (ça m'a toujours fait peine à écrire, ce mot *classique*, ce mot *romantique*, et je ne l'ai pas écrit dix fois dans le cours de ma carrière), ses crimes, ses viols, ses meurtres et ses bourreaux ; car ils sont morts, ces braves *classiques*, persuadés que le drame moderne tenait leçon publique d'inceste, d'incendie et de parricide, *et qu'il était très-facile de se faire un nom dans ce genre de littérature.* Il reproche aussi à l'école nouvelle, son luxe de costumes et de décorations : N'a-t-il pas entendu dire, lui, Alexandre Duval, qu'une seule cuirasse avait coûté *des* quinze cents francs ? Et puis le caprice et l'imitation : « Parce que ces messieurs ont *rapetassé* toutes les rapsodies allemandes et anglaises, ils se croient de petits Shakspeare ! »

Sa préface épuisée, il entre en matière, et tout de suite il se montre à nous dans l'intérieur même de sa maison. Il est vieux, il est oisif, il réfléchit deux jours sur la *position* d'un meuble ; ces meubles sont *du plus bel acajou* (il exècre le moyen âge, le bois de chêne, l'ivoire et l'ébène), il a des livres, de *bons* livres, il lit un *petit* journal, il habite le Marais, il dîne chez le *restaurateur*. Bref, il est tout à fait l'homme opposé au *romantique*, marié, amoureux de sa femme, entouré d'enfants, et dînant bourgeoisement chez lui, assis dans une stalle d'église. Enfin, il est *misanthrope*, il a un ami qui s'appelle *Dubocage* ; il a été marié, l'ami Dubocage, il est presque veuf, sa femme ayant oublié tous ses devoirs *et non pas ses diamants.* Bref, Dubocage habite un grand jardin, où il ne voit personne, excepté son ami *Dulongbois*, qui est le nom du héros de M. Alexandre Duval.

Dulongbois, Duval et Dubocage, il y avait de quoi égayer le cénacle. « Dominé par la passion des fleurs, Dubocage avait *placé* là toute son existence. » On vous fait grâce du reste, on ne veut pas réveiller ce brave homme, et cependant comme c'était malhabile, d'opposer à cette jeunesse avide et enchantée de toutes les fêtes de la vie, un vieil atrabilaire, à moitié fou, que sa femme a planté là pour suivre un officier de cavalerie !

Uniquement parce qu'il faisait de sa thèse un roman, M. Alexandre Duval devait placer son roman en plein bruit, en pleine lumière, et non pas dans cette ombre douteuse, à côté de ce vieillard qui tombe du mal caduc. La belle affaire et le bel avocat, un homme cacochyme et goutteux ; un ennemi systématique du genre humain, un botaniste, pour en faire le juge et l'arbitre des *Martyrs*, des *Orientales* et du *Don Juan* ! De sa bibliothèque, M. Dubocage a chassé les poëtes modernes, « *n'ayant* pas l'avantage de les connaître. »

A ces exclamations, les *romantiques* riaient de plus belle, et comme s'ils eussent voulu exaspérer le bonhomme, ils lui faisaient toutes sortes de niches et de bons vers, ceux-ci, par exemple, où ils racontaient qu'ils avaient vu

> L'autre jour, dans un bois, le berger Tircis qui
> Endure de Philis les rigueurs inhumaines,
>     Lui faisant une longue ki
>     Rielle de ses peines !

Bref, il est si fâché contre les *romantiques*, M. Dubocage, qu'il veut déshériter son neveu, parce que son neveu est romantique. Heureusement que le romantique est blessé dans un duel par un classique, et l'oncle Dubocage, sollicité par l'ami Dulongbois, pardonne à son neveu ; le neveu, de son côté, renonce, et de grand cœur, à fréquenter ces barbus, ces charlatans, ces lions qui appellent leurs maîtresses des lionnes, ces habits étriqués, ces cols rabattus, ces chapeaux pointus. Enfin, pour mettre le comble au pardon de son oncle, ce neveu suspect écrit une belle et bonne tragédie en cinq actes et en vers. Alors pour tout de bon son oncle lui pardonne et l'emmène en Suisse, où ils font un assez long voyage, à pied, *le bâton blanc à la main*.

Quand il meurt, le classique Dubocage, il laisse entre autres legs : « Dix mille francs au poëte qui ne se croira pas le premier de sa profession, et *qui ne dira pas du mal* de ses confrères ! — Dix mille francs au vaudevilliste qui fera une pièce à lui tout seul. — Il veut enfin que l'on écrive cette jolie et classique épitaphe sur le marbre de son tombeau : « Il avait une femme et un ami qu'il aimait tendrement ; son ami le trahit et sa femme le fit cocu ! » Telle était cette innocente plaidoirie que publiait M. Alexandre Duval : *plaidant pour sa maison !*

Son ami et camarade, M. Jay, écrivit en même temps et dans le même esprit *la Conversion d'un romantique*. Dans sa préface, celui-là aussi, il démontrait nettement que les pièces de la nouvelle école « n'étaient que des mélodrames beaucoup moins intéressants que les mélodrames du boulevard, et qu'ils auraient la même destinée ! » Il trouvait que le style de *Cromwell* était un jargon bâtard que l'on ne savait comment qualifier, « aussi loin de la mesure du vers que du mouvement naturel de la prose. » Il ajoute « que *M. Hugo est tombé dans l'absurde*, — et que l'on ne saurait pousser plus loin que M. Sainte-Beuve, l'oubli du respect pour soi-même et pour le public. » Il s'emporte contre le *cénacle* qu'il appelle *une salle à manger*.

Il se moque de M. Alfred de Vigny, il se moque de M. de Lamartine, enfin il introduit le jeune *romantique* chez un vieux maître de rhétorique appelé : M. Dumont, « qui partage son temps entre la culture des lettres et celle d'un petit jardin à fleurs dont il fait ses délices. » Cependant M. Dumont porte des *ailes de pigeon*, en se moquant de la chevelure épaisse de messieurs les romantiques. Les ailes de pigeon, ils l'avouent ! Il lit l'*Épître aux Pisons* et l'*Art poétique* de Boileau, M. Dumont. Il se moque des lutins, des gnomes, *et des ruines gothiques*; il préfère Saint-Amant à M. Émile Deschamps, ce qui prouve qu'il n'est pas si maladroit, M. Dumont. — « M. Hugo, dit-il, a fait une belle ode, Chapelain aussi, » et le voilà qui proclame Chapelain.

« Le drame de *Cromwell*, dit M. Dumont, n'a excité en moi
« d'autre sentiment que celui de la commisération pour un jeune
« homme né avec d'heureuses dispositions (M. Victor Hugo !), d'un
« caractère estimable, et qui, dans quelques productions lyriques,
« a montré un vrai talent. » En ses moments de gaieté, M. Du-

D'un [...] ange tombé
Dont l'amour refaisait l'âm[...] son haleine;
De Marion, lavée ainsi que [...]eine,
Qui boitait et traînait son [...]ropié,
La censure, serpent, l'ayant [...]ue au pied.

Le poëte voulait faire un s[...]paraître
Louis treize, ce roi sur qui [...]t un prêtre;
— Tout un siècle, marquis, [...]aux, fous, bateleurs; —
Et que la foule vînt, et qu'à[...]s des pleurs,
Par moments, dans un dra[...]celant et sombre.
Du pâle cardinal on crût v[...]ser l'ombre.

Le vieillard hésitait: — Que [...] mettre à nu
Louis treize, ce roi chétif [...]tenu?
A quoi bon remuer un mo[...] une tombe?....
Que veut-on? où court-on [...]n bien où l'on tombe?....
Quant au théâtre, il faut le [...]étant miné,
Étouffer des deux mains s[...]e trop hardie;
Car la foule est le peuple, [...] comédie
Peut jaillir l'étincelle aux [...]rayons
Qui met le feu dans l'ombr[...]évolutions.
Puis il niait l'histoire, et, q[...]il en puisse être,
A ce jeune rêveur disputa[...]cêtre;
L'accueillant bien d'ailleur[...] royal, gracieux,
Et le questionnant sur ses [...]s aïeux.

Tout en laissant aux rois l[...]s dont on les nomme,
Le poëte luttait fermeme[...]ne un homme
Épris de liberté, passionn[...]d'art,
Respectueux pourtant po[...] le vieillard.
Il disait: — Tout est grav[...]siècle où tout penche.
L'art, tranquille et puissa[...]t une allure franche.
Les rois morts sont sa pr[...]aut la lui laisser.
Il n'est pas ennemi, pour[...]courroucer,
Et le livrer dans l'ombre [...]rtionnaires,
Lui dont la main fermée [...]ne de tonnerres?
— Sire, à ce qui chancelle [...] bien appuyé?
La censure est un toit m[...]nal étayé....
D'ailleurs, ne cherchât-o[...] splendeur royale,
Pour cette nation moque[...]is loyale,
Au lieu des grands table[...] offrait le grand Louis,
Roi-soleil, fécondant les [...]ouis,
Qui, tenant sous son sce[...] monde en équilibre,
Faisait Racine heureux, [...] Molière libre;
Quel spectacle, grand D[...]un groupe de censeurs!

mont se moque de la chanson du page dans *Cromwell*, on l'entend qui fredonne en cultivant son petit jardin:

> Un soldat au dur visage,
> Une nuit arrête un page,
> Un page à l'œil lutin.....

Il aime mieux la chanson classique de *Malbrouck s'en va-t'en guerre*, M. Dumont!

Arrive enfin l'heure où M. Dumont doit prouver au *jeune romantique* l'excellence de l'ancienne poétique, et les funestes conséquences de la préface de *Cromwell*, « où l'esprit se perd, où le talent se dégrade. » Pour commencer la conversion du jeune homme, M. Lefranc, l'ami de M. Dumont, conduit le *romantique* chez le *classique*. Ils sont reçus dans un petit salon meublé *d'acajou* et, chose plus horrible, en *velours d'Utrecht*. Rien ne manque en ce salon classique; il a son guéridon, sa cheminée en marbre de bleu turquin, ses vases d'albâtre et deux gravures « se détachant sur un papier de *couleur d'ocre*. » — Ogre? criait le Cénacle, et c'étaient des rires! Car je ne sais personne ici-bas qui ait jamais ri du rire de M. Victor Hugo en belle humeur, surtout dans ces heureuses années de *la Conversion d'un romantique*.

Outre le docteur Lefranc, « que tout Paris connaît, » il y avait à ce dîner (car c'était bel et bien une invitation à dîner!) madame Lefranc, agréable et bien faite à quarante ans, et mademoiselle Berthe Lefranc. « Il serait difficile de *se faire l'idée* d'une plus jolie personne. » Après quelques citations des vieux classiques, on se met à table, et le dîner est cuit à point, surtout le poisson était *superbe* et le café était *excellent*. Après le café, mademoiselle Berthe *exécuta* une sonate, et le romantique, hors de lui-même, allait demander là, sur-le-champ, la main de mademoiselle Berthe, mais l'imprudente! elle a parlé du *Parnasse*, elle a dit: *les muses*, au lieu de: *la Muse*, elle a même cité un vers de Despréaux, et le romantique a fait un *soubresaut*. « Ce soubresaut fut remarqué avec surprise, » ajoute M. Jay; ce soubresaut a retardé de six mois la conversion du romantique et le mariage de mademoiselle Berthe.

Le lendemain, le romantique peu corrigé, va passer sa soirée chez madame la comtesse de Colombelle (la porte est en forme d'ogive, la pendule représente une cathédrale gothique, les fauteuils sont garnis de velours noir, les tableaux représentent une *Expédition de Vampires*, *l'Apparition d'un revenant*, une *Volée de chauves-souris*, et pas un bout de velours d'Utrecht), — enfin après avoir comparé les cinquante ans de Colombelle aux seize ans de mademoiselle Berthe, le mauvais thé de Colombelle au café excellent de M. Dumont, notre romantique abjure toutes ses erreurs; il épouse mademoiselle Berthe, et il jette au feu sa fameuse ballade intitulée : *Le Spectre monté sur un fantôme de cheval, qui va chercher sa fiancée et la ramène au grand galop à son cerceuil.*

Donc voilà un homme *converti*, et..... ça n'est pas plus difficile que cela.

De cette colère on sourit aujourd'hui, et même on la pardonne à ces bonnes gens en faveur de leur désastre ; ils n'étaient pourtant pas de si bonnes gens que leurs petits livres semblaient le promettre. Il y a telle note anodine du *Romantique converti* dans laquelle on indique en passant : « que la haine pour les conquêtes de l'empereur a soulevé les premières attaques contre la littérature classique. » Le factum de M. Alexandre Duval est adressé tout bellement « à M. le ministre de l'intérieur. » Quoi donc? Ce gentilhomme inintelligent de toute chose, M. de Polignac, et lui-même, un bienveillant et généreux esprit, M. de Martignac, ont défendu *Marion Delorme!* Et quand après *Marion Delorme* il fut question d'*Hernani*, il y eut alors, parmi messieurs *les classiques*, une pétition collective adressée à Sa Majesté le roi Charles X, au nom du goût, de la littérature et de l'art français que représentaient, en ce temps-là, M. Alexandre Duval, M. Chénier, M. Étienne, M. Raynouard et M. Andrieux !

A les entendre, ces fanatiques des *Templiers*, de *Tibère*, des *Héritiers* et des *Deux Gendres*, c'en était fait du Théâtre-Français et des poëtes selon l'esprit et le cœur du roi Louis XIV, si Sa Majesté le roi Charles X permettait, aux nouveaux venus, de s'emparer du théâtre, et si désormais les jeunes gens pouvaient alterner avec les vieillards. — L'églogue a dit cependant : *Amant alterna Camœnæ.*

Cette façon d'invoquer la puissance royale à propos de la vieille tragédie, et d'appeler la force en aide à des poëtes qui avaient d'ogive, la pendule représente une cathédrale gothique, les fauteuils sont garnis de velours noir, les tableaux représentent une *Expédition de Vampires*, l'*Apparition d'un revenant*, une *Volée de chauves-souris*, et pas un bout de velours d'Utrecht), — enfin après avoir comparé les cinquante ans de Colombelle aux seize ans de mademoiselle Berthe, le mauvais thé de Colombelle au café excellent de M. Dumont, notre romantique abjure toutes ses erreurs; il épouse mademoiselle Berthe, et il jette au feu sa fameuse ballade intitulée : *Le Spectre monté sur un fantôme de cheval, qui va chercher sa fiancée et la ramène au grand galop à son cerceuil.*

Donc voilà un homme *converti*, et..... ça n'est pas plus difficile que cela.

De cette colère on sourit aujourd'hui, et même on la pardonne à ces bonnes gens en faveur de leur désastre ; ils n'étaient pourtant pas de si bonnes gens que leurs petits livres semblaient le promettre. Il y a telle note anodine du *Romantique converti* dans laquelle on indique en passant : « que la haine pour les conquêtes de l'empereur a soulevé les premières attaques contre la littérature classique. » Le factum de M. Alexandre Duval est adressé tout bellement « à M. le ministre de l'intérieur. » Quoi donc? Ce gentilhomme inintelligent de toute chose, M. de Polignac, et lui-même, un bienveillant et généreux esprit, M. de Martignac, ont défendu *Marion Delorme!* Et quand après *Marion Delorme* il fut question d'*Hernani*, il y eut alors, parmi messieurs *les classiques*, une pétition collective adressée à Sa Majesté le roi Charles X, au nom du goût, de la littérature et de l'art français que représentaient, en ce temps-là, M. Alexandre Duval, M. Chénier, M. Étienne, M. Raynouard et M. Andrieux !

A les entendre, ces fanatiques des *Templiers*, de *Tibère*, des *Héritiers* et des *Deux Gendres*, c'en était fait du Théâtre-Français et des poëtes selon l'esprit et le cœur du roi Louis XIV, si Sa Majesté le roi Charles X permettait aux nouveaux venus, de s'emparer du théâtre, et si désormais les jeunes gens pouvaient alterner avec les vieillards. — L'églogue a dit cependant : *Amant alterna Camœnæ.*

Cette façon d'invoquer la puissance royale à propos de la vieille tragédie, et d'appeler la force en aide à des poëtes qui avaient mont se moque de la chanson du page dans *Cromwell*, on l'entend qui fredonne en cultivant son petit jardin :

> Un soldat au dur visage,
> Une nuit arrête un page,
> Un page à l'œil lutin.....

Il aime mieux la chanson classique de *Malbrouck s'en va-t'en guerre*, M. Dumont !

Arrive enfin l'heure où M. Dumont doit prouver au *jeune romantique* l'excellence de l'ancienne poétique, et les funestes conséquences de la préface de *Cromwell*, « où l'esprit se perd, où le talent se dégrade. » Pour commencer la conversion du jeune homme, M. Lefranc, l'ami de M. Dumont, conduit le *romantique* chez le *classique*. Ils sont reçus dans un petit salon meublé *d'acajou* et, chose plus horrible, en *velours d'Utrecht*. Rien ne manque en ce salon classique ; il a son guéridon, sa cheminée en marbre de bleu turquin, ses vases d'albâtre et deux gravures « se détachant sur un papier de *couleur d'ocre.* » — Ogre ? criait le Cénacle, et c'étaient des rires ! Car je ne sais personne ici-bas qui ait jamais ri du rire de M. Victor Hugo en belle humeur, surtout dans ces heureuses années de *la Conversion d'un romantique*.

Outre le docteur Lefranc, « que tout Paris connaît, » il y avait à ce dîner (car c'était bel et bien une invitation à dîner !) madame Lefranc, agréable et bien faite à quarante ans, et mademoiselle Berthe Lefranc. « Il serait difficile de *se faire l'idée* d'une plus jolie personne. » Après quelques citations des vieux classiques, on se met à table, et le dîner est cuit à point, surtout le poisson était *superbe* et le café était *excellent*. Après le café, mademoiselle Berthe *exécuta* une sonate, et le romantique, hors de lui-même, allait demander là, sur-le-champ, la main de mademoiselle Berthe, mais l'imprudente ! elle a parlé du *Parnasse*, elle a dit : *les muses*, au lieu de : *la Muse*, elle a même cité un vers de Despréaux, et le romantique a fait un *soubresaut*. « Ce soubresaut fut remarqué avec surprise, » ajoute M. Jay ; ce soubresaut a retardé de six mois la conversion du romantique et le mariage de mademoiselle Berthe.

Le lendemain, le romantique peu corrigé, va passer sa soirée chez madame la comtesse de Colombelle (la porte est en forme

D'un pauvre ange tombé
Dont l'amour refaisait l'âme avec son haleine;
De Marion, lavée ainsi que Madeleine,
Qui boitait et traînait son pas estropié,
La censure, serpent, l'ayant mordue au pied.

Le poëte voulait faire un soir apparaître
Louis treize, ce roi sur qui régnait un prêtre;
— Tout un siècle, marquis, bourreaux, fous, bateleurs; —
Et que la foule vînt, et qu'à travers des pleurs,
Par moments, dans un drame étincelant et sombre.
Du pâle cardinal on crût voir passer l'ombre.

Le vieillard hésitait : — Que sert de mettre à nu
Louis treize, ce roi chétif et mal venu?
A quoi bon remuer un mort dans une tombe?.....
Que veut-on? où court-on? sait-on bien où l'on tombe?.....
Quant au théâtre, il faut le trône étant miné,
Étouffer des deux mains sa flamme trop hardie;
Car la foule est le peuple, et d'une comédie
Peut jaillir l'étincelle aux livides rayons
Qui met le feu dans l'ombre aux révolutions.
Puis il niait l'histoire, et, quoi qu'il en puisse être,
A ce jeune rêveur disputait son ancêtre;
L'accueillant bien d'ailleurs, bon, royal, gracieux,
Et le questionnant sur ses propres aïeux.

Tout en laissant aux rois les noms dont on les nomme,
Le poëte luttait fermement, comme un homme
Épris de liberté, passionné pour l'art,
Respectueux pourtant pour ce noble vieillard.
Il disait : — Tout est grave en ce siècle où tout penche.
L'art, tranquille et puissant, veut une allure franche.
Les rois morts sont sa proie; il faut la lui laisser.
Il n'est pas ennemi, pourquoi le courroucer,
Et le livrer dans l'ombre à des tortionnaires,
Lui dont la main fermée est pleine de tonnerres?
— Sire, à ce qui chancelle est-on bien appuyé?
La censure est un toit mauvais, mal étayé.....
D'ailleurs, ne cherchât-on que la splendeur royale,
Pour cette nation moqueuse, mais loyale,
Au lieu des grands tableaux qu'offrait le grand Louis,
Roi-soleil, fécondant les lis épanouis,
Qui, tenant sous son sceptre un monde en équilibre,
Faisait Racine heureux, laissait Molière libre;
Quel spectacle, grand Dieu! qu'un groupe de censeurs!.....

fait leur temps, n'était pas tout à fait du goût de notre génération, et à ces pétitions étranges nous répondions bel et bien par des ironies qui valaient, pour le moins, le *Misanthrope du Marais* et *la Conversion d'un romantique*.

Il faut dire à la louange du roi Charles X que Sa Majesté fut assez peu sensible à la pétition des vieux poëtes réclamant leur droit de tragédie et de comédie; il répondit, le bon roi, qu'il y avait dans ce monde une république où il n'avait que sa voix tout au plus, la république des lettres, et que le parterre était le souverain juge en toutes ces difficultés. M. Victor Hugo a raconté lui-même, à propos de ces singuliers obstacles, son entrevue avec le vieux roi :

> Saint-Remy nous reçut dans son mur triomphant,
> Tous deux le même jour, lui vieux, moi presqu'enfant.

Donc il raconte à la façon d'un poëte honnête homme et reconnaissant sa rencontre avec ce bon roi :

> C'était le sept août. O sombre destinée !
> C'était le premier jour de leur dernière année.
>
> Seuls dans un lieu royal, côte à côte marchant,
> Deux hommes, par endroits du coude se touchant,
> Causaient. Grand souvenir qui dans mon cœur se grave !
> Le premier avait l'air fatigué, triste et grave,
> C'était un roi.....
> L'autre était un jeune homme étranger chez les rois,
> Un poëte, un passant, une inutile voix.
>
> Ils se parlaient tous deux, sans témoins, sans mystère,
> Dans un grand cabinet, simple, nu, solitaire,
> Majestueux pourtant. Ce que les hommes font
> Laisse une empreinte au mur. Sous ce même plafond
> Avaient passé jadis, ô splendeurs effacées !
> De grands événements et de grandes pensées.
> Là, derrière son dos croisant ses fortes mains,
> Ébranlant le plancher sous ses pas surhumains,
> Bien souvent l'empereur, quand il était le maître,
> De la porte en rêvant allait à la fenêtre.
>
> Or entre le poëte et le vieux roi courbé,
> De quoi s'agissait-il ?

Puis choisissant les mots pour cette oreille auguste,
Il disait que les temps ont des flots souverains;
Que rien, ni ponts hardis, ni canaux souterrains,
Jamais, excepté Dieu, rien n'arrête et ne dompte
Le peuple qui grandit ou l'Océan qui monte :
Que le plus fort vaisseau sombre et se perd souvent
Qui veut rompre de front et la vague et le vent.....
Pour des regards distraits la France était sereine;
Mais dans ce ciel troublé d'un peu de brume à peine,
Où tout semblait azur, où rien n'agitait l'air,
Lui rêveur, il voyait par instants un éclair.

Charles dix souriant, répondit : — O poëte !

Le soir tout rayonnait de lumière et de fête.
Regorgeant de soldats, de princes, de valets,
Saint-Cloud joyeux et vert, autour du fier palais
Dont la Seine en fuyant reflète les beaux marbres,
Semblait avec amour presser sa touffe d'arbres.
L'arc de triomphe, orné de victoires d'airain,
Le Louvre étincelant, fleurdelisé, serein,
Lui répondaient de loin du milieu de la ville;
Tout ce royal ensemble avait un air tranquille,
Et, dans le calme aspect d'un repos solennel,
Je ne sais quoi de grand qui semblait éternel.

Quelle admirable plaidoirie, et comme ces poëtes savent trouver, en effet, le nœud de la question, et se jeter *in medias res* s'il faut défendre leurs œuvres attaquées! Il y en a d'admirables exemples dans Molière. « Sire, disait-il à propos de *Tartufe*, on
« a profité de la délicatesse de votre âme sur les matières de re-
« ligion, et l'on a su vous prendre par l'endroit seul où vous êtes
« prenable, je veux dire par le respect des choses saintes. Les
« tartufes sous main ont eu l'avantage de trouver grâce auprès de
« Votre Majesté, et les originaux enfin ont fait supprimer la co-
« pie, quelque innocente qu'elle fût, et quelque ressemblante
« qu'on la trouvât.

« Mais, sire, malgré cette glorieuse déclaration du plus grand
« roi du monde, *qu'il ne trouvait rien à redire à ma comédie*,
« on voit un livre écrit par le curé de ***, qui donne hautement
« un démenti à Votre Majesté; ma comédie (il ne l'a pas vue) est
« diabolique, et diabolique est mon cerveau. Je suis un démon
« vêtu de chair et habillé en homme, un libertin, un impie digne

« du supplice exemplaire. Ce n'est pas assez que le feu expie en
« public mon offense, j'en serais quitte à trop bon marché. Le
« zèle charitable de ce galant homme de bien n'a garde de de-
« meurer là ; il ne veut point que j'use de miséricorde auprès de
« Dieu, il veut que je sois damné, c'est une affaire résolue. »

Lisez aussi le charmant placet porté au roi : *Dans son camp
de la ville de Lille, en Flandre, par les sieurs de la Torillière
et de la Grange, comédiens de Sa Majesté, sur la défense qui
fut faite le sixième août 1667, de représenter le Tartufe jusqu'à nouvel ordre de Sa Majesté.*

Corneille aussi (il a été toute sa vie un rude jouteur, et qui
veut savoir à fond les plus merveilleux secrets de l'art dramatique, doit lire à fond les préfaces de Corneille), au commencement de son œuvre, un peu avant l'heure où l'Académie et le
cardinal de Richelieu le déclaraient un révolutionnaire, il était
forcé de se défendre, et il défendait, en des vers charmants, le
nouvel art dont il était le créateur :

> A présent, le théâtre [1].
> Est en un point si haut que chacun l'idolâtre,
> Et ce que votre temps voyait avec mépris,
> Est aujourd'hui l'amour de tous les bons esprits,
> L'entretien de Paris, le souhait des provinces,
> Le divertissement le plus doux de nos princes,
> Les délices du peuple, et le plaisir des grands.
> Il tient le premier rang parmi leurs passe-temps ;
> Et ceux dont nous voyons la sagesse profonde
> Par ces illustres soins conserver tout le monde,
> Trouvent dans les douceurs d'un spectacle si beau
> De quoi se délasser d'un si pesant fardeau.
> C'est là que le Parnasse étale ses merveilles ;
> Les plus rares esprits lui consacrent leurs veilles,
> Et tous ceux qu'Apollon voit d'un meilleur regard,
> De leurs doctes travaux lui donnent quelque part.
> D'ailleurs si par les biens on prise les personnes,
> Le théâtre est un fief dont les rentes sont bonnes,
> Et votre fils rencontre en un métier si doux
> Plus d'accomodement qu'il n'eût trouvé chez vous.

---

[1]. *L'Illusion*, comédie en quatre actes. « Tout irrégulier qu'il est, dit Corneille, il faut que ce poëme ait quelque mérite puisqu'il a surmonté l'injure
des temps, et qu'il paraît encore sur nos théâtres, bien qu'il y ait plus de
trente ans qu'il soit au monde. »

Outre ces attaques et ces délations contre l'école moderne, qui n'étaient pas toujours de bonne guerre, et dans lesquelles du moins la poésie a joué le beau rôle, on pourrait citer encore de véritables dénonciations faites à haute voix, et en pleine Chambre des Députés contre le nouvel art poétique. Ainsi, pour peu qu'un homme eût commis autrefois sa petite tragédie, et pour peu que la confiance de ses concitoyens eût porté cet homme à la tribune, le drame moderne était l'objet de son premier soin et sa première déclamation. Nous l'avons bien vu, lorsque M. Fulchiron et M. Liadières, deux faiseurs de tragédies, s'en vinrent déclarer qu'ils refusaient de voter la subvention du Théâtre-Français, si le Théâtre-Français était ouvert *aux dramaturges*.

Il est impossible absolument, disait M. Liadières, et disait M. Fulchiron, que l'on fasse à l'avenir une tragédie en moins de trois actes, en plus de cinq actes. Ils votaient la subvention du Théâtre-Français à la seule condition que chaque vers de ces cinq actes serait en rimes riches, accompagné d'une césure, et que le vers sur le vers n'oserait plus enjamber... au temps de M. Fulchiron, non plus qu'au temps de Malherbe. M. Fulchiron demandait encore que la tragédie ne nous montrât plus de femmes incestueuses, de héros meurtriers, de traîtres et de rois parricides; il défendait à la tragédie le poison et le poignard, le vice et le sang. Pas de femmes impudiques, *permettez-moi cette expression;* pas de meurtres; rien de ce qui compose l'action tragique depuis qu'on fait des tragédies. Au compte de l'honnête député qui était un poëte (cela se voyait à son éloquence) et qui savait très-bien rimer et *césurer* les hexamètres français, car il y avait même des vers dans sa prose, Corneille, Racine et Voltaire n'auraient pas eu le droit, celui-ci de mettre en scène *Rodogune*, celui-là de nous faire pleurer sur *Phèdre incestueuse;* cet autre enfin d'assassiner Zaïre avec le poignard d'Orosmane, ou plutôt avec le poignard d'Othello.

Les mœurs! les mœurs! *sic recinunt.* Jamais le théâtre n'a été l'école des mœurs. Le théâtre, au contraire, c'est la représentation exagérée, ensanglantée et fanatisée des grandes catastrophes, des grands vices, des grands meurtres, des grands crimes, des grandes trahisons, des grands empoisonnements, des grands coups de poignards de l'histoire. Le théâtre, c'est l'histoire des vices, des passions, des amours, des haines, des ambitions, des faiblesses du cœur de l'homme.

Celui-ci vous intéresse aux incestes d'Œdipe, à l'inceste de Phèdre, au parricide, à l'empoisonnement, aux ambitions, aux haillons de tout genre; cet autre vous fait rire de l'hypocrite, de l'avare, de la coquette, du fils qui ment à son père, du vieillard amoureux, de la femme adultère, du joueur, de don Juan qui ne croit pas en Dieu. — Il joue avec tous les amours, avec tous les vices, avec toutes les robes chiffonnées, comme son confrère avec toutes les robes déchirées. Et vous appelez cela l'école des mœurs! Dites donc que le théâtre est tout simplement le très-élégant, le très-rare et le très-peu moral délassement des nations très-policées et très-corrompues. C'est la joie des Grecs de Périclès, c'est la grande fête des Romains d'Auguste, des Français de Louis XIV, c'est la palme à l'ombre de laquelle se réfugie le génie des peuples qui ne croient plus ni à l'ode ni au poëme épique.

Le théâtre, école des mœurs! mais que voit-on au théâtre, même dans la pièce la plus sainte, dans *Polyeucte* même et dans *Esther?* Un jeune homme amoureux d'une jeune femme, un amour défendu d'abord, permis ensuite; deux êtres en chair et en os qui soupirent l'un pour l'autre, aux yeux de tous, et qui se font les plus tendres déclarations du monde, *devant toutes les mères de famille*, comme disait le discours de M. Fulchiron. Voilà comment le théâtre est l'école des mœurs. Il éveille les jeunes passions, il réveille les vieilles passions; il est le délire du jeune homme, il est le regret du vieillard; il n'agit qu'en flattant tous les mauvais penchants, en excitant toutes les mauvaises pensées, en charmant tous les instincts indiscrets du cœur.

Ne dites donc plus que le théâtre est l'école des mœurs, vous qui en votre qualité de législateurs, devez être des hommes sérieux. Corneille, Racine et Voltaire, et ce grand Molière, le géant du monde dramatique, ces hommes que vous reconnaissez modestement pour vos maîtres, sans savoir s'ils voudront vous reconnaître pour leurs disciples, n'ont pas fait autre chose, sinon se servir, en grands poëtes, de tous les transports, de tous les désirs, de tous les emportements, de l'humanité.

A ces conditions seulement ils ont été des auteurs dramatiques.

Eux aussi, ils ont été, de leur temps des novateurs. Eux aussi ils ont obéi comme vous dites si élégamment, *à un système littéraire qu'on a créé*; eux aussi ils ont parlé une certaine langue qu'on appelle *le néologisme*. Corneille est le plus grand révolutionnaire du théâtre et le plus grand novateur. Racine, venu après Corneille, s'est tracé sa route à lui-même. Voltaire n'a pas marché sur les pas de Racine, et l'on ne peut pas dire, à coup sûr, que *Tancrède* soit la suite de *Britannicus*. On est un grand artiste, à la condition d'être nouveau, sachez-le donc.

Sachez aussi qu'il n'y a que les faiseurs de tragédies et de comédies impériales, les poëtes médecins, les poëtes de province, qui se soient jamais imaginé que c'était faire en effet une tragédie moderne, de mettre ici un confident, plus loin un songe; au second acte, une tempête; au troisième acte, un messager qui arrive pour nouer la chose; au quatrième acte, une vertu qui triomphe; au cinquième acte, une vertu qui succombe sous le poignard, sous le poison, ou sous le poids d'un récit calqué sur le récit de Théramène.

Toutes ces rimes, ces césures, cette espèce de français que vous appelez du *français*, ce n'est pas de la tragédie moderne, ce n'est pas même de la vieille tragédie, c'est moins que rien; c'est une de ces choses pour lesquelles un père bien fait devrait mettre son enfant au pain et à l'eau pendant huit jours, si cet enfant précoce était assez malheureux pour oser, au premier cri, calquer bêtement et sans intelligence la *Mérope* de Voltaire ou le *Britannicus* de Racine. Ainsi donc, il faut que l'art marche s'il veut vivre. Qu'il aille en avant ou qu'il recule, voilà la question; mais cette question n'est pas du ressort de la Chambre des Députés, de la Chambre des Pairs, des poëtes musqués de Lyon ou de Pezenas. L'art marche-t-il? Est-il en vie et fait-il des efforts pour être nouveau? La tragédie se remue-t-elle dans sa vieille pourpre et sur son vieux trône, pour en sortir? La comédie est-elle en quête d'une passion nouvelle ou d'un caractère inconnu? Ou ce qui revient à la dire la même chose, les poëtes qui sont jeunes osent-ils être jeunes, et lui-même, le comédien, saura-t-il être au niveau de ces hardiesses, changer en même temps que change son art, et ne plus arrondir ses jambes, ses bras et sa voix, comme faisaient M. Baron, M. Larive ou M. Lekain?

En un mot, est-ce enfin que le théâtre échappe à l'imitation, à la tradition, à la traduction ?

Voilà les questions qu'il fallait faire, et non pas s'inquiéter si le lit de Phèdre avait vu un inceste de plus, si le poignard d'Othello avait frappé un coup de plus, si la coupe de Rodogune s'était remplie en se baissant, du poison des Borgia, si le grand vers alexandrin obéissait toujours à la césure, si le dictionnaire de Richelet était toujours en honneur, si le théâtre n'avait pas cessé d'être l'école des mœurs ? Oiseuses questions ! inutiles questions ! et que personne n'a le droit de faire sérieusement, ni dans le journal qui me sert de tribune, ni là-haut dans le feuilleton de la chambre des députés.

Ah ! vous vous inquiétez d'un hémistiche, et vous ne voulez pas qu'on nous montre, *une femme impudique qui triomphe d'une légitime épouse !* Vous ne voulez pas de *certaines conditions nouvelles !* Ah ! nos enjambements vous *paraissent non-seulement vicieux mais effroyables !* Vous reprochez à nos poëtes le peu d'argent que peut leur rapporter la poésie, cette grande fatigue de l'âme et de l'esprit, du cœur et du corps ; vous faites même un crime, aux tragiques modernes, de la faiblesse de leurs comédiens, et vous leur faites un crime de n'avoir pas rencontré des comédiennes, comme Racine a trouvé mademoiselle Champmeslé, comme Voltaire a fait éclore mademoiselle Lecouvreur ! Quoi donc, vous reprochez même au public, ce grand maître qui siffle tout le monde, de ne plus savoir ni siffler ni applaudir : quoi encore, vous êtes mécontent de tout ce qui se passe, et de tout ce qui arrive, et de tout ce qui se fait, et de toutes les nouveautés qu'on a tentées, et quand on vous demande pourquoi toute cette mauvaise humeur, vous répondez : — *C'est qu'on ne respecte pas la langue !*

Eh ! Messieurs, commencez vous-mêmes par lui porter les grands respects qui lui sont dus, à cette belle langue française, notre orgueil ! Commencez par ne plus faire de barbarismes dans vos harangues ; parlez français les premiers, non pas le français de M. Hugo, le grand poëte, nous ne vous en demandons pas tant, mais le plus simple français de l'homme qui parle en public. La langue ! Les voilà maintenant qui se font professeurs de grammaire, comme tout à l'heure ils voulaient que le théâtre fût l'école des mœurs! Nous serions, en effet, une nation bien morale et bien éloquente, si nous allions apprendre nos mœurs au théâtre, et la langue française aux discours de M. Auguis!

Ainsi, messieurs les députés faiseurs de lois et de tragédies (les plus honnêtes gens du monde, et d'une extrême bienveillance en tout ce qui n'était pas la poésie), n'étaient guère les bienvenus quand ils empiétaient sur le terrain de la critique! Et puis quelle différence entre un orateur et un critique? Ordinairement la critique arrive les preuves en main ; elle explique pourquoi elle veut ceci, et pourquoi elle ne veut pas cela; elle lit chaque jour les grands maîtres, et elle se prosterne devant les grands génies qui sont ses dieux. Cependant elle aurait honte de se servir du XVII<sup>e</sup> siècle français pour écraser le siècle présent ; elle sait trop ce qu'elle doit de sollicitude aux efforts de l'esprit contemporain pour le jeter, à toute heure, dans ces comparaisons décourageantes et tout au moins inutiles. Arriver avec des noms sonores pour toutes raisons, c'est trop facile. Quand M. de Chateaubriand jeta son admirable prose dans le monde, il y eut des emphatiques pour parler de Fénelon, et qui opposèrent le *Télémaque* aux *Martyrs*. Quand M. de Lamartine eut trouvé l'ode française, on lui parla de Jean-Baptiste Rousseau. Et maintenant que M. Victor Hugo, cet esprit vivace, incisif, éclatant, cette puissante volonté plus ferme que le roc, se mettait en quête d'un nouveau drame, la belle action c'était là de venir jeter à la tête de M. Hugo, Corneille, Racine et Voltaire! La belle action de venir, sans le nommer, l'accuser d'empoisonnements, de meurtres et d'incestes, et de désigner la bête hurlante : *bestiam mugientem* aux mères de famille *qui n'osent pas siffler!* La belle gloire de lui reprocher ses enthousiastes et ses défenseurs! La noble conduite de compter ses droits d'auteur comme on ne compterait pas les appointements d'un commis d'agent de change! Vous appelez cela de la discussion, Messieurs!

Sur l'entrefaite, arrivait à la tribune une autre faiseur de feuilletons. (Vive Dieu! nous étions en bonne compagnie!) Celui-ci, qui n'avait pas écrit de tragédie, qui n'avait pas son portefeuille tout plein d'*hexamètres*, de *césures*, de *rhythmes*, d'*enjambements moraux et vertueux*, proposait tout bêtement de supprimer net le Théâtre-Français et l'Opéra, sous prétexte que la province ne peut payer le luxe de Paris. Comme si Paris n'appartenait pas à la province! Comme si la Chambre des Députés de Paris n'était pas la province même! Comme si M. Fulchiron, à Paris, devenait un poëte parisien, un poëte de la nouvelle école, lui poëte classique et poëte de la province! Comme si l'Opéra de Paris n'était pas l'Opéra de la province, où elle arrive à peine débarquée, où elle prend les plus belles places et dont elle remporte le souvenir le plus durable! L'art est le droit de tous; l'art est la passion de tous; la poésie est le patrimoine commun. La comédie est notre conquête, la tragédie est notre délassement en commun, la danse et la musique sont le grand rêve que nous faisons tout éveillés.

Tous ces biens sont à nous tous à la fois et à chacun de nous en particulier, comme *le Musée*, comme *la Bibliothèque*, comme la gloire, comme les drapeaux conquis sur l'ennemi. Seulement faut-il bien que toute cette gloire soit quelque part. On met donc les drapeaux de l'ennemi aux Invalides, et les tragédies de la France au Théâtre-Français.

Hélas! le pauvre drame moderne, ce n'était pas la première attaque qu'il avait eu à subir. Que de fois il eut à supporter, et sans avoir le droit de répondre, en plein Institut, les déclamations de la tragédie émérite qui, du haut de son fauteuil, s'en prenait à ce nouveau venu de ses propres défaites, et qui ne voulait pas voir qu'elle était morte, bien avant qu'on ne l'eût remplacée! Au roi lui-même les vieux poëtes en avaient appelé. C'est ainsi que du temps de la reine Élisabeth on vit les bouchers de Londres présenter à Sa Majesté une pétition contre ce garçon boucher nommé Williams Shakspeare, qui, *par ses inventions perverses, faisait un tort immense aux combats de taureaux, ce spectacle national.* Ces bouchers de Londres, étaient les poëtes classiques de leur temps; Shakspeare était le novateur; le roi *Lear* et *Macbeth* étaient les monstruosités contre lesquelles on ne pouvait trop s'élever. — Les bouchers de Londres, que faisaient-ils autre chose, je vous prie, sinon ouvrir la route à tous les prétendus classiques à venir?

Telle était la guerre! En ce temps-là déjà la critique savait défendre à la fois les droits de la poésie et ses propres prérogatives. On se battait à armes peu courtoises :

Tel est blessé qui blesse, et meurt content s'il tue !

A M. Liadières, qui prêchait la même cause que M. Fulchiron, ce fut notre ami Frédéric Soulié qui répondit. Il aimait la tragédie, il aimait le drame et s'y connaissait à merveille ; il a commencé par une belle et bonne tragédie (*Roméo et Juliette*), il a fini par un drame qui est un chef-d'œuvre, *la Closerie des Genets*. Tout son sang s'allumait à entendre répéter ces banalités : que le drame était *impuissant*, *immoral* et *barbare*, et il répondait à M. Liadières en le suivant pas à pas dans le domaine des œuvres que M. Liadières avait indiquées comme *instruisant*, *éclairant*, *amusant* et *moralisant* l'univers.

« Et d'abord, disait-il, je suppose que l'honorable député ne met point au nombre de ces chefs-d'œuvre l'*Avare* où le caractère sacré de père est traîné dans le mépris ; les *Fourberies de Scapin*, où il est bafoué dans le ridicule ; l'*École des Femmes*, l'*École des Maris*, *Sganarelle*, où l'adultère sous un nom plaisant fait rire des maris trompés, et intéresse aux femmes qui se vengent ; *Phèdre*, où l'inceste n'a d'autre tort que de s'adresser à un amoureux transi qui vous remplit de pitié pour la folle qui l'aime ; *Iphigénie en Aulide*, où l'ambition féroce d'un père va jusqu'à égorger son enfant ; *OEdipe*, abominable amas d'incestes ; le *Cid*, où il est démontré que le meurtrier du père peut épouser la fille ; *Andromaque*, où l'on voit un roi trahissant sa parole pour le frivole amour d'une femme, et un ambassadeur assassinant ce héros pour satisfaire ses propres passions.

« Tout cela ne me semble pas des tableaux d'une moralité irréprochable, et comme tels ils ne doivent point entrer dans la liste des chefs-d'œuvre de M. Liadières. Est-ce le *Légataire*, *Turcaret*, le *Mariage de Figaro*, qui commencent cette liste où Molière n'entrera que par petites parcelles? N'en faudra-t-il pas exclure Regnard, Lesage, Beaumarchais ? A défaut de Corneille le Grand, y mettrez-vous Lemierre avec sa *Médée* ; à défaut de Racine, Dubelloy avec *Gabrielle de Vergy* ; à défaut de Voltaire, Crébillon avec *Rhadamiste*? Non, non, biffez tout cela. Tout cela, c'est l'immoralité et l'horreur combinées ensemble. Donnez-nous donc votre liste de cent chefs-d'œuvre moraux, monsieur Liadières ; je suis curieux de la connaître. Commencet-elle par *Joconde*? ce charmant chef-d'œuvre de votre spirituel collègue (M. Étienne), cette imitation libre d'un conte si libre de La Fontaine? Y avez-vous mis *Armide*,

> Et tous ces lieux communs de morale lubrique
> Que Lulli réchauffa des sons de sa musique?

« Qu'y avez-vous mis, s'il vous plaît?

« Je vais vous le dire : vous y avez mis tout cela, parce que le temps a consacré tout cela ; parce que toutes ces pièces ne sont pas des chefs-d'œuvre à cause de leur moralité, mais à cause de l'art admirable avec lequel les mauvaises passions et les mauvaises actions y sont représentées comme les bonnes. J'ajouterai même que vous ne les en exclurez point, parce que beaucoup sont des imitations d'une littérature étrangère, comme vous le faites pour nos jeunes auteurs; car sans cela je recommence et je dis : Rayez le *Cid* et *Don Juan* qui appartiennent aux Espagnols; rayez *Phèdre*, *OEdipe*, *Philoctète*, qui appartiennent aux Grecs; rayez les belles scènes de *Cinna* et de la *Mort de Pompée*, qui appartiennent aux Latins; rayez *Mérope*, qui est aux Italiens; rayez l'*Avare*, *Amphitryon*, les *Ménechmes*, tout cela est de l'imitation, quelquefois même de la traduction ; tout cela est, selon nous, impuissant comme notre jeune littérature qui ne sait qu'imiter. Ce qui est rigueur pour elle, car il faut qu'elle vive, n'est que justice pour les morts qui n'ont plus besoin de rien.

« Je vous dirai même que le *Cid* et *Don Juan*, deux pièces de Corneille et de Molière, si elles étaient jouées avec les changements de décorations et de costumes que nécessiterait une mise en scène raisonnable, ressembleraient beaucoup plus à une pièce de Shakspeare ou de Calderon qu'aucun de nos drames modernes. Puisque, d'après M. Liadières, la représentation des mauvaises passions est immoralité et doit être chassée, puisque les imitations sont impuissance et doivent être chassées, allons, rayons, effaçons, et puis nous verrons ce qui nous restera pour compléter les chefs-d'œuvre qui nous sont promis.

« Mais tout n'est pas fini, et nous avons encore la question de la langue. Car non-seulement la jeune littérature a dégradé la moralité de notre théâtre, mais encore elle a dégradé le style. C'est une si vaste question que je ne tenterai pas de l'aborder. En tout temps on a fait de bons et de mauvais vers. En fait-on plus de mauvais aujourd'hui que de bons? Cela se peut; mais en quoi cela *dégrade-t-il* le bon français?

« Avons-nous admis, dans la langue du théâtre, une certaine quantité de mots impurs et dégradés qui la rendent ignoble? Certes on ne dira pas cela à une époque où l'on n'oserait user de la moitié des mots dont se sert Molière; à une époque où la pruderie interdit à un homme de dire : Voilà une *fille* qui est belle, parce que la pruderie a donné à bien des mots un sens qu'ils n'avaient pas. Que diriez-vous si dans une tragédie biblique nous parlions de jeter le ministre d'une reine aux *chiens* qui sont à sa porte, et demandent leur proie?

« Dégrade-t-on aujourd'hui le style par un emploi excessif de métaphores obscures? Mais vous ririez, si on écrivait maintenant comme Molière l'a fait :

> Et de nos francs marquis essuyer la cervelle,

pour « subir les sottises de nos marquis écervelés. » Êtes-vous bien sûr qu'on ne dirait pas que :

> De David éteint rallumer le flambeau

est une ellipse inintelligible, si ce n'était pas de Racine?

« Est-ce donc qu'on a dégradé le style par des familiarités ou des trivialités déplacées? Mais êtes-vous sûr que si Agamemnon, le roi des rois, répondait aujourd'hui tout naïvement à l'impétueux Achille :

> Pourquoi le demander puisque vous le savez?

cette sublime simplicité ne passât point pour une sotte niaiserie?

« Mais je m'arrête : cette question est de beaucoup trop vaste pour être traitée à la façon d'un projet de loi! Ce serait tout un examen à faire de ce qu'on appelle la langue et le style, et je dois y renoncer, quoique je pense qu'il fût facile de prouver que la langue poétique, rude, franche, pleine et droite de quelques-uns de nos jeunes littérateurs, est bien mieux modelée sur celle des grands écrivains du siècle de Louis XIV, que la versification vide, flasque, farcie de mots inutiles et impropres, et flanquée de périphrases languissantes, dont les littérateurs de l'Empire avaient hérité des médiocres dramaturges de la fin du xviii<sup>e</sup> siècle. Le temps et l'espace me manquent à la fois, et je laisse aux gens de bon sens à comprendre s'il ne vaut pas mieux dire, avec Racine : « voici votre chemin, » que de dire avec un tragique impérial : « De ce côté, seigneur, il faut porter vos pas. »

« Je n'ai rien à prouver à ceux qui ne comprennent pas cette différence, qui préfèrent : un malheureux *privé de la clarté des cieux*, à un malheureux *aveugle*, et qui estiment qu'écrire poétiquement c'est renier l'usage de tous les mots propres pour y substituer des définitions entortillées. Assurément, j'aurais une belle occasion si je voulais tenter une comparaison entre le style du xvii<sup>e</sup> siècle et celui des commencements du xix<sup>e</sup> ; car voici qu'on vient de remettre *Athalie* au Théâtre-Français, et le style net, lucide, concis, exempt de faux ornements, et plein cependant d'images audacieuses de cette tragédie, ce style qui dit tout avec les mots les plus usuels, ferait un étrange contraste avec cette phraséologie rimée qu'on appelait poésie dramatique il y a vingt ans. »

Certes qui parlait ainsi parlait la langue même de la critique ; eh bien, celui-là aussi il concluait à la façon du grand Corneille : que la poésie dramatique est une représentation de la nature, bonne ou mauvaise ; elle n'est pas une école où l'on montre le triomphe de la vertu et la punition du vice ; enfin son grand mérite c'est de faire une image ressemblante de nos vices, de nos vertus, de nos travaux, de nos revers. Voici donc ce que disait Pierre Corneille dans sa *Médée* :

« Ici vous trouverez le crime en son char de triomphe et peu
« de personnages dont les mœurs ne soient plus mauvaises que
« bonnes. Mais la peinture et la poésie ont cela de commun que
« l'une fait souvent de beaux portraits d'une femme laide, et
« l'autre de belles imitations d'une action qu'il ne faut pas imi-
« ter. Dans la portraiture, il n'est pas question si un visage est
« beau, mais s'il est bien imité ; et dans la poésie, il ne faut pas
« considérer si les mœurs sont vertueuses, mais si elles sont pa-

« reilles à celles de la personne qu'elle introduit. Aussi nous dé-
« crit-elle indifféremment les bonnes et les mauvaises actions,
« sans nous proposer les dernières pour exemple; et si elle veut
« nous en faire quelque horreur, ce n'est point par leur punition
« qu'elle n'affecte pas de nous faire voir, mais par leur laideur
« qu'elle s'efforce de nous représenter au naturel! »

« Pour conclure, il y avait dans cette grande et fameuse querelle des *Gluckistes* et des *Piccinistes*, des *anciens* et des *modernes*, de grandes questions à débattre, et les écrivains les plus considérables du siècle et de cette nation s'en sont longtemps et cruellement occupés. Lui-même, un des grands esprits de notre temps, que je louerais beaucoup plus s'il n'était pas mon juge et l'arbitre de ce livre où ma vie entière va se placer, M. de Sacy, dans une page excellente, a résumé toute cette dispute; on peut emprunter sans crainte ce jugement ou plutôt cet arrêt d'un esprit juste et droit, tout disposé à reconnaître ce qui est bon, ce qui est beau.

« Il est certain, dit M. de Sacy, lorsqu'il examine cette grande question, que la littérature moderne joue en ce moment le rôle du diable dans le monde ; c'est elle qui représente le principe du mal. Mais à qui la faute? mon Dieu, à personne, ou, si l'on veut, à tous, ce qui revient au même. Quand la nouvelle littérature est née, est-ce que le public n'était pas las jusqu'au dégoût, des éternelles et fades imitations de Racine et de Voltaire? Est-ce que les hémistiches de l'abbé Delille, à force de passer de main en main, comme une petite monnaie courante, n'avaient pas perdu leur brillant et leur empreinte? Il fallait renoncer à écrire et dire adieu à la littérature, ou il fallait écrire autrement. Nous exagérons tous les sentiments, nous les transposons! Eh! vraiment, je le crois bien. C'est que les sentiments naturels, simples, naïfs, ont été exprimés avant nous ; ce qui est fait n'est plus à faire. La passion n'a qu'un cri. Le premier qui rend ce cri avec vérité, nous émeut profondément. Le second nous émeut déjà moins, son naturel n'est, pour ainsi dire, qu'un naturel de seconde main. Le troisième ne nous émeut plus du tout, et le quatrième nous ennuie horriblement.

« Que faire alors? Quelle ressource pour l'artiste qui sent son génie, sinon de chercher, comme on dit, des voies nouvelles?

« Ces voies nouvelles, où les trouvera-t-il, sinon hors du vrai et du simple ? — Les caractères, il les inventera. Il donnera à une passion le langage de la passion voisine, quelquefois même de la passion contraire. L'horreur du banal et du plat le jettera dans les singularités. Plus son esprit sera vigoureux, plus ses conceptions, malgré de grandes et de neuves beautés, choqueront en quelques parties le goût reçu. Il créera en lui-même, si je puis m'exprimer ainsi ; il peindra ses propres idées au lieu de peindre les idées éternelles que Dieu a réalisées en ce monde, et c'est bien de ses œuvres qu'on pourra dire en un certain sens :

..... Prolem sine matre creatam.

« Car il les devra toutes aux seuls efforts de son esprit et non à une heureuse alliance de l'art avec la nature et la vérité. La langue elle-même, quand elle a été maniée par deux ou trois générations d'hommes de talent, devient comme une propriété commune ; tous les tours qui lui sont propres tombent dans le domaine public. Il est trop facile d'écrire avec une certaine élégance dépourvue de nerf et d'originalité. Qui veut sortir de l'ornière, doit donc aussi se composer sa langue, travail de création quand la langue est réellement à faire, travail qui court grand risque d'être un travail de destruction quand elle est faite ! Pour être juste envers l'artiste, à ces difficiles époques, que faut-il faire ? Juger moins l'œuvre que l'homme, admirer le génie en le plaignant des erreurs et des fautes auxquelles il est condamné, et se souvenir qu'après tout l'exagération même de la force et de l'originalité est encore quelque chose de grand, tandis que le plat et le décoloré ne sont rien du tout !

« Et pourquoi serions-nous si rigoureux envers notre temps et envers nous-mêmes ? Nous sommes si indulgents quand il s'agit des autres et du passé ! Nous nous faisons gloire de tout comprendre. Il n'y a si pauvre écrivain du moyen âge auquel nous ne tenions compte du temps où il a vécu, des idées qui l'entouraient, des mœurs qu'il avait sous les yeux. Son style est barbare ; mais c'était le style de son temps ! Il est fanatique et absurde ; mais il ne l'est pas plus que ses contemporains ! C'est la mode aujourd'hui d'admirer les Pères de l'Église ; je trouve certainement la mode très-bonne en cela, et je n'ai pas la moindre envie de rien rabattre des éloges que leur donne M. Saint-Marc Girardin. Il les cite souvent et avec bonheur, Saint Augustin, en particulier, lui fournit d'admirables passages. Quel style pourtant que celui de saint Augustin! Quelle affectation d'esprit! quelle subtilité et souvent quel vide!

« Lisez, par exemple, si vous en avez le courage, les derniers chapitres du livre *des Confessions!* On parle d'autant plus de *la Cité de Dieu* qu'on la lit moins, j'imagine. Il est convenu que cet ouvrage de l'évêque africain du ve siècle va de pair, avec le Discours de Bossuet sur l'histoire universelle.

« Je ne veux pas dénigrer la *Cité de Dieu* et protester contre une admiration consacrée par le temps : ce qui est beau dans ce livre est plus beau peut-être que Bossuet même. La conception fondamentale en est admirable. Baser l'histoire universelle sur la division des hommes en bons et en méchants, la grande idée! Saint Augustin a des mots qui sortent de ses entrailles et que Bossuet, avec toute son éloquence, n'aurait pas trouvés ; ceux-ci, par exemple : *La vertu n'est que l'ordre dans l'amour.* Il est plus platonicien que Platon même lorsqu'il détruit la chimère des philosophes qui cherchaient le souverain bonheur en ce monde, en leur faisant voir que plus ils aimaient la justice, plus il leur était impossible d'être heureux sur une terre où la justice est si souvent violée!

« Oui, tout cela est dans la *Cité de Dieu;* mais ce qu'on y trouve aussi, ce sont des histoires de miracles d'une puérilité inconcevable, des recherches sur la manière dont les hommes auraient vécu dans le Paradis, s'ils eussent gardé leur innocence, qui font, en vérité, rougir; des interprétations de l'Écriture, où le sens commun est foulé aux pieds avec une tranquillité rare; une foi au merveilleux, quel qu'il soit, aux contes mêmes des poëtes sur les sirènes ; une ignorance des lois naturelles qui dépasse tout ce qu'on peut imaginer. Saint Augustin croit que les démons ont des corps et qu'ils sont répandus dans l'air. Il croit qu'un hôtelier de son temps changeait les hommes en chevaux, et il se donne beaucoup de peine pour expliquer comment cela se pouvait faire. Que ne croit-il pas? que ne dit-il pas? S'ensuit-il que saint Augustin ne soit pas un grand homme, un grand esprit, un grand théologien, et même un grand philosophe?

« Non ; mais saint Augustin était de son temps, et nous lui passons la barbarie de son style, l'extravagance de quelques-unes de ses idées, ses raisonnements, en mainte occasion, plus subtils que profonds. Ses fautes sont à son siècle ; son génie est à lui.

« N'y aura-t-il donc que les hommes de notre temps auxquels nous ne voudrons rien passer, et que nous ne comprendrons pas? Serons-nous si dégoûtés que le génie même ne recevra de nous que des affronts, parce que ce sera le génie du xixe siècle? Eh quoi! ne sommes-nous pas forcés d'en passer beaucoup, si j'ose le dire, à nos propres classiques, aux plus grands écrivains de notre plus grand siècle? Quand la littérature moderne, par un caprice qui d'ailleurs est bien fini, je crois, a voulu rabaisser Racine, elle a eu grand tort. Nous serions des ingrats et des sots de ne pas passer à Racine ses amours à temps et à contre-temps, sa froide Aricie, son fade Hippolyte, son Mithridate qui oublie les Romains pour tendre un piége de jaloux à la pauvre Monime.

« Racine écrivait ses tragédies pour la cour de Louis XIV, et tous ces grands seigneurs, toutes ces belles duchesses n'auraient pas compris une tragédie sans un amoureux et une amoureuse. Il n'en est pas moins vrai que de fades amours restent de fades amours, et que, pour peu qu'on ait quelque commerce avec l'antiquité, on souffre de la voir ainsi défigurée, même par un grand poëte! Je ne sais si ce que j'éprouve les autres l'éprouvent aussi, mais lorsque M. Saint-Marc-Girardin cite nos principaux auteurs, je les admire ; je ne crois pas qu'on puisse être plus vrai, plus touchant que Racine, plus grand et plus noble que Corneille. Cite-t-il les anciens, les vrais anciens, Homère, Sophocle, Euripide, Homère surtout, et il ne peut les citer qu'en les traduisant, ah! toute beauté s'efface devant cette beauté! C'est bien *la fraîcheur et la simplicité du naissant univers!* pour me servir d'une expression de Bossuet. Eux seuls me semblent avoir été vrais, naturels, sublimes, poëtes! Tout s'est compliqué depuis.

« Tous les sentiments se sont mêlés et confondus. On dirait que la déclamation et le faux sont entrés jusque dans le cœur de l'homme. Il a perdu le secret de sa propre nature. Il ne s'est plus vu comme il est, mais comme il se compose. Le fard a couvert ses traits primitifs, et d'embellissements en embellissements, nous avons réussi à détruire presque entièrement l'œuvre de Dieu !

« Il y a déjà plus de cent cinquante ans que La Bruyère, à la tête de son ouvrage des *Caractères*, s'exprimait ainsi : « Tout « est dit, et l'on vient trop tard depuis sept mille ans qu'il y a des « hommes, et qui pensent. Sur ce qui concerne les mœurs, le « plus beau et le meilleur est enlevé : l'on ne fait que glaner après « les anciens et les habiles d'entre les modernes.

« Cette vérité n'est certainement pas devenue moins vraie depuis La Bruyère. Nous pouvons très-bien nous l'appliquer pour notre consolation. Ce n'est pas que je prétende d'ailleurs enlever à la critique ses droits, et la réduire à tout admirer sous le spécieux prétexte de tout comprendre ; je suis de ceux qui pensent qu'il y a autre chose en littérature que le goût capricieux et passager de chaque siècle, et que l'art a ses lois comme la nature, lois éternelles et immuables. Ces lois, même quand on les viole par une triste nécessité ou par impuissance, il faut au moins les connaître, il faut les aimer si l'on peut. Quintilien, je le sais, n'a pas fait de Cicéron. Il n'a pas empêché les hommes de son temps de s'abandonner de plus en plus à un genre d'éloquence faux et déclamatoire. Pline le Jeune, son élève, si nous en jugeons par le seul discours de cet orateur qui nous reste, étudiant et aimant les grands modèles, ne leur ressemblait guère. Tous les cours possibles de littérature et de poésie, ne nous donneront pas des Corneille et des Racine, encore moins des Sophocle et des Euripide ! Le pire serait pourtant de ne plus savoir qu'il y a un bon et un mauvais goût et de pécher sans remords, peut-être avec orgueil ! »

Puis, quand M. de Sacy a fait leur juste part aux nouveaux venus dans l'arène, il se retourne vers les prôneurs de l'antiquité à tout prix, et il leur demande avec l'énergie et l'autorité d'un maître, de quel droit ils se posent comme les derniers représentants et les légitimes défenseurs de l'art ancien ?

« Massillon, dans son fameux sermon sur le petit nombre des élus, après avoir exposé à ses auditeurs toutes les raisons qui devaient leur faire craindre la rigueur inflexible des jugements de Dieu, s'écriait par un touchant retour sur lui-même : « Et je ne « sépare pas en cela mon sort du vôtre ! » Il n'y a pas un critique, s'il a du sens, qui ne s'applique la même réflexion. Je ne sépare pas mon sort du vôtre ! Vous vous livrez à vos fantaisies, je vous blâme, et je me livre aux miennes. Vous cherchez l'effet ; je le cherche à ma façon. Vous abusez de l'esprit ; trop heureux encore ceux qui peuvent abuser de l'esprit ! Pour conduire son temps, il faut l'aimer, dit-on. Pour le blâmer, j'ajoute qu'il faut d'abord se blâmer soi-même et s'envelopper de bonne grâce dans la condamnation générale.

« Enfin on n'échappe guère aux défauts de son temps, et, si l'on y échappe, c'est à la condition de n'en avoir pas plus les qualités que les défauts, c'est-à-dire à la condition de n'être rien. J'admire, quant à moi, les gens qui parlent du siècle de Louis XIV comme s'ils en étaient. Leur style blafard ne dit que trop qu'ils n'en sont pas. Bossuet faisait admirablement une oraison funèbre, Racine une tragédie, La Fontaine une fable. Eh ! Messieurs, qui en doute ? Vous aurez beau le répéter, cela ne fera pas que vous soyez de leur école et que vous écriviez comme Bossuet, Racine ou La Fontaine. Bossuet était éloquent, et vous êtes plats, voilà tout.

« Vous nous conseillez de ne pas perdre notre temps à lire les ouvrages modernes ; prenez garde : si nous suivions votre avis, la première lecture que nous aurions à retrancher, ce serait celle de vos critiques. La gloire de la vieille littérature ne vous appartient pas plus que la gloire de la vieille monarchie, et Boileau ne vous a pas plus transmis sa plume que Turenne son épée. »

Admirables et saines paroles d'un esprit juste, honnête et sérieux que rien ne trouble, et qui se maintient toujours dans les dans les calmes et sérieuses hauteurs ! Mais, grand Dieu ! que de grands esprits se sont occupés de cette importante question sans la résoudre !

Le poëte, au premier chant de l'*Énéide*, quand il a expliqué les dangers et les traverses de son héros, s'arrête étonné et comme épouvanté de tant de périls. « Tant c'était là, dit-il, une tâche énorme, de fonder le monde romain ! »

Tantæ molis erat Romanam condere gentem !

## CHAPITRE IX

J'entends d'ici les objections ! — Mais, nous dit-on, M. Victor Hugo n'est pas le seul créateur du drame moderne, il n'est pas le premier inventeur qui nous ait soulagés, sinon délivrés, de la tragédie ; avant que M. Victor Hugo eût retrouvé le drame, Pierre Corneille avait inventé la tragi-comédie ; et sans remonter à Pierre Corneille, il y avait avant M. Victor Hugo et la préface de *Cromwell*, un nommé Diderot qui avait fait jouer le *Père de Famille*, qui avait écrit la préface et les *indications* du *Père de Famille*. Ainsi, prenez garde, ajoutent les censeurs, prenez garde à ce que vous allez dire et tâchez de ne pas donner à celui-ci ce qui revient à celui-là. Nous reconnaissons M. Victor Hugo pour un des maîtres du drame moderne, mais il nous semble qu'il serait contraire à la vérité de le reconnaître pour le maître absolu de l'émotion populaire. Est-ce que vous n'avez jamais entendu parler de M. Népomucène Lemercier ?

Est-ce que vous avez oublié le drame populaire et si longtemps applaudi qui a fait la gloire de M. Guilbert de Pixérécourt? Est-ce que vous ne placez pas parmi les inventeurs M. Victor Ducange en personne? Est-ce que vous n'avez pas vu, à Paris même, représenter par des comédiens anglais les chefs-d'œuvre du théâtre anglais? Enfin, ne trouvez-vous rien à dire du père même de M. Victor Hugo : William Shakspeare, et ne savez-vous pas que M. de La Harpe a fait *Mélanie* et *Coriolan*?

Telles sont les objections, et si bien je les comprends, et tant je les trouve justes, qu'avant d'arriver à *Hernani*, à *Lucrèce Borgia*, à *Marion Delorme*, à *Marie Tudor*, aux *Burgraves*, au théâtre complet de M. Victor Hugo, ainsi qu'aux œuvres de sa suite, de son entourage et de sa mêlée, nous allons, en effet, parler des novateurs dans le drame, et pour commencer, nous dirons tout de suite que les grandes œuvres, dont se compose l'art dramatique, dans son ensemble et dans son détail, ne sont, en effet, qu'une suite de révolutions, accomplies par des révolutionnaires de génie dont le monde entier dit les noms avec reconnaissance, avec respect. Ces révolutionnaires s'appellent tout simplement Eschyle, Sophocle, Euripide, Plaute et Térence, Molière et Shakspeare, Corneille et Racine, Marivaux et Beaumarchais!

Le premier drame grec, *Prométhée* est plutôt un poëme déclamé du haut d'une tribune ou sur les marches d'un autel, qu'un drame représenté sur les planches d'un théâtre. Dans ce cantique suprême commence cette longue histoire de l'humanité qui est le fond du théâtre même des Grecs. Prométhée, Oreste, Œdipe, vous représentent l'homme obéissant à la nécessité, l'homme en proie à la fatalité, qui est la source de toute terreur, le principe de toute pitié. Dans l'œuvre d'Eschyle, la fatalité est toute puissante ; elle perd quelque peu de sa force et de son autorité avec Euripide et Sophocle, qui se rapprochent davantage des passions humaines. Prométhée est moins un homme qu'un géant. C'est une remarque de M. Schlegel, que toutes les littératures débutent par des œuvres cyclopéennes. A ces commencements d'un art informe, ce qui est grand est beau ; les proportions élégantes et justes viennent plus tard ; Sophocle après Eschyle, Racine après Corneille. L'art primitif cherche tout de suite à étonner, et ne cherche que cela : l'étonnement!

Le sentiment vrai arrive plus tard, quand le poëte avance dans le cœur humain. — Si je vois descendre de l'Olympe en fureur les demi-dieux d'Eschyle, il me semble que j'assiste à quelque cérémonie auguste ; je suis dans un temple, et non pas dans un théâtre. Inclinons-nous, mes frères, et prions !

Il est vrai, nous dit la mythologie antique, que les Titans ont été vaincus par Jupiter ; il est vrai que la foudre les a précipités dans le Tartare ; en voici un cependant qui a résisté à la colère du dieu et qui a dérobé le feu du ciel. Alors le supplice commence, et Jupiter, pour châtier le géant qui a méprisé sa foudre, le condamne à vivre enchaîné sur le Caucase ; il vivra jusqu'au jour où Prométhée aura dénoncé à Jupiter le dieu qui doit venir et gouverner après lui. Voilà donc Prométhée et Jupiter, c'est-à-dire la liberté de la créature et la volonté du créateur, en présence l'une de l'autre, et se développant dans une lutte suprême où toute la honte reste au dieu méprisé, pendant que les filles de l'Océan, touchées d'une douce et sympathique pitié à l'aspect de Prométhée enchaîné, montent, du sein des eaux, pour lui porter la consolation due à son courage.

Ici, vraiment, nous entrons dans l'ode antique, c'est-à-dire dans une suite de préceptes, de conseils et d'exemples tels que les comportaient la théologie et la morale des poëtes du paganisme. Le paganisme a sa légende et ses légendaires ; Homère le premier, Hésiode ensuite, Eschyle et Pindare enfin. L'ode est son cantique ; l'ode raconte, elle conseille, elle loue, elle blâme, elle n'explique rien. Elle croit aux héros de la terre autant pour le moins qu'aux dieux de l'Olympe. « Les dieux et les hommes ont une même origine ; une seule mère donna la vie à ces deux races. Ce qui distingue de nous les immortels, c'est qu'ils sont tout-puissants : l'humanité passe et meurt, tandis que le ciel d'airain dure éternel et immuable. Nous avons encore quelque ressemblance avec eux par la forme de notre corps et par notre haute raison ; mais nous ignorons vers quel but l'inflexible destin nous entraîne nuit et jour. »

Si ces beaux vers n'étaient pas du poëte Pindare, ils seraient du poëte Eschyle. Ainsi les dieux sont faits à notre image, ils ont la même origine, ils nous ressemblent par l'intelligence ; ils nous relèvent, ils nous abaissent, ils nous consolent, ils nous frappent à leur gré ! et souviens-toi, dit le poëte à l'homme, de ne jamais être trop courbé devant ton rival. « Les esprits faibles, dit Pindare, ne savent pas supporter ces maux avec dignité ; mais le sage les cache et ne les fait voir au monde que du beau côté. »

En un mot, l'homme doit être orgueilleux et superbe avec Jupiter, et, s'il se peut, traiter avec lui d'égal à égal. Or, c'est justement dans cette lutte suprême des deux volontés, dans cette dignité de l'homme, et dans cette résistance de sa force et de sa vertu aux lois d'en haut, quand les lois d'en haut sont injustes, que consiste le drame de *Prométhée*. « Voilà, dit Eschyle, à quel point Jupiter est jaloux de l'homme de génie. » — « O dieu suprême, puissant roi de l'Olympe, dit Pindare dans sa treizième *Olympique*, ô père des dieux, ne sois jamais jaloux de mes vers. »

Quand les Océanides ont chanté leur chant plaintif, Prométhée raconte à ces aimables filles de l'Océan tous les bienfaits dont il a comblé les hommes. Il a donné à l'homme la pensée, et par la pensée, il l'a amené à la liberté. « Tant de bienfaits, dit le chœur, est-ce possible, ô Prométhée ? »

A ces mots, un amer sourire effleure les lèvres du Titan, et il laisse entrevoir le sort que l'avenir réserve au dieu ennemi. Le chœur alors se trouble et l'interroge ; mais le Titan est retombé dans son silence, et les Océanides, retrouvant le pieux langage de la résignation, vantent le bonheur d'une vie pure et soumise à la volonté des dieux. Revenant ensuite à Prométhée, elles lui font remarquer que les hommes ne sont pas moins ingrats que Jupiter, et qu'ils oublient ses bienfaits. Mais, silence ! Une autre voix s'élève, celle d'une jeune fille qui gravit, échevelée, les cimes du Caucase. Prométhée l'a reconnue ; c'est Io que poursuit Junon. Io peint avec tout le désordre de la douleur les peines qu'elle endure, et s'étonne de rencontrer un tourment égal au sien. Il y a dans le rapprochement de ces deux victimes un intérêt pathétique ; dans ce contraste de la patience muette et de la douleur éplorée, Prométhée apparaît encore plus grand. On pourrait croire que le poëte a voulu simplement introduire dans l'action une nouvelle source d'intérêt, mais ce ne serait qu'une émotion surprise, si cet épisode ne se rattachait au fond même du sujet.

Véritablement un descendant d'Inachus doit briser les fers de Prométhée, et cette circonstance fait de l'intervention d'Io dans le drame une beauté nouvelle. Elle en fait pressentir le dénouement lointain, elle agrandit le caractère du héros, en donnant la prévoyance pour raison à son invincible constance. A la vue de ce supplice si fièrement supporté, Io comprend quelle est en présence d'un être supérieur, et elle lui demande s'il sait où doit s'arrêter son errant pèlerinage?

Toujours compatissant envers les hommes ingrats, Prométhée craint d'abord d'augmenter la douleur de la jeune fille. Mais enfin, puisqu'elle le veut, il parlera. Ici le chœur qui, dans les premières tragédies des Grecs, se mêlait plus souvent et plus directement à l'action qu'il ne l'a fait depuis, veut que d'abord Io raconte elle-même l'origine de ses malheurs. Celle-ci les expose avec un éclat d'images qui ajoute au pathétique, et parfois avec une grâce qui étonne toujours en un si rude génie, quoique Dante et Milton aient accoutumé la critique à admirer dans le même poëte, les qualités les plus diverses. Le récit d'Io achevé, c'est le tour de Prométhée, et le morceau plein de mouvement où il prédit les nouvelles courses de la fille d'Inachus est un vaste et fidèle tableau du monde connu, à l'époque où vivait Eschyle. Io, épouvantée du sort qui la menace, reprend sa course vers l'Orient. Toutefois ses peines auront leur terme, comme celles de Prométhée, et la chute de Jupiter mettra fin à leur commune misère.

Cette parole a frappé le chœur d'étonnement, et la pensée qui s'y révèle communique à l'accent du poëte quelque chose d'une poésie supérieure. C'est comme un éclair qui déchire tout à coup la nuit profonde des vieilles traditions, et jette sur l'avenir le sombre reflet d'un monde qui a cessé d'être. Il semble alors que l'antique religion des Pélages vaincue et endormie dans l'ombre des sanctuaires, se réveille tout à coup, et fasse entendre par la bouche de Prométhée de menaçantes espérances.

Cette parole de Prométhée dépasse de beaucoup le dénoûment prévu que nous donne la Mythologie. Celle-ci nous montre Hercule brisant la chaîne du Titan et trempant ses flèches dans le sang de l'aigle. Mais il y a ici bien autre chose; on s'étonne peu, en lisant, que *le nouveau roi* si nettement annoncé dans ce passage, ait vivement préoccupé l'imagination des pères de l'Église, et que ces étranges oracles aient répandu sur Prométhée un faux air de prophète chrétien. Ainsi se renouvellent en vieillissant les œuvres du génie. Eschyle, il est vrai, fut accusé d'avoir profané les mystères en les divulguant ; il fut accusé, il fut absous.

Laissons cependant les commentateurs mettre Eschyle d'accord avec la mythologie de son temps. Un seul témoignage nous eût appris ce qu'il faut croire à cet égard, celui d'Eschyle lui-même dans son *Prométhée délivré ;* mais cette tragédie a été perdue, et le problème est resté tout entier à résoudre.

Ces paroles où les Athéniens semblent n'avoir vu, pour ainsi dire, qu'une menace du hasard jetée par une victime au tyran qui l'écrase, Jupiter qui les entend s'en émeut dans l'Olympe, et il envoie Mercure demander quel sera ce dieu qui doit un jour gouverner le monde ? La scène entre Mercure et Prométhée est une des plus magnifiques scènes d'Eschyle, elle a cette beauté de dialogue que deux poëtes depuis ont seuls égalée, Corneille et Shakspeare. Le messager de Jupiter parle avec l'insolence d'un favori de la veille, et dans la réponse du Titan on sent la railleuse ironie d'un vaincu qui lit clairement sa victoire dans l'avenir ; Mercure alors veut l'épouvanter :

> Regarde, à mes conseils si tu veux résister [1],
> L'orage de malheurs sur toi près d'éclater.
> Tu ne pourras le fuir ; de son brûlant tonnerre
> Le grand Jupiter frappe et brise cette pierre,
> Et du haut de ces monts ton corps disparaissant,
> Roule avec ce rocher, et tombe en l'embrassant.
> Enfin longtemps après tu revois la lumière ;
> Mais un des chiens ailés, ministres de mon père,
> Un aigle dévorant, de ton corps déchiré
> Arrache des lambeaux, et, convive abhorré,
> Volant, sans qu'on l'invite, à sa hideuse proie,
> Se repaît tout le jour du sang noir de ton foie.

Mais le Titan se refuse obstinément à parler : Mercure se retire, et la menace s'accomplit.

Le dénouement est tout entier dans ce beau vers de Crébillon :

> Et le songe finit par un coup de tonnerre.

Il semble, en effet, que nous venions d'assister au songe le plus tragique. Tout y est en dehors de la nature humaine : le sujet,

---

[1]. Traduction du *Prométhée* en vers, par M. J.-J. P e⁷

les personnages, le théâtre. Mais si haut dans les nues que soit la scène, si étranges que soient le drame et les acteurs, je ne sache pas de tragédie où les caractères aient plus de réalité. Les allégories elles-mêmes y sont animées d'un souffle plus puissant que la vie de l'homme. C'est l'effet d'une conception vigoureuse ; mais le style, par ses franches allures, est aussi pour beaucoup dans cette saisissante impression. A ces hauteurs où le poète serait excusable de n'être pas toujours simple, le langage a presque partout un mouvement naturel et juste.

De ce que nous venons de dire on sera tenté de voir dans le *Prométhée* plutôt un tableau passionné que le développement d'une action, et ceci véritablement, se pourrait affirmer de la plupart des tragédies grecques. Cette savante progression du théâtre moderne, les grands poëtes de l'antiquité semblent l'avoir ignorée, ou du moins ils l'ont peu recherchée, précisément parce qu'ils ont peu de goût à ces subtiles analyses du cœur humain dont chaque mouvement, pour ainsi dire, prépare et motive, dans le drame, une péripétie nouvelle. Les Grecs, médiocrement épris de cette minutieuse étude de la passion, frappaient un grand coup et laissaient longtemps le spectateur sous l'impression qu'ils avaient faite. La division par actes qui, dans nos tragédies, ajoute à l'intérêt de l'action, en y introduisant un élément de plus : le temps, eût ôté à la tragédie grecque quelque chose de sa majestueuse unité. C'est un tableau, avons-nous dit, et les entr'actes feraient dans ce tableau un effet assez analogue à celui que produisent, sur les vitraux coloriés de nos cathédrales, ces filets de plomb qui divisent, en plusieurs compartiments, une même figure. *Prométhée*, en particulier, ne pouvait que perdre à être ainsi partagé. Le Titan enchaîné occupe la scène depuis le premier vers jusqu'au dernier, et la grandeur du spectacle est surtout dans cette continuelle présence de la victime, qui est comme une image de l'éternité du supplice.

Avec la vie et l'œuvre de l'auteur de *Prométhée*, un poëte à demi grec, un poëte de Marseille [1], a composé une tragédie intitulée *la Fille d'Eschyle*, et nous avons applaudi à cette louange du père vénérable de la tragédie. Eschyle enfant, un jour qu'il

---

[1] M. Autran.

dormait sous les pampres verts, Bacchus lui apparut dans sa forme juvénile, et, d'un souffle puissant, le dieu inspirateur enseigna à cet enfant le don de la grâce, le don des larmes mêlées de pitié et de terreur. Devenu un jeune homme à la plus belle époque de la vie athénienne, quand la Grèce des héros et des dieux vivait encore, dans ce mélange idéal de religion, d'inspiration, de philosophie, de vertus guerrières, quand rien ne séparait encore l'imagination de l'histoire, le soldat du demi-dieu, — à l'heure solennelle où toute cette nature s'animait d'une divinité visible et palpable, dans les bois sacrés, dans les fontaines limpides, dans les antres divins habités par l'oracle, sur la mer et dans le ciel, quand toute cette mythologie, naissante encore, prêtait sa voix et son âme aux poëtes, fils des dieux, et que le fleuve homérique débordait de toutes parts, Eschyle, le poëte, fut d'abord un soldat, comme c'était son droit et son devoir.

Et la belle heure encore pour montrer sa vaillance et son cœur! Eschyle, le soldat, se trouva placé entre Marathon et Salamine, tout comme Eschyle, le poëte, fut placé entre Homère et Sophocle. Marathon et Salamine, ces deux reines de la Grèce, saluèrent avec orgueil Eschyle et ses deux frères, Cynégire et Amynias, cet Amynias à qui fut décernée la palme du courage entre tous les Athéniens, le même jour où la ville d'Égine fut reconnue : la ville héroïque entre toutes les cités de la Grèce confédérée. Voilà les titres du vaillant capitaine qui, dans ses drames, s'inspirait encore du bruit, de l'éclat et du génie des armées victorieuses; quant aux titres du poëte..... Eschyle pouvait s'appeler comme il appelle un de ses héros : *le père aux cinquante fils;* quelques-uns disent même qu'il avait composé quatre-vingt-dix tragédies et cinq drames satyriques; mais qu'importe le nombre de chefs-d'œuvre tout vivants d'énergie, de verve, d'inspiration, de patriotisme et de courage sortis de cette noble tête guerrière si souvent couronnée du laurier poétique? Ce qui nous reste d'Eschyle suffit, et au delà, à la gloire de ce maître auguste de la poésie, qui, semblable aux rois de l'Iliade, commande à la guerre, préside aux sacrifices et aux lois de son peuple!

Nous avons dit que *Prométhée* était un cantique; *les Sept chefs devant Thèbes,* sont un vrai drame, invoqué par tous les poëtes comme le chef-d'œuvre de la terreur. Hélas! quelles lamentations profondes dans la seule histoire de Polynice et d'Étéocle! Quelle inépuisable majesté et quelle pompe auguste dans l'élégie intitulée *les Perses*, tableau vivant de la gloire et des malheurs de la Grèce! Quant à ces trois drames réunis sous un titre commun; *l'Orestie*, c'est-à-dire *Agamemnon*, les *Coéphores*, les *Euménides*, vous y trouverez Eschyle tout entier, et toute l'histoire de la conquête des Grecs et de leur retour des ruines de Troie. Eschyle avait alors soixante-cinq ans, et le monde en était à peine à l'an 460 avant Jésus-Christ.

Quoi d'étonnant, après tant de succès à la guerre, tant de succès au théâtre, dans cette patrie athénienne si disposée à se créer des génies fabuleux, à faire de l'histoire une légende, de la légende un poëme, de l'homme un dieu, que le poëte Eschyle ait été traité à son tour comme un être de l'âge héroïque? Cet honneur ne lui a pas été refusé, et après l'avoir accablé de misères, de désespoir, d'abandon (on l'avait fait pour Homère), ses compatriotes imaginèrent en l'honneur de leur poëte, une mort étrange et tombée du ciel. La Fontaine croyait à cette mort du poëte, La Fontaine était digne d'y croire et de la raconter :

> Même précaution nuisit au poëte Eschyle :
>   Quelque devin le menaça, dit-on,
>     De la chute d'une maison :
>     Aussitôt il quitta la ville,
> Mit son lit en plein champ, loin des toits, sous les cieux.
> Un aigle qui portait en l'air une tortue
> Passa par là, vit l'homme, et sur sa tête nue
> Qui parut un morceau de rocher à ses yeux,
>     Étant de cheveux dépourvue,
> Laissa tomber sa proie afin de la casser.
> Le pauvre Eschyle ainsi sut ses jours avancer.

A côté de la légende d'Eschyle se place sa biographie, une biographie qui n'a guère plus d'authenticité qu'un poëme, et telle que les Grecs les aimaient, avant qu'Hérodote leur enseignât l'histoire. L'auteur du nouveau drame, M. Autran, a laissé de côté les pieux mensonges de Valère Maxime, pour s'en tenir au rapport de Plutarque et de Suidas. Eschyle devenu vieux, et pleurant sa gloire comme un enfant pleure son jouet, ne veut pas renoncer aux palmes de la poésie. En vain quelque chose lui dit qu'il n'est plus le maître de l'inspiration et l'athlète infatigable, une occasion de lutter encore se présente, trop belle pour que le vieux Antée de la poésie n'entre pas en lice, une dernière fois.

Cimon, le général favori des Athéniens, venait de retrouver dans l'île de Scyros les ossements de Thésée, *l'autre Hercule*, l'Hercule de l'Attique. Il s'agit de célébrer dignement cet événement immense, ce cercueil revenu de Sainte-Hélène, et pour les Grecs il n'y a que la poésie qui soit à la hauteur de ces retours miraculeux des héros populaires. Ni la toile, ni le marbre, ni les inscriptions passagères, ni même les temples, ne peuvent suffire à célébrer ces miracles; au sens des Grecs les poëtes seuls sont au niveau d'une fête qui doit être éternelle. A cet appel de la patrie les poëtes répondent, Eschyle a répondu le premier, et après lui un jeune homme à peine connu, Sophocle. La Grèce entière prêtait une oreille attentive à ce combat illustre, et ce qui ajoutait encore à la majesté de l'assemblée, à la joie du triomphe, Cimon, d'une voix unanime, avait été nommé le juge souverain de ce tournoi poétique.

D'ailleurs le sujet du poëme était immense : Thésée, c'est-à-dire toute l'Attique! le Minotaure vaincu; Ariane, la fille de Minos, conduisant le jeune héros au labyrinthe; Neptune, père de Thésée, le héros national! O misère! le vieil Eschyle fut vaincu dans cette lutte par le jeune Sophocle! C'est du moins l'opinion de Plutarque. Vaincu par son rival, le noble poëte dit adieu à son ingrate patrie et il s'en va dans cette terre de Sicile, où il rencontre Pindare à la cour du roi Hiéron, espèce de Périclès anticipé, qui savait très-bien que la rosée ne suffit pas à nourrir les cigales; que les cygnes, lorsqu'ils ont bu, chantent d'une voix plus mélodieuse, que le poëte reconnaît les plus légères faveurs, par des hymnes divins!

Eschyle, fils d'Euphorion, mourut sur cette terre hospitalière, à l'âge de soixante-neuf ans; sa tombe fut entourée des honneurs mérités; on écrivit sur le marbre funèbre: « Ce tombeau renferme Eschyle... héros des batailles; les bois célèbres de Marathon rendent témoignage à sa valeur. » Ainsi, même dans sa tombe, le noble vieillard fit passer le soldat avant le poëte.

Tout en refaisant cette biographie poétique, je vous raconte le drame de M. Autran. Son drame, on pourrait le résumer dans ce proverbe grec qui est de toutes les époques: *le potier porte envie au potier et le poëte au poëte!* Ici le vieillard est envieux du jeune homme, et, dramatiquement parlant, c'est une grande faute ; vous aurez beau prodiguer votre talent et votre esprit, je ne saurais m'intéresser à ce poëte chargé d'ans et de gloire, qui ne veut pas que la jeunesse se place au devant de son soleil pâlissant, et quand le parterre applaudit à outrance ce vers où Sophocle, à genoux, *demande pardon* de sa gloire, le parterre ne voit pas que ce pardon tourne net en épigramme sanglante contre Eschyle, le poëte impuissant.

D'autres critiques se présentent. Sophocle amoureux de la fille d'Eschyle, je le veux bien ; mais ce poëte amoureux blessant de gaieté de cœur cet irascible vieillard dont il veut faire son beau-père, voilà ce que je comprends un peu moins. Tu veux la fille d'Eschyle, à la bonne heure, au moins ne va pas briser le dernier espoir du noble vieillard ! Cela est si vrai qu'Eschyle, déshonoré par sa défaite, montré au doigt dans cette ville ingrate, emmène avec lui sa fille, son Antigone, dans le désert où il va cacher sa honte et sa douleur. Catastrophe prévue et châtiment mérité ! Sophocle reste seul sur ce rivage désolé, malheureux du triomphe qu'il a tant désiré.

O vanité de la poésie ! les voilà perdus l'un et l'autre, Sophocle parce qu'il est vainqueur, Eschyle parce qu'il est vaincu. Placée entre ces deux défaites, la jeune fille accompagne son père, non pas sans un dernier adieu de douleur et de regret à cet amant qu'elle ne doit plus revoir, puisque aussi bien le flambeau de Proserpine a trompé ses espérances. Il y a dans cette création comme un souvenir de la phéacienne Nausicaa, ce type charmant de simplicité virginale, de tendresse filiale et d'hospitalière bonté.

Dans ce drame que l'Académie a couronné, M. Autran avait prodigué toutes les fleurs de sa corbeille ! Il était cent fois plus Grec que les Grecs eux-mêmes, dans ses vers trop voisins des poëtes de Marseille ! Au lieu de ressembler à la diligente abeille qui ne ramasse que le suc des fleurs du Parnasse, il en avait rempli une hotte odorante de toutes les odeurs fortes et suaves. Dans son ardeur à tout recueillir, il avait oublié que la modération est un des grands caractères de la poésie antique ; cette noble poésie aime l'ornement net, décidé, creusé dans une vive arête ; elle rejette l'amplification, comme une dame élégante refuse d'ajouter un faux diamant à son collier de perles.

Quel est le dernier vers de l'*Iliade?* « C'est ainsi que les Troyens terminent les funérailles d'Hector ! [1] »

Relisez toutes les idylles de Théocrite lui-même; au fort de la décadence, vous y trouverez moins d'aurore, de descriptions et de couleur que dans vingt vers des poëtes nouveaux. « Le pin qui ombrage cette source fait entendre un doux frémissement ! » Et tout est dit.

« Faut-il chanter, disait un Marseillais de ce temps-là, bien
« avant que les Grecs eussent fondé Marseille, le fleuve Ismenus,
« ou la nymphe Mélie, ou bien le divin Cadmus, Hercule le dieu
« des hommes, Bacchus le père des vendanges? » et le poëte enivré de lui-même s'abandonnait ainsi à tous les délires du programme, invoquant toutes sortes de dieux et de déesses, inutiles à son œuvre, promettant beaucoup plus, à coup sûr, qu'il ne pouvait tenir, entassant sans ordre et sans choix mille paroles sonores dont il couvrait la nudité de ses poëmes.

Alors Corinne, qui était à cette lecture : « Maître, dit-elle en
« souriant, que de peines vous vous donnez! Vous avez pris un
« sac de grains pour ensemencer une pièce de terre ; au lieu de
« semer avec la main le grain fécondant, vous avez renversé le
« sac ! »

Que vous semble de cet apologue? Or rien ne saurait mieux s'appliquer au procédé des jeunes poëtes qui font du grec aujourd'hui, et dont on vous pourra montrer de curieux exemples; leur sac était rempli d'images, d'harmonies, de métaphores, de descriptions, de rêves poétiques... Ils ont *renversé* le sac!

---

[1]. Ce qui nous étonne et ce qui nous plaît surtout dans les héros d'Homère, c'est une espèce de *sans gêne* et de liberté d'action que les modernes ont oubliée en mille choses. Ainsi dans cette bataille où le vieux Nestor, monté dans le char de Diomède, lui conseille de fuir au plus vite la rencontre de Hector : et que va dire Hector? répond le fils de Tydée. « *Il dira ce qu'il voudra,* répond le vieillard ; les Troyens ne le croiront pas : Certainement, s'il veut vous faire passer pour un lâche, il en aura le démenti des dames troyennes et de tant de jeunes veuves dont vous avez tué les maris à la fleur de l'âge. »

# CHAPITRE X

Du poëte Eschyle que dédaignait Racine, au maître de Racine Euripide, de *Prométhée enchaîné* à cette douce élégie *Alceste*, on trouverait aussi qu'une révolution inattendue et très-étrange a bouleversé l'art dramatique. Il y a tantôt deux mille ans que déjà l'*Alceste* passait pour une tragédie *romantique*, et qu'on accusait Euripide d'avoir un peu trop sacrifié aux *grâces nouvelles* et au goût de la philosophie *moderne*. — C'en est fait, disaient les critiques de ce temps-là en se voilant le visage, l'art dramatique est perdu, nous touchons à la décadence ; qu'a-t-on fait de la terreur d'Eschyle, de la grandeur héroïque de Sophocle? *Alceste* n'est pas une tragédie, c'est tout au plus une élégie. Où donc est, en tout ceci, le souffle d'Homère ? A quels traits souverains reconnaissez-vous la tragédie hellénique ? Elle-même, Athènes, l'héroïne éternelle de tous nos drames, on n'en dit pas un mot dans cette lente agonie d'une épouse dévouée.

Dirait-on, ajoutaient les critiques, à entendre pleurer cet Euripide, qu'il est né sur l'emplacement de la victoire de Salamine? Il se lamente, il se brise à lui-même son propre cœur, il oublie la place publique pour plaire à *l'école*, et le peuple afin de plaire à Socrate. Il a brisé une corde à la lyre de Sophocle, la corde des terreurs solennelles, la corde d'airain qui faisait vibrer, dans l'immense réunion de la Confédération grecque, le sentiment de l'honneur et du devoir. Où placez-vous les dieux dans cette tragédie d'*Alceste*? Il a chassé de son drame les dieux et les héros. Rien pour eux, rien pour nous; le poëte ne songe qu'à mettre en dehors ses émotions personnelles; il ne s'occupe que de sa propre pitié, de sa propre douleur; et enfin où sont les grands enseignements de tout ceci, où sont les grandes pensées, où prenez-vous les leçons utiles? — A peine songe-t-il que la mère-patrie tient d'une main la couronne de chêne, et de l'autre main l'écaille de l'ostracisme.

Même le chœur, ainsi parlent les critiques d'Athènes, le chœur, ce conquérant, ce conseiller, ce grand agitateur du drame antique, qui parle tantôt comme un roi, tantôt comme un pontife; le chœur qui représente le peuple d'Athènes, la voix qui conseille et qui loue et qui blâme, la louange ardente et la malédiction suprême, le chœur est absent de cette tragédie d'*Alceste*. A peine s'il ose parler, à peine s'il ose se plaindre, à peine si on le retrouve, de temps à autre et murmurant je ne sais quelle complainte à voix basse, comme s'il avait peur d'être entendu!

Euripide, cette fois, a efféminé notre tragédie nationale; — il a manqué au grand devoir des poëtes, qui doivent se mêler à tout ce qui est la morale, l'histoire, la politique, la religion du peuple d'Athènes! A bas Euripide! Magistrats, brisez sur son front ses quinzes couronnes, chassez de la ville de Minerve cet efféminé; il a perdu l'enthousiasme, il a soufflé sur le feu sacré, il a manqué à ce grand peuple, esclave et maître des lois!

Voilà comment ont dû parler les critiques de la place publique, le lendemain de la représentation d'*Alceste*; et sans les approuver tout à fait, il nous semble qu'ils étaient parfaitement dans leur droit. Même en reconnaissant toute la simplicité des maîtres, *Alceste* n'est pas une tragédie. Quand le drame commence, il est décidé que l'héroïne va mourir. Point de lutte, pas d'hésitation, c'est la loi du destin — *ananké!* En vain Apollon, naguère berger chez Admète, veut s'opposer à ce sacrifice, il n'est plus temps, Alceste s'est dévouée elle-même à la place de son mari. Sur le devant de la scène le chœur se lamente et nous raconte les lugubres cérémonies des funérailles et le dévouement de cette jeune reine qui a pris congé de son mari, de ses enfants, de la douce lumière du jour.

Il n'y a pas longtemps que fut tentée, à Paris même, une représentation de ce drame *romantique!* (oh! affreux mot, je ne l'ai pas employé dix fois, en toute ma vie) et le premier soin du traducteur français, M. Hippolyte Lucas, avait été de déranger et de *renforcer* cette plainte et cette misère. Ce même prince que pleurait le chœur d'Euripide, il était plein de vie et de force dans la traduction française, et le parterre, qui n'en sait jamais bien long, même un parterre à peine échappé au joug des maîtres, applaudissait, croyant applaudir un poëte grec. Que ceci soit une règle générale : toutes les fois qu'une scène traduite, vous dit-on, de ces chefs-d'œuvre, manque de simplicité, d'énergie ou de grandeur, soyez sûrs qu'elle n'a pas été puisée à la source homérique.

Ajoutez à l'inconvenance de prêter des scènes à Euripide, cet autre inconvénient, non moins grave, de lui prêter des idées, des sentiments, des paroles, des ornements, ornements trop petits pour un si grand édifice. — Il n'est donc pas étonnant que tout ce premier acte de l'*Alceste* nouvelle, dans lequel Euripide et son génie n'ont rien à voir, ait été frappé d'une insipide langueur. En vain le traducteur dispose son autel, en vain il fait parler les oracles, en vain il invoque *Phœbus-Apollon,* ce nouvel Apollon qui ne sait plus s'il s'appelle *Apollon,* ou s'il s'appelle *Phœbus;* la malheureuse tragédie, privée de génie et dépouillée de cette fleur de poésie qui faisait sa force, retombe mourante et affaissée sur elle-même, comme fait la voile de pourpre en l'absence du vent, sur le mât impuissant qui la devait porter dans ce ciel d'or et d'azur.

Il faut les plaindre, comme on plaint un aveugle qui a perdu son chien et son bâton, les aveugles esprits qui ne comprennent pas toute la grandeur de ce qui est simple et vrai. Les Grecs, nos maîtres en toute chose, au contraire, tenaient à honneur de ne pas s'éloigner du fier langage de la grande poésie. Ils tenaient en même temps à l'élégance et à la *repartie spartiate*; ils ne faisaient pas d'oiseuses descriptions pour démontrer qu'ils aimaient la vie et qu'ils savaient la cultiver comme une noble plante dont la racine touche à l'abîme, dont la fleur touche au ciel; ils disaient cela d'un mot; souvent d'un mot, d'un cri, ils racontaient les plus immenses tragédies : *Patrocle n'est plus! — On combat pour son corps! — Hector a ses armes!* Bref, quiconque veut s'attaquer à cette noble poésie, toute brillante d'esprit et toute brûlante de passion, doit savoir avant tout, que, pour en triompher, ce n'est pas assez que d'y être entré, il faut encore s'y maintenir; il n'est permis qu'aux dieux de prendre la couronne d'Ariane et de la placer parmi les étoiles. Seul au monde, Racine avait le droit peut-être de traduire *Euripide*, et lui-même quand, dans sa préface d'*Iphigénie*, Racine traduit quelques vers d'*Alceste*, il s'excuse de ne pas égaler les grâces de l'original :

>Je vois déjà la rame et la barque fatale,
>J'entends le vieux nocher sur la rive infernale ;
>Impatient, il crie : On t'attend ici-bas,
>Tout est prêt, descends : viens, ne me retarde pas !

Lui-même, Racine, il est vraiment resté au-dessous du poëte grec, lorsque Alceste, au moment de descendre chez les morts, s'écrie avec une si profonde et si touchante terreur : « Hélas ! « hélas ! on m'entraîne dans les lieux sombres ! C'est Pluton ! c'est « Pluton ! son regard m'obsède ! sa main m'appelle : dieu barbare ! « — où me pousses-tu ? »

Toute la scène est remplie de cette terreur. — Les adieux d'Alceste, de l'aveu de Racine, sont remplis d'une douleur ineffable. — M. de La Harpe a osé les traduire en vers ! Maladroit ! tirer un pareil cuivre de tout cet or ! Présomptueux, qui ne voit pas que son culte est une profanation ; que son vers, qui a touché la prose d'Euripide, ressemble au soleil couché dans un nuage ; il n'a jamais éprouvé, quand il entrait sous les portiques de la Melpomène athénienne, cette secrète terreur qu'inspire la présence des dieux.

M. Hippolyte Lucas a ajouté à l'effet de ce second acte l'entrée un peu bruyante d'Hercule, l'hôte d'Admète. Cette fois l'auteur français n'aura pas voulu qu'on lui fasse le reproche que faisaient à Euripide les critiques de son temps : — *Eh quoi! rien pour Bacchus dans votre drame?* « *Nihil ad Bacchum!* » Et voilà sans doute pourquoi le poëte français a mis à chaque instant dans son Alceste *arrangée*, la louange du vin. Cela va si loin que son Hercule aurait un peu trop soif, quand bien même il s'agirait d'un tambour-major de la garde nationale. Hercule chante le vin et l'amour à la façon de M. l'abbé de Lattaignant ou de M. Vadé ; il fait pis que cela : pendant que le malheureux Admète et ses enfants murmurent le chant funèbre sur le corps d'Alceste expirée, ce brutal Hercule, hôte incivil, fait entendre ses chansons à boire. — Voilà encore un de ces moments trop fréquents dans lesquels les Français ont plus d'esprit que les Grecs, c'est-à-dire qu'ils en ont trop. Cette chanson à boire et ce *De profundis*, qui s'entremêlent, c'est du bel et bon opéra-comique de 1846. — Ce n'est pas de l'Euripide. En revanche, quelles charmantes strophes le poëte grec place dans la bouche du jeune Eumélus, l'enfant orphelin !

Pour notre part, nous ne pouvons pas tolérer que l'hôte du roi, Hercule, un demi-dieu, la coupe à la main et la tête couronnée du pampre des buveurs, assiste à la levée du corps de la reine, et qu'il ne devine pas, à la douleur de ces attitudes et de ces visages, que c'est la reine elle-même qu'on emporte ! Dans la tragédie grecque, Hercule arrive lorsque Alceste est morte, lorsqu'elle est au tombeau, lorsque cet époux infortuné peut au moins dévorer ses larmes. Pourquoi changer une chose si naturelle? Pourquoi ne pas faire arriver Hercule à son tour? Pourquoi nous priver de ce dialogue du héros avec le chœur? Pourquoi diminuer ce héros que le poëte grec, dans sa pensée, avait chargé de donner au peuple d'Athènes ces leçons de religion, de morale, de force et de vertu que le peuple d'Athènes venait chercher au théâtre? Il ne faudrait pas oublier, quand on traduit les drames de l'antiquité, que tout ce qui se passe sur cette scène illustre appartient au peuple d'Athènes, que le théâtre était une part de sa religion et de son histoire. Il s'est réuni dans ce théâtre immense pour compter ses forces et pour se voir face à face ; il veut savoir — et c'est pourquoi il interroge ses poëtes — s'il a conservé les bons instincts de sa forte et gracieuse nature, s'il croit encore aux dieux, aux héros, à la patrie, à la vertu, à l'excellence de la

Grèce, à la majesté de la république! — L'Hercule de la pièce grecque est un pontife, l'Hercule de la pièce française est un bouffon. — Pour sentir ces nuances précieuses, il faut s'être fortifié longtemps par ce culte profond qui touche à l'adoration :

> Rectique cultus
> Pectora roborant.

En un mot, on n'improvise pas une tragédie d'Euripide ou de Sophocle comme on improviserait, de nos jours, une tragédie de Ducis ou de M. Andrieux ; il faut aimer les maîtres, il faut les savoir, il faut les posséder jusqu'à la moelle... ; il fallait comprendre, par exemple, que ce dialogue à demi-mot entre Admète et Hercule son hôte, ces non-sens mystérieux, ces réponses à double entente, cette nécessité de l'hospitalité à laquelle Admète se soumet malgré sa douleur, devaient empêcher qu'on ne nous montrât cet Hercule égrillard et bon vivant.

Si le traducteur français avait étudié longtemps, toute sa vie, le véritable sentiment de la tragédie grecque, s'il s'était bien pénétré de l'épouvante du chœur à la seule idée d'un hôte à recevoir en un pareil moment, s'il avait voulu tirer un parti légitime de ce serviteur du palais qui, ne pouvant plus se taire, finit par apprendre au héros stupéfait qu'Admète, son hôte, pour le mieux recevoir, a fait violence aux plus chers sentiments de la nature, le traducteur eût mis, comme on dit, de l'eau dans le vin de son héros. « Voilà le moment, Hercule, de montrer au monde que tu es le fils d'Alcmène et de Jupiter! — Il faut sauver Alceste et la rendre à son époux! » Soyons justes pour tout le monde, tout ce parterre d'Athéniens du quartier latin, dont quelques-uns ont su le grec, n'a guère supporté cet Hercule à demi ivre; quelque chose disait à ces jeunes gens, fils de bonnes mères, que la tragédie d'Euripide n'eût pas admis un héros ainsi tourné.

Il y a encore ce malheur et ce danger lorsqu'on touche à l'œuvre des Grecs, c'est qu'on ajoute quand il faudrait ne rien ajouter, c'est que souvent, quand il faudrait retrancher quelque détail gênant dans les mœurs et dans les coutumes des peuples modernes, on s'obstine, et l'on trouve qu'il est juste de ne rien retrancher. — Et la preuve : prenez dans Euripide cette scène violente où le vieil Admète, le père du roi, l'ami d'Apollon, vieillard vénérable par son âge et par ses travaux passés, s'en vient, les mains pleines de fleurs et de présents funèbres, pour les offrir aux mânes d'Alceste, sa belle-fille. A peine le vieillard a-t-il fait un pas vers le tombeau qu'il veut honorer, que soudain son fils l'accable d'outrages et d'insultes incroyables. « De quel droit viens-tu ici, vieillard ingrat? Tu as laissé mourir Alceste à ta place, toi chargé d'années! » Bref, voilà un fils qui fait à son père un reproche sanglant de n'être pas mort et enterré. Pareille scène est incroyable dans la cité de Minerve; la différence des mœurs ne saurait l'expliquer, et ce sera une chose prudente de supprimer cette étrange scène toutes les fois que l'on voudra ne pas trop déplaire au public français.

En revanche, le traducteur va plus loin que le poëte original quand il nous montre Hercule se battant dans une espèce de duel avec la Mort. On les voit, la Mort en habit de femme, Hercule en habit de combat; Hercule prend à pleines mains cette femme qui gémit et se lamente sous les dures étreintes qui ont étouffé le lion de Némée. — Ceci est encore le résultat d'un contresens. Je sais bien que les Grecs n'avaient pas les mêmes idées que nous sur la galanterie des capitaines pour les dames, mais leur bon goût naturel les eût empêchés de mettre Hercule, le lieutenant général de l'Olympe, aux prises avec une déesse. — La mort, en grec, la mort est un *homme*, c'est-à-dire une force virile avec laquelle on peut lutter sans déshonneur; — les Latins appelaient cet homme *Orcus*[1]. — Le peuple d'Athènes eût sifflé cette scène où le vaincu change de sexe; mais cette scène est de l'invention de la tragédie française. L'auteur a trouvé dans l'*Alceste* d'Euripide un dialogue très-peu naturel entre Apollon et le génie de la mort, et de ce dialogue il aura tiré cet étrange duel.

A la fin du drame, le poëte grec se contente de nous montrer Hercule qui ramène, — encore vêtue de son funèbre linceul, l'heureuse Alceste, Alceste muette, heureuse de son mari, sûre de son bonheur, aspirant à cette vie nouvelle... Mais il faut attendre trois jours avant qu'elle soit tout à fait revenue à cette vie qui recommence sous ces beaux auspices.

Quoi de plus touchant que ce silence, et comme il faut être mal

---

[1] Nigroque invidet Orco.

inspiré pour faire parler Alceste! Les Grecs savaient donner son langage même au silence! Cette Alceste muette, qui revient, à la façon d'une ombre sortie de la porte d'ivoire, je la reconnais, déesse et femme, à sa démarche!... Je te salue, ô toi la fille d'Euripide et de Zeuxis!

D'où il suit : qu'il était presque impossible de faire de cette tragédie d'*Alceste* une tragédie pour notre théâtre ; que la pièce a réussi, mais d'un mauvais succès, d'un succès affligeant, car, il faut bien le dire, les morceaux les plus applaudis, les scènes qui ont paru le plus terribles, n'appartiennent pas à Euripide. — En revanche, j'ai vu plus d'une fois le moment où Euripide allait être sifflé.

> Et rident stolidi.....
> Getæ.

Quant à la musique nouvelle, elle est un peu moins grecque, s'il est possible, que la poésie qu'elle accompagne. Il y a de cela dix-huit cents ans, Horace, dans son *Art poétique*, se plaignait de la flûte romaine, si peu semblable à la flûte grecque. « Nous l'avons doublée de cuivre et d'airain, disait-il, et maintenant cette flûte est une trompette. » Que diraient les Romains, à leur tour, s'ils entendaient mugir, autour de la plaintive Alceste, ce tonnerre d'opéra-comique? Les Grecs aimaient la musique, uniquement pour accompagner le discours ; ils aimaient avant tout la poésie en leurs poëmes. La poésie marchait devant, la musique venait ensuite, douce compagne de tous les poëtes aimés du ciel : Linus, Amphion, Orphée, Homère. Dans cette association des deux grands arts la poésie et la musique, les cordes de la lyre étaient comptées, le musicien n'avait pas le droit d'ajouter une corde sans la permission du poëte. Et cela se comprend pour cette langue divine, qui porte en elle-même les plus charmantes harmonies, si douce, si pittoresque, si musicale, d'un rhythme si complet, d'une prosodie infinie, d'un mètre si nombreux ; chaque mot avait sa mélodie, et chaque accent, chaque mesure comptait dans le discours.

La musique eût donc été la très-mal venue de se faire bruyante, — et c'était seulement à condition qu'elle n'effacerait pas une seule parole, qu'elle n'étoufferait pas un seul accent, qu'on lui permettait d'accompagner, humble et suivante, les chants de l'Iliade, les chœurs d'Euripide, l'ode d'Alcée ou de Pindare, l'élégie de Callimaque, l'idylle de Théocrite et la chanson amoureuse de Sapho. — Ce luxe de chant étouffe la parole ; ce bruit de ritournelles et de refrains déplaît à mon esprit occupé du poëme ; enfin, ces humbles vers que brise la musique et qu'elle traite comme autant de valets de ses caprices, ces oreilles charmées aux dépens de l'esprit, tout cela sent d'une lieue son grand prix de Rome, destiné à réussir sur nos théâtres d'opéra : mais ce n'est pas là, tant s'en faut, la flûte d'Ionie : la flûte d'Ionie est allée rejoindre les vers d'Euripide, heureuse que Marsyas ne l'ait pas ramassée en chemin.

A ce propos, on m'a conté une histoire assez jolie. Une bonne femme de la Halle grondait sa petite fille qui était rouge comme une cerise. *Comme te voilà faite,* dit-elle, *chienne d'enfant ! et ne te l'avais-je pas bien dit ?* Et elle grondait, elle souriait, elle caressait l'enfant, essuyant ce beau visage avec son tablier. — Quelqu'un, perçant la foule, dit à cette femme : — Bonne mère, qu'a donc fait cette enfant ? — Ah ! Monsieur, reprit la mère, ne m'en parlez pas ! Ça est bon, ça est actif, mais ça vous a *l'ambition* de porter la hotte !

Hélas ! tous tant que nous sommes, nous portons notre hotte... Tâchons de n'y pas mettre un trop lourd fardeau.

Un seul homme ici-bas avait le droit de traduire l'*Alceste* d'Euripide, et cet homme s'appelait Gluck : [1]

« Pleure, ô patrie ! ô Thessalie ! » Il y a un chœur de l'*Alceste* de Gluck qui vaut à lui seul toutes les traductions de ce bas monde. Il était, ce grand musicien Gluck, une intelligence, et le peuple qui l'écoutait, l'entendant se perdre et s'abîmer en ces sanglots, se demandait quels étaient ces présages, et si le musicien favori de la reine de France était dans le secret des dieux ?

« Pleure, ô patrie ! ô Thessalie ! » et les courtisans du Versailles renouvelé, les Parisiens du Paris de Voltaire, entendant ces plaintes touchantes, se demandaient si véritablement Versailles et Paris seraient des villes aussi malheureuses que la ville de Minerve, et s'il y avait en réserve, dans les colères de l'avenir,

1. Les paroles de l'*Alceste* française étaient de M. Guillard.

autant de deuil pour les Français que pour les Grecs? Attendez, sire ; attendez, reine ; attendez, philosophes ; attendez, grands seigneurs ! quelques jours encore, et vous pourrez chanter sur vos propres funérailles : « Pleure, ô patrie ! ô Thessalie ! »

Hélas ! et nous aussi nous avons eu nos funérailles illustres mêlées au sang des guerres civiles ! Telle journée, en juin 1848, a été signalée par le meurtre des plus hardis et des plus braves, et par la mort du plus grand génie de notre âge, M. de Chateaubriand ! A ces moments de trouble et de deuil, c'était une espèce de consolation de parler d'Athènes et de ses misères, et de chercher, dans la douleur de ce grand peuple des intelligences, quelque douleur qui fût semblable à notre douleur.

Eux aussi, les Athéniens de Périclès, il n'ont pas su le nombre de leurs blessures et le nom de tous leurs morts, lorsque parmi tant d'oracles en prose et tant de prédictions en vers, une voix se fit entendre qui disait : *Athènes aura dans ses champs la guerre des Doriens, et après la guerre, la peste!* A tant de distance, c'est une consolation de contempler les douleurs d'un si grand peuple, et de comprendre par quels efforts de courage et de génie il devait triompher de tant d'infortunes. Ces Athéniens que nous avons salués comme nos maîtres, et qui du haut de leur Olympe ne nous désavoueraient pas pour leurs enfants, si nous voulions les étudier encore, ne manqueraient pas d'enseignements utiles, d'exemples glorieux.

Eh ! quel peuple fut jamais plus approchant de l'antique nation française? Quel peuple a combattu, plus fidèlement, pour la justice, le principe et le fondement de son origine? Noble nation, digne fille de Minerve; infaillible dans sa politique; avide de nouveauté ; prompte à concevoir, ardente à entreprendre ; osant au delà de ses forces ; hasardant au delà de ses résolutions ; pleine d'espérance au milieu des plus grands revers; elle aimait à se répandre au dehors, et si elle ne se doutait pas toujours des grands intérêts qu'elle avait à défendre, elle les défendait avec une obstination héroïque.

Victorieuse, elle va en avant aussi loin que possible ; vaincue, à peine si elle recule d'un pas. Tout ce qu'elle prend lui semble un bien légitime ; ce qui lui échappe lui produit l'effet d'une injustice, tant est rapide la réalisation de ses grands rêves. A l'inertie somnolente de la vie heureuse, l'Athénien préfère, et de beaucoup, les agitations, les dangers, les tumultes de la guerre, les batailles de la place publique. L'agitation, voilà sa plus grande fête, et l'on dirait que les dieux l'ont mis au monde tout exprès pour ne pas connaître le repos et pour troubler la paix du reste des hommes.

Trouvez-vous le portrait ressemblant ? D'ailleurs l'histoire est là qui confirme toutes ces louanges et qui nous excite à les mériter, puisque aussi bien les circonstances ne sont pas tellement changées qu'il soit inutile de les reproduire, en attendant que les affaires présentes, entièrement consommées ou parfaitement éclaircies, nous frayent une voie nouvelle, et nous rendent tout au moins la liberté suspendue aujourd'hui. Pourquoi d'ailleurs, même dans les temps paisibles, rejetterions-nous des événements et des hommes qui semblent faits tout exprès pour nous servir de conseils et de modèles ? Tant de maux sans nombre causés par les guerres intestines ? tant de disputes entre les Grecs sur le meilleur gouvernement et la meilleure République ? tant de guerres mutuelles entre ces enfants de la même patrie qui s'entre-déchirent, et périssent tous les jours par la violence des armes ou par les rigueurs de l'indigence ?

Des colonies dans toutes les îles ; — des lois dictées par les dieux eux-mêmes au législateur qui les fait resplendir sous son éloquence nette et vive comme sa pensée ; — tant d'institutions libérales, le suprême effort de la politesse et de l'élégance. — Des philosophes, des pontifes, des sacrifices en commun ; la Grèce entière applaudissant avec le même orgueil les athlètes et les grands poëtes. Dans cette ville de Minerve, toutes les grâces du langage et de la politesse; l'exercice des beaux-arts, les amitiés solides; des sociétés de toute espèce, des combats de force et d'agilité, des combats d'esprit et d'éloquence ; une récompense pour tous les talents, un sourire pour toutes les beautés, et, pour tout couronner, l'éloquence, cette force suprême, le plus grand sujet de jalousie qui puisse exister parmi les hommes, puisqu'elle fait de l'homme éloquent le chef et le souverain de la nation... Telle elle était cette ville heureuse qui offrait à l'étranger, le spectacle incroyable d'une fête générale, et non interrompue de tous les jours.

Hélas! et nous aussi nous l'avons possédée autrefois cette tribune haute comme le ciel, qui renvoyait au monde entier, écho solennel et superbe, la moindre parole de nos grands orateurs! La tribune est brisée, elle est tombée la muraille éloquente! — Les Grecs n'avaient pas besoin de tant d'appareil : la tribune, c'était la place publique; la voûte sonore, c'était la voûte même des cieux. Car ils rendaient un vrai culte à la parole humaine; car ils regardaient l'éloquence comme le résultat le plus sérieux d'une éducation libérale; la grâce et la beauté du langage restant toujours pour ces habiles esprits le signe manifeste des soins qui ont formé notre jeunesse, la source de toute autorité au dedans du pays, de toute considération au dehors.

Ces horribles manifestes contre l'étude, contre la science et contre le culte de l'antiquité, qui ont épouvanté, j'ai presque dit qui ont déshonoré notre République naissante, auraient été une révolution dans la ville d'Athènes; Athènes ne comprenant pas une gloire plus haute et plus difficile à atteindre que l'éloquence, la philosophie, la poésie, ces rares miracles de la sagesse, de l'intelligence et de la vertu.

Voilà pour les vertus civiles. Quant aux vertus guerrières, cette République polie les portait à un degré digne de la France elle-même. Comptez donc que de combats difficiles, de victoires célèbres, de circonstances périlleuses; que de héros de la Fable, demi-dieux dignes fils d'Hercule; que de nations barbares domptées autant par ces lois humaines que par ces armes inflexibles : les Scythes, les Thraces et les peuples de l'Asie étonnée de cette domination inattendue! Ainsi furent dépassés même les héros d'Homère, qui avaient mis dix années à prendre une seule ville!

Et puis, dans les jours de défaite, la patience de ces athéniens égalait leur orgueil dans le triomphe : ni le pays ravagé, ni les villes embrasées, ni les temples détruits, les dieux enlevés, la patrie en proie à toutes les dévastations de la guerre, la peste même, ne pouvaient arracher l'espérance, la sainte espérance, de ces âmes superbes, non plus que la fierté de ces divers partis qui se disputaient le pouvoir.

Ajoutez un gouvernement humain, une clémence infatigable, les alliés rendus fidèles par l'affection et la reconnaissance, toutes les joies de la liberté publique, et quand il faut obéir aux tyrans, quand les exils, les séditions, les lois déchirées, les constitutions, anéanties ou changées, les biens pillés, les femmes déshonorées les enfants exposés aux plus durs outrages, remplissent la République d'épouvante et de douleur; quand les pirates dominent les mers et que les soldats règnent dans les villes; quand, pour tout dire, les révolutions deviennent si fréquentes que le citoyen resté dans le pays, est plus à plaindre que l'exilé, le premier tremblant pour l'avenir, le second vivant au moins dans l'espoir du retour, alors encore le génie athénien se manifeste, et la grandeur du péril semble augmenter les ressources de la patrie aux abois.

Peuple glorieux! la multiplicité même de ses gouvernements divers lui conservait son grand air de jeunesse! République libre et brillante de gloire, qui passait tour à tour du respect des lois, à l'audace et au bonheur de la désobéissance, trouvant toujours une ressource nouvelle quand il fallait faire face à des besoins nouveaux, guerrière et prudente tout ensemble, éloquente toujours, et se consolant, par un beau discours, de ses pertes les plus irréparables et de ses plus excessifs malheurs.

C'est ainsi que Périclès, l'homme le plus puissant de son temps, le chef du parti populaire dans le siècle le plus brillant de la Grèce, vint à bout plus d'une fois, par la majesté de sa parole autant que par le respect qui s'attachait à son nom, d'apaiser les douleurs, les colères et jusqu'aux injustices de sa patrie, dont il était toute l'espérance. Athènes venait de perdre Aristide et Thémistocle, quand Périclès l'*Olympien* s'empara du pouvoir que lui offrait la multitude, en haine de l'aristocratie athénienne. Quel fut ce grand homme et les services qu'il a rendus à sa patrie? — L'histoire est là pour le dire, appuyée sur la reconnaissance de tant de siècles.

Il avait commencé par être un poëte, par s'enivrer, lui aussi, de tous les enchantements de l'éloquence, et, disciple des grands orateurs, il avait partagé les passions, les croyances et les rêves de son temps; même il avait adopté, pour un de ses maîtres dans l'art du beau langage, Aspasie, la Milésienne, ce miracle de beauté, versée dans tous les arts de la parole. Bientôt cependant il abandonna les études frivoles pour les études sérieuses, la philosophie pour la politique, les apparences de la jeunesse pour la gravité et la décence extérieure d'un chef de république. Déjà les vieillards lui trouvaient une certaine ressemblance avec Pisistrate, le glorieux tyran d'Athènes. D'abord il vécut silencieux, caché, austère ; puis tout d'un coup, lorsque l'heure eut sonné, il se montra dans un éclat incroyable, et comme un homme digne de commander à ce peuple d'élite. Il réunit à l'élocution et à la puissance oratoire la volonté et la justice, si bien qu'il fut tout de suite indépendant de ce peuple qui l'avait porté au pouvoir, où il se montra juste et sévère pour chacun et pour tous. Minerve elle-même lui donna, en remplacement d'une popularité passagère, une autorité réelle qui ne cessa qu'avec sa vie, et qui ne dura pas moins de quarante ans.

C'est, en effet, un hommage que lui accordent les historiens les plus portés aux opinions démocratiques : ce chef éloquent, ce *Jupiter olympien* de la ville d'Athènes, savait contenir la multitude sans rien perdre de ses affections ; ce n'était pas elle qui le menait, c'était lui qui savait la conduire. Comme l'autorité lui était venue par la force inflexible et légitime des événements, il ne cherchait pas à fléchir le peuple dans ses discours ; au contraire, il profitait à merveille de l'ascendant qu'il avait sur les esprits, et quand par hasard il rencontrait des insolents et des audacieux, prompts à le contredire sans l'entendre, il s'opposait de front à leur humeur, et modérait leur emportement par une crainte salutaire.

Au contraire, ces mêmes hommes tombaient-ils dans l'abattement et dans le malaise ? Soudain il relevait leur courage abattu ! Ainsi il était à la fois l'exemple et la consolation de la ville d'Athènes. Bref c'était, de nom, un gouvernement populaire, mais, de fait, tous les citoyens de cette République obéissaient joyeux et dispos, à leur illustre concitoyen.

Ce grand homme, qui sut se concilier si longtemps le respect de cette nation mobile et changeante, était un de ces hommes d'État tels que Platon les demande dans sa *République*. « Vous « êtes tous des frères, disait Platon aux citoyens d'Athènes ; vous « êtes des âmes de fer et d'airain mêlé d'argent ; mais le Dieu « qui vous a formés a fait entrer l'or dans la composition de ceux « d'entre vous qui sont propres à gouverner les autres ! »

En même temps il les console de cette infériorité naturelle, en leur disant : il est possible qu'un citoyen de la race d'or ait un frère de la race d'argent, oui, mais un citoyen de la race de fer peut mettre au monde un homme de la race d'or. « Et même, dit-il plus « loin, telle âme de fer ou d'airain, si elle meurt pour la patrie, « va devenir soudain une âme d'or, un de ces purs et bienfaisants « génies qui veillent à la conservation et au bonheur du genre « humain ! » Il dit encore : « A chacun sa place dans le vaisseau « lancé en pleine mer ; que le pilote reste au gouvernail, qu'il « soit le maître, sinon les matelots vont le jeter dans la mer pro- « fonde, piller et dévorer les provisions du navire, et enfin se bri- « ser sur les écueils. »

De grandes occasions se rencontrèrent de prouver au peuple athénien que Périclès savait ouvrir à propos *les portes de la citadelle*, et marcher d'un pas courageux dans les honnêtes sentiers ; l'histoire a conservé précieusement un admirable discours prononcé par ce grand homme sur les cendres des citoyens généreux qui étaient morts en combattant pour les libertés.

Au milieu du deuil public, il se lève au nom de la patrie athénienne, et dans un discours qui est un chef-d'œuvre, il reproduit la douleur nationale ; il donne à cette douleur si légitime une éternité glorieuse à laquelle ne sauraient atteindre ni le marbre, ni le fer, ni les statues bientôt brisées, ni les temples même que le temps renverse ! C'est que l'éloquence seule et l'histoire, sa digne compagne, peuvent donner aux grands citoyens l'immortalité des dieux de l'Olympe, car des uns et des autres nous jugeons la gloire par les honneurs dont on l'entoure. Trois fois, dans l'espace de quarante ans, Périclès fut appelé à prononcer l'oraison funèbre des Grecs qui succombèrent pour le salut de tous, et trois fois il s'en est acquitté aux applaudissements de la Grèce entière ; de son cœur est partie cette parole touchante, quand la Grèce pleurait les jeunes soldats de sa garde mobile : *L'année a perdu son printemps !*

Aspasie elle-même, cette beauté dont le nom est une louange, cette femme qui a inspiré sans nul doute *l'éloge d'Hélène* à ces Grecs amoureux avant tout de la beauté, Hélène, la seule de ses filles que Jupiter ait reconnue ; Aspasie, avant qu'elle ne devînt la femme de Périclès, prononça de ses lèvres éloquentes, une harangue en l'honneur des Athéniens tombés dans les plaines de Leschia ; Platon a parlé de cette harangue. Hélène était belle, donc elle était éloquente. Dans la même admiration, les Grecs disaient encore : La beauté est souveraine ! elle ne produit qu'amour, admiration ! Elle n'a point d'ennemis, elle n'en saurait avoir.

Tous les biens : la force la richesse, la gloire même, ceux qui les possèdent en jouissent tout seuls ; la beauté est faite pour tous les regards ; elle a été donnée à peu de femmes pour le bonheur de tous ; elle se montre, on l'aime ; elle plaît, elle inspire le désir de plaire, elle polit les mœurs, elle est le charme de la vie, elle excite à la gloire, elle fait éclore plus de vertus que toutes les écoles de philosophie ; il n'y a rien qui attire davantage les adorations de la terre, et qui nous rende plus semblables aux immortels.

La harangue funèbre de Périclès après la guerre de Samos est un des morceaux les plus célèbres de l'antiquité grecque. M. Villemain, le maître admiré, l'a traduite avec cet instinct merveilleux, mélange incroyable de critique et de génie, qui lui a fait deviner, retrouver et reproduire tant de savantes merveilles, grâce à lui, resplendissantes d'un éclat tout nouveau.

Les guerriers morts pour la patrie, étaient ensevelis aux frais de l'État ; pendant huit jours chacun venait pleurer ses morts et leur porter ses offrandes funèbres. Au moment du convoi, ces cendres glorieuses étaient déposées sur des chars de triomphe ; un de ces chars restait vide, pour représenter les cadavres que la guerre avait dévorés. Le cortége se composait de tous les citoyens en larmes et portant des cyprès dans leurs mains.

Les urnes qui contenaient ces vaillantes poussières étaient exposées dans le tombeau public élevé sur les Tuileries, à l'entrée du plus riche faubourg d'Athènes ; seulement, par une louange extraordinaire, les guerriers de Marathon furent enfouis dans le champ de bataille ; en effet, c'était le seul emplacement qui fût digne d'un pareil tombeau.

Du haut d'une tribune élevée en ce lieu, et qui dominait l'assemblée, Périclès prononça cette oraison funèbre que l'on dirait composée tout exprès pour les grands citoyens tués par les faiseurs de barricades dans les journées funestes de 1848 :

« Il me semble, dit l'orateur, que c'est une entreprise hardie à
« l'éloquence de vouloir s'égaler à certaines actions illustres que

« la patrie environne des honneurs mérités, car il arrive que le
« discours est au-dessous de la gloire célébrée, et alors le discours
« est injuste ; ou bien l'éloge est au niveau du héros, alors
« survient l'envie qui s'attaque même à la mémoire des morts ! »

Ceci dit, l'orateur se souvient qu'il est, avant tout, un homme politique, et il fait servir à l'enseignement et à l'autorité de la loi, même cette funèbre cérémonie. Au nom de la gloire présente, il invoque la gloire passée ; il remonte aux aïeux du peuple grec, il raconte leurs travaux, faisant vivre ainsi l'émulation des mœurs antiques ; il loue, il conseille plus qu'il ne loue, et bientôt il arrive à déclarer, devant tous, l'excellence du présent gouvernement d'Athènes.

« Nous avons, dit-il, une Constitution qui n'emprunte ses lois
« à personne, et loin d'imiter les autres, nous servons nous-mêmes
« d'exemple. Cette Constitution s'appelle démocratie, parce qu'elle
« s'applique au plus grand nombre des citoyens. Dans les diffé-
« rends entre particuliers, la loi est égale pour tous, et quant aux
« dignités, chacun est préféré, non pas à cause de son parti, mais
« à cause de sa vertu. L'indigence et l'obscurité n'écartent per-
« sonne, s'il peut être utile à l'État. »

Certes voilà une louange glorieuse, et les citoyens morts pour la patrie ont dû se sentir réjouis au fond de leur tombe honorée, lorsqu'ils ont entendu les acclamations de tout ce peuple ! Périclès ajoute (et ne dirait-on pas qu'il a vu passer en ce moment, dans le nuage de l'avenir, l'ombre du citoyen Proudhon, une ombre renouvelée des Grecs?) : « Libres dans l'exercice de nos
« droits politiques, confiants dans le commerce journalier de la
« vie, nous voyons sans colère notre semblable se permettre
« quelque jouissance, et nous ne lui montrons pas ce front cha-
« grin qui ressemble à une peine et à une injustice. Grâce aux
« dieux immortels, cette facilité dans nos mœurs nous porte à
« respecter, par-dessus toute chose, l'ordre public ; nous savons
« obéir aux lois et aux magistrats qui les représentent, mais peut-
« être obéissons-nous plus volontiers aux lois éternelles qui ne
« sont écrites que dans le cœur de l'homme, aux lois de la con-
« sidération et de l'honneur ! »

Ne croyez pas que ce digne magistrat d'une république, même sur la tombe des morts, oublie de recommander à ce peuple ingénieux qui l'écoute, tant de choses saintes : le culte de la poésie, l'amour des beaux-arts, du beau langage, de la famille, des mœurs civiles ; Périclès va plus loin, il célèbre comme une des grandeurs de la patrie *les jeux et les fêtes annuelles*.

« Oui, dit-il, Athènes est fière des plaisirs qu'elle donne à
« l'esprit. Elle se vante tout haut de l'éloquence publique, de la
« causerie privée, de ses gymnases, de ses écoles, de ses biblio-
« thèques, de ses théâtres, de tant d'étblissements qui bannissent
« la tristesse. Athènes est ouverte à tous les fruits de la terre,
« à toutes les productions de l'esprit ! Elle est le domaine de tous
« les peuples. Nous sommes élégants avec simplicité, et philo-
« sophes sans mollesse. Nous sommes plus fiers de la richesse de
« nos actions que du faste de nos paroles.

« Point de honte chez nous à convenir de sa pauvreté, mais aussi
« un grand empressement à en sortir. L'Athénien est à la fois à ses
« affaires, à celles de l'État ; l'ouvrier même sait la politique. Honte
« chez nous à qui n'a pas l'ambition de tenir au gouvernement, de
« près ou de loin ! Malheur à qui ne sait pas se faire un ami d'un
« obligé ! Athènes, pour tout dire, est l'école de la Grèce ; elle s'est
« réservé le choix de tous les talents, l'exercice de toutes les ver-
« tus. Dites-nous vous-mêmes si notre ville n'est pas la reine de
« toutes les cités connues ?... Et voilà pour quelle patrie ces
« grands citoyens sont morts en combattant ! »

Voilà certes un beau mouvement oratoire, et en même temps voilà l'œuvre d'un politique du premier ordre ! Heureux le peuple que l'on peut louer ainsi ! Heureuse et fière la nation digne d'entendre de pareilles oraisons funèbres ! Paix éternelle aux morts de bonne volonté qui ont mérité que le spectacle d'une pareille grandeur fût déposé sur leur tombeau !

« Ils ont donné leur vie à l'État, l'État leur donne une gloire
« impérissable et la plus éclatante sépulture ; je veux parler de
« cette tombe sans limites, où leur gloire, toujours présente dans
« les grandes occasions du courage et de l'éloquence, repose
« éternellement mémorable. Car la terre entière est le mausolée
« des hommes illustres ; leur renom de vertu ne dépend pas d'une
« inscription et d'une colonne, et même dans les contrées étran-
« gères, même dans les siècles à venir, leur souvenir immatériel
« vivra dans toutes les âmes, et se conservera bien plus par la

« pensée que par tous les monuments. Vous serez maintenant, à
« leur exemple, convaincus que le bonheur est dans la liberté et
« la liberté dans le courage. N'hésitez pas devant les périls, ne
« tremblez pas devant la mort. Eh quoi! voudrions-nous aban-
« donner aux citoyens les plus pauvres et les plus faibles cette
« gloire de mourir pour nos croyances et pour nos familles? Et
« n'est-ce pas plutôt à nous tous, qui avons tant à perdre, à nous
« immoler dans ces désastres publics qui ne menacent que nous
« seuls? »

Tout ce discours est de la même force : l'inspiration, le conseil, la science, la prudence, la croyance d'un grand politique
élevé à l'école impérieuse de la nécessité, et d'un bon citoyen en
qui l'on croit parce qu'il est aimé, s'y révèlent à chaque parole.
Le plus ardent patriotisme vit et respire dans ce discours, où le
passé vient en aide au présent, où le présent est chargé des promesses de l'avenir; éloquence mêlée de courage civil et de vertu
guerrière, dans laquelle on entend à la fois les chants heureux
des Grecs et les imprécations des Barbares. Je ne sais rien de plus
consolant que le spectacle de ce grand peuple, libre sous le regard d'un grand homme; je ne sais rien de plus touchant que
cette oraison funèbre qui éclate soudain dans nos souvenirs et
dans notre deuil à l'aspect sanglant de tant de ruines, de tant de
morts, de tant de menaces encore, de tant de crimes peut-être[1]!

L'éloquence est la consolation souveraine! Elle endort le malade blessé à mort, elle réveille l'homme endormi et le relève de
sa coupable inertie! Elle est la Providence des nations désolées,
la Providence des nations qui espèrent encore. En pleine guerre
civile, à Rome, peu de jours avant que sa tête éloquente fût
attachée à la tribune aux harangues, Cicéron passait, rêveur, à
travers le Forum. On l'accoste, on l'entoure : — Montez à la tribune, lui dit-on, et parlez! — Eh! de quoi voulez-vous que je
parle? leur disait-il; il n'y a pas de question à l'ordre du jour,
et le Forum est désert. — Que nous importe? disaient les Romains, parlez toujours!

Ne trouvez donc pas étrange si nous avons cherché dans les
républiques d'autrefois un instant d'oubli; mais, grands dieux de

---

1. Ceci était écrit le lendemain des journées de juin 1848.

l'Olympe éternel, quand nous parlons des sanglantes tragédies, du drame éloquent, permanent de l'*Agora*, comment oublier cette funeste semaine qui emporta dans la *tombe sans limites* tant de grands citoyens, tant d'illustres victimes, tuées à l'heure *où le blé est dans toute sa force*, comme dit Thucydide; comment, à propos des funérailles antiques, ne pas prononcer ces noms illustres qui, pour vivre, n'ont pas besoin du secours des Pyramides; le général Négrier, le général Bréa, le général Duvivier?

Hélas! lui-même, le héros-archevêque de Paris, il est tombé aux pieds de ces tristes citadelles qu'il venait renverser tenant en sa main paternelle l'olivier pacifique! Il tombe, ô douleur! Et la guerre civile épouvantée elle-même devant son crime, recule et se repent! Il est fécond en espérances et en remords, le sang des martyrs!

A la même heure et le même jour, au bruit des fusillades sanglantes, expirait M. de Chateaubriand, ce grand poëte, dont le nom seul est une harmonie, dont la parole fut un évangile, dont la vie fut un exemple. Hélas! il souriait à la mort, heureux et content de quitter ce vieux monde rempli d'agitations et d'amertumes. Nous avons vu ces nobles dépouilles que des mains pieuses rapportaient au rocher de Saint-Malo, battu des flots éternels.

Ce grand homme, le dernier homme de cette longue suite d'hommes illustres qui ont gouverné, éclairé, enchanté, effrayé le monde: Mirabeau, Napoléon, Cuvier, Byron, a accompli jusqu'à la fin la promesse qu'il s'était faite à lui-même: « Je reste, disait-il, pour enterrer mon siècle, comme le vieux prêtre qui, dans le sac de Béziers, devait sonner la cloche avant de tomber lui-même, lorsque le dernier citoyen aurait expiré. »

C'est ainsi que dans nos désordres civils, dans nos plus affreuses journées, quand la guerre civile remplissait la ville de Molière, de Voltaire et de Diderot, j'invoquais, pour me consoler, Athènes, ses libertés, sa poésie et ses malheurs!

# CHAPITRE XI

Ainsi à chaque page, à chaque détour, à tout propos, notre fête est grande quand nous parlons d'Athènes, notre mère nourrice aujourd'hui dédaignée, et retranchée, ou peu s'en faut, du commerce des jeunes esprits.

« N'oubliez pas, mon cher Maxime, que vous allez dans l'Achaïe, au milieu de la Grèce toute pure, d'où sont sorties les lettres, la politesse, et même l'agriculture. Souvenez-vous que vous êtes envoyé pour gouverner des villes et des hommes libres s'il en fut jamais. Par leurs traités, par leurs actions, par leur vaillance, et de l'assentiment unanime de leurs dieux, ils ont su défendre et protéger la liberté qu'ils avaient reçue de la nature. Donc adorez les dieux, protecteurs de cette nation ; respectez les héros qui ont fondé sa gloire ; honorez les grands exploits et jusqu'à la vanité de ce grand peuple.

« A cette source sacrée, nous avons puisé notre droit national.

Nous n'avons pas imposé nos lois à la Grèce après l'avoir vaincue ; elle nous a donné ses lois à notre prière, et avant de sentir le pouvoir de nos armes. En un mot, vous passez par Athènes pour commander à Lacédémone ; il y aurait inhumanité et barbarie à les dépouiller de ce qui leur reste de leurs ancienne grandeur. »

Cette lettre est écrite par Pline le Jeune à un lieutenant de Trajan, et jamais louange ne fut plus vraie et plus méritée. Vous avez vu naguère naître et grandir le drame sur le théâtre athénien. Le drame antique est venu au monde sur l'autel même de la destinée. Si le drame moderne court après le bruit, le mouvement, la passion, le nombre éloquent des personnages, la tragédie antique recherche avant tout un cadre étroit ; dans ce cadre elle va nous montrer souvent un seul héros de la légende ou du poëme, luttant avec la Nécessité et se débattant contre elle, jusqu'au moment où la Nécessité triomphe à la fois des vices de ces grands coupables, et des vertus de ces demi-dieux.

Voilà pourquoi il faut admirer et beaucoup, Corneille et Racine lorsque dans le cadre étroit du drame fataliste, ils poussent l'histoire elle-même, et restent obéissants à l'histoire, en dépit de la Nécessité qui ne veut pas de ces triomphes inattendus, de la beauté et de la force, ici-bas, contre la force et la volonté d'en haut.

Plus tard quand le cercle s'élargit, lorsque le drame l'emporte sur le poëme, lorsque la volonté, la vie et l'action des héros s'emparent du rôle de la Némésis implacable et la réduisent à néant, vous assistez alors à une transformation inattendue. Ainsi Shakspeare est à Racine ce qu'était naguère Racine à Euripide. En ce moment Aristote a tort dans le domaine de l'art tout aussi bien que dans le domaine de la philosophie et de la foi, son joug est brisé et il succombe sous les formules qui devaient le mieux le protéger et le défendre.

Ouvrez Shakspeare et vous verrez qu'il n'est plus question de la règle ancienne. Hamlet qui est un grand professeur dramatique, dit à ses comédiens, « que le théâtre doit se calquer sur le « monde » (*the form and pressure of the times*), qu'il ne faut pas mettre en lambeaux l'émotion (*tearing a passion into rags*), et qu'il les invite à parler comme parlent des hommes. Shakspeare était pourtant le contemporain de la tragédie française, et l'on s'étonne que voisin des chefs-d'œuvre de Corneille, si voisin de Cinna, d'Émilie et du Cid, il ait inventé le cordonnier Thisbé, le charpentier Pyram et ce charmant monsieur *clair de lune*, à qui il a prêté de si beaux vers. Nous le répétons, ce que l'on appelle aujourd'hui l'école moderne n'a rien inventé dans le fond même du drame, et si l'on veut rendre justice aux véritables novateurs, il faut nommer Aristophane, il faut nommer Sophocle, il faut nommer Plaute et Térence, il faut nommer Corneille, il faut nommer Shakspeare, il faut nommer quiconque a vécu de sa propre vie au théâtre ; en un mot, ce sera toujours une faute dans ces sortes de dissertations, de ne pas rendre au César ce qui est dû au César.

Ainsi nous n'avons pas inventé la Nécessité ; nous n'avons pas inventé l'introduction de l'histoire et des personnages historiques dans le drame ; nous n'avons même pas inventé le grotesque, en dépit de *Cromwell* et de la *Préface de Cromwell*. Le premier exemple du grotesque, il est dans le poëme d'Homère ; le premier héros grotesque, il a un nom, il s'appelle Thersite, et de nos jours, les poëtes l'ont mis en scène, ce Thersite.

Dans le deuxième chant de l'*Iliade*, le drame commence à peine, Achille est retiré sous sa tente, et déjà les Grecs découragés parlent de remonter sur leurs navires inutiles, lorsque le divin fils de Laërte, Ulysse, poussé par Minerve, et tenant à sa main le sceptre d'Agamemnon, tente un dernier effort sur les soldats mutinés. On voyait, de tous côtés, les Grecs accourir autour de cette admirable parole, et l'écouter en silence, avec respect.

Le seul Thersite, parlant sans mesure, faisait un bruit horrible ; il ne savait dire que des injures et des grossièretés ; il s'attaquait surtout aux rois avec insolence, et disait tout ce qui lui venait à la bouche pour exciter la ligue des Grecs. Ajoutez que ce misérable était l'homme le plus laid et le plus frappé de disgrâce ; il était louche et boiteux, son épaule courbée se repliait sur sa poitrine, sa tête pointue était à peine ombragée de cheveux hérissés comme la soie du porc ; ainsi bâti, cet homme s'était posé comme le plus grand ennemi d'Achille et d'Ulysse, c'est-à-dire du plus beau et du plus sage des Grecs, mais en ce moment il déclamait contre Agamemnon, le roi des rois, avec une voix aiguë et criarde et pleine de menaces !

Quand Ulysse, suivi d'Euribate, son héraut, entendit les déclamations de l'affreux bossu : — « Thersite, lui dit-il, quelle que soit l'intempérance de ta langue venimeuse, crois-moi, respecte les rois, ou sinon..... car tu es le plus lâche et le plus impudent des hommes ! Et de quel droit un gueux de ton espèce ose-t-il s'attaquer à notre chef? Thersite est jaloux d'Agamemnon ! Thersite !... Loin d'ici, malheureux ! Non, par Jupiter ! je ne veux plus être le père de mon fils Télémaque, si je ne te fais pas traîner hors du camp, et fustiger à coups de fouet comme le plus vil des mendiants ! »

A ces mots, Ulysse frappe Thersite du sceptre d'or ; le misérable plie et tombe sous le coup, et se prend à pleurer comme un esclave. Une tumeur livide s'empare de ses épaules frappées du bâton royal ; le malheureux va se cacher dans un coin, retenant ses calomnies et même ses gémissements. Les Grecs rient aux éclats. — A coup sûr, se disent-ils, Ulysse a raison de châtier un pareil drôle, et maintenant, avant de s'attaquer à ses maîtres, maître Thersite y regardera à deux fois.

Voilà tout l'épisode. Ce Thersite est le type de l'aboyeur antique ! Il est le vil ministre des plus honteuses et des plus mauvaises passions de la multitude. Il est éternel ; il s'attaque à toute gloire, à toute vertu ; il s'appellera Anitus ; il s'appellera Zoïle ; il s'appellera de tous les noms infâmes du barreau, de la tribune et de la presse, aux heures funestes où les plus misérables et les plus lâches, tentés par le vil appât de l'argent, insultent à plaisir, tantôt sous le masque et tantôt à visage découvert, les têtes superbes, les fidélités saintes, les rois de l'intelligence, les poëtes exilés, les orateurs détrônés. Lâches et dignes enfants de Thersite, ces misérables, dont le nom seul est une injure !

Homère les a devinés et pressentis, comme il a deviné et pressenti toutes choses ! Ce Thersite est une des plus vives peintures d'Homère, c'est une satire ; quelques-uns soutiennent que c'était une vengeance, et ce serait dommage, il vaut mieux que ce soit une justice. Dans tous les cas, il était impossible, de nous représenter un être plus difforme, une âme plus laide, un corps plus hideux.

Homère a fait Thersite aussi laid qu'Achille est glorieux, aussi laid qu'Hélène est belle, et depuis tantôt trois mille années, ce misérable est resté le digne objet du mépris et de l'exécration des hommes ; son nom est devenu une mortelle injure ; les poëtes, les philosophes (moins le philosophe Démonax), les historiens, la Grèce, Rome et la France, les peintres, les sculpteurs, avec tout ce qui est le mépris et la rancune des peuples se sont entendus pour maintenir ce Thersite dans une exécration méritée.

Il est le héros, en laid de l'*Iliade*, l'Iliade ce pêle-mêle des hommes et des dieux !

Pendant trois mille années, on a laissé à Thersite son piédestal de fange et de honte, et voici qu'un enfant, chez nous, dans cette rage de paradoxes qui a perdu tant de jeunes esprits, s'est amusé à faire du laid le beau, de la lâcheté la bravoure, du coquin le galant homme, de l'être abject le favori des dames ! Enfant ébloui de ces grandes clartés ; enfant qui veut mesurer le soleil, et qui ne dirait pas combien de stades séparaient Mégare de la ville de Minerve ! — Enfants qu'il faut plaindre et que l'on saurait détester. Ils sentent pousser des ailes à leur épaule impuissante, et pour suivre la route tracée par Icare, ils ne voient pas, les innocents, qu'à leur épaule droite a poussé l'aile d'un aigle, pendant qu'à l'épaule gauche bat incertaine l'aile de la colombe ; armés en sens contraire, à peine s'ils volent terre à terre.

Tant d'ambition n'allait pas à ces deux ailes inégales ; c'était tomber trop bas, pour qui voulait voir clairement et de très-haut les villes, les hommes, les idées du monde antique, et ces quatre arpents de miracles qu'on appelait la Grèce, et, dans la Grèce, un point verdoyant l'Attique, sous le ciel d'Homère, *où n'apparaît aucune trace des hommes et des bœufs !*

C'est une belle chose la jeunesse, et une charmante excuse ; mais encore, poétiquement parlant, faut-il pouvoir répondre à ces questions très-simples : *Qui es-tu ? d'où viens-tu ? quelle est ta patrie ?* Ici la question était d'autant plus importante que ce jeune homme hardi, cet ami, cet admirateur, ce défenseur imprévu de Thersite, qui nous apparaît sous les habits de lin d'un fils d'Homère, est tout au plus un enfant de M. Victor Hugo. — Ce Thersite, était Triboulet ! c'était Quasimodo ! Cette muse novice affecte l'allure du poëme épique, méfiez-vous ! Ce poëme épique est une élégie, une bucolique : « Habitant des montagnes, je n'ai point appris toutes les belles expressions athéniennes; ma science ne s'étend pas au delà de ma flûte et de mon chalumeau! »

Et voilà justement où est le mal : on sait jouer de la flûte, on embouche la trompette; on écrirait en vers bien faits de molles stances à la façon de Théocrite, on chante la colère d'Achille! On a la voix douce, calme, tranquille, et soudain, à force de disputer et de crier pour se faire entendre, on perd la grâce de son discours, la fraîcheur de sa jeunesse; le feu monte à votre joue enflammée, la sueur dégoutte de votre front chargé de rides précoces. On portait avec élégance, avec goût, la toge barbare, on est mal à l'aise dans le manteau grec, et même les marchandes d'herbes, vous accostant, disent : *Étranger!* tant vite elles ont reconnu, à votre accent, que vous n'êtes pas un citoyen d'Athènes. Pourquoi, juste ciel! n'être pas plus retenu dans ses tentatives, plus modéré dans ses désirs?

Eh quoi! vous avez vingt ans, et vous chantez la chanson des Cyclopes! Vous avez vingt ans, et vous prenez le destin pour l'architecte de vos poëmes! Vous pouvez prétendre à la louange d'aujourd'hui qui a bien sa douceur, et vous vous contentez de la couronne d'ache, de pin ou d'olivier sauvage? Vous pouvez être Français, vous êtes Grec! Si cette rage d'imitation fait encore quelque progrès, un jour ou l'autre vous ferez battre des coqs contre des coqs, des cailles contre des cailles, ce qui était un jeu essentiellement athénien. Mais, comme disait un philosophe de cette même Athènes si maladroitement ressuscitée : « Amis, rassurons-nous, nous avons contre cette maladie un puissant antidote : la vérité et la saine raison! »

Savez-vous cependant (laissons de côté cette comédie et cette espèce de résurrection) comment cet abominable Thersite a fini? Un jour, comme il était sur le point de s'emparer d'Amalasonthe, reine des Amazones, l'impétueux Achille, qui passait dans cette mêlée, écrasa Thersite sous ses pieds, ne voulant pas abandonner tant de beauté, tant de courage à ce vil soldat!

Et voilà comme ces jeunes Athéniens de Paris, de condition libre, d'un babil agréable, et sentant leur gymnase d'une lieue, ils ne doutent de rien. Ce n'est pas pour eux qu'a été fait ce vers célèbre : *Le père des dieux et des hommes accordait une chose, il en refusait une autre.*

Écoutez-les ; ne dirait-on pas que Jupiter leur a tout accordé ? Ils n'ont pas de barbe encore, ils reconnaissent les philosophes à la barbe. A leur premier coup de bêche, ils s'imaginent qu'ils ont trouvé un trésor, et, suivant le précepte d'Hésiode, « ils commencent par se loger dans une maison des plus magnifiques ; ils achètent tout le territoire d'Athènes, à l'exception du thym et des pierres, toute la partie d'Éleusine qui est située sur le bord de la mer, sans oublier un petit espace, au bord de l'isthme, pour voir de ces hauteurs, les jeux olympiques. Ils veulent aussi un riche domaine dans la plaine de Sicyone, de la vaisselle d'or en abondance, et des coupes de deux talents. Chemin faisant, s'ils rencontrent le temple de Minerve, il leur semble qu'ils entrent dans leur patrimoine. — « O mes génies paternels, s'écrient-ils, recevez-nous avec bonté ! »

Bons jeunes gens ! Le beau rêve, et pourquoi donc les réveiller ? Ne les réveillons pas ; leur rêve ne fait de mal à personne ! Assis sur le char du soleil, laissons-les parcourir le firmament ! Si cela leur plaît *de porter des chouettes à Athènes*, que nous importe ? Ne troublons pas cette féerie ! Nouveaux Triptolèmes, qu'ils sèment en paix leurs idées généreuses, mais infécondes ; qu'ils aillent bras dessus bras dessous avec la poésie, et sans jamais apercevoir le sourire moqueur de cette belle à double visage. Par Jupiter, ne les tirons pas de l'ambition dans laquelle ils sont plongés !

Si donc les jeunes esprits de ce siècle n'ont pas pris à l'antiquité tout ce qu'on pouvait lui prendre, à coup sûr ce n'est pas faute d'y avoir employé bien du zèle. Ils ont pris ses cantiques au vieil Eschyle, ses drames au grand Sophocle, ses comédies au bel-esprit Aristophane ! Sous prétexte de *grotesque*, vous les avez vus tantôt qui prenaient à Homère lui-même son Thersite.

En voilà d'autres qui par *fantaisie*, ont pris à Térence une adorable fantaisie intitulée l'*Eunuque* ! Ils ont repiqué les vieux cothurnes, ils ont ressemelé les vieux brodequins. Flairez-moi cette vieille odeur de laine et de cuir, et saluez les vieux comiques grecs ! Cette douce odeur de safran et de rose de Malte (*rosas Melithenses*), eh ! c'est la comédie antique. Aux franges de sa robe traînante, vous allez la reconnaître aussi bien qu'à sa démarche avinée, à la grossièreté de son langage, à cette plaisanterie amusante comme un coup de bâton, à la folie impossible de ses narrations les plus vraisemblables.

Cette comédie est la fille des vendanges et du hasard ; elle est venue à Rome du fond de l'Étrurie, colportée sur tous les chemins et dans toutes les tavernes par des bateleurs et des joueurs de flûte ; elle se tenait sur un pied, elle chantait mille insolences lascives ; elle plut aux jeunes gens de la ville éternelle, jeunes gens de joie et de malice, qui mêlaient la danse au chant ; mélange singulier de la prose, du vers, de la chanson bachique, de l'ode amoureuse, de l'insulte publique, de la déclamation effrontée ; tout cela s'appelait en effet *mélange, satire*.

Ce premier hasard plein de gaieté, d'abandon et de verve moqueuse, prit bientôt une forme certaine dans les compositions du père de la comédie italienne, Livius Andronicus [1].

[1]. N'oublions pas l'*atellane*, et puisque dans les *histoires* de Tite-Live se rencontre un très-curieux feuilleton dramatique, essayons de le traduire à la louange et à la gloire du *feuilleton* :

« Cette année (391) et l'an qui suivit, sous le consulat de C. Sulpicius Peticus et de C. Licinius Stolo, Rome fut en proie à la peste, et l'histoire aurait peine à signaler d'autres événements, si pour demander la paix aux dieux irrités, quelques gens d'esprit et de bonne humeur n'avaient imaginé une façon de jeux scéniques, tout différents des fêtes du Cirque aimées de ce peuple guerrier. Cette piquante et ingénieuse nouveauté avait pour les Romains un grand air d'étrangeté, et cependant elle semblait née uniquement du besoin des circonstances et de l'esprit latin. De ce jeu scénique toute parole était supprimée et toute chanson ; des bateleurs venus d'Étrurie exécutaient, au son des flûtes douces et à la mode toscane, non pas tout à fait des danses, mais certains mouvements lents, calmes et fort gracieux.

« Bientôt la jeunesse, à les voir, s'avisa de copier les faits et gestes de ces histrions, non pas sans ajouter au geste le bruit des voix railleuses et le fredon d'une malice innocente. On s'attaquait, on se répondait ; tant promis, tant tenu. La chose plut, on la répéta, elle devint populaire ; et comme on s'appliqua tout d'abord à ne pas mordre à la façon de l'âcre et rustique vers fescennin, mais au contraire à sourire et à se moquer dans un innocent badinage, les honnêtes gens trouvèrent charmante cette façon de mêler une poésie élégante aux sons des flûtes mélodieuses ! Ce fut le signal d'une révolution et d'un nouvel art parmi nous, l'art dramatique.

« En effet, Livius (Marcus Livius Andronicus), un peu plus tard, abandonnant la satire et ses brutalités coupables, osa, le premier, raconter, dans une intrigue habilement liée, une action suivie ; — il fut tout à la fois son premier poëte comique et son premier comédien, à l'exemple de tous les inventeurs et novateurs dans les choses du théâtre ; souvent redemandé, il brisa sa voix à cette fatigue ; alors il obtint, par faveur singulière, qu'un

Il a pressenti l'art nouveau qui allait ajouter le rire et le ridicule aux divertissements de la république. Livius Andronicus a composé d'abord des comédies à l'exemple d'Aristophane, conservant à la comédie athénienne son manteau quelque peu solennel ; il a composé plus tard des comédies romaines moitié rire et moitié larmes, marchant deux mille ans à l'avance, sur les brisées de Diderot et de La Chaussée ; enfin ce bonhomme d'un vrai génie n'a pas dédaigné la vraie comédie, la comédie où l'on rit, sans rien qui ressemble à la haine personnelle, à l'allusion politique ; on rit parce que le rire éclate, irrésistible, comme fait une douce flamme dans le regard d'un jeune homme assis près de la femme qu'il aime, et sous l'influence d'une pointe de vin !

A cette comédie heureuse et plaisante, toute licence fut donnée ; elle prit tous les costumes, tous les manteaux, tous les visages ; tantôt elle sépare le récit de l'action, tantôt elle mêle l'action au récit; un pied chaussé dans le cothurne et l'autre pied dans le brodequin, ou même les pieds nus le plus souvent, elle s'avançait joyeuse, effrontée, assez peu passionnée, assez peu amoureuse, et parlant comme on parle dans les tavernes, dans les bains, sur les places publiques, chez les courtisanes ; enfin pleine de sel attique, de jurons, de caprices, d'argot populaire, et se gardant bien de rien embellir aux mœurs qu'elle raconte, crainte de tout gâter. Telle est la vraie comédie latine que Livius Andronicus devait enseigner à Plaute le tourneur de meules.

Plus tard, et pour la première fois avec Térence, la comédie latine se met à parler le plus beau langage des plus grandes maisons romaines ; elle touche aux premières marches de la tribune, elle s'assied aux banquets de Scipion et de Lélius.

jeune esclave chanterait son rôle à sa place, pendant que lui-même il dirait les récits et le dialogue. Une fois délivré de cette fatigue, il put s'abandonner en toute liberté à sa verve et à son génie! Il arriva cependant que les jeunes gens de la ville, qui l'avaient inventé, abandonnèrent aux histrions de profession cet art nouveau, et, conservant pour eux-mêmes l'atellane primitive, ils en firent leur chose propre, à ce point que la loi ne les traita jamais comme des comédiens ordinaires, et qu'ils ne furent exclus ni de la tribu ni du service militaire. Ainsi vous pouvez comparer la modestie et la sagesse de l'ancien théâtre au théâtre de nos jours, il est arrivé à une magnificence folle, à ce point qu'il n'y a guère que les plus riches empires qui puissent suffire à tant d'exigences! »

Ici commence la grande société philosophique et littéraire qui allait devenir le siècle d'Auguste. En effet, la comédie de Térence enseignait à ces grands seigneurs, plus puissants que des rois, l'urbanité, le beau langage. Jules César lui-même, aussi grand écrivain que grand capitaine, admire tout haut cette gaieté correcte et retenue dans ses plus vifs excès, cette grâce élégante qui fait tout accepter, ce vers ingénieux et piquant qui donnait une forme supportable aux vices cruels de ce peuple romain, alléché à son théâtre moins par l'esprit du poëte, que par le poignard des gladiateurs. Tel est Térence : il n'a pas l'entrain, l'audace, l'insolence, la raillerie cruelle, l'orgie et la brutalité cynique de la comédie primitive ; il n'a pas cette gaieté éveillée, avinée, alerte, cruelle, impitoyable, d'un enfant des faubourgs ; il n'est pas, tant s'en faut, la joie de la populace et de la canaille d'Italie; en revanche, quel fidèle observateur des mœurs et des élégances romaines ! Quel plus bel esprit et mieux fait pour parler aux grandes dames, aux sénateurs, aux chevaliers !

A chaque mot de cet excellent génie, vous reconnaissez l'ami de Furius, de Lélius, de Scipion, excellents esprits dans la paix et dans la guerre, qui ont eu le rare honneur de passer pour les collaborateurs de Térence. « Que cet ouvrage soit leur, dit Montaigne!... » il était *leur* par l'amitié qu'ils portaient au poëte Térence, par l'influence toute puissante, sur un pareil esprit, des mœurs, du langage, de l'urbanité de ces trois hommes, l'honneur de la société romaine.

L'*Andrienne* appartient à Scipion, oui, certes, mais comme *Cinna* appartient au cardinal de Richelieu, comme *Britannicus* appartient à Louis XIV, et la tragédie d'*Esther* à madame de Maintenon, car il faut croire que les grands poëtes sont inspirés en effet par les intelligences toutes-puissantes qui marchent devant eux. Ajoutez à ce rare mérite de Térence, qu'il abandonne enfin la peinture des mœurs basses de la Grèce pour ne plus s'occuper que des mœurs élevées de Rome. On dirait qu'il respire à l'avance je ne sais quelle prévision du siècle d'Auguste; le siècle d'Auguste eût été fier à bon droit de cet homme, qui fut adopté avec transport par les plus illustres génies : Cicéron, Tite-Live, Horace, étonnés et charmés de cette *Vénus africaine*, l'amour des plus beaux esprits de tous les temps.

Toutefois, quelles que soient l'urbanité et la grâce décente de notre poëte, vous n'empêcherez pas qu'il n'obéisse, de temps à autre, aux appétits sensuels de ce peuple romain qu'il faut arracher à sa frénésie pour les jeux du Cirque. L'*Eunuque*, par exemple, est une comédie écrite, à coup sûr, par Térence; mais Plaute lui-même, dans ses licences les plus hardies, désavouerait cette fable horrible d'un jeune homme amoureux d'une jeune fille qu'il aura aperçue longeant la voie Sacrée, et qui s'en va, du même pas, pour violer cette fille innocente; car voilà tout le nœud comique; et pourtant cette fille déshonorée, ces voiles déchirés, ce désordre de la maison, ce jeune homme qui sort de ce guet-apens, aussi gai qu'un écolier qui a volé des pommes dans un jardin, ces détails d'un crime faisaient rire aux éclats les descendants de Lucrèce et de Virginie.

Ils applaudissaient, véritables enfants de la louve, à l'espièglerie abominable du jeune Chrémès. Mais qu'y faire? Leur excuse est toute prête! Cette fille déshonorée est une esclave; or l'esclave n'est pas une personne, c'est une chose; plus cette enfant se lamente, et plus nous devons applaudir à l'espièglerie de ce galant Chrémès. Applaudissez, par Jupiter! Jupiter se rit du crime des amants. — *Perjuria ridet amantum!*

Comment donc un pareil sujet de comédie a-t-il pu se montrer sur un théâtre français? Par quel déplacement de mœurs et d'idées a-t-on pu afficher, sur les murailles de Paris, ce mot malsonnant et pis que romain : l'*Eunuque?* On n'en sait rien, mais vraiment la chose est étrange. Je sais bien que La Fontaine, aux premiers jours de Louis XIV (1654), quand nous étions encore sous l'influence de Voiture, le maître de cette galanterie ingénieuse dont Voiture est resté le modèle, avait affiché, lui aussi, l'*Eunuque de Térence;* mais je sais aussi que la ville et la cour sifflèrent de compagnie, ô singulier accident! La Fontaine et Térence! Le titre seul de cette comédie indigna les reines de cette cour abandonnée à toutes les galanteries. L'*Eunuque!* fi! ne me parlez pas de cet *incommodé*, disait la princesse de Conti.

Je sais aussi que plus tard, en pleine Régence, quand la comédie ne demandait qu'un prétexte pour aller, le sein nu et les épaules peu couvertes, les deux amis, les deux égrillards, Brueïs et Palaprat, attirés par l'esprit, la verve et l'intrigue de la comédie latine, imaginèrent une *incommodité* moins révoltante, et de l'*Eunuque*, ils firent un *Muet*.

« Cet *Eunuque* a pensé déshonorer La Fontaine et Térence, » disait Brueïs dans sa préface. En même temps, avec beaucoup de tact, les deux amis nous expliquent comment la délicatesse de l'amour français répugnait à cette convention funeste par laquelle Phédia, l'amant de Thaïs, se tient éloigné, pour deux grands jours, de la présence de sa jeune maîtresse, laissant la place libre à son rival ; comment aussi (c'est un étrange dénoûment pour un public parisien) ce Phédia, amant reconnu de Thaïs, consent désormais à recevoir chez lui, comme ami de la maison, ce capitaine ridicule qui lui a déjà pris sa maîtresse pendant un jour. — « Il est riche, » dit Gnaton le parasite. — Eh bien, que ce soit une raison de plus pour le mettre à la porte, répond la délicatesse française. Il est riche ! la belle excuse pour un public qui vient d'applaudir le *Misanthrope* !

— Mais, reprennent les défenseurs de Térence, cette Thaïs, après tout, est une courtisane, femme badine et de facile accès ; elle appartient à ces affranchies de toute pudeur que vous rencontrez partout dans Rome, à pied, en litière, au théâtre, au Champ-de-Mars, les unes en plein vent, les autres en espalier, esclaves révoltées qui se vengent de l'esclavage passé, en ruinant de fond en comble les fils de leurs maîtres. Elles sont jeunes, elles sont belles, elles ont du sang italien dans les veines ; elles se montrent avec des talents, un esprit, un abandon et mille agréments qui les font adorer. Le moyen de leur demander une vertu qu'elles ignorent, un désintéressement que personne ne peut leur apprendre ? Acceptez donc cette Thaïs telle que le poëte l'a vue et telle qu'il la représente.

Sa porte est une porte mercenaire ; qui en doute ? Sa main nue est habituée à frapper dans toutes les mains ; pourquoi s'en fâcher ? La passion de ce temps-là n'a pas une autre allure. On s'aime et l'on se marchande ; on se prend et l'on se quitte pour se reprendre au premier caprice ; cela se passe ainsi dans les odes d'Horace et dans les élégies de Tibulle ; c'est le sigisbéisme qui commence ; et d'ailleurs Thaïs ne prend pas en traître son ami Phædia ; elle ne lui sert pas de plats couverts ; au contraire, elle l'avertit de la nécessité où elle est de le tromper pour vingt-quatre heures, et de cette tromperie elle lui donne un motif honorable : son vif désir de sauver une jeune fille, compagne de son enfance. A cette suspension de fidélité rien ne répugne dans cette Rome qui sera plus tard la Rome d'Ovide et de Catulle ; les dieux y consentent, les mœurs l'autorisent, l'usage le permet, le divorce l'autorise ; à ce propos, interrogez M. de La Rochefoucauld lui-même, païen en ceci comme en tant de choses : *Le corps*, vous dit-il, *peut avoir des associés, mais jamais le cœur!*

Tel est le raisonnement des amateurs à tout prix de l'antiquité profane et païenne. A quoi les critiques terre-à-terre, les arriérés de sang-froid qui ont la faiblesse de défendre les mœurs de leur époque et les usages de leur nation, vont répondre qu'il faut laisser à chaque peuple le costume et les préjugés de sa comédie, comme on lui laisse ses lois et sa façon de se vêtir. Tu es Romain, reste Romain, et le vieux Caton, quand tu sortiras d'une maison décriée, te dira tout haut : — *Courage, jeune homme, voilà la vertu !* Tu es Romain, c'est-à-dire tu es retranché de la société des honnêtes femmes ; tu ne vois les vestales qu'au théâtre ; et des dames patriciennes, portées dans leur litière entourée des clients de leur mari, c'est à peine si tu vois de loin la pourpre flottante. Eh bien ! (c'est ton droit de jeune homme nouveau vêtu de la toge virile) donne ta jeunesse aux affranchies ! Si tu n'as pas de maîtresse encore, commence par affranchir ton esclave, et tu seras un homme de bonne compagnie ; il est vrai qu'une fois libre, cette esclave adorée te laissera peut-être pleurer et transir à sa porte rebelle. — *Lydia, dormis?*

Cependant nous autres, les Parisiens du vieux Paris, les petits-maîtres de la ville et de la cour ; nous, les fils des bourgeois enrichis, la fine fleur du Parlement ou de la finance, nous aurons des amours plus délicates, parce qu'elles s'adresseront à toutes les femmes, à la jeune Agnès, à la belle Elmire, à la franche Hortense, à la gracieuse Lucile, à des femmes nos égales, que nous finirons par épouser, si elles le veulent bien. Par cela même que toutes nos amours seront d'une origine libre et qu'elles s'agiteront dans un cercle plus vaste, nos amours vont gagner en dignité, en élégance, en esprit, en passion surtout, ce qu'elles perdent de facilité, d'abandon et de sans-gêne. Les jeunes Romains d'autrefois faisaient une esclave, même de leur maîtresse libre ; les jeunes

Parisiens du temps de Molière faisaient même de Célimène (le Phédia de Térence), même de cette coquette sans amour et sans cœur, jeune veuve dont nul ne sait le nom, une si grande dame, qu'elle reçoit la meilleure société de la cour, et qu'un noble, spirituel, fier et beau gentilhomme comme est Alceste, ne rougit pas de mettre aux pieds de cette indigne coquette, sa fortune et son nom !

Vous le voyez, ceci est la différence du jour à la nuit, de la femme libre, née libre, à l'affranchie, esclave et fille d'esclave ; ceci est la distance qui sépare la débauche de l'amour mutuel et librement consenti ; ceci est l'abîme à franchir de la jeune et timide fille bien née et défendue par les remparts sacrés de la famille, à la courtisane vagabonde, à l'avide affranchie, toujours soumise à la folle enchère de son cœur et de son corps. De quel droit voudriez-vous donc, avec ce système de traductions littérales, nous ramener à des vices corrigés par leurs propres excès, à des ridicules anéantis depuis des siècles ? En fait de comédie, soyez-en sûrs, nous sommes les maîtres de tous les peuples de ce monde ; nous avons pris à nos devanciers tout ce qu'on leur pouvait prendre décemment, nous avons traduit tout ce qu'on pouvait traduire honnêtement — *ad munditiem ;* nous avons emprunté aux vieux comiques tout le vif esprit qui se pouvait assaisonner à la française, nous avons adopté toutes les œuvres du théâtre antique qui pouvaient accepter un vernis de décence.

Ce que Molière n'a pas traduit, ce que les successeurs de Molière n'ont pas adopté, n'est plus que la lie funeste de ces comédies dépouillées de leur sel attique par les poëtes de la France. — Et voilà pourquoi il faut désormais se méfier des traducteurs ; le traducteur est un maladroit sans esprit qui ne sait pas comment on se rend le maître absolu de ses emprunts, et comment on copie avec génie ; homme nécessairement médiocre et sans invention, il ne sait que mettre au jour une copie sèche et indigente de charmants passages déjà copiés mille fois par les maîtres ; certes le voilà bien avancé pour avoir écorché un renard dont les plus habiles ont enlevé la peau depuis cent ans !

Étudiez cependant cette comédie ; déjà, du temps de Térence, on l'affichait ainsi : *l'Eunuque de Térence !* Car il n'est pas le premier, parmi les écumeurs d'anecdotes singulières, qui ait mis à profit cette histoire du loup introduit dans la bergerie. Térence lui-même, dans le prologue de sa comédie de l'*Eunuque*, nous avertit qu'avant lui Plaute et Névius avaient fait leur profit de cette fable, qui était déjà une vieille fable. Bien plus, les divers personnages de cette comédie, son *fanfaron* et son *parasite*, Térence les avait empruntés à Ménandre, ce qui fait que Jules César appelait Térence: *Dimidiate Menander* (la moitié de Ménandre). Avec quel grand art Térence emploie, arrange et combine ses divers emprunts! Le fanfaron de Ménandre, tel que Plaute l'a copié, va tout droit son chemin, sans gêne, sans encombre, à tout hasard; celui de Térence, au contraire, est arrêté à chaque pas par un obstacle, par un sarcasme; il est alerte, et sur la défensive; il a servi de modèle au fanfaron de Molière:

Faisons l'Olibrius, l'occiseur d'innocents!

Ce qu'il a fait pour son fanfaron, Térence l'a fait pour son parasite; son glouton, aussi affamé que celui de Ménandre ou de Plaute, est cependant d'une humeur plus récréative; sa complaisance est marquée à un coin moins vil de basse flatterie, et même elle montre de temps à autre un certain aiguillon d'ironie et de bonne humeur qui la fait accepter avec joie. Ce parasite-là servira plus tard de contenance et de consolation aux poëtes malheureux de la Rome impériale, aux gens d'esprit sans manteau et sans dîner, à notre ami Martial, par exemple, qui eût rougi de honte et d'épouvante s'il lui eût fallu ressembler au parasite de Plaute, et qui s'accommode assez bien des os à demi rongés par le Gnaton de Térence.

C'est l'honneur de Ménandre d'avoir indiqué, le premier, cette façon de philosophe cynique, moins jaloux de s'envelopper dans les trous de son manteau que de conquérir un manteau neuf, chaque année aux ides de mars. Disciple complaisant d'Épicure, Ménandre aura trouvé dans les doctrines de son maître, mais non pas sans leur faire quelque violence, ce personnage de Gnaton; mauvais esprit, disposé à toutes les aventures, estomac complaisant, pauvre diable vivant de raccroc, tripant et ventru, songeant à peine à sauver le décorum de la gueuserie, et dont toute l'invention se borne à se tirer chaque jour de la grosse nécessité. Regardez-le, ce Gnaton sera la cheville ouvrière de la fable comique : il est chargé de nouer l'intrigue et de la dénouer ; il tient le milieu entre l'esclave et le maître ; or il a cela de commun avec le maître : il est citoyen de Rome, et cela de commun avec l'esclave : il est mêlé à toutes les intrigues, il est exposé à toutes les humiliations et à toutes les injures de l'homme asservi.

Ainsi la grande supériorité de Térence sur tous les autres poëtes comiques de l'antiquité, c'est qu'il adoucit toutes choses, c'est qu'il élève le tréteau à la dignité du théâtre. Les couleurs de cette gracieuse comédie sont beaucoup moins tranchées, le rire en est moins violent, le bon mot moins épicé ; les mœurs restent les mêmes, avec plus d'urbanité cependant et de politesse. Thaïs n'est qu'une affranchie, Thaïs est comme la Suzanne de Figaro : — *Elle accepte tout, et l'on n'est pas plus coquine que cela*, et pourtant, grâce à la réserve du poëte, on s'intéresse à cette Thaïs ; elle a des accents qui sont vrais et justes ; elle veut sauver sa jeune amie... elle ne voudrait pas déplaire à Phédia :

> Il faut que ma raison cède à votre colère.
> Je ne veux point de temps, non, pas même un seul jour.
> Je renonce à ma sœur, plutôt qu'à votre amour.

Tout ce personnage de l'affranchie amoureuse est conçu avec une grâce, une décence, une réserve inconnues aux Romains. Cette Thaïs qui parle si bien d'amour, il me semble qu'elle ne sera pas inutile à la Didon, l'héroïne *du quatrième livre*. A cette comédie de Térence commence la langue véritable de l'amour. En ce moment la courtisane disparaît : on ne sait plus si cette belle fille est une affranchie, si elle est la maîtresse de Phédia, si tout à l'heure elle va appartenir à l'*olibrius* Trason. Bien plus, c'est une jeune femme aimable, aimée, honorée et charmante, comme vous en trouvez dans les comédies de Molière.

La grande déclamation de Gnaton le parasite est un de ces morceaux à effet qui plaisaient aux oreilles romaines, presque autant qu'aux oreilles des Grecs. Si l'art dramatique a fait un pas avec Térence, grâce à lui la langue dramatique a fait un immense progrès. C'est un beau langage, clair, sonore, et plein de cet accent qui est la saveur d'une langue bien faite ; le peuple y retrouvait avec un certain orgueil les vieux mots de la langue nationale, précieusement enchâssés dans les formes nouvelles de la belle langue des maisons patriciennes.

Dans cette comédie impossible (et pourtant elle marche) vous rencontrez plusieurs détails qui touchent aux mœurs les plus intimes du peuple romain, et même (tant la vanité se ressemble à toutes les époques) vous retrouverez dans l'*Eunuque* des détails qui se rencontrent dans les petits romans de la fin de Louis XV. « Il vous a fallu un eunuque, dit Phédia à sa maî« tresse, parce que c'est le privilége des grandes dames d'en « avoir; vous avez voulu une esclave éthiopienne, elles sont à « la mode; j'ai compté, hier même, vingt mines au marchand « d'esclaves. » Eh bien! Phédia parle comme cette petite danseuse dont se moque la duchesse de Crébillon : — « Elle renvoie « les Maures aux femmes de la robe, et prend à son service des « Turcs et des hussards. »

Un peu plus loin la dame parle avec un souverain mépris *des laquetons de bourgeois et des grisons de dévotes;* vous le voyez, en l'an 1750, à Versailles. on était bien près de revenir sinon aux eunuques, du moins aux Éthiopiennes. Ces détails sortent des mœurs, ce me semble, car on ne dira pas que Crébillon fils ait jamais lu et traduit Térence.

En opposition avec Gnaton le parasite, vous avez Parménon le valet. Ce Parménon est encore une création de Térence. Avant que Térence le prît à son service, Parménon était un grand tavernier, vivant avec des gens de toute sorte de mauvais commerce, effronté coquin, plus semblable à un coupe-jarret qu'à un honnête homme. De ce gueux-là Térence a fait un digne valet, hâbleur, mais dévoué; hardi, mais capable d'un bon sentiment. Il est impossible de mieux tourmenter le parasite, de lui montrer davantage toute sa bassesse; bien plus, ce valet Parménon est si content dans son mépris, que Molière lui a emprunté, pour le compte de madame Jourdain, ses meilleures réparties!

Pendant que nos deux escogriffes, Gnaton et Parménon, se picotent en mille paroles, passe l'esclave en litige, la jeune fille destinée à Thaïs. — Plus belle que Thaïs, dit Parménon; et, sans mot dire, la pauvre enfant pénètre dans cette maison qui sera sa perte. — Voilà de l'art grec, voilà qui tient à la chasteté antique! Entre le bouffon et le valet, cette aimable fille passe, la tête haute ; esclave, mais résignée, et ce silence est d'un effet tout-puissant ; car plus elle sera respectée en public, moins elle sera approchée du bouffon, du capitan, du valet, de la courtisane, et plus la belle esclave nous paraîtra touchante quand le jeune homme amoureux aura assouvi sur elle la violence de sa misérable passion.

De ce genre d'idées, très-élevées et très-dignes d'être offertes en spectacle à une grande nation, le théâtre moderne est incapable ; le rôle de cette esclave, dans la comédie de Térence, est un rôle muet; en conséquence, mesdames nos comédiennes ne se figurent pas que ce soit un rôle, et quand on devrait chercher avec soin quelque belle statue athénienne descendue de son piédestal pour traverser la scène, à la façon de l'Iphigénie, on fait passer sous nos yeux découragés quelque horrible comparse, mal vêtue, qui se croit fort dégradée de faire ce métier de muse muette; elle crie à l'insulte, à la profanation!

Nous avons déjà dit que dans les idées modernes, dans le respect ingénu que les nations chrétiennes portent à la jeune fille, l'action du jeune homme qui viole, de gaieté de cœur, et même sans trop savoir à qui il s'adresse, une enfant sans défense, est un crime horrible, hideux, insupportable, et qu'on ne saurait montrer à d'honnêtes gens sans les insulter. Mais, ceci dit, convenons que ce jeune Chrémès, pour sa belle humeur, pour sa vivacité et sa bonne grâce, est bien un vrai enfant de Térence.

Cette jeune fille est belle ! Ce n'est pas celle-là dont la mère ambitieuse aura battu les épaules ou comprimé la poitrine! Ce n'est pas celle-là à qui sa mère coupe les vivres pour en faire un véritable roseau ! — Elle est si jolie !... La fraîcheur même, *color verus!* la santé ! — une fleur !... *flos ipse!* Elle a seize ans ! âge heureux où tout s'épanouit.... Mais où est-elle? qu'est-elle devenue? « Fais-la-moi rencontrer, ô mon cher Parménon ! » Tout ce passage est charmant et d'une grâce infinie ; Molière n'a pas mieux fait; le reste de la scène est du Regnard tout pur.

— « Eh quoi! ce vil eunuque, heureux homme! il la verra
« à toute heure, il habitera sous le même toit, il prendra son
« repas avec elle, quelquefois même son sommeil à ses côtés! »

L'idée alors vient au jeune homme de prendre l'habit de l'esclave ; et voyez l'ingénieux retour du poëte comique, ce déguisement peu moral se fait au nom de la morale. — « Ne faut-il pas châtier « Thaïs et les femmes qui lui ressemblent? Elles nous ont pris « notre argent, notre jeunesse! Tromper mon père, je n'oserais, « mais tromper Thaïs! »

Ainsi parle le bon apôtre, et l'instant d'après il arrive sous l'habit de l'eunuque, et chacun de louer sa bonne mine. Thaïs est la première à trouver que son nouvel esclave est un être charmant, et qu'il ressemble (ce que c'est que l'instinct!) à un jeune homme de bonne famille. Mais comme ce n'est pas à elle qu'on en veut, Thaïs n'a pas le temps de démêler ce qui se passe dans son âme, et comme dit Marivaux, « de voir clair dans son cœur. » Elle ne s'appartient pas à elle-même, elle appartient au capitan Thrason; elle lui a promis ces deux journées, et elle tiendra sa parole en honnête femme.

Je dis honnête femme; car placez-moi dans un de nos drames une affranchie amoureuse d'un beau jeune homme, à qui l'on vient de donner un bel esclave, et qui est obligée de passer toute la sainte journée avec un malotru de capitaine, en compagnie d'un affreux glouton sur le retour, vous verrez que la belle poussera de beaux cris. Il me semble que je la vois d'ici : elle se lamente, elle se désole, elle appelle à son aide les dieux et les hommes; elle arrache ses beaux cheveux, elle crie à s'enrouer... Thaïs est plus sage; elle a une dette à payer au capitaine Thrason, elle paiera sa dette; elle a promis d'accepter son dîner, elle dînera avec lui, et elle sera de bonne humeur; tant promis, tant tenu. Voilà comment nous sommes, nous autres les affranchies du festin et de l'amour; nous n'avons pas le droit de pleurnicher à tout propos, nous obéissons à la nécessité, comme nos sœurs de Paris obéissent à la fantaisie et à la pauvreté, ce rude maître, ce maître sans pitié pour ses esclaves! Avec ce maître-là, point d'affranchissement, point d'espérance, il faut obéir, il faut servir. Regardez ces hommes hideux en si belle et souriante compagnie! qui donc peut vivre avec ces misérables? — *Des femmes qui ont faim!*

On a beau dire que c'est une jolie condition, la condition d'une jolie femme; au cou des femmes qui n'ont pas d'autre revenu que le revenu de leur beauté, cherchez avec un peu d'attention, vous trouverez un bout de la chaîne de l'esclavage antique.

C'est la même nécessité qui les opprime ; c'est le même commerce de tricherie et d'impudence qui les nourrit. Par l'esclavage, — ou, ce qui revient au même, par le vice, vous pouvez rattacher les personnages de la comédie grecque ou latine aux personnages de la comédie moderne. Hommes et femmes, ce sont les mêmes créatures souffrantes, patientes, et dont le rire même porte avec lui son enseignement sérieux. A ce compte, le courtisan, la comédienne, le fâcheux, le plaideur, le poëte, le banqueroutier, le parasite, sont les mêmes sur le théâtre d'Athènes, de Rome ou de Paris. Ce sont les mêmes mœurs, c'est le même langage, et, vous l'avez vu à propos des suivantes Éthiopiennes, ce sont les mêmes détails.

Quelle image plus ressemblante, par exemple, de l'affranchie, de la courtisane, de ces beautés que l'on voit de toutes parts, *quotidianarum formarum*, comme dit Térence! quel tableau plus ressemblant de ce luxe du dehors, de cette indigence au dedans ! « Au dehors les voilà pimpantes, l'élégance n'a rien de
« plus recherché, la propreté rien de plus exquis ; dînent-elles
« chez leur amant, à peine si elles touchent les mets du bout du
« doigt ; mais laissez-les rentrer dans leur taudis, quelle saleté,
« quelles misères ! Ces délicates s'abandonnent à leur appétit
« glouton, et le cœur vous manque rien qu'à les voir tremper un
« pain de huit jours dans un bouillon de la veille ! »

Térence ajoute : *Quelle salutaire leçon pour la jeunesse dans un pareil tableau!*

Qui le croirait? La Fontaine, le traducteur de Boccace, n'a pas traduit ce passage d'une énergie digne de Mathurin Régnier. La Fontaine, qui était si osé dans une époque retenue, n'a pas osé tout traduire ; le poëte d'hier, plus correct qu'il ne conviendrait dans une époque si hardie, a singulièrement changé la trame de cette comédie ; la scène du jeune homme déguisé, ses forfanteries quand il a laissé à demi morte la jeune esclave, son air triomphant lorsqu'il raconte qu'on l'a pris pour ce qu'il n'était pas, qu'on lui a confié la garde de la jeune esclave : « Elle va au bain, elle en
« revient, on la met dans son lit. — Tiens, Dorus, me dit une
« des esclaves, prends cet éventail et rafraîchis l'air ! » Et enfin le désespoir de cette enfant, ses vêtements déchirés, ses larmes... tout cela a été représenté dans la traduction, devinez, par quoi?

Par un baiser ! Oh ! la bonne folie ! un baiser, à Rome, un baiser sur le front d'une esclave qui sort du bain ! Une pareille fiction de jeune homme libre à fille achetée au marché ! Un baiser !

S'il se fût contenté de ce baiser, l'eunuque lui-même eût été honni dans toutes les petites maisons de Rome, *car ces sortes de gens sont dangereux !* s'écrie Dorias la soubrette. Ainsi, vous le voyez, toutes ces tentatives hardies, ces audaces littéraires, ces grandes promesses : « Je vais changer d'un trait de plume la face du théâtre et du monde ! Ces miracles, ces merveilles tant annoncées, ces magnifiques tentatives, ces folies, cette représentation complète du drame antique, tout cela pour aboutir à M. de Florian : « quinze moutons pour un baiser ! »

Quant aux menus détails de la comédie de Térence, le nouveau traducteur les a traduits d'autant plus volontiers que Molière les avait traduits avant lui. Quoi de plus facile maintenant que de donner une physionomie égrillarde aux valets de Térence, un air militaire et menaçant à ses matamores ? Le beau mérite de nous montrer ce glouton, toujours repu, toujours affamé, vivant de tous les sales commerces, en premier ordre dans l'antichambre, en sous-ordre chez l'affranchie; passant tour à tour du métier d'ami du prince, à l'état de farfadet ? La chose difficile que de nous raconter ces cris, ces coups de bâton, ces gronderies de vieillards, ces étourderies de jeunes gens, ces agaçantes et provocantes malices de soubrettes bien éveillées ? Molière l'a fait avant vous.

Tout bien compté, tout bien pesé, les gens sensés, les esprits sages et prudents ne peuvent guère approuver ces traductions, si fidèles que, par la force même des mœurs publiques, il faut qu'elles s'arrêtent... à l'instant même où se sont arrêtés les premiers génies qui ont exploité la comédie des anciens. Vouloir aller plus loin que les maîtres, gens hardis de toute la hardiesse que donne le génie et l'état nouveau d'une langue hardie, parce qu'elle est à moitié faite, c'est vouloir se perdre plat et court.

Traduire l'*Eunuque*, et pourquoi donc ne pas rebâtir tout de suite, le théâtre de Scaurus ?[1]

---

[1]. Le théâtre de Marcus Scaurus, beau-fils de Sylla, le premier et le plus ancien des théâtres de Rome. « Scaurus, dit Pline, fit faire durant son édilité l'ouvrage le plus superbe qui ait jamais été fait de main d'homme. Ce

Enfin, ne voyez-vous pas combien le public s'ennuie à reconnaître dans vos traductions d'Aristophane ou de Térence les pensées de Molière ! Il arrive ceci en effet à vos meilleurs passages : ce n'est plus Térence que vous traduisez ; c'est Molière lui-même, en personne, dans son œuvre réelle, vivante, française, que vous défigurez indignement !

Il y avait encore une grande raison pour ne pas traduire en vers l'*Eunuque de Térence*, plus que l'*Alceste* d'Euripide, c'est que, depuis longtemps déjà, de très-beaux esprits l'avaient tenté. Horace s'est contenté d'en traduire quelques vers (satire 3, livre II) ; Perse en a traduit une seule scène (satire 5) ; enfin La Fontaine, un plus grand poète que ces deux-là, à trente-six ans, chez la duchesse de Bouillon, une muse peu farouche, a vainement essayé cette entreprise impossible. Sa traduction est une triste et lamentable parodie ; il s'en est vengé en faisant de cette comédie un de ses contes les plus charmants [1].

Pour les esprits qui se respectent, il existe une prudence qui leur défend de toucher à certains chefs-d'œuvre d'une grâce délicate et étrange, précieux matériaux que la tourbe des traducteurs doit laisser à quelques hommes de génie, à ceux-là qui savent composer des œuvres nouvelles, avec les ruines d'autrefois.

fut un théâtre dont la scène avait trois étages de hauteur, et était ornée de trois cent soixante colonnes de marbre. Le second étage était entièrement incrusté d'une mosaïque de verre, sorte de magnificence inconnue jusqu'alors, et inusité même dans la suite. Les colonnes du premier étage avaient trente-huit pieds de hauteur. Trois mille statues en bronze, placées entre les colonnes, mettaient le comble à la magnificence de cette scène. Quant au théâtre, il était si vaste qu'il pouvait contenir aisément quatre-vingt mille spectateurs. » (*Histoire de l'Académie royale des inscriptions et belles-lettres*, t. I, p. 3.)

1. Tout le secret de la comédie, de la tragédie ou du drame, il est dans une phrase de Platon, que Platon lui-même emprunte à Homère. « Il faut avant tout, dit Platon à son élève Alcibiade, apprendre à discerner le dieu de l'homme, c'est-à-dire le bien et le mal. » A ce compte c'est l'homme, et non pas Térence ou Molière, que les poètes comiques doivent copier.

# CHAPITRE XII

Parmi les puissances de la poésie à venir (*virtutes sæculi futuri*, disait saint Augustin), il faut compter, et compter au premier rang le poëte indiqué par Voltaire et bientôt renié par Voltaire, Shakspeare. Il est un inventeur, ce Shakspeare, à la façon de Molière et de Corneille, et, comme eux, il a pris son bien partout où les grands poëtes trouvent leur bien propre : dans les vieux drames oubliés, dans les comédies avortées, dans les chroniques rimées, et non rimées. Il avait autant de génie, autrement dit il avait autant d'invention que Corneille et Molière, le Tasse et l'Arioste, Eschyle et Sophocle.

Ces créateurs, ils inventaient en se servant des passions humaines, les héros, les histoires et les aventures que d'autres poëtes avant eux avaient trouvés ; ils donnaient la vie à des œuvres mortes ; ils ressuscitaient des fantômes qui avaient gémi un instant,

Avant le *Roi Lear* de Shakspeare, il y avait la *Chronique du Roi Lear...* on ne sait plus un mot de la chronique. Avant le *Henri IV* et le *Richard III* de Shakspeare, on avait déjà vu, sur les tréteaux de Londres, le *Débat des deux célèbres maisons d'York et de Lancastre*, et « la vraie tragédie de Richard, duc d'York. » Shakspeare a pris *Juliette et Roméo* dans un conte italien de Baccio Bendelli, *Macbeth* dans une ballade écossaise ; il a pris tout ce qui était à sa convenance, il a bien fait.

Il a éclairé le nuage, il a fécondé l'histoire, il a pénétré de son esprit et de sa verve abondante, les gémissements et les lamentations du temps passé. Chose étrange, ce Shakspeare, il a été l'étonnement le plus sincère et le plus singulier de Voltaire, lorsqu'au commencement du xviiie siècle français, le roi des beaux esprits s'étonnait de rencontrer, dans le siècle même de Louis XV, les mœurs, la langue, l'habit et le théâtre du siècle d'Élisabeth. A son retour de Londres, Voltaire, sous l'influence d'*Othello*, nous donna *Zaïre* ; et à peine avait-il publié ses *Lettres sur les Anglais*, que la France entière, indifférente jusqu'alors, si elle n'avait pas été hostile à Shakspeare, se préoccupait en même temps, malgré la double opposition de Voltaire, du Shakspeare et de la *Clarisse Harlove* traduits par M. Letourneur.

La première fois cependant que les comédiens anglais se montrèrent chez nous à Paris, au commencement de la restauration, et que le grand nom de Shakspeare fut exposé sur une affiche française, il y eut, autant qu'il m'en souvienne, une réprobation universelle. A peine ces malheureux comédiens anglais se montrèrent sur le théâtre, dans le sombre appareil de leur drame, que soudain de toutes les parties de la salle ils entendirent des huées, des rires, des menaces ! On eût dit que ces innocents s'appelaient Wellington, ou même sir Hudson Lowe, et notre peuple ameuté se vengea, bravement sur eux, de la défaite de Waterloo et de la captivité de Sainte-Hélène. Il fallut donc replier sa tente, et ramener au bercail ces illustres héros, ces touchantes héroïnes, jusqu'au moment où l'esprit français serait devenu plus éclairé et moins féroce.

Au bout de dix ans une nouvelle tentative fut plus heureuse. Nous étions déjà loin des misères et des hontes de l'an 1814, les âmes s'étaient calmées, les esprits s'étaient éclairés, un certain public, choisi parmi les plus honnêtes gens, commençait à s'occuper d'art et de poésie ; enfin, la nouveauté même de cet art dramatique anglais, et purement anglais, cette pantomime entraînante et solennelle, ce geste éloquent, cet accent sorti du cœur, cette vérité dans l'expression, cet oubli complet du public, ajoutez les noms même de Kean et de Macready... et la découverte des amateurs parisiens, lorsqu'ils proclament cette belle et jeune miss Smithson l'égale de mistriss Siddons, qu'ils n'avaient jamais vue, et de mistriss O'Neill, dont ils avaient entendu parler, ce furent là autant de motifs pour que l'entraînement fût général.

Désormais, chose curieuse, les comédiens anglais furent, chez nous, très à la mode, à ce point qu'ils n'ont pas été sans influence sur le rare talent de Frédéric Lemaître, et sur l'inspiration de madame Dorval. Ils commencèrent par jouer *Jane Shore*, et les gens de Paris comprirent assez d'anglais pour comprendre ce que disait miss Smithson, lorsqu'elle s'écriait, avec une passion et des larmes qui n'appartenaient guère qu'à madame Dorval en ce temps-là :

O thou most injured..... Dost thou live indeed ? etc., etc.

Après *Jane Shore*, on joua *Virginius*, qui était un des grands rôles du grand tragédien Macready, et l'on trouva, pendant vingt-quatre heures, que Macready était l'égal de Talma. Ce même Macready nous donna aussi un drame de lord Byron : *Werner*, et ce *Werner* de lord Byron nous venait en droite ligne, non pas de Londres, mais de New-York ; les Anglais l'avaient sifflé ; en revanche, les Américains l'avaient applaudi à outrance. Dans ce *Werner*, ils avaient salué lord Byron lui-même : « Sans les « fantômes de tes ancêtres féodaux, tu aurais pu, par le commerce, amender ta fortune. » A quoi Werner répondait comme eût répondu lord Byron : « La bonne idée, et je serais devenu un bourgeois anséatique ; bien obligé ! »

La France applaudit un peu moins que l'Amérique, ces gentillesses contre le marchand et le bourgeois. La France était devenue, en ce temps-là, elle l'est encore, une nation de bourgeois libres et de commerçants honorés. Elle appartenait corps, âme, esprit, par toutes les forces de la prévoyance et du bon sens, à ce tiers-état qui a produit Corneille, Racine, La Fontaine, Bossuet,

Voltaire, Diderot et Catinat. Elle aimait lord Byron, justement parce qu'il était en désaccord avec ses semblables, et plus il avait rompu violemment avec les gens de sa caste et les préjugés de sa nation, plus elle faisait fête à l'étranger.

Quand donc il vit que la glace n'était pas tout à fait rompue entre lui et ce terrible peuple français, qui appartenait encore plus à M. de La Harpe et à M. Ducis qu'à M. Victor Hugo, l'habile artiste Macready en revint franchement à Shakspeare, au maître, et au chef-d'œuvre du maître : à *Macbeth*. Quoique *Macbeth* soit un drame plein d'action, cependant il a beaucoup de rapports avec l'élégie intitulée : *Hamlet*. *Hamlet* et *Macbeth* vous représentent, à la façon même du drame intime dont nous parlions tout à l'heure (car toutes ces merveilles se tiennent par un lien invisible, et c'est l'œuvre excellente de la critique de découvrir ces vives attaches du génie, au génie qui le suit ou qui le précède) la lutte d'un esprit irrésolu contre un destin plus fort que lui. Mais tandis qu'Hamlet se croise les bras sans rien faire, attendant l'ordre de la destinée à la façon d'Oreste ou de Prométhée, il arrive que Macbeth, une fois entré dans la carrière de l'action, y marche avec une sorte de rapidité vertigineuse. Autant qu'Othello lui-même, Macbeth est le génie du mal. Il est sous la main des sorcières comme le noble Maure sous celle d'Iago. Tous deux ont le cœur bon et élevé, mais faible ; l'esprit tentateur prend l'un par l'ambition, l'autre par la jalousie ; les sorcières de Macbeth, comme le perfide ami d'Othello, font le mal simplement pour satisfaire à la dépravation de leur nature !

Rien n'égale la grandeur et la solennité de cette tragédie au moment où commence le drame. Nous ne parlons pas de la poésie des sorcières, des miaulements du chat et des coassements du crapaud. Ces excentricités barbares pouvaient être naturelles du temps du Shakspeare, elles ont pu être acceptées chez nous au plus fort moment de la bataille littéraire, alors qu'il fallait choisir entre les extrêmes ; mais aujourd'hui, grâce à Dieu, nous pouvons admirer Shakspeare sans être obligés de nous prosterner devant toutes ses bizarreries. C'est donc surtout l'aspect de la scène qui saisit et qui impose ; « les sœurs du Destin, » apparaissant les mains entrelacées, projettent leur ombre funeste sur toute la suite du drame.

A Macbeth elles annoncent qu'il sera roi, à Banquo elles prédisent que ses enfants seront rois. La tentation se glisse à la façon du serpent dans le cœur de Macbeth ; la lutte commence entre le bon et le mauvais principe. Non pas que Macbeth ait consenti tout de suite à tenter ce grand crime ; son âme faible ne recule que devant la responsabilité de l'action :

« Si le hasard, dit-il, veut que je sois roi, eh bien ! que le
« hasard me couronne sans que je m'en mêle. » Le portrait que fait de lui sa terrible femme le dépeint encore mieux :

« Je crains, dit-elle, je crains ton naturel ; il est trop plein du
« lait de la bonté humaine pour prendre le chemin le plus court...
« Tu n'es pas sans ambition, mais tu es sans l'audace ; la gran-
« deur que tu voudrais, tu la voudrais saintement. »

Ainsi elle parle, et l'on voit déjà que Macbeth n'agira que par une impulsion étrangère, qu'il sera le bras d'une volonté supérieure. L'envie ou plutôt le résultat du crime se trahit sur ses traits et dans ses paroles, mais il a besoin qu'on lui démêle et qu'on lui traduise à lui-même sa propre pensée. Aussi, quand il vient annoncer à sa femme que le vieux roi Duncan sera, ce soir, sous son toit : « Votre visage, lui dit cette impitoyable,
« votre visage est un livre où l'on pourrait lire d'étranges
« choses... Changez de contenance, et laissez-moi faire. »

Ainsi, Macbeth n'a pas même le temps de combattre l'esprit tentateur ; il a beau se parler tout bas, à lui-même, comme fait Hamlet le rêveur, et dire à peu près dans les mêmes termes : « Si
« tout était fini, quand ce sera fait, ce serait bien ; le plus tôt se-
« rait le mieux ; » sa femme l'entraîne dans le tourbillon. Pour elle, désirer c'est avoir ; elle ne laisse point de halte entre la pensée et l'action ; elle gourmande ce timide coupable, et lui fait honte de sa faiblesse : « Quelle bête, s'écrie-t-elle, vous fit donc
« me révéler ce dessein ?... Ni le temps ni le lieu n'étaient alors
« pour vous, et cependant vous vouliez faire naître l'un et l'autre.
« Ils se présentent d'eux-mêmes, et voilà que vous n'êtes plus
« capable de rien ! »

Enfin donc Macbeth se décide à frapper, et nous entrons, de plain-pied, dans le drame. La scène du meurtre de Duncan est peut-être la scène dans lesquelles Macready produisait le plus d'effet. Il la disait presque tout entière à voix basse, mais de manière à se faire entendre dans toutes les parties de la salle ; et il la jouait avec un sentiment de réalité vraiment terrible.

En général, dans les assassinats qui se commettent sur nos théâtres, le meurtrier ouvre les deux battants des portes et crie très-haut, en faisant une allocution à son poignard... Macready copiait la nature avec une vérité qui avait quelque chose d'effrayant ; tous ses mouvements étaient ceux d'un assassin vulgaire qui va frapper lâchement un vieillard dans son sommeil ; il n'y avait pas l'ombre d'héroïsme dans son allure, — il se glissait honteusement, par la porte entr'ouverte, en retenant son haleine et tremblant au bruit de ses pas. Il était horriblement beau quand il sortait de la chambre du vieux roi, un poignard dans chaque main et tout couvert de sang.

Terrible était la scène ! Macbeth est épuisé par cet effort. Son âme superstitieuse succombe sous le poids du crime : « Pourquoi, dit-il, « pourquoi n'ai-je pas pu prononcer : *amen* ? J'avais grand besoin « de bénédiction, et le mot s'est arrêté dans mon gosier... Il m'a « semblé qu'une voix s'écriait : Tu ne dormiras plus... Macbeth « ne dormira plus ! »

Non pas ainsi lady Macbeth ; elle se rit de ces rêves de cerveau malade : « Ceux qui dorment, dit-elle, et ceux qui sont morts, « sont des images... un peu d'eau va vous laver de cette action, « voyez comme c'est facile... Ne restez donc pas ainsi, miséra- « blement perdu dans vos pensées. »

Macbeth est roi ; mais le remords siége avec la couronne sur son front. Poursuivi par les furies vengeresses, il marchera de meurtre en meurtre ; ne pouvant fermer l'abîme de sa conscience, il voudra le combler. « Ce que le crime a commencé, dit-il, ne « peut se consolider que par le crime. » Il fait tuer Banquo ; mais l'ombre de sa victime, image sanglante du remords, vient s'asseoir au banquet royal. Elle revient, non pas affublée d'un drap blanc et avec des yeux en feux de Bengale, mais réelle, et pour ainsi dire vivante et palpable, avec les traits du mort et vêtue des habits que portait Banquo, de son vivant.

Macbeth recule en s'écriant : « Tu ne peux pas dire que c'est moi. » Puis il défie la vision sanglante. « Viens sous la forme « de l'ours féroce de la Russie, du rhinocéros armé, ou du tigre « d'Hyrcanie ; prends toute autre forme que celle-ci, et mes nerfs

« ne trembleront pas. Ou bien renais à la vie, et viens le fer à la
« main, me défier dans un désert. » C'est bien là le soldat intrépide et superstitieux; indomptable devant le danger physique, et tremblant, comme une femme, devant une vision. — Quand l'ombre disparaît, il se retrouve lui-même et redevient un homme : *I am a man again.*

Les gradations de la chute sont admirablement observées dans le caractère de Macbeth. On le voit peu à peu s'aguerrir et s'endurcir au mal; on le voit, pour ainsi dire, s'enivrer insensiblement de l'odeur du crime. Il est sur une pente irrésistible, il faut qu'il aille jusqu'au bout : « Je suis, dit-il, si fort plongé dans le sang, que revenir sur mes pas serait aussi difficile que d'aller en avant. » — Quand il a laissé échapper Macduffe : « O temps! s'écrie-t-il, tu préviens ma terrible vengeance. Le projet fugitif n'est jamais atteint si l'exécution ne l'accompagne tout de suite... Désormais, aussitôt pensé, aussitôt fait. » Et sur-le-champ il fait massacrer toute la famille de Macduff. Autrefois c'était sa femme qui le poussait au meurtre, et qui *lui versait dans l'oreille* son indomptable courage, maintenant il marche tout seul dans la voie sanglante, tandis que lady Macbeth succombe, à son tour, sous le poids du remords.

La scène du somnambulisme est célèbre à bon droit. C'est sans contredit une scène très-saisissante, très-tragique si l'on veut, mais elle est loin d'inspirer une émotion morale. Une grande sensation de terreur physique, à la bonne heure; c'est une scène faite pour les nerfs. Tout le caractère de lady Macbeth est d'ailleurs trop en dehors de la nature pour qu'il puisse éveiller la sympathie. On n'y trouve pas, et tant s'en faut, *le lait de la bonté humaine.* Cette femme est bien ce qu'elle veut être, invoquant les esprits homicides, et leur disant, dans un langage intraduisible : « *Unsex me!* dépouillez-moi de mon sexe, et du sommet de la tête à la plante des pieds remplissez-moi de la plus inexorable cruauté! » Elle boit, pour s'enhardir au meurtre, et elle dit à ce faible ambitieux Macbeth : « J'ai donné le sein, et je sais combien il était doux d'aimer l'enfant qui prenait mon lait. Eh bien! pendant qu'il me souriait, j'aurais arraché ma mamelle de ses tendres lèvres, et je lui aurais brisé la cervelle, si je l'avais juré comme vous avez juré ceci. »

Ce n'est plus là de la nature, et la femme ne se retrouve qu'un instant, un seul, quand lady Macbeth dit du vieux roi Duncan : « S'il n'avait pas ressemblé à mon père endormi, j'aurais fait le « coup. » Peu d'actrices seraient de force à porter ce rôle dur et terrible. Il paraît que madame Siddons le remplissait d'une manière qui n'a jamais été égalée. « C'était, dit William Hazlitt, quelque chose au-dessus de la nature... c'était la tragédie personnifiée. Dans la scène du somnambulisme, ses yeux étaient ouverts, mais ils n'avaient pas le sens de la vue... Ses lèvres se mouvaient involontairement ; tous ses gestes étaient involontaires et mécaniques. Elle glissait sur les planches comme une apparition. L'avoir vue dans ce rôle était un événement dans la vie qu'on ne pouvait oublier. »

Miss Helen Faucitt, qui représentait à Paris cette terrible et sanglante majesté, était vraiment une trop douce et trop jeune fille. Précisément parce que miss Faucitt s'acquittait à merveille du rôle naïf et mélancolique d'Ophélia, ou du rôle tendre et soumis de Desdemona, qui ne commande qu'un ou deux éclats pathétiques, elle entreprenait une tâche au-dessus de ses forces physiques en abordant ce rôle surhumain de lady Macbeth.

L'intérêt et la sympathie se portent donc seulement sur Macbeth, sur la lutte de cette nature faible, mais belle et bonne, contre l'esprit du mal (l'homme et le Dieu, disait Platon). Le cinquième acte de *Macbeth* nous paraît le plus véritablement beau, justement parce qu'il ne présente pas autant d'appareil scénique que le second et le troisième acte. Mais les derniers moments, les *novissima verba* de Macbeth offrent un spectacle plein de grandeur. Ainsi la torche ardente redouble d'éclat avant de s'éteindre. « Les filles du destin, » qui ont conduit jusqu'au bord de l'abîme ce noble coupable, l'abandonnent à la fin, et le laissent à lui-même et cherchant sa route au milieu des ténèbres. Celle-ci lui a promis que nul mortel, né d'une femme, ne pourra attenter à sa vie, et celle-là qu'il ne sera vaincu que lorsque la forêt de Birnam se mettra en marche contre lui. Quand il veut les interroger davantage, elles disparaissent en lui laissant *les scorpions du doute.*

Quelles que soient les prédictions et les promesses, Macbeth reste inflexible aux menaces même de la destinée ; il leur oppose un front d'airain; la fortune peut frapper Macbeth, son courage sera supérieur aux coups de la fortune. Macbeth rappelle ici l'*Antigone* de Sophocle. Hélas! rappelez-vous l'impression solennelle que laissent, dans les esprits, ces coups répétés de la fatalité qui tombent tous à la fois sur ce malheureux roi. Il a perdu son fils, il perd sa femme, et le messager vient lui dire :

« Ta femme est morte; la mère de celui que tu regrettes vient
« d'être frappée du coup fatal! — Séjour inexorable de Pluton,
« s'écrie le roi, pourquoi t'acharnes-tu à ma perte! Triste mes-
« sager de douleur, que m'annonces-tu? Hélas! hélas! tu me
« donnes une deuxième fois la mort... Mes amis, enlevez-moi de
« ces lieux, je ne compte plus parmi les vivants. »

Dans la tragédie de Shakspeare, Seyton vient dire à Macbeth :
« La reine, seigneur, est morte. » Et le roi répond : « Elle devait
« mourir plus tard. Il serait toujours venu un temps pour ce mot.
« Demain, puis demain, puis demain! Les jours s'avancent ainsi
« pas à pas vers la dernière syllabe du temps... La vie n'est
« qu'une ombre errante; un pauvre comédien qui piaffe et se
« cabre une heure sur la scène, et dont on n'entend plus parler;
« c'est un conte conté par un idiot... qui ne signifie rien. »

Entre ces deux fatalités, les situations sont semblables l'une à l'autre au premier abord; — elles offrent cependant cette différence : tandis que dans la tragédie antique l'homme frappé par la fatalité courbe la tête et n'essaie pas de lutter contre un pouvoir supérieur, dans la tragédie moderne, il se redresse, et il oppose la volonté et la liberté humaines aux arrêts du destin.

Créon succombe tout de suite, il sait que la résistance est inutile; Macbeth lutte jusqu'à la fin sans demander grâce. Il méprise la poltronnerie du suicide; au moment où il allait se jeter sur son épée, il se relève : « Pourquoi jouer, dit-il, au jeu
« du fou romain? Tant que je verrai des vivants devant moi, les
« coups feront mieux sur eux. »

De moment en moment, sa foi s'ébranle... son courage, le courage de l'homme d'épée, ne fléchit pas. *Il commence à être las du soleil*, mais il veut mourir *avec le harnais sur le dos*. Ce qu'il y a d'admirable en tous les détails de cette dernière scène, c'est le mélange de l'action et de la sentence.

A la différence de ce rêveur de Hamlet, en qui la réflexion paralyse le bras, Macbeth puise, dans le découragement même de son âme, une énergie d'action désespérée. Il interrompt un monologue philosophique pour demander son armure; il dit :

« Je me sens le cœur malade ; » aussitôt il crie : « Aux armes ! » Déjà un des *charmes* s'est rompu ; les soldats de Malcolm s'avancent portant devant eux des branches d'arbres ; la voilà donc la forêt de Birnam qui se met en marche ! Puis vient Macduff ; « Macduff qui n'est pas né d'une femme, » parce qu'il a été arraché du sein de sa mère, avant le terme prescrit par la nature. Alors enfin Macbeth, vaincu, perd la confiance qu'il avait encore dans son étoile, et succombe.

Macready était magnifique dans cette lutte suprême de Macbeth. — « Ils m'ont lié au poteau, — je ne puis fuir ; mais, comme « l'ours, il faut que je combatte dans l'arène. » On sait que les acteurs anglais font très-bien des armes. Le duel de Macbeth et de Macduff était une vraie bataille. Entendez-vous les grands coups qu'ils se portent ! Voyez-vous les étincelles qui jaillissent de leurs épées ! Tant que Macbeth se croit couvert par un charme surnaturel, il se sent invincible ; c'est à peine s'il pare les coups de son ennemi ; mais dès que Macduff a parlé et révélé sa naissance, alors Macbeth se met à douter de son propre courage ! Cependant il se relève et bondit sous l'outrage ; il ne veut point vivre pour être attaché comme un trophée au char du vainqueur : enfin il meurt, comme le Bothwell d'*Old Mortality*, sans remords et sans peur. Sa propre défaite est encore le plus beau triomphe de Macbeth.

Ces études patientes du génie anglais ont été la première occupation des maîtres de l'école moderne ; elles ont été le premier sujet de nos discours ; elles étaient pour le poëte sérieux une inspiration, pour le critique un point d'appui, pour l'artiste une révélation. Le jour où cela nous plut de voir représenter chez nous *Hamlet, prince de Danemark*, un grand peintre de notre âge, M. Eugène Delacroix, se chargeait de nous rendre dans une suite d'images, les scènes diverses de ce grand drame.

Ce drame d'*Hamlet* est à lui seul tout un cours de morale, de théologie, de philosophie, d'histoire. Le héros agit et parle, tour à tour, comme un enfant, un poëte, un habile politique, un rhéteur. — Vous retrouvez, dans cette œuvre sans nom, les délires et l'enivrement de la philosophie du Nord, la naïveté et la barbarie des temps primitifs. Hamlet n'est pas aussi fou qu'il voudrait le faire croire, et cependant plus d'un nuage obscurcit cette orgueilleuse raison. Sa tête, si forte dans les moments difficiles, est remplie d'incertitudes, de doutes, de faiblesses. La méditation et la science ont porté un grand coup à l'action et à la volonté de ce noble jeune homme; il a été beaucoup trop un poëte, un rêveur, un passionné de la métaphysique allemande.

Ajoutez que les enivrements de cette cour du Nord, la présence lamentable de l'usurpateur Clodius, les vains plaisirs qui remplissent ce palais souillé du plus noble sang, n'ont fait qu'augmenter la mélancolie et le désastre de ce fils de roi, qui voit sa mère entre les mains de l'assassin de son père. Bientôt, et comme pour augmenter tout ce désordre, se montre aux regards épouvantés de son enfant, l'ombre même du mari de Gertrude. L'ombre menace, elle commande, elle exige, entraînant avec elle tous les regrets et tous les respects du prince de Danemark. A suivre cette apparition funeste Hamlet perd le peu de sang-froid qui lui reste. Alors dans cette âme épouvantée toutes choses se confondent : la vérité et le mensonge, la fureur et le calme, la haine et l'amour, la vengeance et le pardon, « Dieu et l'homme ! » Maintenant où se tient la raison de ce jeune homme? où donc se cache son délire?

Sa folie est moins forte que la folie de Brutus, elle est plus touchante. Brutus est le maître de sa raison; il la domine; au besoin il la foulerait à ses pieds. Hamlet, au contraire, il s'épouvante d'avoir joué avec la divine lueur des âmes intelligentes; il frémit rien qu'à l'idée que ce divin flambeau peut s'éteindre dans sa main vacillante.

Même dans son trouble il hésite; et à l'instant où il s'abandonne le plus aux feintes de sa folie, il s'arrête de temps à autre en s'écriant tout bas dans son âme : — « O mon Dieu ! si j'étais fou en effet ! »

Aussi bien cette tragédie d'*Hamlet* nous apparaît comme un rêve. *Le songe de Scipion* et le récit du fantôme des plaines de Philippes ne sont pas écrits avec plus de sans-gêne et de bonne foi. On voit que le poëte a raconté, d'abord en se jouant, cette histoire des êtres de l'autre monde, et que bientôt il a fini lui-même par y croire. Avouons cependant que si le héros de Shakspeare est malade, les personnages qui l'entourent vivent en effet d'une vie véritable. Chacun d'eux a son visage, son caractère, son esprit, son raisonnement, son doute. Les uns et les autres ils parlent beaucoup, sans conclure; ainsi fait le vulgaire.

Le roi est un grand faiseur de dissertations redondantes, inutiles; Polonius est véritablement le courtisan-valet, maître d'école, qui a tant de succès à la cour; Laërtes est un philosophe de l'école de Sénèque, ampoulé et beau diseur. Le fantôme lui-même, cette ombre qui se dessine d'une façon solennelle à la pâle et douce clarté de la lune du Nord, s'amuse à disserter sur la nature des choses et sur les vertus des plantes : — Famille de rhéteurs, tous ces hommes; mais les deux femmes de cette longue et touchante élégie, elles sont bien complètement dans leur rôle de femmes.

Gertrude, la reine et la mère, est bien en effet la femme coupable qui se repent, la mère restée veuve qui, par respect autant que par remords, se prosterne aux pieds de son fils devenu le chef de la famille. Ophélie! elle est, avec Horatio, la providence d'Hamlet. Elle est l'émotion honnête et calme de cette âme en peine, elle est l'espérance et le repos de ce cœur brisé. Otez Ophélie de ce drame, Hamlet n'est plus qu'un fou lamentable, et le voyant s'abandonner à l'ivresse de sa raison épouvantée, personne ne le prendra plus en pitié [1].

1. Nul n'a mieux saisi ce trait principal de la physionomie d'Hamlet que Gœthe : « Quand le fantôme, dit-il, a disparu, que reste-t-il après lui ? un
« homme altéré de vengeance? Non; c'est un jeune homme que la peur
« domine, que le désespoir abat, et dont la douleur se borne à des railleries
« amères contre les coupables qui, le sourire sur les lèvres, s'applaudissent
« du crime qu'il doit leur faire expier. Hamlet promet de ne jamais ou-
« blier le mort chéri qui vient de lui apparaître, voyez cependant par
« quelle phrase significative il termine ce serment : « Le temps est sorti
« de ses gonds; ô destinée maudite, que je sois né pour l'y faire rentrer! »
« Ces parole expliquent toute la conduite de Hamlet, et me prouvent que
« Shakspeare a voulu nous montrer les angoisses d'une âme chargée de
« l'accomplissement d'un devoir au-dessus de ses forces. Cette pensée do-
« mine la pièce entière; on pourrait l'analyser en disant qu'on s'y occupe
« à planter un chêne dans un vase précieux, mais propre seulement à con-
« tenir des fleurs. Les racines de l'arbre s'étendent et le vase se brise.
« Un être noble, pur, éminemment moral, mais dépourvu de l'énergie
« qui fait les héros, doit succomber sous le poids d'un fardeau qu'il ne peut
« ni porter ni rejeter. Ce qu'on lui demande est impossible, non par soi-

Le grand secret de ce poëme d'*Hamlet*, — c'est le néant, c'est la vanité : le néant des grandeurs royales, la vanité de la science humaine. Suivez tous ces gens qui s'agitent dans le vide, et de votre étude douloureuse vous allez retirer ces enseignements : — A quoi bon le crime? A quoi bon la vertu? Pourquoi la pitié? Pourquoi la haine? Et même, ô blasphémateur Hamlet! pourquoi l'amour?

Quant à vous, spectateurs attentifs de ces désordres, vous cherchez en vain, dans tous ces événements entassés sans plan et sans choix, l'action directe ou même lointaine de la Providence; moins que cela, vous y cherchez en vain l'intelligence humaine; moins encore, en vain vous accepteriez le joug de cette loi de fer qui est la loi même du drame antique : la Nécessité ; ni le dieu, ni l'homme, ni le destin, ne se montrent dans ce pêle-mêle d'adorations et de blasphèmes, de louanges et d'exécrations. Tous ces hommes qui s'agitent incessamment autour de la démence d'Hamlet, où vont ces hommes? qui sont-ils? et quels noms leur donnez-vous?

Eux-mêmes ils ne savent pas où ils vont, rien ne les mène ; l'innocence marche du même pas que le crime ; la douce Ophélie est aussi malheureuse que la coupable Gertrude ; Hamlet le philosophe, à force de rêver et de douter, a perdu le sentiment du bien et du mal. Il est faible, il est dur, il est cruel et déloyal; d'où vient cela? Cela ne vient ni de la Providence ni du caprice, ou, si vous aimez mieux, cela ne vient pas du génie du poëte; cela vient du hasard. Hamlet lui-même, il est poëte par hasard.

Nous allons ainsi d'étonnement en étonnement, du doute à l'incertitude, à travers tant de scènes diverses et inattendues. Il ne s'agit même pas ici du hasard qui est grand, qui est dieu, qui a produit le drame antique et tant de longs poëmes; il ne s'agit que de l'accident qui est petit, mesquin, pauvre, honteux, qui produit tout au plus les *faits-Paris* dans les journaux. Shakspeare, dans *Hamlet*, a jeté sur le théâtre la vie humaine tout

« même, mais par rapport aux facultés de celui à qui on le demande. Aussi
« voyez comme il s'agite et se tord : il avance, il recule, il reçoit des aver-
« tissements nouveaux, il se les répète sans cesse, et cependant il finit par
« oublier presque son but. Enfin il ne peut retrouver le bonheur, pas
« même le repos. »

entière, avec ses déclamations et ses caquets, ses calomnies et ses médisances; rien n'y manque, pas même les commérages de coulisse, les dissertations littéraires, les claqueurs du parterre, les rivalités des comédiennes, l'amour-propre des comédiens. Singulière vérité d'un drame, qui, sans transition, passe du papotage de l'antichambre, aux paradoxes surhumains que les morts soutiennent entre eux, assis sur leur cercueil.

Or, il faut justement que ce mélange de toutes les vérités triviales, bouffonnes, sérieuses, calmes et passionnées, ait tenté plus qu'on ne saurait dire M. Eugène Delacroix. L'abandon qui règne dans tout ce drame d'*Hamlet*, le laisser-aller des événements et des personnages auront séduit le peintre illustre, qui déjà une première fois s'était attaché au docteur Faust, comme fait son mauvais génie. Pourquoi le docteur Faust? Pourquoi Hamlet? Pourquoi ces visions, ces fantômes, ce monde de l'autre monde? M. Eugène Delacroix va vous répondre tout simplement que, à raconter ces visions, il est plus à l'aise; il est plus le maître de son art; il peut obéir à sa fantaisie; il se met à l'abri derrière l'indécision et la rêverie de Gœthe, de Shakspeare; il est tant qu'il veut l'être un Allemand qui s'enveloppe dans son nuage, comme le père d'Hamlet dans son linceul.

— « Hamlet, se sera dit M. Eugène Delacroix, est une vision, donc j'ai le droit de ne pas faire un personnage en chair et en os. Pourvu que je l'indique aux yeux prévenus, le génie du poëte fera le reste. Hamlet, c'est comme le fantôme de son père, une ombre errante! Avec une plume noire sur ce chapeau de velours, avec un manteau replié sur une épée, avec de longs cheveux que soulève le vent d'automne, moi, peintre, j'en serai quitte! On dira : le voilà! c'est Hamlet! et chacun de regarder mon dessin *avec l'œil de son esprit*.

Au fait, moi, peintre, pourquoi n'aurais-je pas le droit du comédien? Le comédien se montre, il est tout vêtu, tout armé, ses yeux sont pleins de larmes, sa bouche pleine de fureur, son cœur bondit dans sa poitrine agitée; l'instant d'après, plus de larmes, plus de fureur, plus de bondissements, plus de beaux costumes, notre homme est rentré dans ses habitudes et dans son costume de chaque jour! »

Pourtant, il faut le dire, en dépit même de cette façon d'agir et d'indiquer tout au plus des formes, des pensées, des idées grandes et belles qui seraient grandes et belles pour longtemps, pour toujours, si ce noble peintre s'en fût donné la peine, on ne peut pas considérer, sans un vif intérêt, les scènes diverses de l'*Hamlet* de M. Eugène Delacroix. On veut savoir comment il a compris toute cette poésie. Ces deux morts (Hamlet et l'ombre de son père) au milieu des vivants; ce bavardage de bourgeois, qui interrompt les plus curieuses dissertations dont l'âme humaine ait été le sujet, ce mélange singulier de la nature triviale et de l'exaltation philosophique, de la raison et de la folie, on veut savoir quel parti en aura tiré cet habile interprète.

Ce n'est pas un traducteur que l'on veut étudier, cette fois, c'est un comédien que l'on veut applaudir, Garrick par exemple. A lui aussi on peut dire ce que dit Horatio à son camarade : « Voilà le fantôme, toi qui es un savant, parle-lui ! »

Mais pour parler au fantôme, il faut être plus qu'un savant, il faut être un poëte. — Il fait nuit : sur la plate-forme du château, Hamlet voit venir à lui l'ombre de son père, armé de pied en cap. — « Tu t'appelles Hamlet, roi, père, souverain du Danemark ! — Tu rends la nuit hideuse... » Disant ces mots, le prince de Danemark suit l'âme de son père. La scène est imposante, le geste du jeune homme est plein de respect. — Malheureusement M. Eugène Delacroix a trop pris au sérieux ce que dit Ophélie en parlant d'Hamlet : — *Qu'il paraissait trouver son chemin sans le secours de ses yeux.*

Cependant, à chaque nouvelle scène que dessine le poëte, vous êtes tenté de vous écrier : — *Est-il possible qu'une âme si noble soit ainsi bouleversée ?* La scène des comédiens, quand Hamlet dit à sa mère : — « Madame, permettez que j'appuie ma tête sur vos genoux ! » doit être donnée en exemple aux comédiens à venir. — Le moment terrible quand le roi est en prières, *adressant ses paroles là haut, pendant que ses pensées demeurent ici bas*, est encore une des grandes scènes de cette comédie. — Hamlet disant à sa mère : « Confessez-vous au ciel, repentez-vous du passé, gardez-vous de l'avenir ! » est d'une tristesse adorable. —

La scène du rat est bouffonne, le cadavre caché derrière le rideau est hideux. — *Voudriez-vous jouer de cette flûte, Monseigneur ?* n'a pas de sens. A chaque instant, à l'aspect de ces bonshommes mal déguisés, nous sommes tentés de nous écrier, comme Hamlet : — *L'homme ne me convient pas, la femme non plus !*

Silence et prêtons l'oreille à cette complainte, elle est peut-être la rêverie la plus poétique des rêveries de Shakspeare : « Il y a « au bord du ruisseau un saule ; l'eau limpide réfléchit dans son « cristal le feuillage blanchâtre. Ophélie en cueillait une branche « pour en faire de bizarres guirlandes avec des renoncules, des « orties, des marguerites..... Une branche se rompt ; alors elle « et son trophée de fleurs tombent dans le triste ruisseau ; ses « vêtements s'enflent et s'étalent ; ils la soutiennent un moment « sur la surface, telle qu'une fée des eaux..... Ses vêtements ap- « pesantis et trempés d'eau ont entraîné la pauvre malheureuse « et ses douces chansons, dans la vase et dans la mort ! »

Jamais Shakspeare lui-même n'a rêvé son Ophélie plus belle que ne l'a faite Eugène Delacroix. Elle tombe, sa main qui cède tient encore à la branche ; de l'autre main elle porte sur son sein sa douce et dernière couronne ; l'extrémité de sa robe est déjà mouillée, déjà le flot recouvre ses deux pieds adorés ; le paysage est triste et lugubre : vous voyez accourir de loin le flot qui va engloutir la malheureuse Ophélie.

La dernière scène est tout à fait la boucherie humaine que raconte Shakspeare : ils meurent tous ; Hamlet tombe frappé du glaive mortel ; il meurt sans nécessité, tout comme est morte Ophélie. Ceux qui survivent emportent les morts. Et nous sommes tentés de nous écrier comme Horatio : — « Quelle vaste curée a faite la mort ! que de princes frappés par le trépas ! »

Vous avez vu au Salon de 1841 un tableau de M. Eugène Delacroix : le cimetière d'Hamlet. Vous vous rappelez ce vaste champ ensemencé par la mort ; ces ossements humains çà et là répandus ; ce ciel rempli d'orage ; dans le lointain, cette flèche surmontée de la croix ; le tertre solide sur lequel le prince de Danemarck pose le pied ; l'habit du prince, son manteau, la plume noire de sa toque, son regard attentif, son geste résigné. Vous vous rappelez aussi cette fosse qui attend son mort, et ce fossoyeur assis sur le bord de la fosse, les deux pieds dans le vide, sa bêche derrière lui, l'oreille attentive, mesurant de l'œil dans quel trou le prince pourrait tenir.

Cependant, l'autre fossoyeur, debout, la tête enveloppée d'un mouchoir, le geste gracieux, tient délicatement de ses trois doigts, comme un homme habitué à manier ces sortes de débris, la tête d'Yorick le pauvre fou ! devenu *maintenant monseigneur mangé aux vers!* « Hélas, pauvre Yorick, je l'ai connu, c'était un garçon d'une gaieté infinie ! » Tel était ce tableau de M. Eugène Delacroix. Rien qu'à le voir, l'esprit tombait dans une méditation profonde, et nous doutons, quoi qu'en disent les contemporains de Garrick, que Garrick ait été plus touchant dans son grand rôle d'*Hamlet*.

Eh bien ! ce tableau de M. Eugène Delacroix était, comme on dit, un simple tableau de genre ; de même que cette grande et terrible scène des fossoyeurs dans *Hamlet*, qui a fourni de si nombreux prétextes à des commentaires sans nombre, était d'abord une farce, une charge, une improvisation de messieurs les clowns anglais, chargés d'abréger, par ces plaisanteries funèbres, les longueurs de l'entr'acte. Comment cette machine de tréteaux a pris place au théâtre, comment cette *clownerie* « des bagatelles de la porte » est devenue une scène essentielle du drame même d'*Hamlet*, à ce point qu'il serait impossible aujourd'hui de séparer la charge des bouffons, de l'œuvre des comédiens sérieux ? Voilà un des mystères du théâtre. Ainsi ce grave président du parlement de Paris, devant qui les comédiens du roi avaient joué le même soir *Andromaque* et les *Plaideurs :* — « Monsieur, disait le bonhomme à Racine, j'allais pleurer sur les malheurs d'Andromaque, le juge Dandin et les petits chiens ont tout gâté. »

L'*intermède !* Il est véritablement la fête de la grande majorité des spectateurs, et c'est surtout pour assister aux farces et pour entendre des quolibets grivois que la foule arrive au théâtre. Ainsi le *Misanthrope*, ainsi *Tartufe*, ainsi les *Femmes savantes* ont vécu, grâce à quelque bonne farce au gros sel du père Molière. Il y avait des clowns pour soutenir les chefs-d'œuvre de Shakspeare, il y avait des parades pour faire agréer à ce public grossier les comédies de Térence. Aux deux premières représentations de l'*Hécyre*, un chef-d'œuvre [1], au moment pathétique,

---

[1] « Cette pièce (Ainsi parle Térence en sa préface : on parlait de soi même en ce temps-là, en toute modestie, on en parlait fort peu. Térence a laissé

il fallut appeler les danseurs de corde et les gladiateurs, et pendant quatre heures le peuple se divertit de ces tours de force, oubliant le vrai poëte et son œuvre [1].

Quand, plus tard, le spectacle fut réglé, on plaça à la fin de l'*atellane* ou de la tragédie, ce qu'on appelle aujourd'hui la petite pièce : (*Exodium*, disaient les Latins) l'exodiaire était une espèce de clown « chargé de faire rire, et d'essuyer les larmes de la tragédie. » Et même encore aujourd'hui, dit Horace, nous avons conservé ce vieux reste de l'ancienne rusticité :

> Manserunt hodieque manent vestigia ruris.

Horace, en ceci, se plaint un peu à la légère ; et puisque en fin de compte, ces plaisanteries, ces hors-d'œuvre amusaient la foule, à quoi bon priver, ce peuple difficile à l'attention, d'une part même grossière de son plaisir ? Que dis-je ? on vit plus tard, dans les temps de servitude et d'affliction, que la farce et la satire tant méprisées, avaient souvent plus de courage et de valeur que la comédie elle-même, et qu'elles étaient plus fécondes en châtiments. Ainsi quand Tibère, amoureux d'une dame romaine, Mellonia, eut forcé cette infortunée au suicide, et que Mellonia fut morte en déclarant qu'elle échappait, par la mort, à l'horreur d'appartenir à ce monstre velu, il y eut dans la petite pièce un *exodiaire* implacable qui parlant d'un ours hideux, « l'épouvante de l'innocente brebis, » insista, comme s'il désignait la *bête fauve* qui avait fait périr la noble dame Mellonia. Alors le public battit des mains sous le regard de Tibère. Ici l'*exode* s'élève à la dignité même d'un châtiment mérité.

Une autre *farce* (en ce moment le monde appartenait à Néron)

---

des prologues exquis, il eût été bien étonné si on l'eût prié d'écrire ses mémoires.) Cette fut pièce donnée, pour la première fois, aux fêtes de Cybèle, sous les édiles Sextus Julius César et Cornélius Dolabella ; elle n'alla pas jusqu'à la fin. Elle fut remise au théâtre pour les jeux funèbres de Paul-Émile, et cette seconde représentation n'eut guère plus de succès que la première. Elle eut enfin un certain succès lorsqu'elle fut reprise par la troupe d'Amblivius Turpio, sous les édiles Q. Fulvius et L. Martius. »

[1].       ..... Media inter carmina poscunt
           Aut ursum, aut pugiles.

Et plus loin, ajoute Horace :
           Quatuor aut plures aulea premuntur in horas.

rendit très-populaire un bouffon romain nommé Datus. Ce Datus, à la fin d'une pièce atellane, en présence même de Néron, meurtrier de sa mère et fils d'un père empoisonné, chantait une chanson en langue grecque (or, ce mélange de latin et de grec était chose admise en ces sortes de poèmes) dont le refrain était :

« Adieu, mon père! adieu, ma mère! » — En disant : « Adieu, mon père! » le bouffon Datus fit le geste d'une personne qui vide une coupe (ainsi mourut Claude); en disant : « Adieu, ma mère! » il faisait le geste d'une personne qui se noie (Agrippine à Brindes). Il fit plus; la chanson disait encore : « Adieu! Pluton vous conduit à la mort. » (Véritable chanson digne du cimetière et des fossoyeurs d'Hamlet.) A ces mots : « Pluton vous conduit à la mort, » le bouffon se tournait vers les sénateurs exposés, comme on sait, à toutes les cruautés de Néron.

Ainsi chose étrange! le courage romain ne se trouvait plus que dans ces comédies sacrifiées. Néron lui-même se prit à rire des reproches publics faits à ses crimes, et ce bourreau comédien fit grâce à son camarade le comédien.

Les bons princes, pas plus que les méchants, ne furent épargnés par l'*intermède* et par l'*exode*. « Il est revenu des champs, le camard! » fit rire le peuple aux éclats, un jour que l'empereur Galba était venu de Brindes à Rome; on voit même, dans Juvénal, qu'une bonne plaisanterie était souvent la bienvenue à deux reprises différentes :

..... tandem que redit ad pulpita notum
Exodium.

O Jupiter! les Romains avaient donc sur nous, cet avantage de s'étonner qu'une plaisanterie servît deux fois de suite? On compte chez nous tout autrement; qu'une pièce nouvelle soit jouée et qu'il en sorte une allusion, cette même allusion, toujours nouvelle, fera rire encore au bout de six mois.

Enfin (et ceci nous explique comment et pourquoi la clownerie ajoutée au drame d'*Hamlet* a passé si complètement et si vite dans le drame même dont elle n'était qu'un accessoire) il faut ajouter que sur le théâtre romain, tout comme sur le théâtre anglais, après une comédie de Térence, au beau milieu d'un drame de Shakspeare, les mêmes acteurs jouaient leur rôle triste et leur rôle plaisant, dans la tragédie et dans l'exode, comédiens ou bateleurs, le visage sous le même masque, et vêtus des mêmes habits. Agamemnon jouait Thersite, Hamlet représentait le fossoyeur. Juvénal, dans sa troisième satire, a dit positivement :

« Ce comédien joue également dans la satire ou dans l'exode
« d'une atellane ; le grand comédien Urbicus, excite à rire en
« jouant le rôle d'Antonoë ; Célia oublie, en le voyant, que cet
« homme est pauvre et son cœur est pris autant par les gestes
« du bouffon, que par les coups d'épée du tragédien [1].

Parler de Shakspeare et ne pas parler d'Othello, c'est impossible, et d'autant plus que vous verrez bientôt M. Victor Hugo lui-même emprunter Venise à Shakspeare. *Othello* au sommet de l'œuvre, *Shylock* au bas de l'échelle, *Kean* pour les deux rôles ; nous avons assisté à ces grands spectacles en l'an de grâce 1827, à l'heure où M. Victor Hugo cherchait sa voie, osant à peine rêver les gloires et les émotions du théâtre.

Après Kean et Charles Kemble, après miss Smithson, après madame Malibran elle-même, et à l'exemple de son maître, Eugène Delacroix, un jeune peintre, voulant se donner à lui-même une représentation de l'*Othello* de Shakspeare, s'acquitta non pas sans verve et sans talent de cette tâche illustre, et il faut, véritablement, que cette représentation nous ait frappés pour nous en souvenir, même après les grands succès de Rubini, de Lablache et de madame Malibran. M. Chassériau était en ce temps-là un tout jeune homme, qui suivait Shakspeare à la façon d'un Vénitien en bonne fortune. Il étudiait le sentier par lequel a passé cette chaste et vigoureuse poésie ; il savait dans quelle rue se promenait Yago ; il a reconnu la place du palais Brabantio ;

---

1. Dans le tome premier de cette *Histoire*, nous avons indiqué sous ce titre : *Un Drame à faire*, la mort de Crassus, dont la tête est jetée au milieu du théâtre au moment où le chœur chante: « Admirez notre heureuse chasse, voici la tête du lionceau que nous avons tué dans la forêt! » Le bon Amyot faisait un contre-sens lorsqu'il traduisait ce passage de Plutarque : « Voilà, disait-il, quelle fut l'issue de l'entreprise et du voyage de Crassus, qui ressemble proprement à la fin d'une tragédie! » Il fallait dire, et la chose en effet s'explique fort bien, par ce que nous avons dit plus haut : « Voilà comment finit l'expédition de Crassus : elle finit par une satire ou exode à la façon des plus anciennes tragédies ! »

« Éveillez-vous, holà ! Brabantio ! des voleurs, des voleurs ! »

A sa fenêtre ouverte, il a vu le seigneur Brabantio, regardant, prêtant l'oreille à cette calomnie nocturne ! Cependant nous entrons dans la maison de Desdemone ; Othello est avec elle, tendre et fier, passionné et calme. Certes, avec les préjugés de messieurs nos comédiens, qui, en fait de noir, n'admettent qu'une demi-teinte pour leurs visages, on trouve que l'Othello du peintre est d'une couleur un peu sombre. Mais ainsi le veut la loi des contrastes, c'est justement parce que le More est More, que la blanche Vénitienne s'est éprise de ce héros noir, dont l'idée la poursuit et l'obsède.

« Elle me remercia, et elle me dit que si j'avais un ami qui l'ai-
« mât, je n'avais qu'à lui apprendre à raconter mon histoire, et
« que cela la pénétrerait d'amour pour lui ! » Voilà tout le secret, voilà tout le charme ; Othello est noir ; mais dédoublez-le, et vous verrez une belle âme, Desdemona le dit elle-même au sénat de Venise : *J'ai vu son visage dans son âme !*

Il y a dans le drame anglais une admirable scène, bien simple, que l'artiste a bien rendue.— « Honnête Yago, je te laisse ma Desdemone ! » L'attitude de Desdemone est pleine de confiance et d'abandon ; le peintre nous la montre très-vêtue, la tête ornée d'un long voile, la robe qui monte au cou et qui descend flottante au bout des pieds, jetant çà et là toutes sortes de plis favorables sur ce beau corps honnête et pur. C'est une bonne façon de nous présenter ainsi cette belle jeune fille, la perle de Venise : *ô ma belle guerrière, o my fair warrior !*

Disant ces mots, Othello l'embrasse, et l'on comprend que ce n'est pas sans raison si le poëte a fait d'Othello un amant noir ; Desdemone n'en paraît que plus blanche ; c'est la nuit, c'est le jour qui s'unissent dans ce baiser ; c'est l'Europe italienne, c'est l'Afrique brûlante qui s'embrassent ainsi ! Mais quelle est la femme aujourd'hui sur nos théâtres à qui Othello pourrait dire : *Ma belle guerrière ?* Les plus dramatiques personnes du drame moderne sont pâles, étiolées, anhélantes, sans force, sans vigueur, sans jeunesse ; elles sont minées par une petite toux sèche qui ne donne d'inquiétude à personne ; à peine si elles osent marcher, à peine si elles osent agir ; toute leur passion consiste à pousser de temps à autre un grand cri, à faire un grand geste, et puis c'est tout ;

on dirait un malheureux qui se noie et que l'abîme emporte.

*O ma belle guerrière !* c'est un grand mot ! C'est ainsi que parle l'admiration d'Othello ! Mais à la place de sa belle guerrière, donnez-lui la femme souffreteuse, nerveuse, agacée, agaçante, au visage pâle, éclairé parfois d'un éclair subit et sans portée, Othello restera calme, il ne s'inquiétera guère de maître Yago ; à aucun prix il ne consentirait à briser cette fleur brisée à l'avance ; il lui faut au contraire une vie puissante à écraser sous ses étreintes frénétiques. Voilà pourquoi je n'ai jamais trouvé, à mon sens, que cela fût chose raisonnable et juste de représenter la Desdemone tremblante, timide, courbée, marquée à l'avance du sceau fatal. *O my fair warrior !*

Ainsi le drame s'en va, de progrès, en progrès jusqu'à la catastrophe lugubre. Ces Italiens sont d'abominables coupeurs de belles choses. Ils ont un certain canif musical avec lequel ils retranchent sans pitié les plus éloquentes merveilles. On se demande, par exemple, comment Rossini, cet homme qui a tant d'esprit que son esprit est du génie, cet homme qui comprend toutes choses avec un instinct presque surnaturel, a pu consentir à retrancher de cette tragédie admirable, complète, les scènes les plus importantes ? Comment donc il a accepté ce vulgaire libretto qui est à peine l'ombre affaiblie d'un immortel chef-d'œuvre ? Certes on ne traiterait pas avec plus de mépris les poésies d'un marchand de sonnets italiens, et à notre sens Rossini est bien coupable d'avoir eu si peu de respect pour l'œuvre du grand William.

Justement nous voilà entrés dans cette retraite silencieuse où Desdemone doit mourir. Avec l'habileté d'un poëte et l'ardeur d'un jeune homme, Shakspeare lui-même n'a été tout à fait le maître de son drame que lorsqu'il a tenu, entre ces quatre murailles, cette belle jeune fille maudite et charmante qu'il a entourée de tout son amour, de tous ses respects. Elle est seule avec sa suivante ; elle cause tout bas dans son cœur ; elle sent au fond de l'âme l'effroi secret que laisse après elle l'étoile qui file dans un ciel nuageux. Ses bras sont nus, cette fois ; on entrevoit enfin un petit bout de son épaule, et cette sainte nudité est d'un effet d'autant plus grand, que Desdemone a été jusqu'à présent honnêtement vêtue, à la façon d'une dame patricienne.

Au dehors du palais d'Othello, par une nuit sans clarté, Roderigo et Cassio se battent à coups d'épée ; le matelot des lagunes chante sa complainte qui glisse à l'ombre des palais, un instant réveillés par l'écho plaintif ; — au dedans du palais, la Vénitienne pleure, prie et chante ; c'est toute sa vie. En ce moment, la lampe jette une clarté plus vive sur ces deux bras doucement posés sur la lyre attristée. Tout ceci est d'un grand effet. Bientôt voilà le More qui s'avance ! Oh ! la grande figure... dans Shakspeare. Quel air terrible et pensif ! Regardez, et vous allez lire dans les ténèbres de son front l'arrêt de mort de l'innocente, couchée là ! Il me semble en ce moment que j'entrevois Talma, quand il ressuscitait l'œuvre shakspearienne, cette fière et touchante statue de marbre enfoncée dans les vers et dans les arrangements du poëte Ducis !

En même temps, que nous avions des peintres qui s'attachaient à Shakspeare, un intrépide et infatigable musicien de ce temps-ci, se mettait à songer qu'il ferait de *Roméo et Juliette* une symphonie, et comme il l'avait dit, il le fit en effet, je puis même vous raconter le petit drame intime qui précéda la symphonie.

Un soir, dans la vaste salle où les comédiens anglais avaient réuni la foule la plus brillante, mais dans un coin obscur du parterre, un jeune homme se glissa en toute hâte. Il était tout essoufflé, car il arrivait, en courant, de l'Opéra-Comique où il avait rempli son office dans les chœurs, à telle enseigne qu'il lui restait à la joue un peu du fard des comparses. — Avec l'argent qu'il avait gagné ce soir-là, réuni à l'argent qu'il avait gagné la veille et l'avant-veille, il avait acheté ce précieux billet de parterre. Du reste, son œil était fier, sa tête était haute, il y avait dans toute sa personne la résolution qui fait les grands artistes. Regardez bien ses yeux et son front, et vous reconnaîtrez un grand avenir. Ainsi était fait ce jeune homme.

Une fois assis, il se mit à regarder ce drame de tout son cœur, à l'écouter de toute son âme. Justement à ce moment solennel commençait la scène du balcon entre Juliette et Roméo. C'est là peut-être une des plus touchantes inventions de la poésie moderne. Le drame de l'amour heureux n'a jamais été plus loin. Les deux jeunes époux, réveillés à la douce chanson de l'alouette matinale, viennent sur le balcon de marbre respirer les douces senteurs du matin. C'est la première heure du jour, c'est aussi l'heure des adieux. Déjà dans le lointain se dessine le sentier fatal qui conduit de Vérone à Mantoue. « C'est le jour! c'est le jour! C'est bien l'alouette qui chante! ce n'est pas le rossignol! Hâte-toi! va! pars! mon Roméo! » Scène admirable! Et notez bien que la jeune femme qui parlait, d'une voix si tendre au sommet du balcon, était jeune et belle, et si blanche! Et notez bien que jamais notre jeune spectateur du parterre n'avait compris que la tragédie pût se jouer ainsi! Aussi se prit-il à verser des larmes, puis après s'être bien recueilli dans son enthousiasme, après avoir humé lentement et goutte à goutte cette divine poésie, il sortit du théâtre.

Le ciel était sombre et pluvieux, pas une étoile au ciel, pas un seul bruit dans la rue. Autour de notre poëte à pied, tout était silence, désespoir, solitude. Mais qu'importe? A cet instant décisif dans sa vie, il se fit à lui-même ce serment: « Cette femme sera ma femme! et de cette tragédie de Shakspeare, je ferai une symphonie quelque jour. »

Or, ce qu'il a dit, il l'a fait, lui le jeune homme sans nom, sans amis, sans protecteurs, perdu dans la foule des artistes oisifs et rêveurs, lui, un choriste, à qui monsieur le ténor, régnant en ce temps-là à l'Opéra-Comique, eût à peine daigné rendre son salut, lui à qui la Dugazon n'eût pas dit — « Grand merci! » s'il eût ramassé son sale mouchoir! Oui, lui-même il a tenu ce double serment, la symphonie et le mariage!

Ah! que c'est une belle chose la volonté, quand on est ainsi aidé et compris! Tout pauvre et tout obscur qu'il était alors, et perdu dans cette foule émue, attentive et charmée, il avait été deviné par Ophélie et par Desdémone. Si bien qu'il est devenu le mari de cette belle artiste anglaise qui lui a révélé le drame de Shakspeare, et qu'enfin, pour compléter son rêve d'amour et de gloire, il a composé, aux heures brillantes de la double popularité de l'écrivain et du maître de musique, sa symphonie de *Roméo et Juliette!* Mais avant d'arriver là, que de soucis, que de peines infinies, que de transes cruelles, et combien de ces douleurs cachées dans l'âme dont Dieu seul sait le secret!

Toujours est-il que sa double tentative a été heureuse; que l'amour aidant, il est devenu le mari de cette belle femme dont le séparait un abîme, et que grâce à Paganini, ce Berlioz des miracles, il nous a fait entendre sa symphonie et la plainte de *Roméo et Juliette*. Et maintenant, jeunes gens, qui que vous soyez, apprenez par cet exemple à ne jamais désespérer de la fortune; apprenez que le talent finit toujours par rester maître du champ de bataille, quand on est né heureux, et même quand on a du talent!

Puisque nous sommes à rechercher l'influence de Shakspeare sur l'art français, je voudrais bien, mais comment faire? vous donner une juste idée de cette immense composition de Berlioz, à laquelle ces deux cents musiciens suffisent à peine, avec toutes leurs voix, tous leurs instruments et cette rare intelligence qui les anime. Il n'en n'est pas du musicien comme du poëte, qui a le droit de préparer son récit, d'arranger sa fable, d'annoncer ses personnages. Il faut absolument que le musicien, une fois qu'il s'est imposé un sujet, entre tout de suite dans son sujet. Ce n'est pas lui qui mène son drame, c'est son drame qui le mène. Le drame a le droit d'être diffus, incorrect, d'aller au pas, à ses aises, sans se hâter; la symphonie au contraire; elle marche d'un pas égal, elle n'a ni repos, ni trêve; si elle veut, chemin faisant, analyser ou décrire, l'oreille impatiente, lui reproche sa lenteur. Ajoutez à toutes ces difficultés l'absence complète de tout ornement étranger; un théâtre idéal, des décorations absentes, des chanteurs en habits noirs qui sont des hommes comme tous les autres; rien qui attire l'attention du spectateur, rien qui commande ses respects, rien qui ressemble à l'illusion courante de l'art dramatique.

Heureusement que l'artiste était intelligent, il avait l'intelligence de l'esprit éveillé depuis longtemps, unie à l'intelligence du cœur, qui se réveille, et qui parle pour la première fois. Il étudia, comme il faut l'étudier, le grand poëme qu'il allait mettre en œuvre, et enfin par une belle nuit d'été, dans les jardins remplis d'ombre et de lumière, il nous montra Juliette, qui raconte *son amour* à l'astre des nuits!

Comme nous étions, Dieu merci, très-pénétrés à l'avance de ce grand drame, et comme nous avions échappé, pour n'y plus revenir, à l'imitation de M. Ducis, il ne fut pas nécessaire de nous raconter les détails de l'histoire de Juliette et de Roméo. Nous savions ce que disaient ces plaintes, ce que chantaient ces tendresses, ce que promettaient à l'avance, l'andante, l'allégro, et le petit chœur. Déjà nous l'avions entendu retentir à nos oreilles charmées, nous l'avions vu représenter à nos yeux éblouis, tout ce grand drame ; et nous nous rappelions avec un ravissement ingénu, l'éclat, l'entraînement, les transports, les robes de satin, les habits dorés, les diamants et les épées, les gantelets d'acier et les épaules nues des fêtes ardentes de l'Italie. Où sommes-nous, en quels lieux divins nous a transportés la baguette de la fée ?

Et Vérone, Gênes, Venise, ont ouvert aux enchantements de cette musique un de ces vieux palais de marbre et d'or, où tout est disposé encore pour le bal, depuis trois cents ans, depuis la dernière fête. Écoutez donc ; prêtez l'oreille à la douce symphonie ! Ah ! que cette joie est vive et bruyante ! Hélas ! que cette tristesse est sombre et calme au bruit de ces eaux jaillissantes, aux tressaillements de ces jardins.

Pour bien entendre une œuvre pareille, abandonnez-vous tout simplement à l'idée, au souvenir, au drame. Laissez-vous être heureux et charmé. Ne cherchez pas à accoupler les émotions de la terre à cette touchante harmonie. Ecoutez ! Déjà la fête des Capulets disparaît et s'efface comme fait le rayon du soleil dans le nuage. Ce vaste palais si rempli tout à l'heure, maintenant il est désert. Toutes les lumières sont éteintes, toutes les danseuses se sont envolées. La fête n'est plus là, elle n'est plus nulle part. Il n'y a plus dans cette enceinte royale que la nuit, le silence, l'ombre douteuse, tous les chastes murmures d'un beau soir. Voilà ce que chante l'*adagio* de sa voix douce et plaintive. Seulement, tout là bas, sur la place, dans la ruelle, au détour de la rue, vous pouvez entendre la voix des danseurs les plus jeunes, qui fredonnent en toute hâte, les derniers chants du bal. C'est bien là la jeunesse frivole, qui oublie même l'amour. Cependant plus ces voix insouciantes se font entendre et plus l'*adagio* se lamente. Il pleure ainsi jusqu'à ce que tout fasse silence, là bas comme ici. A la fin le chant cesse peu à peu. Il fait nuit tout à fait dans la maison des Capulets.

Alors paraît et se montre, en son fantastique appareil, la reine Mab. Pendant que se reposent, pour une heure, les passions de la terre, le drame peut bien faire halte quelque part ; c'est un droit que n'a pas la symphonie : une fois lancée, il faut qu'elle aille toujours. Voilà pourquoi notre musicien a introduit la reine

Mab dans ce drame lamentable, pendant que c'est à peine si elle est indiquée par Shakspeare. Mais une fois ce léger anachronisme accepté, remarquez, je vous prie, l'effet aérien et féerique de ce long passage, exécuté par tous les violons entremêlés des notes harmoniques des harpes.

En même temps (voyez l'antiquité qui de nouveau se montre, inattendue!), à travers cette fantasmagorie balladine, si vous écoutez avec l'attention souriante que commande ce rêve sautillant et scintillant, vous vous demanderez, non sans inquiétude, quels sont donc ces petits bruits secs et bien accentués que vous n'avez découverts encore dans aucun orchestre de ce monde? Je le crois bien, car les instruments ressuscités que vous entendez, ce sont tout simplement ces petites cymbales antiques dont il est parlé dans les poëtes de l'école de Pindare. Ces petites cymbales étaient restées enfouies, avec le dithyrambe, au tombeau glorieux de l'antiquité, lorsque, dans les ruines de Pompéï, Berlioz découvrit l'instrument humilié, qui depuis tant de siècles n'avait pas fait entendre son petit cri de cigale amoureuse dans les bois.

Il ramassa à tout hasard cet airain musical, en se disant : qui sait ce qui peut arriver! et il se retira plus heureux que s'il eût retrouvé les deux bras qui manquent à la Vénus de Milo. Il me semble l'entendre, quand il ramassait ces instruments qui se croyaient à jamais égarés, se dire à lui-même, comme ce serviteur des Capulets : « Il est écrit que le cordonnier se servira de « sa toise, et le tailleur de pierres de sa forme ; le pêcheur de son « pinceau, et le peintre de ses filets. » Mais qui diable, eût jamais pensé, même Berlioz, qu'un jour il emploierait dans son orchestre les cymbales des prêtres de Cérès?

Toujours est-il vrai de dire que ces quatre petites cymbales sont très-d'accord, et qu'elles sont d'un bien piquant effet, et véritablement il était difficile de trouver un meilleur accompagnement pour cette reine Mab, que traînent de minces atomes. « Les roues de son carrosse sont faites des pattes des faucheux, l'impériale d'ailes de sauterelles, les harnais des rayons humides d'un clair de lune. C'est dans cet équipage qu'elle galope la nuit à travers le cerveau des amants, et ils rêvent d'amour. »

Cependant toute cette catastrophe s'est accomplie, et tout

comme l'a dit le chœur. Était-il nécessaire alors de nous expliquer ce qui se passe sous les tombeaux et toute cette lamentable histoire de Juliette ressuscitée sur le corps de Roméo qui vient de mourir? Maintenant, en effet, que nous sommes entrés, les yeux pleins de larmes, dans tous ces mystères, nous n'avons plus guère besoin de toutes ces explications.

Cette marche funèbre, d'un effet désolant, ces voix qui disent une seule note : — *Jetez des fleurs ;* cet orchestre au milieu de la funèbre mélodie, et ramassant cette note de désolation et de mort, en un mot, tout ce travail harmonique d'une inspiration si puissante, qu'est-ce donc tout cela, sinon le convoi funèbre de Juliette?

Hélas! elle descend sous ces sombres voûtes; — avec elle descend la mélodie, et l'une et l'autre elles se trouvent enfermées dans le même caveau, dans le même linceul. Alors figurez-vous que le musicien, acharné à son œuvre, se met à vous raconter ce qui se passe dans les tombeaux des Capulets: sous son voile blanc Juliette repose. La mort pèse sur elle, comme la gelée sur la plus douce des fleurs de toute la prairie. Tout est changé : les instruments de la danse servent de cloches funèbres, le dîner de l'hymen est un repas des morts, les fleurs de la noce couvrent un sépulcre. Eh! la divine beauté vivante enfermée au milieu des morts!

Entre alors Roméo dans cette tombe ; Roméo veut contempler, une dernière fois, les traits de sa bien-aimée. Entendez-vous ce qui se passe, et croyez-vous que ce soit l'orchestre frénétique qui se débatte ainsi dans sa douleur? Non! c'est Roméo qui se tue et qui tombe à côté de Juliette! Non! c'est Juliette qui revient à la vie, appelant Roméo. Juliette elle-même! Juliette ressuscitée! Eh! qui donc, sinon Juliette, qui sort de la mort, pourrait exécuter d'une voix si douce, la phrase mélancolique du jardin? Cette phrase revient peu à peu en lumière... comme Juliette revient à la vie... entrecoupée... faible... monotone... délirante... jusqu'à ce qu'elle puisse s'écrier : « Qu'est-ce cela? Une coupe dans la main de mon Roméo? C'est le poison! Et pas une goutte pour Juliette, l'ingrat! Laisse-moi baiser ces lèvres pour y retrouver quelques gouttes de ce précieux cordial! »

# CHAPITRE XIII

Poésie, analyse, conte, symphonie, imitations, traductions, ce sont là de grands souvenirs, et il me semble qu'un vrai charme se rencontre en ces études, qui ont été la vie et l'étonnement de notre première jeunesse. En vain j'ai hâte d'arriver au drame moderne : à quoi bon se hâter, qui nous presse, et pourquoi ne pas parler encore de Shakspeare ?

Il a été le départ de la nouvelle école, il a été le premier maître et le maître absolu de M. Victor Hugo lui même, il a régné sur nos théâtres, du plus humble au plus illustre ; à ces causes parlons encore de Shakspeare! Il a rempli le Théâtre-Français avec *Othello* et mademoiselle Mars, le second Théâtre-Français avec *Macbeth* et miss Smithson, le Théâtre-Italien avec *Kean* et le *Marchand de Venise ;* on l'a vu à l'Opéra, on l'a retrouvé au théâtre de la Porte-Saint-Martin ; il n'a pas même dédaigné de faire une ou deux apparitions sur le théâtre de l'Ambigu-Comique. Enfin il a passionné, chez nous, aussi bien que parmi son peuple, les âmes les plus hautes et les esprits les plus vulgaires, le roi et le sujet, la grisette et la duchesse... Surtout il y eut un jour où le grand poëte obtint à Paris un des plus rares triomphes que poëte étranger ait jamais obtenus, dans sa propre langue, avec ses véritables comédiens.

C'était en l'an de grâce 1827 (ô temps prodigues, tout remplis d'espérances, d'inspirations, de bienfaits!), par un de ces beaux soirs où la pluie et le vent poussent la foule oisive au théâtre, il était près de neuf heures, le Théâtre-Italien éclatait de ses mille splendeurs. Dans sa loge accoutumée était entrée, au milieu des acclamations publiques, la protectrice du Gymnase et de M. Scribe naissant, madame la duchesse de Berry! Partout des lumières, des fleurs, des beautés! Dans les coins reculés, en les cherchant avec un certain zèle, il eût été facile de découvrir les romanciers inconnus et les poëtes nouveaux que le livre et le théâtre attendaient à leur tour : M. Victor Hugo, M. de Balzac, M. Alfred de Vigny, Frédéric Soulié... O visions! ils étaient tous accourus à cette fête! Perdue au milieu de cette foule de duchesses, il y avait une femme... âme ardente et cœur tout rempli du tumulte indécis des plus violentes passions, qui allait s'écrier, tantôt : « Et moi aussi! » Il y avait un homme attentif, étonné, épouvanté, qui allait deviner, ce soir même, toutes ses destinées !

Cet homme, il s'appellera Frédérick Lemaître; cette femme, aura nom Marie Dorval! Et tous ces poëtes en herbe, et ces comédiens en fleur, et ces critiques de vingt ans, poussés par la même passion littéraire, ils étaient accourus à cette fête où ils devaient entendre, enfin, le plus grand comédien du XIXe siècle et peut-être de tous les siècles, Kean lui-même; on l'attendait, et véritablement ce public impatient et bien élevé commençait à trouver qu'il se faisait attendre bien longtemps.

Kean devait jouer, ce même soir, non pas *Richard III*, mais son rôle horrible, épouvantable, affreux, son rôle de Shylock! Ce même rôle que l'Ambigu-Comique arrangea plus tard à la taille de son traître ordinaire, M. Chilly; ce même rôle que M. Alfred de Vigny, en souvenir de cette même soirée, a traduit en assez beaux vers, comme il a traduit *Othello!*

Cependant Kean n'était pas encore arrivé au théâtre où l'attendait la princesse royale. Il dînait, ce jour-là, au Café Anglais, en compagnie de quelques artistes ; le repas était bon, les vins étaient choisis ; ces Anglais ont toujours aimé le vin de Bordeaux, en souvenir des provinces qu'ils ont perdues. En vain on disait à Kean : — L'heure approche, il faut partir ! — Encore une bouteille, encore un moment ! disait-il. Si bien qu'il fallut le prendre de force, l'emporter au théâtre et le précipiter, tout chancelant sous l'ivresse, sur ces mêmes planches sonores où naguère la Malibran inspirée avait représenté la Desdemone de Shakspeare et de Rossini.

Quel homme c'était ce Kean ! Il me semble que j'y suis encore et que j'assiste à l'épouvante de tous ces beaux esprits et de toutes ces femmes élégantes en présence du tigre hors de sa cage et qui cherche sa proie au moment de la dévorer ! C'était un petit homme énergique, hardi, intelligent, trapu, la tête énorme, les yeux pleins d'un feu sombre. Le poëte grec, en son catalogue « des chefs devant Thèbes, » raconte que Tydée portait sur son bouclier l'image de la nuit : « Le fond était noir, semé d'étoiles d'or ! » Sophocle a vu, de son côté, *Jupiter enveloppé de nuages* ; ce Jupiter olympien dans ce nuage, c'était Kean !... Il s'arrêta comme ébloui des splendeurs qu'il avait sous les yeux, bientôt, son ivresse dissipée (elle avait passé du comédien aux spectateurs), il entra tout d'une pièce, dans l'esprit de son rôle :

SHYLOCK (à Bassanio) : Vous dites donc qu'il vous faut ..

BASSANIO : Trois mille ducats !

SHYLOCK : Trois mille ducats ? Bien !

BASSANIO : Oui, monsieur, pour trois mois.

SHYLOCK : Pour trois mois ? Bien !

Ces deux *bien !* faisaient déjà peur. En même temps le juif regardait, non pas Bassanio, qui l'appelait *monsieur*, mais le riche Antonio, un citoyen de Venise. Antonio, est la générosité même : il gagne beaucoup d'argent, il en donne beaucoup ; sa bourse est ouverte, et il a « la basse simplicité de prêter de l'argent gratis, ce qui fait baisser à Venise le taux de l'*usance.* »

Ainsi se parle Shylock à lui-même : il ne dit pas le mot *usure*. Il vend son argent, il ne le prête pas. Vraiment le poëte anglais, pour expliquer la haine qui remplit le cœur de Shylock, n'a pas besoin d'appeler à son aide les inventions de l'Ambigu. On dirait, à voir les précautions dont s'entoure le mélodrame français, que cette haine de juif à chrétien, disons mieux, cette répulsion du juif pour tout ce qui n'est pas sa nation, a besoin de commentaire. Est-ce que par hasard messieurs les poëtes de l'Ambigu s'imaginent que cette horreur du juif contre l'étranger n'a commencé qu'à l'Évangile et au supplice de Notre Seigneur? Mais les historiens et les poëtes latins, en plein paganisme, c'est-à-dire en pleine acceptation des dieux étrangers par les dieux même du Capitole, sont remplis de mépris et d'exécrations contre les juifs!

Ouvrez les satires de Juvénal, vous verrez que les juifs y sont plus maltraités que les Romains. Martial lui-même, un faiseur d'épigrammes, qui dans le fond était un assez bon homme, un parasite, un flatteur de gens, un faiseur de sonnets et de cantates pour les puissances, un mendiant, il a trouvé contre un certain juif une certaine épigramme si terrible, et partant si difficile à expliquer, que tous les commentateurs de ce bas monde, y compris messieurs de l'Académie des inscriptions et belles-lettres, ont perdu leur latin, leur grec et même leur hébreu à vouloir expliquer cette épigramme de Martial. Je veux parler de la quatre-vingt-quinzième épigramme du livre II, où il est dit:

« Misérable juif, tu vas jurer; eh bien! jure par Anchialus, et je crois que tu dis vrai! » Il y a tantôt dix-huit cents ans que juifs et chrétiens, et même assez bon nombre de protestants, se demandent ce que cela veut dire : *Anchialus*, et personne n'en sait rien. Quant à moi, je ne vois en tout ceci qu'une preuve irrécusable de la misère du juif avant les charmantes lueurs du moyen âge! Elle se montre dans les histoires profanes, elle se montre dans les poëtes païens! Donc plus elle est ancienne et plus elle est injuste; alors pourquoi, quand cette terrible image de la vengeance du paria, du serf, de l'esclave contre son maître et seigneur, vient à se présenter à vous, faiseurs de tragédies sous la figure de Shylock, ne vous contentez-vous pas des motifs que dit Shakspeare, lorsqu'il veut expliquer la haine du juif pour *le chrétien* Antonio?

« Il a insulté ma nation, il s'est indigné contre mes marchés, i appelle usure les biens que j'ai gagnés ; je le hais; que je le tienn une seule fois, et maudite soit ma tribu si je lui pardonne! »

On voyait en effet que maître Kean haïssait cruellement le blond Antonio ; et si vraie était sa haine qu'il n'y avait pas de motif à en donner. Au contraire, à l'Ambigu, l'habile auteur, pour expliquer la rage sourde et la bave de Shylock, se donne la peine d'improviser un beau *prologue*. On voit la cabane, ou, pour mieux dire, on voit au prologue la caverne du juif. Il est à l'œuvre, il compte son argent, il écrit dans son livre de caisse, et, le malheureux! tout à coup entrent, chez lui, des gens masqués, des bandits! Ils pillent ses coffres, ils tuent sa servante, ils enlèvent son enfant, son fils unique, et quand il appelle : à l'aide! au secours! passent deux seigneurs qui le rouent de coups et l'envoient coucher en prison! Bref, on en fait tant et tant contre le juif, dans le prologue, qu'il faut absolument que ce pauvre homme insulté se mette à exécrer l'humanité tout entière! — Est-ce habile cela? nous dit l'Ambigu-Comique, en se frottant les mains; est-ce juste? est-ce bien trouvé? est-ce explicatif? êtes-vous convaincus? et votre fameux Shakspeare, comparé à nous, les arrangeurs, n'est-il pas vraiment un grand maladroit?

Eh bien! n'en déplaise à l'Ambigu-Comique et à ses nombreuses précautions, il me semble que je préfère à ces extrêmes habiletés du mélodrame à grand orchestre, la naïveté scélérate du bonhomme Shakspeare! Où serait en effet la chose étonnante que Shylock fût l'ennemi du monde entier pour avoir perdu, le même jour, son fils, son argent, sa servante, sa liberté, et pour avoir été roué de coups par-dessus le marché? Il y a des chrétiens, et même de bons chrétiens, qui écumeraient de rage pour moins que cela. Par exemple, ce marchand vénitien, fils de l'Église, qui avait écrit sur un livre de compte, au côté *doit* : « Un tel me doit la mort de mon père... » et qui, vingt ans plus tard, avait écrit sur le côté *avoir* : « Il m'a payé! » n'était pas un juif, c'était quelque Malipieri qui se vengeait!

Au contraire, le Shylock de Shakspeare est un juif qui châtie, en se vengeant, la prise de Jérusalem par Titus, les satires de Juvénal, les épigrammes de Martial, et les crachats qu'Antonio a jetés à sa barbe.

SHYLOCK : « *Seigneur* Antonio, vous ne m'avez jamais rencontré sur le Rialto sans m'accabler d'injures. Vous m'avez appelé mécréant, chien, coupe-gorge, et vous avez craché sur ma casaque de juif parce que j'use à mon gré de mon propre bien. »

Voilà toute l'accusation, voilà tout le crime ; il suffit et au-delà pour que Shylock cherche à se venger. Notez bien que sa fille, en ce moment, ne lui est pas encore enlevée, et que cet enlèvement de sa fille et de son plus beau diamant n'ajoutera rien à la colère de Shylock! Savez-vous cependant comment répond à Shylock le seigneur Antonio? « Mais, juif que tu es, de quoi te plains-tu? je suis prêt à recommencer! A notre première rencontre, je cracherai sur toi, je t'appellerai chien, et je te repousserai du pied! Nous sommes ici pour te payer ton argent et non pas pour te faire des amitiés! Et tu n'es qu'un chien, en résumé! »

Voilà comme il répond ; vraiment ce chrétien est tout aussi bien dans son rôle que ce juif! — Vous voyez donc, dit Shakspeare, en répondant à messieurs les quarante de l'Ambigu, que c'est une haine expliquée et convenue, il y a déjà bien des siècles, et qu'il n'est pas nécessaire d'introduire tant de coupe-jarrets dans la maison du juif pour qu'il haïsse entièrement, pleinement le seigneur Antonio.

Quant à l'autre idée, à l'invention qui consiste à faire battre le Shylock de la pièce française par les seigneurs de la république de Venise, elle me semble étrange et malheureuse, d'autant plus que si en effet le premier sénateur qui passe peut battre Shylock et le mettre en prison, comment voulez-vous que j'ajoute quelque foi à la terreur que vous me promettez pour l'instant où le juif voudra couper « une livre de cette belle chair? » Ce naïf Shakspeare, ce fier inventeur, qui n'a pas imaginé de faire battre et emprisonner Shylock, s'en serait bien donné de garde si les dramaturges français le lui avaient proposé. Il savait qu'un moment viendrait, dans son drame, où le juif, en présence de la Seigneurie de Venise, réclamera son droit. « Je réclame la loi, dit-il, *je veux* qu'on remplisse les clauses de mon billet! » Vous l'entendez : *il veut!* Ce n'est pas certainement le langage d'un homme que les sénateurs peuvent frapper à coups de bâton. — « Si vous me refusez, honte à vos lois! il n'y a plus aucune force dans les décrets du sénat de Venise! » Encore une fois, on ne parle pas ainsi devant des hommes qui vous ont *battu* et jeté en prison, sans autre forme de procès.

Cependant, comme il était en train d'arranger, de déranger, d'imaginer, le théâtre de l'Ambigu-Comique a imaginé de remplacer la charmante Portia de Shakspeare, par la fameuse courtisane Impéria. C'est dommage, elle sentait sa vieille aventure et son vieux fabliau, cette aimable Portia ; elle avait la grâce et le charme d'un conte bien fait ; elle était vive, accorte, ingénieuse, et après avoir résisté à l'amour, elle finissait par aimer à son tour ! Vous vous rappelez une ancienne comédie française, *la Femme juge et partie :* il y avait quelque chose de la belle Portia dans cette comédie du comédien Montfleury.

A l'Ambigu, la fière et fluette Portia, l'innocente et vive fillette qui soumet ses amants aux plus honnêtes épreuves, et qui fait si bien que le hasard lui indique à aimer, justement l'homme qu'elle veut aimer, a fait place à l'impérieuse et terrible courtisane Impéria. Ce n'est pas une femme, cette Impéria, c'est une goule !

Elle est avide et furieuse ! Une cannibale ! une ogre ! Elle renifle *la chair fraîche*, et si l'on n'y prend garde elle ne se contentera pas : « d'une livre de cette belle chair. »

La belle idée, et comment nos fameux faiseurs qui touchent à Shakspeare n'ont-ils pas vu que cette Impéria, va tout à l'heure usurper sur les fonctions même de Shylock ? Elle et lui ils feront une paire d'usuriers, elle et lui ils mangeront du même chrétien, et par ce double emploi la courtisane sur les brisées du juif, et le juif sur les traces de la courtisane, se nuiront, l'un l'autre, dans les affaires de ce bas monde, et, qui pis est, dans l'effet à produire au théâtre. Eh ! les maladroits qui font ainsi un double emploi de deux forces absorbantes ! Est-ce que vous ne voyez pas que, cette fille et cet usurier acharnés à la même proie, il devient absolument impossible que la proie échappe à ces griffes, à ces ongles, à ces dents, à cette hyène, à ce loup-cervier ? Enfin où est le contraste en tout ceci ?

Le bon Shakspeare l'avait trouvé, le contraste à Shylock ! Il avait trouvé Jessica, la fille même de Shylock, si heureuse, si fière et si contente d'avoir quitté la maison paternelle (*un enfer !* disait Jessica) avec son amoureux Lorenzo, que le spectateur lui pardonne, et très-volontiers, d'avoir planté là monsieur son père et fait main-basse sur les bijoux de son père ! Il est vrai que le père est Shylock, et que pas un de nous ne songe à le plaindre, tant que lui-même il songe à réclamer l'abominable exécution de son horrible contrat. « Un simple billet *pour nous divertir*. En effet, que puis-je y gagner ? Une livre de la chair d'un homme prise sur un homme vivant ne me serait pas si bonne et si profitable que de la chair de chèvre et de mouton !... *Un billet bouffon !*... C'est pour m'acquérir vos bonnes grâces, Monseigneur ! » Et plus tard, à propos de ce *billet bouffon*, quelle épouvante et quelle terreur lorsqu'on entendait ce terrible Kean, qui murmurait, en menaçant : « Qu'il prenne garde à son billet ! » En ce moment, certes, le billet avait cessé d'être un billet bouffon, les épigrammes du juif avaient cessé d'être des *épigrammes d'ostentation*, comme on disait chez les rhéteurs de Rome pour expliquer les coups d'épingle au premier sang.

Ainsi l'heureuse Jessica, loin de l'*enfer* paternel, l'heureuse Portia, près de Bassanio, dans les jardins enchantés « sous la voûte des cieux, incrustés de disques brillants, » l'aimable Antonio, entouré d'estime et d'amitié dans la florissante et poétique Venise, autant de contrastes à la sombre humeur de Shylock ! et voilà comme le père Shakspeare l'emporte à outrance sur toutes les inventions des plus habiles faiseurs ! « Il y a deux choses, disait le maître Aristote, qui produisent les œuvres humaines, l'impromptu et l'art ; mais la nature est la base et le fondement de l'art et de l'impromptu ! » Ainsi ne méprisez pas l'*impromptu* ou, si vous aimez mieux, l'inspiration d'un homme de génie ; et prenez garde, quand vous y voudrez toucher, de la gâter avec votre habileté. Vive l'ébauche, elle est plus proche de la nature que l'art même, elle est la création à laquelle on peut ajouter beaucoup ; or il faudrait être un bien habile artiste pour ajouter un art judicieux à l'ébauche de Shakspeare. Sans doute il y a bien des façons à reprendre dans le *Marchand de Venise*, si nous considérons les habitudes et les *rengaines* de notre art poétique ; mais l'œuvre prise en elle-même, l'œuvre acceptée uniquement comme une ébauche, il me semble qu'il n'y a rien à ajouter, à retrancher, à arranger : elle est remplie abondamment de ces grandes choses « que les Muses découvrent à ceux qu'elles honorent (c'est un mot du poëte Malherbe) de leurs puissantes faveurs. »

Ce drame du *Marchand de Venise*, dans la pièce originale,

est écrit en prose et en vers ; la première scène est écrite en vers, la seconde scène est en prose ; à sa première rencontre Shylock parle en vers, il revient à la langue vulgaire quand on lui raconte que sa fille Jessica a quitté la maison paternelle, emportant une belle turquoise qu'elle a échangée contre un singe.

Ainsi l'on va, sans trouver un motif à ces brusques changements; telle scène d'amour qui semblait favorable à la poésie est écrite en vile prose, pendant que la scène suivante, toute en explications, en commentaires, en récits, emprunte, on ne sait pourquoi, le langage des dieux. C'est vraiment le règne de l'impromptu, vraiment le règne de l'ébauche. Molière, on le sait, dans la hâte de son travail (le roi commandait, il fallait obéir), a écrit une ou deux fois sa comédie en prose et en vers, mais il s'en excuse et il s'en explique avec son lecteur. Shakspeare, au contraire, il agi comme s'il était parfaitement dans son droit ! Il écrit comme les anciens maîtres de la satire romaine, qui mêlaient la prose aux vers, et qui même empruntaient sans façon les vers de leurs confrères les poëtes, heureux encore les poëtes à qui la satire faisait ces emprunts, d'échapper à la parodie !

Il y a vraiment peu de rhétorique en tout ceci, et ce devait être une gêne pour le comédien de changer à chaque instant de langage ! Avec un grand bonheur de geste, d'expression, de sentiment, Kean échappait à cette gêne ; il ne la sentait pas, on ne la sentait pas ; il était simple, vrai, naturel, terrible ! Il y avait un moment où il aiguisait son couteau sur le cuir de sa chaussure... le spectateur, pâle d'effroi, eût voulu arrêter ce boucher dans son crime ! Ah ! ce couteau ! quelle revanche sur le couteau du grand prêtre immolant Iphigénie !

Vous savez que ce drame funèbre se termine par des fêtes, des danses et des mascarades ! Pourvu qu'Antonio soit tiré des griffes de Shylock, nous sommes contents, et notre drame est accompli ! Quand donc il a bien aiguisé son couteau, bien guigné sa proie et bien affilé sa langue ; quand il s'est bien montré « un loup sanguinaire, affamé et furieux ! » il est temps que le juif qui a fait peur à tous ces chrétiens redevienne l'ironie et la vengeance des chrétiens ! Ceci tient à l'*ébauche* et à l'accomplissement de l'œuvre. Il n'était pas juste, en effet, dans les opinions du XVI<sup>e</sup> siècle, qu'un juif tînt plus longtemps en suspens la civilisation, la loyauté chrétienne, la chevalerie et la justice ! On lui offrait, tantôt, dix fois la somme d'argent qu'il a prêtée... il n'a pas voulu se démettre ; on se passera de sa démission. En ce moment, de terrible et de furieux qu'il était, Kean devenait très-humble et comique à voir ! Comme il tombait lourdement dans le piége qui lui était tendu ! Comme il écoutait avec un niais sourire les dissertations du légiste Portia cachée sous la robe du juge !

Il donnait son assentiment à toute chose ! — « O le juge équitable ! ô le juge savant ! » disait-il, puis tout d'un coup il voyait le piége, il se trouvait pris dans sa propre sentence ! — « Ose donc, Shylock, disait la belle et moqueuse Portia, le juge imberbe, enlever cette livre de chair, là, près du cœur ; seulement prends garde, et prends justement, ni plus ni moins, la livre qui te revient, et sans verser une goutte de sang, sinon tu es mort ! »

Alors les rires ! les mépris ! les gaudrioles ! — Alors le malheureux, écrasé par sa cruauté même, se replie et demande en grâce qu'on lui rende au moins l'argent qu'il a prêté. — Non-seulement tu n'auras pas ton argent, ô juif ! mais encore, pour châtier l'attentat que tu voulais commettre contre un Vénitien, ta fortune est confisquée ! « Au moins je mangerai de l'oie ! » Ainsi parle, dans l'*Avocat Patelin*, le bonhomme dépouillé par Agnelet. — On lui répond : « Elle est mangée ! » — Et ceci fait, dans le drame anglais commencent et recommencent les saintes fêtes de la jeunesse et de l'amour !

J'aime mieux ce dénoûment que le dénoûment de l'Ambigu. A l'Ambigu, ce jeune homme que poursuit Shylock est le propre fils de Shylock, le fils qu'on lui a enlevé : il reconnaît son fils au moment *de la livre de chair !* Alors le voilà qui se lamente et qui pleure, l'anthropophage ! « O mon f... » Il n'en dit pas davantage. Il ne veut pas empêcher, par une reconnaissance intempestive, le mariage de son fils avec la fille du doge, et, prenant son bâton blanc, il s'en va chercher fortune ailleurs.

O comble de l'art ! ô triomphe de l'amour ! ô triomphe de M. Ferdinand Dugué sur Shakspeare ! ô miracle de M. Chilly sur Kean ! voici maintenant que nous pleurons sur Shylock :

> Je pleure, hélas ! sur ce pauvre Holopherne
> Si méchamment mis à mort par Judith !

# CHAPITRE XIV

Mais, nous dit-on, prenez garde, ce n'est pas à dater seulement de l'école moderne que l'imitation de Shakspeare a commencé, chez nous. Certainement, dirons-nous, mais nous soutenons que c'est l'instinct, l'admiration, le sentiment et l'intelligence des jeunes poëtes, des poëtes nouveaux, qui ont donné, chez nous, à Shakspeare un peu de la vie et de l'honneur qui lui revenaient véritablement. On ne saurait croire, quand on ne l'a pas vu de ses propres yeux, et touché de ses mains, de quelle façon les maîtres mosaïstes de la fin du XVIII$^e$ siècle comprenaient l'imitation de Shakspeare, et, s'il vous plaît, nous remonterons au 11 mars 1784, au théâtre du palais de Versailles, où l'on joue en ce moment une pièce nouvelle de M. de La Harpe, intitulée *Coriolan*. Même il n'y a pas déjà si longtemps que cet étrange *Coriolan* de M. de La Harpe a été remis en honneur au Théâtre-Français, tout glorieux de sa belle découverte..... un *Coriolan* !

A ce propos, mieux eût valu cent fois nous donner le *Coriolan* de Hardy, avec des chœurs, joué en 1607, ou bien le *Coriolan* de Chapotain, qui est de 1638, ou encore le *Coriolan* de Chevreau, qui est de la même année ; ou ce qui eût été plus étrange, le *Coriolan* de l'abbé Abbeille, représenté en 1676 ; ou encore le *Coriolan* de Chaligny-Desplanies, de 1722 ; sans compter le *Coriolan* de Mauger (1748) ; le *Coriolan* de Richer, de la même année ; le *Coriolan* de Gudin (1776). En vérité, il n'y a pas un de ces huit à dix *Coriolan* qui ne fût préférable pour l'invention, pour la nouveauté, pour le style même, au *Coriolan* de M. de La Harpe ; et combien nous avons regretté à propos de tous ces *Coriolans*, la tragédie de ce Corneille manqué qui se nommait Hardy !

Mais en fait de *Coriolan*, relisez le drame de Shakspeare ; c'est une de ses plus belles et de ses plus grandes compositions. Dans ce drame singulier, touchant et terrible, la Rome antique se révèle à vous tout entière, non pas comme il arrive pour la tragédie de Corneille, sous son aspect solennel de majesté inviolable, mais bien sous son côté spirituel, populaire et railleur. Ce que Corneille devait faire, plus tard, pour les grands seigneurs de la ville éternelle, pour ces maisons héroïques dont il sait les noms et la généalogie, Shakspeare le faisait, à l'avance, pour le peuple de Rome, pour le menu peuple, pour cette bête aux mille têtes dont parle Horace, dont le poëte anglais vous répète tous les les bons mots et toutes les fureurs. Si Corneille est le peintre le plus sensé de l'héroïsme romain, Shakspeare, en revanche, est le poëte goguenard de l'émeute romaine. Corneille a suivi ses héros sur le champ de bataille, au Forum, au Sénat, dans tous lieux augustes où s'agitent les destinées du monde ; Shakspeare a suivi le peuple, son héros sans nom, au forum, dans les camps, dans les comices, partout où le veulent conduire ses tribuns et sa turbulence naturelle.

Dans cette histoire romaine... un vrai poëme, qui se compose, jusqu'à ce que tout soit englouti dans l'égoïsme et dans la personnalité sanglante des empereurs, d'une lutte incessante entre les patriciens et le peuple, Corneille a pris parti pour ceux-là, Shakspeare s'est rangé du côté de ceux-ci. Corneille est pour ainsi dire le Coriolan insolent et brave, qui aime mieux mourir que de courber la tête devant cette multitude où s'agitent ses destinées ; Corneille est un sénateur, Shakspeare est un tribun ; c'est le grand agitateur qui, les bras nus, soulève à son gré le levain populaire ; l'un et l'autre ils ne vivent que sur les hauteurs, celui-ci au Capitole, celui-là sur le mont Aventin.

Mais qu'il faut bien être un homme dépourvu d'imagination, privé de bon sens, mort en effet à toute poésie, insensible à tous les nobles sentiments du cœur, pour laisser de côté le *Coriolan* de Shakspeare comme l'a fait M. de La Harpe, quand il entreprit d'écrire une tragédie sur le même sujet. Véritablement on ne comprend pas comment dans ce XVIII<sup>e</sup> siècle, qui a poussé l'anglomanie jusqu'à en faire un des éléments de sa révolution, le plus grand poëte de l'Angleterre, un des plus grands poëtes du monde, ait été nié par tous les poëtes de la France ou prétendus tels. Non, ils ne voulaient pas voir, ils ne voulaient pas entendre, ils ne voulaient pas comprendre tout ce drame qui embrasse le ciel et la terre, les hommes et les anges et les puissances infernales, qui appelle à son aide l'histoire universelle, depuis Antoine et Cléopâtre jusqu'à Macbeth, depuis le roi Lear jusqu'à Falstaff, depuis Caliban jusqu'à la reine Mab. Les plus intelligents eux-mêmes, dans ce siècle des intelligences, ne voulaient pas reconnaître la lumière qui sortait du nuage shakspearien, l'épouvante cachée au fond de ces plaisanteries, les larmes amères que contenaient ces licences et ces sarcasmes.

C'est ainsi que Voltaire faisait d'Othello Orosmane, de Desdémone Zaïre, qu'il déguisait à son profit cette passion africaine et cette passion vénitienne, sauf à appeler plus tard l'auteur d'*Othello* « un barbare ivre ! » — Presque en même temps M. de La Harpe, après avoir élaboré ces cinq actes incroyables, se défendait, à beaux cris, d'avoir jamais lu Shakspeare, et de lui avoir jamais rien emprunté. Faire un emprunt à ce barbare que reniait Voltaire, lui, M. de La Harpe ! Vous le connaissez bien mal ! Non, certes, M. de La Harpe, n'a rien emprunté au *Coriolan* de Shakspeare. Il a laissé de côté ce peuple grouillant qui s'agite dans la place publique en demandant du pain et des fêtes !

Cependant prêtez l'oreille : ici commence le drame de Shakspeare. Vous entendez tout d'abord toutes sortes de murmures, le Tibre qui s'agite, et sur ses bords la populace.

Or c'est toujours la même populace, depuis le commencement des populaces irritées, le même murmure et la même ingratitude contre ceux qui la mènent ; — c'est toujours le même besoin de remplacer le héros de la veille, par le héros du lendemain. Shakspeare la connaît à merveille, cette harangère de carrefour ; il sait également ses bons instincts et ses mauvais penchants ; il sait comment elle s'enivre tour à tour et tout à la fois de sang, de vin, d'éloquence, de sophisme ; comment elle passe de la haine à l'ardeur, de l'adoration à la rage ; il aime ces excès populaires, il est à l'aise dans ces révoltes, il marche librement dans ces émeutes ; il parle, mieux que personne, l'argot des révolutions ; aussi, pendant que les poëtes dramatiques, ses confrères, sont toujours embarrassés du peuple dans le drame, le reléguant tant qu'ils peuvent, en dehors de l'action et dans la coulisse, où l'on n'entend plus guère que des voix confuses, Shakspeare, au contraire, veut que le peuple joue le rôle principal dans ses tragédies ; il le met sur le premier plan de son théâtre, il lui donne à prononcer les plus longs discours ; les autres héros viendront après, quand son héros principal, le peuple, aura dit tout ce qu'il avait sur le cœur.

C'est ainsi que dans le *Coriolan* de Shakspeare, rien n'est merveilleux à entendre comme ce peuple dans la rue. Avec son intelligence ordinaire, le peuple a déjà compris que parmi tous ces patriciens qui lui rendent haine pour haine, et mépris pour mépris, celui qui le méprise le plus, c'est le jeune Caïus Marcius. Ce Marcius, l'un des héros de Plutarque, compte déjà des aïeux nombreux et respectés. Il descend d'Ancus Marcius, un des rois de Rome ! ce qui est le plus grand titre de noblesse dans cette république qui a juré haine à tous les rois. Orphelin de bonne heure, il a prouvé, grâce à sa misère, que *l'orphelinage* (un beau mot d'Amyot), n'empêche pas un enfant d'être un homme de bien et de vertu excellente. Malheureusement sa colère était impatiente, son obstination était inflexible ; il était de ces hommes hautains qui gâtent toutes les vertus par l'orgueil ; intolérables esprits dans une république, où faut-il du moins que l'égalité soit dans les manières, sinon dans les mœurs.

Shakspeare, et c'est là un de ses plus grands mérites, ne flatte jamais ses héros ; il ne les voit jamais parfaits, et il les montre tels qu'il les voit. Il a en ceci un air de parenté avec nos vieux tragiques grecs qui avaient dédaigné d'arranger l'âme humaine d'une certaine façon, quand bien même cet arrangement habile aurait dû produire plus d'effet que la vérité toute nue. Au contraire en ceci comme en toute chose, l'effet et la toute-puissance sont du côté du naturel, du côté de la vérité. Sans nul doute l'Othello est un rustre comparé à l'Orosmane. Eh bien ! l'Othello, tout noir, tout inculte, qui raconte ses aventures à la belle Vénitienne, comme pourrait faire un matelot nouvellement arrivé de Byzance, l'Othello indompté, fougueux, qui tue à la façon du lion, est plus touchant mille fois, et plus aimable que votre Orosmane, bien lavé, blanc et rose, qui parle comme on parle à l'OEil-de-Bœuf.

La vérité, et toute la vérité, rien que la vérité, telle est la devise de cette poésie dramatique dont Shakspeare est le héros. Regardez plutôt! pas un de ces grands hommes qui n'ait ses faiblesses, pas une de ces femmes qui n'ait ses caprices. Le bouffon parle souvent comme un philosophe, et le philosophe comme un bouffon. Les plus honnêtes jeunes filles ont des naïvetés qu'envierait Cléopâtre, et Cléopâtre à son tour trouve des paroles d'amour si pures et si charmantes, que toute jeune fille en serait fière et jalouse. Shakspeare s'est donc bien gardé de nous montrer le Coriolan que M. de La Harpe a découvert, et de nous le montrer tout d'une pièce. Shakspeare a fait le sien emporté, fougueux, insolent avec les multitudes comme on ne l'est pas, d'ordinaire, avec un goujat pris de vin. Cet impétueux Coriolan n'est bon qu'à la guerre où rien ne lui résiste, où il peut combattre tout à l'aise, où il fait porter son insolence et son mépris à l'ennemi qui fuit devant lui. Mais ramenez-le dans Rome, la tête couronnée de chêne, couvert de blessures et de gloire, aussitôt ses mauvais instincts le reprennent ; il s'indigne que le peuple soit pour quelque chose dans cette république. Le vieux sang de son aïeul, le roi, fermente dans les veines du jeune patricien, et tout haut, malgré lui, il affronte le second pouvoir de l'État.

Ces sortes de défis portés aux multitudes, vous les avez vus, en petit, plus d'une fois, vous autres, les gens sages et bien pensants quand aux places les plus brillantes d'un théâtre de vaudeville ou de mélodrame, notre jeunesse dorée, après un bon repas, arrive en tumulte au milieu d'une scène, et sans respect pour l'assistance, fait à haute voix tant d'esprit que la foule en courroux crie : *A la porte, l'insolent!*

L'insolent, bien assis dans sa loge, bien ganté, bien vêtu, regarde le parterre d'un regard dédaigneux, le sourire à la bouche. Voici qu'alors le parterre se lève en tumulte. Que fait l'insolent ? Il jette au parterre son gant ou son adresse, et il appelle le parterre en duel! Or le parterre ne se bat pas en duel, par la raison toute simple qu'il est le parterre; mais quand une fois il le veut bien lui faut-il obéir et lui céder la place, sinon il démolirait la salle, de ses mains.

Telle est, en grand, mais en très-grand, l'histoire de Coriolan avec ce bon peuple de Rome. Il revenait de la guerre, où il avait gagné son surnom et seize blessures. Dans la mêlée lui étaient apparus Castor et Pollux, deux nobles frères; et à peine de retour, placé comme il était au premier rang du sénat, il retrouvait une multitude avide, exigeante, qui n'avait des yeux et des oreilles que pour ses tribuns. Il jette donc le défi à cette multitude; et il faut voir dans Shakspeare quelle bonne scène, et comme le poëte a tiré parti de ce profond mépris du patricien pour le populaire ! A proprement dire, l'histoire de toutes les constitutions du monde, sans oublier la Charte de 1830, commence là.

En effet, voici la scène. Le côté droit et le côté gauche sont en présence. Ici les priviléges, là bas les devoirs. Ici la tête qui conseille, plus loin le bras qui agit. L'élection, ce principe de toutes les agitations, de toutes les misères et de toutes les libertés en ce monde, a jeté, dans Rome, toutes les haines, les lâchetés, les mensonges, mais aussi les grandeurs qui l'accompagnent. Si donc Coriolan veut arriver à la première dignité de l'État, s'il veut être consul, il faut nécessairement que lui, le vainqueur des Volsques, lui le sauveur de la ville, il jette à qui la veut ramasser, sa couronne de chêne et sa robe de triomphe pour aller, les cheveux en désordre, et en toge trouée, solliciter les suffrages.

Non-seulement ceci est la loi, mais c'est aussi la volonté du peuple romain ; plus son candidat est élevé et glorieux, et plus le peuple en exigera de bassesses. Coriolan a été blessé à la bataille, on ne le croit pas s'il ne montre ses blessures. Il est patricien, il est fils de rois, il descend de Numa par sa mère; eh bien que ce soit une raison de plus pour qu'il se mette en guenilles et qu'il vienne, presque à genoux, dans la place publique, tendre la main aux plus obscurs citoyens. C'est justement parce qu'il est la tête du peuple, que le peuple veut poser son pied sur la tête de ce petit fils des rois. « *Atavis edite regibus.* »

Véritablement, il le faut; rien ne t'en peut dispenser, Marcius! Il te faut flatter ces chiens hargneux qui n'aiment ni la paix ni la guerre. Tu les méprises, c'est bien; mais tu n'es rien sans leurs suffrages; tu rougis de t'appuyer sur cette faveur... de cette faveur méprisable dépendent ta vie et ta gloire. Il te faut mendier ces voix empestées, comme tu les appelles; c'est la loi, c'est la règle, c'est ton devoir. Ni le sénat, ni tes aïeux, ni tes services ne t'en peuvent dispenser! Et Shakspeare a raison cette fois surtout de défendre les droits du peuple. Cette fois Shakspeare est un grand politique, il prévoit la Constitution anglaise dans toutes ses rigueurs, dans toute sa vigueur.

Tout autre poëte moins habile, placé entre l'insolence de Coriolan et les rancunes populaires, eût pris parti pour Coriolan contre le peuple; Shakspeare, en homme de bon sens et en véritable Anglais, prend parti pour le peuple contre le héros. Il ne veut pas que cet homme, parce qu'il est brave, puissant et utile, puisse narguer le peuple. Insulter ainsi le souverain, c'est manquer de sagesse; le flatter jusqu'à la bassesse, ce serait manquer de vertu.

En fait d'élections, notre poëte ne veut ni de l'insulte, ni de la corruption; cracher sur l'électeur ou lui jeter de l'argent, c'est même chose. Il est prudent, il est prévoyant. Il sait très-bien que toutes les élections se tiennent; que si l'assemblée qui élit les consuls s'inquiète des mépris du candidat ou tend la main à son argent, le juge sera à son tour lâche et vénal, jusqu'à ce que la peur ou la vénalité descendent peu à peu, jusque dans les derniers rangs des citoyens.

Toute cette partie de la tragédie de Shakspeare est admirable; on se figure qu'on assiste à quelque récit de l'histoire moderne; toutes les choses constitutionnelles y sont prévues, et même les coalitions. Vous y trouverez aussi, en bon ordre et poussant à l'intérêt du spectacle, les ingrédients des mouvements populaires: le tribun calme qui pousse à la révolte par son silence même, qui cache son opposition sous les apparences du bon sens, qui attise le feu sans en laisser rien paraître, bonhomme dangereux dont chacun proclame la vertu et l'innocence ; vous y trouverez le tribun fougueux qui crie et se démène et qui se lamente en répétant que la chose publique est perdue, et que la patrie est en péril.

Entre ces deux hommes qui n'ont pas l'air de se douter que les choses humaines aient leur cours [1] se placent naturellement le citoyen bonhomme qui murmure tout bas, qui se cache dans la foule pour lancer sa petite pierre et son petit sarcasme, sans avoir grande envie que ni le sarcasme ni la pierre aillent bien loin, et le citoyen fougueux qui n'a rien à perdre, qui n'a pas d'asile, qui ne demande pas mieux que de brûler le Capitole, rien que pour voir de quel côté viendra le vent, ce soir. Shakspeare n'a pas oublié le grand seigneur câlin dont la tête légère va et vient en signe d'assentiment ; ce beau seigneur a toujours l'air d'être du côté du peuple, il le salue de la main et du regard, et il proclame l'égalité universelle en gardant son rang, en augmentant son bien.

Vous avez aussi, dans cette nomenclature, le grand seigneur poltron qui fait le tyran ; surtout, et c'est là une ravissante création, notre poëte a placé dans tout ce tumulte un type admirable, le patricien bel-esprit et goguenard (Bertrand de Rantzau dans une pièce de M. Scribe) qui se mêle au peuple pour se moquer du peuple, qui lui débite toutes sortes de vérités à bout-portant, mais avec une malice habilement dissimulée sous l'ironie, et le peuple accepte, en se rengorgeant, toutes ces cruautés. Peuple stupide, il donne des poignées de main à ce railleur qui le joue ! Il accepte toutes ces moqueries dont il ne voit pas la portée, il traite ce patricien comme un bouffon, et il ne devine pas en effet que c'est là le plus impitoyable et le plus cruel des censeurs.

L'élection a cela de bon qu'elle met les talents en relief, et que le candidat, payant de sa personne, ne peut guère s'en prendre qu'à lui-même s'il n'arrive pas à son but. Les passions de la mul-

---

1. « Ceux qui gouvernent font toujours plus ou moins qu'ils ne pensent ; ni ils ne sont maîtres des dispositions que les siècles passés ont mises dans les affaires, ni ils ne peuvent prévoir le cours que prendra l'avenir, loin qu'ils puissent le forcer. » La phrase n'est pas de Shakspeare, elle est de Bossuet.

titude sont bien puissantes; mais la gloire est encore plus puissante que les passions. Le public peut bien aimer ou haïr, il n'est pas le maître d'estimer ou de mépriser. Voilà ce qu'il y a d'admirable dans cette scène de Shakspeare. Ces bons bourgeois, si mal disposés tout à l'heure, à la seule vue de Coriolan se sentent émus et honorés; ils vont d'eux-mêmes au-devant de lui, sans le vouloir. Leur vote leur échappe malgré les exhortations combinées du tribun calme et du tribun fougueux. Ils ne savent pas résister à l'ascendant de cet illustre courage. Ils n'exigent qu'une chose, en retour des faisceaux et des haches et de la toute-puissance qu'ils vont accorder à Coriolan : c'est qu'il leur demande cela *honnêtement*.

Or ce n'est pas trop exiger que d'exiger un peu de politesse en échange de tant d'honneurs. Certes Coriolan pourrait bien sans lâcheté saluer ces bonnes gens qui vont se dépouiller en sa faveur, chacun d'eux, de sa petite fraction de pouvoir; ainsi le voudraient l'honneur, le bon sens, la probité, le plus simple respect porté à la loi; mais non, Coriolan ne peut pas se contraindre. Son insolence naturelle l'emporte même sur l'envie d'être consul. Il ne veut rien demander, à plus forte raison rien demander *honnêtement*. Et cependant cet insolent, tout insolent qu'il est, le peuple le nomme consul. « Qu'il soit consul, et que les dieux le comblent de joie et le rendent l'ami du peuple. »

Ainsi parle le peuple; il me semble que ce peuple si naïf est touchant dans sa naïveté. Il n'aime pas cet homme, cet homme l'insulte, cet homme ne daigne même pas lui demander ses suffrages, et pourtant le peuple le fait consul, il crie : — *Vive Coriolan!* Il obéit à la toute-puissance de ce vaste mérite. On n'a jamais plaidé sur le théâtre, hors du théâtre, avec des preuves plus nouvelles et plus chaleureuses les grandes et puissantes vérités du principe électoral.

Voilà qui est bien, mais à peine Coriolan est-il consul que l'opposition recommence et de plus belle. Les tribuns arrivent sur ce nouvel élu, plus acharnés que jamais. Déjà le peuple se repent d'avoir été si vite; il regrette les suffrages qu'il a donnés à ce ricaneur. Quoi donc, Coriolan était mal à l'aise dans sa robe de candidat; il s'est moqué de ses électeurs! Le peuple révoque ce vote surpris à sa bonne foi, il ne veut plus de Coriolan pour consul.

Dans cette occurrence qu'avait donc à faire un citoyen romain ? Rien de plus et rien de moins qu'à obéir :

« Vous ne voulez pas de moi, voilà vos faisceaux et vos haches, expliquons-nous ! » Ce grand Shakspeare, qui semble connaître à merveille la tactique des assemblées délibératives, a prévu même le cas où Coriolan ferait un appel au peuple.

« Ne nous épargnez pas, disent au peuple les tribuns, ou, si vous aimez mieux, les chefs de l'opposition ; ne nous épargnez pas, dites que c'est notre faute, que vous démentez ce que nous avons dit, que vous défaites ce que nous avons fait. *Il vaut mieux seconder cette première émeute que d'attendre une occasion presque incertaine d'en exciter une plus grande.* » Je cite textuellement.

Avouez que la sagacité de ce poëte dramatique est merveilleuse ; il a deviné, lui seul et le premier, les plus impénétrables mystères de la politique moderne. Tout le gouvernement constitutionnel est en germe dans ce *Coriolan;* ils y sont tous, je pourrais les nommer les uns et les autres, nos anciens tribuns, nos anciens orateurs, les dignes successeurs du général Foy, de Manuel et de M. Odilon Barrot, ces *langues de feu* qui donnaient le mouvement, la vie et la force à cette nation amoureuse des belles paroles, et qui n'avait pas de plus grande fête, hélas ! que d'entendre parler en termes magnifiques des intérêts, des passions et des grandeurs de la chose publique.

Oui, certes, je les reconnais les uns et les autres. Je reconnais les deux tribuns Sicinius Velutus et Junius Brutus, les sénateurs et les édiles, les licteurs et les soldats, les électeurs et les candidats ; par la parole et par la popularité, par le courage et par l'émotion ils ont dominé le peuple français. De tous ces détails semblables à des fables, sont remplis les deux premiers actes de *Coriolan.* L'esprit et l'intérêt y abondent, la colère et la résistance arrivent de toutes parts. Ménénius, ce bouffon sénateur dont je vous parlais tout à l'heure, gourmande cette multitude avec plus de violence encore que Coriolan ; mais il la gourmande sans haine, sans colère, à la façon du poëte comique ; il parle au peuple son langage, il se mêle à ses mœurs, Ménénius aussi bien que le peuple fréquente la rue et le carrefour, et c'est pourquoi la multitude pardonne toutes ses injures à Ménénius ; elle l'appelle

« un brave homme de sénateur; » ce qui prouve qu'après tout il n'y a qu'à savoir s'y prendre, et que Coriolan était un maladroit de ne pas mépriser le peuple tout à son aise, sans le fâcher.

Ne vous étonnez donc pas qu'en fin de compte le peuple romain, comme le parterre de tout à l'heure, soit le plus fort et que le champ de bataille lui reste. On ne résiste jamais longtemps à tout le monde. Le peuple fait bien de se défendre enfin, et de rendre insulte pour insulte à qui l'outrage. Coriolan lui a reproché d'avoir les mains sales et le visage peu lavé, Coriolan n'était pas dans la question. Il a perdu comme un fou, ou qui pis est, comme un dandy, la plus belle partie politique. C'est l'avis du bouffon Ménénius, c'est l'avis même de la mère de Coriolan.

Bien plus, cette illustre dame romaine, qui a servi de modèle à Cornélie, la mère des Gracques, mais dans un tout autre sens, elle est si bien de cette opinion : que son fils a tort et que son insolence est déplacée, qu'elle lui conseille de s'humilier. Cette dame, qui voit le fond des choses et qui sait très-bien la valeur du pouvoir, ne voit aucune honte à faire marcher ensemble *l'honneur et la politique*, et elle entend par-là, non pas l'honneur qui marche avec la politique, mais bien la politique qui marche avec l'honneur. Toute fière qu'elle est, elle demande de quoi il s'agit? Et elle ne trouve pas qu'il y ait déjà un si grand mérite à parler au peuple *dans ces vaines syllabes que la langue assemble, et que le cœur désavoue*. « Il n'y a pas plus de déshonneur à cela *qu'à prendre une ville avec de douces paroles*. Faites-lui donc une avance à ce peuple pour gagner son amour. »

Catherine de Médicis n'eût pas mieux dit que Véturie. Henri IV, dit lui-même, *que Paris valait bien une messe!* Ce Coriolan est un fou qui marche, de propos délibéré, à sa perte. Toujours est-il, encore une fois, que voilà les premiers actes de Shakspeare bien nets et bien remplis. Comparez donc, si vous l'osez, à ce beau drame, l'action creuse, inerte, académique de M. de La Harpe, en son petit fauteuil.

J'arrive à la partie touchante du drame : et de même que nous avons reconnu tous les torts de Coriolan, si mal-appris avec ses concitoyens, de même aussi faut-il reconnaître toute la misère de ce brave soldat si mauvais politique, à qui l'eau, le feu et le toit sont interdits dans sa patrie. Récit vraiment épique dans Plutarque.

Walter Scott lui-même, ce grand maître dans l'art d'intéresser aux grands hommes par les choses vulgaires, n'a rien trouvé de plus simple et de plus touchant que cette histoire de Coriolan entrant, la nuit, en cette ville ennemie et se glissant comme un mendiant chez le roi des Volsques. Coriolan est à peine couvert de vêtements misérables ; il avance d'un pas timide jusqu'au foyer de Tullus, et il s'assied dans la cendre, la tête penchée sur sa poitrine ; et pourtant pas un serviteur n'ose lui défendre cette place ! Certes, si quelque chose méritait d'être conservé dans cette histoire, c'était ce simple et touchant détail.

Mais faites à M. de La Harpe une proposition pareille ! Quoi donc ! une antichambre, un foyer domestique, des cendres, des dieux lares en bois ou en terre cuite, des serviteurs empressés, un roi qui est à table et que l'on dérange, en lui disant qu'un inconnu est assis à son foyer ! — Vous n'y pensez pas, mon bon ami, aurait dit M. de La Harpe. Aussi bien M. de La Harpe n'y a-t-il jamais songé. Il lui faut à lui, et à ces messieurs du théâtre français : *le camp des Volsques, une tente ouverte. Au fond du théâtre, sur un autel, s'élève la statue d'une divinité du peuple Volsque. On découvre dans l'éloignement les murs de Rome !* Voilà la décoration nécessaire au génie de M. de La Harpe. Voilà seulement dans quel espace il est à l'aise. Il faut à ce grand homme, des généraux et des capitaines, tout au moins ; jamais il ne consentirait à prêter ses beaux vers à un simple soldat. Singulier besoin de ces prétendus imitateurs de Corneille, d'agrandir toutes choses ; comme s'il y avait rien de plus grand que ce qui est simple ? comme s'il y avait rien de plus vrai que ce qui est humain ? comme s'il y avait rien de plus rare et de plus charmant que l'expression juste d'une idée ou d'un sentiment ?

Moins difficile que M. de La Harpe, Shakspeare n'a pas manqué à cette admirable scène de Plutarque. Au contraire, il l'a encore agrandie et surtout il nous y a préparés, en nous faisant assister aux derniers adieux de Coriolan à ses amis, à sa famille. C'en est fait, Coriolan quitte cette ville ingrate avec cette froide résolution qui produit les grandes actions ou les grands crimes. Comme il ne pouvait nous intéresser à cette vengeance déplorable d'un citoyen contre sa patrie, Shakspeare a fait tout ce que peut faire un homme de génie pour la rendre vraisemblable. Ainsi s'expliquent très-fort les imperfections et les vices qu'il a donnés à ce héros qui est le héros subalterne de cette tragédie, faite en l'honneur du peuple.

Ainsi préparée, l'arrivée du proscrit en ville ennemie est d'un effet solennel. Même dans sa misère et dans son humiliation présentes, Coriolan a conservé cette âme inflexible qui l'a perdu. A tout prix il faut qu'il se venge, et même au prix de la honte. Bien plus, cette position serait intolérable dans une tragédie, et elle rendrait presque impossible un pareil drame, si notre poëte, par un de ces fréquents retours qu'il a sur lui-même et sur les autres, et qui le sauvent toujours, ne sortait de cet embarras en laissant là ce Coriolan s'empêtrer dans sa vengeance, et en nous ramenant dans cette ville de Rome, soulevée et tremblante, qui triomphe de son injustice. C'est là un coup de génie en effet de ne pas se trop arrêter sur la vengeance de Coriolan, de n'en prendre que ce qu'il en faut pour expliquer la tragédie, et de revenir au pas de course à ce même peuple bavard et futile dont les frayeurs subites vont nous amuser tout à l'heure. « *Et est quod non quærebatur.* » Ici se trouve une beauté que M. de La Harpe et ses camarades en tragédie ont rarement rencontrée : la beauté de la vie humaine ; il est vrai que M. de La Harpe appellerait cela manquer à l'unité, outrager les règles ; mais malgré le respect que je porte à l'unité qui est la condition la plus nécessaire des chefs-d'œuvre, j'avoue que, sous prétexte d'unité, tout un acte consacré à la trahison de Coriolan me paraît un acte d'une longueur extrême.

Avec votre unité, ne comprenez-vous pas que vous me faites haïr votre héros. Si je ne vois que lui qui porte la mort et le ravage dans le sein de la mère-patrie, cet homme me va faire horreur. Mais si au contraire vous me montrez, lui absent, l'indécent triomphe de l'ignoble multitude qui a puni, par l'exil, tant de gloire et de services, ce même homme, tout coupable qu'il est, va gagner ma sympathie, et j'oublie, pour un instant du moins, à quelle horrible vengeance il s'abandonne. Cela vaut bien, j'espère, un léger démenti donné à l'unité. Les règles y perdent quelque chose, mais la vérité y gagne et l'intérêt, il n'y a donc pas à hésiter.

Et voyez où cela vous mène, l'unité, quand on lui veut obéir à toute force. Le quatrième acte de M. de La Harpe est tout à fait inutile. Pendant cet acte sans fin, Coriolan n'est occupé que de sa vengeance. Ni la fausse position de cet homme, ni la grandeur de son crime n'ont pu fléchir l'impitoyable M. de La Harpe. Il lui faut à tout prix un quatrième acte, il aura, à tout prix, son quatrième acte. Pendant qu'il professe, qu'il déclame à la façon des rhéteurs, et qu'il débite mille vers inutiles, Shakspeare agit et pense comme un politique, il parle comme un poëte, il pousse toutes choses au dénoûment final, dénoûment préparé à merveille par tout ce qu'il nous a dit à l'avance de la famille de Coriolan. De cette femme qu'il aime avec amour, si jeune et si belle, si dévouée et si tremblante, hélas! qui ose pleurer son mari! Une Romaine qui pleure, Romaine inconnue de Corneille! Pauvre femme à qui son mari, traître à la patrie, a été fidèle dans l'exil. En effet, Coriolan veut bien renverser le Capitole, mais aux dieux ne plaise qu'il ait un regard pour une femme qui ne soit pas sa femme!

Tous ces charmants détails de l'amour conjugal sont à leur place dans le cours de ce beau drame. On a même entrevu, au premier acte, ce bel enfant de Coriolan qui tout à l'heure va tendre à son père ses mains innocentes et suppliantes. A côté de ces deux faiblesses si timides, si aimantes, et qui ne comprennent guère tant de fureurs, la mère de Coriolan, Véturie, apparaît plus grande encore, si la chose est possible. Sa fermeté, son courage, son dévouement à la patrie dans cet immense danger, sont expliqués par le bon sens même de cette femme. Elle aime Rome, non pas comme son toit, son abri et celui de ses enfants, elle aime Rome comme un grand politique qu'elle est, comme il faut aimer sa patrie, avec le bon sens plus qu'avec le cœur.

Aussi, dans ce danger immense, va-t-elle au-devant de son fils sans plus songer à son fils. — Du jour où Coriolan s'est exilé, du jour où il a perdu, par son obstination à ne pas saluer le citoyen maître du consulat, la puissance consulaire, Véturie s'est dit à elle-même que son fils était mort. Donc cet homme qui revient sous les habits d'un Volsque, à la tête d'une armée de Volsques, contre Rome, contre Rome dont cette dame romaine sait les destinées, cet homme qui revient, ce n'est pas son fils Marcius, c'est l'ombre de son fils, et elle marche en avant pour évoquer cette ombre funeste, sur les limites des deux camps.

Toute cette partie de l'histoire et du drame est magnifique. Seules, dans ce désordre général d'une nation qui va mourir, les dames romaines espèrent encore. Elles calment la ville ameutée, elles remplissent les temples de leur sang-froid et de leurs prières, elles font cortége aux côtés de cette mère si courageuse qui marche à la délivrance de la ville. Alors enfin vous retrouvez toute la belle nature de Marcius ; alors le grand homme se manifeste, enfin. Certes il n'était qu'un insensé, ce jeune homme qui insultait le peuple d'où lui devaient venir la puissance et la gloire ; certes il n'était qu'un insensé, ce Romain qui se fait Volsque ; à présent qu'il se prosterne aux pieds de sa mère, qu'il baise les mains de sa femme, qu'il verse des larmes abondantes sur la tête de son jeune fils, je retrouve le héros dans cet abaissement auguste ; et maintenant c'est à cette heure que vous avez raison, mon poëte, d'avoir entrepris cette tragédie ; car ce respect pour sa mère, ce tendre amour pour sa femme, ces larmes pour son enfant, ce pardon pour sa patrie, ces tendres sentiments qui se font jour à travers l'orgueil de Coriolan, autant de motifs pour que votre héros soit absous, pour qu'il soit dramatique, et que tous ses crimes lui soient remis.

Monsieur de La Harpe... Mais laissons M. de La Harpe ; au reste, il a déjà reçu son châtiment, M. de La Harpe. Il suffira de citer pour conclure, ces quelques lignes d'un maître en critique, M. Victor Leclerc :

« Je déteste les charlatans ; voilà pourquoi M. de La Harpe,
« avec ce titre qu'on lui donne de Quintilien français, me déplaît
« souvent lorsqu'il parle de ce qu'il ne sait pas, comme de littéra-
« ture ancienne ; lorsqu'il suppose que dans Aristophane il s'agit
« des dernières *calendes,* malgré le proverbe qui aurait dû lui
« inspirer quelque doute sur l'existence des *calendes grecques,* ou
« qu'il appelle une tragédie d'Eschyle *l'accouchement* de Mars,
« croyant toujours faire parler Aristophane ; lorsqu'il ne peut tra-
« duire sans contre-sens, une page de Quinte-Curce ou de Justin ;
« lorsqu'il regarde Vitruve comme un auteur *élégant,* lorsqu'il
« place Apulée, contemporain de Marc-Aurèle, parmi les écrivains
« du moyen âge... » Et c'est là justement ce qu'il fallait démontrer.

# CHAPITRE XV

M. Ducis était donc un grand copiste de Shakspeare, « on disait même de son temps, qu'il *continuait* Shakspeare, » non moins que son prédécesseur M. de La Harpe, M. Ducis (à l'Académie il occupait le fauteuil de Voltaire!) nous fournirait, s'il en était besoin, de bien curieux chapitres sur la façon de mettre en lumière un grand poëte, et de l'accommoder *à l'idée* et au goût de messieurs les Parisiens. On sait, par exemple, que le bonhomme Ducis, qui tenait à contenter *tout le monde, et son père*, avait la complaisance de faire deux dénoûments à *ses* tragédies de Shakspeare, *le dénoûment heureux*, *et le dénoûment malheureux*. Ainsi dans l'Othello Ducis-Shakspeare, on pouvait, au choix des personnes, étouffer Desdemone, ou la sauver. Lisez, si vous en avez le courage, l'Hamlet de Ducis, et vous verrez ce que le *poëte* français a fait du prince du Danemark, du Hamlet irrésolu et mouvant comme les vagues de l'Océan, un jeune prince *classique*, plein de volonté et d'énergie.

Il cache un cœur de feu sous un dehors paisible,
Et tous ses sentiments avec lenteur formés,
S'y gravent en silence, à jamais imprimés.
. . . . . . . . . . . . . . . . . . . . . . . . . . . .
Ne vous y trompez pas ; ses pareils outragés
Ne s'apaisent jamais que quand ils sont vengés.

Ducis était de ces poëtes et de ces historiens à l'usage des théâtres de l'Ambigu-Comique et de la Gaîté, qui veulent absolument que le crime soit puni et que la vertu soit récompensée. Ce ne serait pas convenable autrement. Aussi son héros finit par être vainqueur, comme à Franconi, et succède au trône de son père. C'est plus moral on en convient, mais la vérité et le drame, où sont-ils ?

Véritablement il fallait que Talma fût bien un grand artiste, et que MM. les littérateurs de l'Empire eussent encore bien des choses à apprendre, à oublier, pour que tant d'enthousiasme ait suivi et poursuivi le Shakspeare arrangé et dérangé par M. Ducis.

Eh bien, cet homme-là se croyait tout bonnement un inventeur. Je suis sûr que le jour où il inventa *Abufar ou la Famille Arabe*, il se figura qu'il avait découvert l'Orient tout au moins. En ce temps-là (Dieu me pardonne! on croirait que c'était hier), il n'était pas de poëte qui ne cherchât l'Orient, comme les juifs cherchent encore le Messie. Nul d'entre eux, je parle des poëtes, ne se doutait qu'il y avait plus d'inspiration orientale dans les chœurs d'*Athalie* et dans l'extase biblique du grand-prêtre Joad, que dans toutes les tentatives contemporaines, pour introduire sur la scène le palmier, l'onagre, le chameau et la gazelle.

A les entendre, c'était là tout l'Orient. — Ducis lui-même, après avoir défiguré Shakspeare avec la plus grande bonhomie, il ne s'est pas douté qu'il venait de la toucher au doigt cette passion africaine après laquelle il courait, haletant, de toute la force de sa poésie ; il ne s'est pas douté qu'il venait de se mesurer, à armes inégales, il est vrai, avec cet amour de l'Orient qui a nom *Othello* et qui tue au premier soupçon. L'Orient! Voltaire aussi s'est mis en quête de l'Orient. *Zaïre*, c'est l'Orient ; mais quel pâle soleil! mais quelle jalousie française! *Zaïre*, c'est l'Orient, comme *Alzire*, c'est l'Amérique, comme *l'Orphelin de la Chine*, c'est la Chine.

Les plus belles intelligences sont sujettes à l'erreur. Voltaire a cru trouver l'Orient en faisant d'Othello l'Africain le galant Orosmane, et de la belle Vénitienne Desdémona Zaïre la Française, que dis-je? la Parisienne de Versailles. Ducis a cru trouver l'Orient sous la tente d'Abufar, pendant que l'Orient éclatait autour de lui, sous le regard brûlant du Maure, dans le sourire mouillé de la Vénitienne!

Bien plus, et puisqu'elle se présente ici cette question d'Orient, laissons en repos M. Ducis et saluons, l'occasion est belle, un poëte plus grand à lui seul qu'Eschyle, Euripide, Sophocle et Shakspeare. — En effet, il y avait en France, bien avant Ducis et bien avant Voltaire, un homme qui avait pressenti, du fond de son génie, la passion orientale dans ce qu'elle a de plus chaste et de plus réservé. Corneille est cet homme.

Il a trouvé *le Cid* espagnol qui se bat contre les Maures, ces premiers maîtres de l'Espagne. Corneille, lui, ne s'était pas proposé de retrouver l'Orient et la passion orientale. Il n'a pas imaginé, comme cet honnête Ducis, un théâtre qui représente *les tentes éparses d'une tribu;* il n'avait mis, dans son admirable pièce, *ni chameaux, ni chevaux, ni chèvres, ni brebis paissant en liberté.* Mais en revanche, quels inépuisables retours du cœur humain sur lui-même! Quel magnifique duel entre l'amour et l'amour filial! Quelle variété de passions et de mouvements! Corneille, ce naïf grand homme, ne s'est guère occupé, dans son chef-d'œuvre, de retrouver l'architecture gothique et autres accessoires puérils qu'il méprisait de toute son âme; que lui importe l'armure de son *Cid* et le fauteuil dans lequel se désole sa Chimène, pourvu que le cœur batte sous cette armure, et que les larmes de Chimène soient des larmes véritables?

Pierre Corneille, le premier, a été chercher en Espagne ce héros, *assez reconnaissable aux lauriers dont il est couvert,* comme il dit lui-même à madame la duchesse d'Aiguillon, en parlant de *ce portrait vivant:* « Sa vie a été une suite conti-
« nuelle de victoires; son corps, porté dans son armée, a gagné
« des batailles après sa mort, et son nom, au bout de six cents
« ans, vient encore triompher en France. » — Voilà comment il faut parler du *Cid* quand on est le grand Corneille! Mais combien il est malheureux, après cette phrase toute romaine, *d'avoir*

*l'honneur* de se dire *le très-humble, très-obligé et très-obéissant* serviteur de la nièce du cardinal de Richelieu !

« Chimène demanda au roi qu'il fît punir le Cid, selon les lois, ou qu'il le lui fît donner pour époux. » Dans ces paroles de Mariana se retrouve toute la tragédie de Corneille. Il avait encore, comme il dit, *deux romances* à mettre en œuvre, et il cite ces deux romances, sortes de petits poëmes *qui sont comme des originaux décousus de leurs anciennes histoires;* il avait bien encore, ajoute-t-il, à mettre en œuvre, s'il eût voulu, *deux chroniques;* mais, chose étrange! il *s'est méfié* de ces deux *chroniques*, lui Corneille, et savez-vous pour quelle raison ? « C'est que toutes les deux ont *quelque chose qui sent le roman*, et peuvent ne pas persuader davantage que celles que nos Français ont faites de Charlemagne et de Roland ! » Ainsi, chose digne de remarque ! cet aventureux esprit n'en veut qu'à l'histoire ; cette grande imagination recule devant le roman. Le vieux Corneille a peur des *chroniques*. Les chroniques ! mais aujourd'hui nous ne reconnaissons qu'aux *chroniques* le droit d'être de l'histoire ! La chronique et le roman, mais voilà chez nous les deux grands éléments dramatiques — *rejetés* par Corneille, Messieurs !

Or, c'était surtout de cette façon-là que Corneille était un poëte novateur. Il était novateur en ce sens, qu'il remplaçait le *roman* par l'histoire, la *chronique* par la vérité, le *Roland* et le *Charlemagne* célébrés et chantés dans les poëmes, par le Roland et le Charlemagne historiques. Avant Corneille, la tragédie française, s'il y avait une tragédie française, n'était qu'un long et insipide roman, une *chronique* emphatiquement *héroïque.* Il en a fait une vivante histoire. Les héros tragiques étaient d'insipides héros qui roucoulaient, qui soupiraient, qui parlaient un langage de convention; Corneille a fait de ces *Brutus galants et damerets*, des hommes véritables, des hommes qui ont du feu dans la tête, du sang dans le cœur, de brûlantes et énergiques passions, des Romains de la république romaine, des Espagnols du royaume de Valence, des chrétiens des catacombes; voilà comme il a été novateur et révolutionnaire, novateur par l'histoire, révolutionnaire par la vérité; voilà comment il a ouvert la grande route à tous les empereurs de Racine, à tous les tribuns de Voltaire; il a *rejeté* les *chroniques* où puisaient ses devanciers; il a rejeté le *roman*, auquel sont revenus ses successeurs, en criant à la découverte! à la nouveauté!

Le premier, il est venu dire ce qu'Aristote avait dit après les grands tragiques grecs, et ce que la France ne savait pas : que le héros souffrant et persécuté ne doit être ni *tout méchant*, ni *tout vertueux;* qu'il y a *des traits de faiblesse* aussi dramatiques que des crimes. Le premier aussi, il est venu prouver, contre Aristote, que l'unité de lieu n'était pas une loi sans appel.

Dans le *Cid*, la scène se passe, tantôt dans la maison du comte de Gormas, tantôt au palais du roi, tantôt dans la ville. Corneille ne venait pas au théâtre pour se soumettre aux règles, il venait pour les faire. Cependant, telle était la merveilleuse unité de son drame, qu'on joua le *Cid* hardiment dans la maison de Chimène. Le roi, le Cid, Chimène, les vainqueurs des Maures, se rencontrèrent dans le même salon, sans que la vraisemblance en fût choquée, tant Corneille était un homme sûr de ce grand art dont il était le créateur ! En ce temps-là, le Théâtre-Français n'était pas préparé pour les décorations et pour les machines.

Corneille lui-même, n'avait pas le droit d'exiger pour une seule pièce, même pour le *Cid*, un palais, une place publique et un salon tout à la fois; l'unité était protégée beaucoup plus encore par le décorateur et par le machiniste, que par Aristote. En ceci les spectateurs étaient simples et de bon goût. Ils ne s'inquiétaient guère du lieu où se passait l'action, ni de la toile peinte, ni de ce qu'elle représentait. Tous les chefs-d'œuvre de Corneille ont été représentés devant trois ou quatre méchantes toiles, toujours les mêmes, et barbouillées au hasard. M. Cicéri était bien loin, Molière et Racine étaient bien près. En ce temps-là, l'art n'était pas dans les décorations, la passion non plus, ni l'intérêt. Les trappes, les riches costumes, les meubles exacts, n'avaient que faire à lutter avec la poésie et la passion que l'auteur dramatique jetait dans son œuvre. Cependant on ne dit pas que les chefs-d'œuvre se soient ressentis de cette absence de *vérité* dramatique.

Je me suis toujours demandé comment le *Cid* avait résisté à toutes les mutilations qu'il a supportées? Même du temps de Corneille, le personnage de l'infante avait disparu complétement. La querelle du comte et de don Diègue, préparée ainsi par cette première scène, paraîtrait moins brusque, ou pour mieux dire moins brutale. La brutalité de ces deux vieux gentilshommes, quoique amenée avec un art admirable, était déjà une nouveauté assez hardie au temps de Corneille, et ce soufflet donné en leur présence, dut remuer vivement ces raffinés d'honneur de la cour de Louis XIII, si prompts, malgré les sévères édits contre le duel, à tirer l'épée à la moindre offense.

Certes, un soufflet donné par un gentilhomme à un autre gentilhomme, ce n'était pas là une action de *roman*, je parle du roman de ce temps-là, c'est pourquoi à toutes les représentations du *Cid* que j'ai vues, j'ai toujours trouvé que ce soufflet donné sur la joue de don Diègue n'avait jamais été donné franchement par le comédien qui le donne, ni reçu assez franchement par le comédien qui le reçoit. Tous les comédiens à qui j'ai vu jouer le rôle du comte, et qui naturellement avaient plus d'esprit que Corneille, donnaient ce soufflet d'un air embarrassé et timide; ils paraissaient honteux de cet excès du grand Corneille, et ils avait l'air d'en demander pardon au public. Il me semble, sauf meilleur avis, que ce soufflet, qui va être toute une grande tragédie, ne peut être donné avec trop de hardiesse et d'insolence.

Plus ce vieillard va être outragé, et plus la vengeance du Cid sera dramatique. Il faut que ce soufflet de Corneille soit donné et reçu à la face de tous, sinon vous en faites une injure vulgaire et qui perd beaucoup de son prix. Vous dites, il est vrai, que c'est une action brutale; mais tant mieux, il faut justement que l'action soit brutale pour qu'elle nous irrite tous, et nous mette du parti de l'illustre vieillard insulté par ce fier-à-bras! Vous dites que ce n'est pas une injure de bonne compagnie! Eh! que nous fait la bonne compagnie? On vous répond que ce sont deux vieux gentilshommes castillans qui s'insultent. Toutefois, nous ne chômerions pas d'exemples dans la bonne compagnie, s'il était nécessaire. Ne vous a-t-on pas dit que le duc de Vermandois donna un soufflet au dauphin? Ne vous a-t-on pas dit que la reine Élisabeth donna un soufflet au comte d'Essex? [1]

---

[1]. Louis XV un soir, à souper dans les petits appartements, moitié riant moitié sérieux, frappe M. le duc de Richelieu à joue. — Il y eut parmi les convives un moment de stupeur. Bientôt remis M. le duc de Richelieu rend le soufflet à son voisin. — « Messieurs, dit-il, le roi veut que ça passe! »... et ça passa.

L'emportement de don Diègue, chargé de cette injure, est magnifique :

Précipice élevé d'où tombe mon honneur !

J'aime cela, et tout d'un coup entre Rodrigue : — *As-tu du cœur?* — Et Rodrigue qui répond : *Son nom? C'est perdre temps!* Il y a des grammairiens qui froncent le sourcil et qui diraient : — *Perdre du temps.* — Voltaire aussi ne veut pas qu'on dise : — *Allons, mon âme!* ni : — *Tout beau ma passion!* Laissez sourire les grammairiens, laissez crier Voltaire ! la tragédie est là !

J'aime aussi, au second acte : *Quand je lui fis l'affront.* Voltaire veut qu'on mette : *Cet affront;* pourquoi ? Bientôt arrive Rodrigue. Insulte pour insulte ! L'outrage du père de Rodrigue a été public, la vengeance sera publique. — *Ote-moi d'un doute!* l'attaque de Rodrigue est vive, précise, nette, mais non pas insolente. Rodrigue est déjà de la génération nouvelle, et quand bien même il ne s'adresserait pas au père de sa maîtresse, il sait fort bien qu'entre gens bien élevés, le soufflet est une insulte inutile. Toutes ces nuances sont observées à merveille. En effet, don Alonzo vient dire au roi : *Sire, le comte est mort.* Que de péripéties en si peu de temps, et pensez donc que le drame commence à peine !

Voici Chimène. Écoutez son premier cri : *Sire, justice!* C'est peut-être la plus belle situation du théâtre. Le drame commence avec Chimène, et aussi commencent les merveilleux efforts de cette dialectique passionnée que vous retrouverez dans tout le cours de la pièce. Chimène et D. Diègue sont en présence.

CHIMÈNE (*au roi*).
Je me jette à vos pieds !

DON DIÈGUE.
J'embrasse vos genoux !

CHIMÈNE.
Il a tué mon père.

DON DIÈGUE.
Il a vengé le sien.

Les plaintes de Chimène sont très-belles; le plaidoyer du vieillard est touchant; Chimène est plus longue en sa défense, parce Chimène est moins convaincue; le vieillard est net et bref; tout lui dit qu'il est dans son droit. Le roi est bien embarrassé entre ces deux éloquences; sa réponse à Chimène est pleine de grâce. C'est tout à fait une réponse digne d'un roi de France, de Henri IV, par exemple :

> Prends du repos, ma fille, et calme tes douleurs!

*Acte troisième.* Place à Chimène! place à Rodrigue! l'amour espagnol éclate en ces deux jeunes âmes. — *Ma Chimène!* Et la réponse de Chimène : *Va, je ne te hais point!* Et le touchant débat qui commence entre les deux amants, comme il a commencé entre don Diègue et Chimène! Quelle verve! quel esprit! quelle inépuisable passion!

Et comme la passion est le fond de cette tragédie, disons mieux, comme l'amour a toujours été et sera toujours le plus grand, le plus intéressant prétexte, et surtout le prétexte le plus naturel à une action dramatique, après cette scène d'amour, l'honneur de notre théâtre, le grand Corneille vient de se souvenir que les Maures menacent l'Espagne :

> ........ On a vu dix vaisseaux
> De nos vieux ennemis arborer les drapeaux.

a dit le roi au second acte. Là-dessus de grands critiques se sont écriés : Pourquoi donc ne pas courir à l'instant même arrêter les Maures qui vont débarquer? Pourquoi? Parce qu'en effet il ne s'agit pas ici des Maures; il s'agit de Chimène. Il ne s'agit pas de savoir si l'Espagne sera envahie... il s'agit de savoir si Rodrigue épousera Chimène : voilà ce qui intéresse uniquement Corneille, c'est-à-dire voilà ce qui intéresse uniquement la France, l'Espagne, le monde entier. Que nous font les Maures? Nous irons à leur rencontre quand Chimène aura dit à Rodrigue : *Va, je ne te hais point!*

*Acte quatrième.* Chimène se fait rapporter les exploits de Rodrigue, celui qu'elle aime.

CHIMÈNE.
De qui peux-tu savoir ces nouvelles étranges?
ELVIRE.
Du peuple!

Voilà bien le grand Corneille, le grand poëte légèrement ligueur! Il entend parler *le peuple*, à la cour même de Louis XIII et du cardinal de Richelieu. *Le peuple!* c'est un beau mot, n'est-ce pas, dans la tragédie? et vous pensiez que dans la tragédie c'était un mot d'hier.

Revient le Cid; son récit est un morceau achevé. Depuis Corneille on a fait bien des proclamations, Dieu le sait et aussi l'Empereur! Il y a de magnifiques bulletins parmi les bulletins de la grande armée, il n'y a pas de récit plus noble, plus simple, plus complet et surtout plus modeste que le récit du Cid:

> Ils courent au pillage, et rencontrent la guerre;
> Nous les poussons sur eau, nous les poussons sur terre.
> . . . . . . . . . . . . . . . . . . . . . . . .
> Oh! combien d'actions, combien d'exploits célèbres
> Sont demeurés sans gloire au milieu des ténèbres!
> . . . . . . . . . . . . . . . . . . . . . . . .
> J'allais de tous côtés encourager les nôtres,
> Faire avancer les uns et soutenir les autres,
> Ranger ceux qui venaient, les pousser à leur tour.
> . . . . . . . . . . . . . . . . . . . . . . . .
> Ils demandent le chef, je me nomme, ils se rendent;
> Et le combat finit faute de combattants!

Mais déjà voici revenir Chimène, Rodrigue est vainqueur, il faut que Chimène le perde, c'est son devoir. Voltaire appelle la démarche de Chimène *une démarche inutile*. Inutile! mais cette *démarche* fournit à Corneille une des plus belles scènes de sa tragédie! Inutile! mais voyez donc que c'est son amour et non pas la vengeance qui, cette fois, pousse Chimène.

Elle a appris les hauts faits du Cid *par le peuple*, à présent elle veut les apprendre par le roi. Innocente, adorable ruse d'une femme bien éprise! Voltaire, lui aussi, a-t-il donc oublié qu'il s'agit uniquement, dans ce drame, de l'amour combattu de Chimène pour Rodrigue, tout comme dans l'*Iliade* il ne s'agit que de la colère d'Achille? Or, quel plus beau moment pour l'amour de Chimène que le moment où le roi lui dira : *Rodrigue est vainqueur! il a sauvé l'Espagne, donc il est innocent!* Dans le fond de son âme, Chimène ne veut pas autre chose. Elle sait bien que le roi ne peut plus punir Rodrigue, et quand le roi lui dit :

    Il est mort à nos yeux des coups qu'il a reçus!

elle pâlit, elle se meurt!

Ce roi-là est sans nul doute un homme d'esprit ; je disais tout à l'heure un roi de France. Mais il joue là un jeu bien cruel; la peine de Chimène est si grande en ce moment, elle doit être d'abord si malheureuse d'apprendre — *qu'il est mort!* et ensuite elle doit être si honteuse de voir son secret au grand jour, que je ne conçois pas comment cette terrible scène, dans laquelle l'amour et la probité d'une Castillane sont mis en doute par un roi d'Espagne, ait jamais pu exciter le rire. Et pourtant voilà maintenant ce qui arrive à chaque représentation du *Cid* au Théâtre-Français. Acteurs et spectateurs ont l'air de s'entendre pour rire à qui mieux mieux du désespoir de Chimène.

Ce grand Corneille! nous le retrouverons à son tome, à sa place, à l'heure où ils vont ressusciter, lui et les siens, sous le souffle inspiré de la jeune tragédienne! Il m'a semblé cependant que vous ne seriez pas fâché de l'entrevoir au moment où va naître la jeune école, ce héros de l'art dramatique. Entre Shakspeare et Corneille, il n'y a pas à hésiter que je sache : la couronne de ce grand art appartient à Corneille! Sans doute, il remplit une scène moins vaste que Shakspeare, il s'adresse à des crimes moins terribles, à des amours plus charmantes, il remplit moins d'espace, assurément, *dans ce magnifique jardin de la nature*. En revanche, il a plus d'âme, il a plus de cœur, il est plus un homme, il est plus un sage, un philosophe, un politique, un penseur! Mais revenons, par cet arc de triomphe, à ce bon M. Ducis.

Passer sans transition du *Cid* de Corneille à la *Famille arabe* de Ducis, c'est sans doute une lourde chute, et c'est pour le coup que la tragédie française peut dire comme don Diègue :

    Précipice élevé d'où tombe mon honneur!

En effet, *Abufar* est une des plus grandes naïvetés de cet excellent Ducis qui a fait tant de naïvetés dans sa vie, avec le plus grand sang-froid. La première scène d'*Abufar* ressemble beaucoup à la première scène de *Zémir et Azor* : *Veillons, mes sœurs !* Tanaïm, Saléma et Odéïde : « Elles ne travaillent point « encore, mais elles ont chacune une corbeille à leur portée ; « celle de Tanaïm renferme des cotonniers qu'elle doit dépouiller ; « celle de Saléma, des fuseaux et des laines, et celle d'Odéïde, « des aiguilles et des tissus. » Ducis donnait déjà dans la vérité moderne. Des cotonniers ! des laines ! A tout cet attirail, il y a des gens qui préfèrent un beau vers.

Un récit d'enfant abandonné occupe ces trois femmes, lorsqu'arrive Pharasmin ; Pharasmin est le prisonnier de guerre d'Abufar, il est son esclave, et en esclave bien élevé, il vient demander les ordres de la famille.

Quand du jour renaissant la brillante lumière

*Quatre vers*, et enfin,

A *vos ordres* soumis par *les ordres* d'un père,
Je viens vous demander *ceux* que je dois remplir !

On disait dans son temps que Ducis était un poëte énergique. On l'appelait le Shakspeare français. Shakspeare ! On le comparait à Tacite ! C'était au contraire le plus interminable faiseur de phrases et de périodes qui se pût voir. Vous vous rappelez sa définition de l'espion dans *Othello* :

Ces mortels dont l'État gage la vigilance.

Pharasmin dit encore à ces dames :

*Vos égards* dès longtemps ont adouci mes maux.

C'est une phrase des Petites Affiches. — « M. *** désire une place de domestique ; il tient moins aux appointements qu'aux égards. » Moyen infaillible de n'avoir ni appointements ni *égards*.

Arrive Abufar, qui est un bon vieillard. *Il brûle de l'encens sur l'autel !* Quand il a béni sa famille et *tous les habitants du désert*, ses filles et sa sœur *s'apprêtent chacune pour leur ouvrage*. Pharasmin (l'esclave) « apporte un siége pour Abufar, sort et rentre occupé des différents travaux de la maison. » Cependant Abufar débite tranquillement sa petite morale.

> Dans ces climats brûlants, sur le sable où nous sommes,
> Que *deviendrions-nous*, si nous n'étions des hommes ?
> N'est-ce pas elle, *ici*, qui dans *leur pauvreté*,
> Consacre nos déserts par l'hospitalité ?

Ingénieuse pensée à laquelle M. Scribe a donné toutes les grâces du couplet :

> Chez les montagnards écossais,
> L'hospitalité se donne,
> Elle ne se vend jamais.

Ce qui veut dire qu'il n'y a pas d'auberges en Écosse, non plus qu'en Arabie, et voilà pourquoi le voyage est si difficile dans ces pays d'hospitalité.

Le reste de l'acte est occupé par les amours de Pharasmin et d'Odéïde, qui en effet a pour le captif de son père *beaucoup d'égards*.

Au second acte, ce bon Pharasmin se parle à lui-même de Farhan, fils d'Abufar.

> ........ Oui, *je crois* que son cœur
> *Brûlait* pour Saléma d'une coupable ardeur.

De son côté, et afin que personne ne l'ignore, Saléma vient nous parler *de sa détestable ardeur*.

> Oui, je vis pour Farhan, je l'aime, je l'adore,
> *C'est là* cet air, ce ciel, ce feu qui me *dévore*,
> Ce vent de nos déserts, terrible, envenimé,
> Moins brûlant que l'amour *dans mes sens allumé*.

Bref, Saléma parle tout à fait comme hennit une jument arabe.

Comparez donc cette déclaration adultère aux deux ou trois mots étouffés sous le cercueil, que prononce à voix basse la sœur de René ! Mais l'auteur de *René* est un grand poëte, Ducis n'est qu'un poëte naïf.

*Sobed* arrive.

>       ....... Brûlé d'un ciel ardent,
> Farhan, qu'on a cru mort, arrive en cet instant
> Sur le même *coursier qui le fit disparaître.*

Ce Farhan est une espèce de maniaque *brûlé du ciel*, qui ne parle que par interjections.

>       ....... Ce soleil dévorant,
> Ces sables... des ennuis... le vent, ce cruel vent
> Du désert... tout m'accable... Ah! je suis plus tranquille!

En même temps cet Arabe fougueux voit des *traces de langueur* sur le visage de Saléma. Le mot est joli et neuf pour un Arabe.

Farhan aime d'amour sa sœur Saléma, et il embrasse avec transport sa sœur Odéïde. A cette vue, le vieil Abufar, qui n'entre pas dans toutes ses délicatesses, *regardant Farhan lorsqu'il presse tendrement sa sœur contre son sein*, s'écrie: *Que vois-je! ô ciel!* En conséquence Abufar traite son fils de Turc à Maure:

> Que t'ont fait nos déserts ? et de quel front viens-tu
> Y mêler *l'air du crime à l'air de la vertu?*

Cependant, après une tirade aussi longue que le premier acte du *Cid*, le vieillard s'apaise et il conclut en ces mots:

> Qu'un hymen vertueux t'enchaîne à la nature.

Mais Farhan ne veut pas être: *enchaîné à la nature*, il est trop attaché à sa sœur Saléma.

Saléma! ce digne Abufar médite déjà de la marier à son domestique Pharasmin:

>           Une *douce langueur*
> De Saléma d'avance a *préparé le cœur.*

*Acte III.* — *Mais cette douce langueur* de Saléma, vous le savez depuis longtemps, elle est pour Farhan. Farhan déclame contre Pharasmin.

Farhan traite Pharasmin comme le dernier des misérables. Il veut le tuer, il l'insulte, il l'appelle en duel. Ce duel est moins beau que celui de Rodrigue et surtout moins calme. Rodrigue agit en *brave homme*, comme dit Corneille, Farhan n'est qu'un duelliste. Aussi Pharasmin se met-il à l'abri d'Abufar, qui, cette fois, est indigné tout de bon, des *exécrables* feux de son fils.

A la fin cependant tout s'arrange ; Farhan rentre dans son *calme orgueilleux*. Tanaïm dit à Pharasmin :

> C'est vous, cher Pharasmin.
> *Ah ! rendez grâce au ciel qui vous a fait humain !*

Ducis a dédié sa tragédie orientale et pastorale à son digne ami Florian. « Je devais te dédier ma *Famille arabe*, tu m'en avais prédit le succès. » Je crois bien que Florian avait prédit le succès de cette tragédie à Ducis, Ducis y avait travaillé en conséquence. Il y avait mis — *des pâturages, des chameaux, des chevaux, des chèvres, des brebis paissant en liberté, des cèdres, des fleurs, des tombeaux, des arbres qui distillent l'encens, des ruines aperçues à peine, des sables, des palmiers unissant leurs rameaux, des puits à fleur de terre*; bien plus, il y avait mis *quelques ruches à miel*. Des ruches à miel et des chèvres dans une tragédie ! Il y avait, de quoi faire tourner la tête à M. de Florian.

Cette tragédie d'*Abufar*, comme toutes les tragédies du même poëte, était un caprice du grand tragédien Talma. Ducis avait fait pour Talma *Othello* et ses deux dénoûments, heureux ou malheureux, *à l'idée des personnes*. Il avait fait *Abufar* et ses *variantes*. Talma se plaisait dans ces sortes de tour de force, et tout Paris s'y plaisait avec lui. Il y avait surtout dans *Abufar* un certain mot : *J'ai froid !* qui fit l'admiration de l'Europe. Or, ce mot : *J'ai froid !* était tout simplement une bêtise. On trouvait que c'était très-beau à Farhan, au milieu des sables et brûlé du ciel et de l'amour, de dire : *J'ai froid !* Et le public d'admirer ! Si la scène se fût passée en Russie, le poëte eût changé le genre de fièvre, et Farhan se fût écrié : *J'ai chaud !* ce qui eût été tout aussi admirable.

De tout ceci, il résulte en effet que M. V. Hugo avait bien choisi son heure, et que son drame devait être impatiemment attendu.

# CHAPITRE XVI

Dans cette ferveur pour le grand poëte Shakspeare, nous avons déjà dit qu'un de nos poëtes les plus sérieux, M. Alfred de Vigny, avait traduit en vers français, et mot pour mot, l'*Othello*. Mademoiselle Mars jouait Desdémone! Avant M. Alfred de Vigny, un jeune homme, qui allait jouer bientôt un grand rôle dans la littérature contemporaine, un des premiers et des plus habiles inventeurs du xix<sup>e</sup> siècle, Frédéric Soulié, mort à la peine et mort si vite, avait traduit, lui aussi, avec une fidélité très-grande et très-attentive, cette admirable et touchante histoire de *Roméo et Juliette*, les deux amoureux dont l'alouette, venue de Vérone, chante encore, après tant d'années, les tristes amours.

J'aurai voulu vous parler, tout à mon aise, de cet arrangement habile; d'autant plus que sous le vers abondant et facile du traducteur français, je retrouve plus d'une idée de génie heureusement conservée, en dépit de toutes les gênes du vers alexandrin.

Ah ! cette tragédie de *Roméo et Juliette*, c'est une des belles histoires de notre jeunesse ! Cela se passait aux derniers jours de la Restauration bien heureuse, quand les uns et les autres, ignorants des deuils, des misères, de la peine et des travaux à venir, nous levions fièrement la tête, comme autant de novateurs sûrs de leur fait. Nous disions tout haut : place à la jeunesse, et tout bas (modestement) place à la gloire ! Laissez-nous passer ! ne nous faites pas obstacle, ou vous serez brisés !

Nous allions droit notre chemin, vainqueurs résolus, à débarbariser la France. En ces temps de l'âge d'or, le poëte imberbe entendait parler avec pitié de Racine, et il estimait Shakspeare, bien heureux qu'on daignât lui emprunter quelques-uns de ses chefs-d'œuvre. Le comédien nouveau parlait, de temps à autre, de ce brave Talma, ce bonhomme mort à temps ; la jeune première souriait au nom seul de mademoiselle Mars, sa grand'mère : on va lui apprendre enfin les belles façons élégantes, le beau langage, et le vrai jeu de la prunelle et de l'éventail à mademoiselle Mars ! disait l'ingénue, à peine échappée au caquetage du comptoir. Quant au critique, ma foi, figurez-vous une torche, un incendie, un tonneau rempli de poudre fulminante ! C'était là le beau temps. — Les gens sensés se moquaient tout à l'aise, de ces nouveaux venus dont nul ne savait les noms, et les fous, les heureux fous, de cet art informe encore, ne voyaient pas que l'on se moquait d'eux. Belles soirées d'une innocence incontestable !

Figurez-vous que dans cet âge d'or et d'heureuse misère, Juliette, la chaste épouse de Roméo, Juliette, cette création divine, sortie toute fraîche éclose de la pensée et de l'amour d'un si grand poëte, rêve italien des beaux jours de l'Italie passionnée et combattante, Juliette, c'était mademoiselle Anaïs ; oui, mademoiselle Anaïs elle-même, une Isabelle de comédie ancienne, une Lisette de Marivaux. Dieux ! était-elle jolie en ce temps-là ! Elle avait des yeux brillants comme le feu ; et comme ses traits mignons étaient pleins d'harmonie et de caprice, elle était très-désolée aussitôt qu'il fallait pleurer ; en revanche, elle s'attifait très-coquettement d'une belle chevelure échevelée de toutes sortes de vrais cheveux qui retombaient, en grosses tresses, sur ses petites épaules bien exposées ; puis elle se jetait sur son tombeau de si bonne grâce, laissant tomber son pied nu sur le bord de la fosse entr'ouverte! En même temps arrivait, sombre et guttural, tout vêtu de noir, Lockroi lui-même, qui depuis a écrit tant de gais vaudevilles (*Passé minuit* est un chef-œuvre!), et une fois sur le bord de cette tombe, il y allait de si bon jeu et de si bon chagrin, il se précipitait avec tant d'ardeur sur Juliette endormie, il lui donnait de si bon cœur de si beaux baisers bien appliqués (la joue de la morte en rougissait), que nous nous mettions tous à pleurer comme des enfants!

Vraiment, quand j'y songe, il fallait que le *bourgeois*, c'est-à-dire le spectateur habitué aux plaisirs sérieux du théâtre, eût en lui-même un grand fonds de complaisance, ou bien qu'il eût en la jeune critique une confiance inexplicable, pour écouter, bouche béante ces transformations, ces transpositions, ces métamorphoses! Frédéric Soulié n'avait pas plus de vingt-cinq ans lorsqu'il arrangeait *Roméo et Juliette* à la taille de M. Lockroi et de mademoiselle Anaïs! M. le comte Alfred de Vigny n'hésitait pas une minute à charger mademoiselle Mars du rôle même de la Desdémone (le rôle de madame Malibran, quand c'était Rossini qui traduisait Shakspeare), et voici qu'à la même époque, avec un de ces courages qui ne doutent de rien, un joli faiseur de bouts rimés, une des ombres de M. Victor Hugo, un homme qui eût été Dorat, si Dorat eût voulu le permettre, M. Émile Deschamps, pour tout dire, disposait, comme d'une propriété personnelle, du *Macbeth* de Shakspeare. O profanation singulière!

Et songez donc qu'il avait traduit (M. Émile Deschamps) non-seulement *Macbeth*, mais encore *Roméo et Juliette!* Roméo et Macbeth, le drame amoureux, le drame terrible, la chanson qui vient du côté de Vérone, l'imprécation qui s'exhale des cavernes fatidiques. M. Émile Deschamps allait dans ce travail, pour lequel il semblait si peu fait, avec une bonne foi, avec une facilité, un agrément, une allure qui lui eussent été bien suspects à lui-même, s'il eût pris la peine de réfléchir à l'impossibilité de la tâche qu'il s'était imposée. Et pourquoi faire, je vous prie, et à quoi bon traduire ces belles œuvres en deçà de notre univers, et les traduire mot pour mot? Qui donc, après tout, dans cette littérature en mal d'enfant, quand le poëte des *Orientales* rêvait déjà *Marion Delorme*, exigeait tant de traductions?

N'avait-on pas d'ailleurs Shakspeare en personne, en plein théâtre parisien, accompagné de ses plus excellents interprètes : Kean, Kemble, Macready, miss Smithson ? Rappelez-vous ces grandes soirées de l'autre monde ! rappelez-vous l'étonnement et l'admiration, et comme nous restions stupéfaits, entendant parler à nos oreilles épouvantées, ce rude idiome dont quelques brûlantes étincelles se faisaient jour, de temps à autre, à travers nos études du matin et nos souvenirs de la veille !

Ce mystère, ce ramage d'oracle, cet inconnu, cette étrangeté, la voix même, le geste, l'habit et les mœurs de ces comédiens, pareils à des fantômes, cet *Hamlet* (l'a-t-on défiguré en méchants vers !), ce roi Lear, cet Othello à côté de la Desdémone, c'étaient là des fêtes d'autant plus suivies qu'elles étaient plus entourées de nuages.

Heureusement que ces faux prêtres du nouvel Apollon furent bientôt jugés à leur juste valeur ! Le public impatient de la vraie et sincère nouveauté qui était en germe dans la préface de Cromwell, ne supporta guère de ces imitations des poëtes anglais, que l'arrangement de Frédéric Soulié. Bien plus, cette machine exaltée et tant louée à l'avance, l'*Othello* français de M. de Vigny, malgré des mérites incontestables et la charmante voix de mademoiselle Mars, devait porter et porta le premier coup à notre admiration pour ce Shakspeare qui venait de naître à notre soleil.

Le lendemain de cet *Othello* si bien traduit, le voile disparut, qui augmentait ces mystères en les cachant ; la prêtresse était descendue de son trépied ; le dieu avait quitté le buisson ardent, le poëte anglais avait pris un manteau taillé à la française ; à l'instant même, le poëte d'*Othello* fut traité comme un simple mortel. Chose fugitive, l'enthousiasme du peuple français ! Notre enthousiasme a besoin du lointain, de l'inconnu, du voile ; cachez-le profondément dans les abîmes, sinon l'oiseau s'envole et se perd au sommet de la montagne, frappée des premiers feux du jour.

Les poëtes les plus modestes, il ne faut pas leur en vouloir, ont, à certaines heures choisies, comme un emportement de vanité dont ils ne sont pas les maîtres. Dans sa préface de *Macbeth*, qu'il appelle « un aiglon vieilli dans son œuf, » M. Émile Deschamps s'écrie : « Le fanatisme pur de Shakspeare était dans l'air, et je n'y avais pas nui ! » Mais, au contraire, cette admiration pour Shakspeare ne s'est arrêtée que lorsque les traducteurs sont venus faire leur métier autour de ces grandes œuvres, lorsqu'ils ont collé leurs affiches de candidats-traducteurs aux colonnes sombres, aux vastes monuments de l'architecture des Tudors; lorsqu'ils sont venus, leur petite lampe à la main, sous le vain prétexte d'éclairer ces ombres profondes, afin que l'œil mortel pût voir ces fantômes s'agiter dans le néant même du traducteur.

Pètes infortunés! labeur stérile! Études pour le moins inutiles! Apothéoses où rien ne reste! Quand je vois un de ces jolis poëtes de *l'Album amicorum*, comme disait Bussy, s'attaquer à Shakspeare, il me semble que l'on va placer, sur le rocher de Pierre le Grand, préparé pour le bronze de Falconnet, une terre cuite de Clodion! Notez bien que, comme ils comprenaient confusément leurs efforts inutiles et désespérés autant que désespérants, ils ont rêvé, les uns les autres, un théâtre *ad hoc*, et aussi un public *ad hoc;* ils étaient jaloux de S. M. le roi de Prusse, le roi régnant aujourd'hui, ce bel esprit amoureux de toutes les belles choses, cet ami éclairé de tous les grands artistes, ce maître et protecteur des grands poëtes, qui faisait représenter à Berlin, les tragédies de Sophocle et d'Euripide dans la langue d'Athènes!

En un mot, après s'être vantés de *n'avoir pas nui* à Shakspeare, ils sont les premiers à reconnaître que la lecture convient tout au plus à leurs traductions, que « ces œuvres ne sauraient entrer dans nos moules sans les faire éclater, » et qu'enfin, malgré toute leur admiration, ils se sont permis de retrancher des *scènes parasites*, des *tirades exubérantes*, des *expressions affectées ou indécentes*. « J'ai fait plus, dit M. Émile Deschamps, j'ai quelquefois modifié la coupe fort arbitraire des actes... Au quatrième acte de *Macbeth*, je me suis permis des changements *fondamentaux*... » et tant d'autres précautions, qui gâtent cruellement le *soyons amis*, sous prétexte d'enlever *quelques petites branches mal venues, des feuilles jaunies*.

Après quoi, autre crime: le traducteur avoue « qu'il a trouvé des vides à remplir, » et il reconnaît « qu'il les a remplis, ces vides, par des paroles et des expressions *shakspeariennes*. » Ah! justement, voilà le mal, voilà le crime; c'est justement l'expression *shakspearienne* qui n'est pas de Shakspeare! Eh quoi! vous faites du Shakspeare à volonté! c'est-à-dire que lorsqu'il n'y en a plus, il y en a encore [1]. Vous en convenez vous-même ; que dis-je ? vous vous en vantez tout haut, et vous ne voyez pas que soudain le parterre, qui ne veut pas être votre dupe, sachant que vous êtes souvent (dans les *rides*) un faux Shakspeare, va se tenir en garde même contre le vrai Shakspeare.

En effet, quoi de plus étrange dans la vanité humaine, après s'être prosterné devant Sophocle, devant Shakspeare, comme à l'autel des dieux, que de se relever avec un petit sourire de protection, en disant à ces grands dieux : Soyez tranquilles ! et si vous avez envie de dormir, dormez tout à votre aise, je veille sur vous, je veille pour vous ! Bonhomme Homère, j'aurai de l'esprit pour vous, et je vous prêterai mon propre esprit, quand par hasard vous dormirez. Pensées shakspeariennes ! dites-vous ; expressions shakspeariennes ! drame shakspearien !

Maladroits ! Vous faites du Shakspeare, vous faites du Sophocle comme les restaurateurs de tableaux font du Titien et du Rembrandt !

Mais pourquoi tant se fâcher, et à quoi bon ? La préface est écrite, la traduction est jouée, le *Macbeth* a vu le jour ; et quand je dis *le jour*, je suis loin de me servir d'une expression *shakspearienne*. En effet, le jour manque tout à fait dans ce drame de *Macbeth*. Tout s'y passe au bruit du tonnerre, à la lueur des éclairs, à la clarté funèbre des torches ! Voici d'abord les trois sorcières au milieu de la foudre ; il fait nuit sur les bruyères d'Écosse, il fait nuit dans le château d'Inverness ; on ne voit que des torches et des flambeaux, toute la nuit ; quand le roi est couché, le meurtre veille au milieu des éclairs ; lady Macbeth se promène *dans la nuit* ; un seul instant *le jour commence à poindre*, une pâle journée d'automne tachée de sang. Arrive ensuite le banquet aux flambeaux ! Ce sont toujours des flambeaux, des torches, des lampes, des lumières factices, et jamais le soleil, le clair et transparent soleil, *aimé de la blonde Minerve, dont le front radieux rend la vie et la force à l'univers* [2] !

Quant aux vers du traducteur, M. Émile Deschamps, voici quelques échantillons qui vous contenteront, j'en suis sûr :

---

1. « Pardonnez-moi, Messieurs, disait un jour La Mothe-Houdard, j'imite trop Pindare ! » Eh bien, ces Messieurs imitaient Shakspeare un peu trop !
2. Euripide, *les Héraclides*.

> Le chat-tigre là-bas a miaulé trois fois!
> Trois fois *le hérisson* a fait *glapir* sa voix!

Ceci est traduit, vers pour vers, mais ce qui est beau, c'est de mettre en vers la prose, or tout ce passage écrit en prose par Shakspeare, est mis en vers par M. Émile Deschamps :

> ......... Exécrable tache!
> *Disparais donc, te dis-je.* — Une, deux ; vite, allons !
> *Il faut l'exécuter.* — Que les moments sont longs ?
> Va *donc*... L'Enfer est sombre... Ah ! fi ! c'est une honte.
> Un guerrier avoir peur... Qui demandera compte
> De tout ceci ?...
> Mais qui l'eût cru, qu'après *tant de soins et de peines*
> Ce vieillard eût encor tant de sang dans les veines?

*Tant de soins et de peines*, c'est une de ces idées et de ces expressions *shakspeariennes* avec lesquelles M. Émile Deschamps *remplit le vide* de son auteur.

Un homme qui a bien du mérite, et qui en a fait preuve récemment dans sa traduction de Juvénal, couronnée à l'Institut, un très-savant et très-habile travail, M. Jules Lacroix, lui aussi, dans sa jeunesse, a traduit *Macbeth* (il paraît que c'est une fièvre de traduire, comme de sauter), et cette traduction se compose justement de trois mille vers, représentant, mot pour mot, les trois mille lignes, vers ou prose, de la tragédie originale :

> Qui jamais aurait cru qu'il aurait tant de sang,
> Ce vieillard !

dit M. Jules Lacroix, et il me semble que ceci vaut mieux, c'est presque aussi bon que la prose.

Pour en finir avec M. Émile Deschamps et pour vous dire à quel point les jeunes gens du deuxième degré dans le Cénacle, étaient devenus intrépides et hardis, qu'on nous permette de donner ici, une lettre curieuse, et parfaitement originale du traducteur de *Macbeth*. En ce temps-là deux places étaient vacantes à l'Académie, elle avait perdu, à la même heure, et presque le même jour, M. Casimir Delavigne et M. Charles Nodier. Or voici la lettre écrite, à propos de l'un et de l'autre fauteuil, par M. Émile Deschamps :

> Monsieur,
> Mon nom figure aujourd'hui dans le *Journal des Débats* parmi

ceux des *candidats* qui *aspirent* au fauteuil *académique* de M. Casimir Delavigne... J'ai *au contraire renoncé* à cette candidature pour ne *me porter qu'au fauteuil de* M. Charles Nodier. C'est *dans ce sens* que j'ai eu l'honneur d'écrire à l'Académie Française.

ÉMILE DESCHAMPS.

Paris, 12 mars 1844.

La jolie aventure à tout prendre. « Hélas! Messieurs je n'ai traduit *que Roméo et Juliette*, je n'ai traduit *que Macbeth*, et je ne demande *que* le fauteuil de Charles Nodier! »

Chose étonnante! il ne demandait *que* ce fauteuil, et il n'eut même pas ce fauteuil!

Tout à l'heure aussi nous parlions de Falstaff, et nous le regardions, à bon droit, comme un des personnages les plus complétement difficiles à emprunter à Shakspeare! On l'avait bien mis en vaudeville autrefois, ce Falstaff; cette fois c'était une partie engagée entre des buveurs de vin de Champagne embarrassés de la *carte à payer*, mais ces choses-là ne coûtent guère plus que les chansons à boire ou les brochures politiques de messieurs les *Tireurs*, comme on les appelait (c'est un barbarisme à leur usage), et dont ils s'étaient eux-mêmes affublés! Falstaff le *soiffard* et le butor, était pour ces messieurs de la nouvelle Athènes (ah! oui, *nouvelle!*) un type, un héros, un modèle, un exemple, un Évangile! Ils ne juraient que par Falstaff.

En attendant que le roi Louis-Philippe (et ce n'est pas ce qu'il a fait de mieux le bon sire) les envoyât administrer les départements de son royaume, ils chantaient, à gorge déployée, et la gloire et les hauts faits de Falstaff! si bien qu'il fallut se demander enfin quel était ce sir John Falstaff dont nous entendions le bruit depuis dix bonnes années, tout comme s'il s'agissait d'un modèle achevé d'esprit, de bouffonnerie, de gaieté, d'humour, du type le plus parfait et le plus excellent de la comédie passée, présente et à venir? Falstaff! quand ils avaient dit: Falstaff! Messieurs les préfets en herbe, (foin de nous!) avaient tout dit.

Que Sancho se voile la face, que Gil Blas rentre dans la caverne des voleurs, que Sganarelle se fasse ermite, que Gros-René passe sa thèse en Sorbonne ou que Dave soit nommé proconsul, que les quatre ou cinq types de la gaieté humaine, de la bonne grâce et de la belle humeur, fassent silence devant ce Falstaff. Falstaff était leur roi et leur maître à tous. Rien qu'à le voir marcher, on rit. Rien qu'à l'entendre tousser, on rit. Il a remplacé, à lui seul, tous ces admirables et plaisants esprits qui ont été si longtemps le sourire, la leçon, le conseil, la grâce toute-puissante de la comédie. Falstaff le plaisant! Falstaff le poëte comique! Falstaff le maître des requêtes! Vive Falstaff!

A la fin, cela m'a lassé, moi aussi, de voir mettre en jeu sans cesse et sans fin, cette abominable bedaine remplie de fricot et de petite bière. A la fin j'ai voulu savoir par quelles ruses un pareil drôle avait usurpé ce grand emplacement dans la Comédie, et par quelles suites d'imprudences et de paradoxes on avait attaché tant de grelots de bel or et de fin argent, à ce Falstaff? A ces causes, nous avons été le chercher dans ses ivrogneries, dans ses obscénités, dans ses immondices; et le voilà tel que nous l'avons rencontré. Bouchez-vous le nez, et sauve qui peut!

Sous le règne sanglant du roi Henri V, un partisan énergique et brave de Wiclef le réformateur, nommé sir John Oldcastle, avait été condamné et mis à mort pour ses croyances religieuses. La populace, qui est la même dans tous les temps, cette populace qui lèche le sang des échafauds, avait fait du nom de sir Oldcastle, le nom d'un vil bouffon. Au nom de ce martyr répondaient en chœur tous les quolibets, tous les infâmes bons mots qui se disent dans les mauvais lieux et dans les tavernes. Oldcastle était devenu le bouc émissaire des matelots, des filles, des soldats pris de vin, des poëtes de la borne. Il était le boute-en-train de cette populace. Oldcastle était partout, dans les ballades, dans les gageures, dans les tavernes, sur les tréteaux, sur les théâtres; on signait de son nom, toutes les chansons, toutes les obscénités, toutes les licences, tous les sacriléges. C'était bien la peine d'être honnête et courageux, sir John, contre un tyran, le plus vil et le plus lâche de tous les hommes; c'était bien la peine de confesser votre sainte croyance jusque sur l'échafaud, pour être plongé, après votre mort, dans un abîme de vices, d'injures et de superstitions!

A son tour Shakspeare, qui a été un si grand poëte dramatique, tout simplement parce qu'il a obéi à tous les caprices, à toutes les croyances, à toutes les haines, à tous les amours de ses contemporains, voyant cet Oldcastle en si grand renom, et que la foule ne pouvait plus s'en passer, en a mis un dans sa tragi-comédie intitulée *Henri IV*. Et comme Shakspeare arrivait, le dernier de tous les poëtes populaires, à cette curée de l'éclat de rire trivial, il réunit d'un seul coup, sur la tête de ce nouveau héros, toutes les ordures dont l'Oldcastle des tavernes et des carrefours avait été surchargé.

Voilà comment le caprice de quelques portefaix pris de vin, adopté par le poëte du *Roi Lear* et de *Macbeth*, devint tout d'un coup, une création réelle, un être en chair et en os ; il devint quelqu'un. Alors seulement la reine Élisabeth, femme anglaise, mais esprit anglais, une prude qui aimait le mot pour rire, une vestale qui soufflait parfois sur le feu sacré, voyant qu'elle s'amusait comme une folle à cette charge qui portait le nom d'un martyr, ne voulut plus laisser ce nom-là, à un pareil personnage. Soit que le souvenir de sir John Oldcastle et de sa mort cruelle vînt jeter quelque défaveur sur la bouffonnerie dont on l'affublait, soit respect involontaire pour un illustre courage, la reine ordonna à son poëte Shakspeare, de ne plus appeler, de ce nom-là le bouffon qui l'amusait si fort. Il fallut obéir, et désormais Oldcastle s'appela Falstaff. Je ne crois pas que jamais la reine Élisabeth et son poëte illustre aient donné une plus grande preuve de leur toute-puissance : ôter son nom à un bouffon populaire ! Faites donc en sorte que Sancho ne s'appelle plus Sancho ! Tous les papes réuniraient leur puissance pour empêcher Pasquin de s'appeler Pasquin, ils n'en viendraient pas à bout. De cette source impure et sainte à la fois, est sorti Falstaff.

Et telle était l'adoption de la foule acharnée à sa victime que le poëte tout d'abord ne prend pas la peine d'annoncer ce personnage nouveau dans son drame. On sait si bien, dès qu'il se montre, qui est Falstaff, d'où il vient, qui il est ; à quoi bon l'annoncer ? il s'annoncera bien assez de lui-même. Ce n'est pas Shakspeare qui a créé celui-là, c'est le génie anglais. A la première scène de ce drame, qui n'a pas moins de quinze actes en trois parties, nous trouvons Falstaff.

Lui et le prince de Galles, ils passent leur vie à courir dans les cabarets, à boire à crédit, à détrousser les voyageurs. Falstaff tutoie le prince. Il l'appelle son loustic, son coupeur de bourse, son ami Henri, son fou, son mauvais plaisant ; de son côté le prince appelle Falstaff sir Jean-Vin-Sucré, sir Roastbeef ; car Falstaff, est vieux, gros, épais, grisonnant, c'est une bedaine servie par un estomac, il fait mal à voir, il fait mal à entendre. Le premier exploit de ce gros homme, c'est de dévaliser un charretier qui passe ; mais par contre-coup le prince Henri tombe sur Falstaff, et lui reprend, à coups de bâton, l'argent qu'il a volé. Ainsi battu et dépouillé, Falstaff revient en criant : Malédiction sur les poltrons ! Et il raconte qu'il a été dépouillé par trois, six, neuf, vingt, cinquante voleurs, qu'il faisait nuit comme dans un four, et qu'ils étaient vêtus de vert de Kendal !

Ces mensonges-là ne manquent pas de gaieté et d'entrain ; mais l'ancien capitan de la vieille comédie, le pourfendeur italien, le Croque-Mitaine, c'est Falstaff. Il est moins lourd, moins suant, moins poussif, et ce n'est pas celui-là qu'on pourrait appeler, comme fait le prince Henri : *tripe sans cervelle, tête à perruque, sale et gras magasin de suif, montagne de chair bonne seulement à écraser les lits, langue de bœuf séchée, longue perche, morue sèche, fourreau d'épée, étui d'arc, sonde de commis de barrière !* Mais que pouvons nous faire ? c'est de la bonne gaieté anglaise. Et d'ailleurs, le prince Henri vient de nous l'avouer lui-même : *Je me suis encanaillé à fond.* Il s'est *teint en écarlate*, et c'est à peine s'il a le temps de prendre haleine *en lâchant de l'eau !*

Que les matelots de la Tamise et la reine Élisabeth aient ri de bon cœur de ces vertes saillies, on le comprend. Le peuple et la reine étaient nés dans cet atticisme de carrefour ; ils savaient à fond la langue maternelle ; ils en connaissaient tous les détours, toutes les finesses, et d'ailleurs, il n'y eut jamais une façon plus simple et plus prompte, pour une reine, de se faire populaire, que d'accepter les plaisanteries des populaces ; mais, en fin de compte, que l'on nous donne cela à nous, les enfants de Molière, de Voltaire, et même les enfants de Rabelais, pour de l'atticisme, pour de la gaieté d'honnêtes gens, en vérité c'est abuser de la patience du lecteur.

Toutefois cette première scène de cabaret est la meilleure de toutes celles que va jouer notre héros. Tant qu'il est sous les yeux du prince Henri, ce Falstaff conserve encore une forme humaine. Il fait, de son mieux, pour donner la patte d'une façon agréable; il danse sur ses deux pieds de derrière; vient-il à s'oublier un peu trop, le prince le rappelle à l'ordre. — « Vas-tu te taire, corrupteur de jeunesse, vieux Satan à barbe grise! » Mais une fois que le prince est hors de la vue de ce drôle, tout change. Falstaff livré à lui-même est ignoble. Il ne se donne plus la peine de mettre les boutons de son pourpoint ou de rattacher son haut-de-chausse. Il était en haillons, il est tout nu. Il était ivre, il est soûl. Tant qu'il était le commensal du prince, à la bonne heure; mais quand le prince n'est plus là pour remplir la panse à Falstaff, Falstaff filoute le monde. Vole-t-il assez d'argent à son hôtesse, et boit-il assez de vin d'Espagne! En pleine bataille Falstaff trouve le moyen de s'abandonner à sa bouffonnerie sur le cadavre du noble Percy. J'avoue que c'est là encore une plaisanterie incroyable.

Certes, jamais que je sache, Shakspeare n'a créé un plus grand caractère que ce jeune et charmant Hotspur. M. Guizot, qui s'y connaît, a dit quelque part qu'Hotspur était de la famille du Misanthrope. Il est brave, intrépide et gai. Il meurt en héros. A peine est-il mort, que voilà Falstaff qui le perce d'un coup d'épée et qui se vante de lui avoir porté le dernier coup. N'est-ce pas pousser bien loin la rage de la bouffonnerie? Et n'êtes-vous pas tenté de vous écrier comme fait Lancastre : *C'est là le conte le plus étrange que j'aie jamais entendu!*

Cependant le drame continue. Ces différentes transformations d'un grand caractère, ce prince qui passe de la plus intrépide crapule aux actions héroïques, c'est là sans nul doute un spectacle digne d'intérêt. Dans ce pêle-mêle de combats, de victoires et de grandes actions, messire Falstaff a pu passer et faire rire, cela se comprend. Falstaff, dans toutes ces batailles, me produit l'effet de Thersite dans l'*Iliade*, avec cette différence que Thersite paraît à peine, qu'il est oublié tout de suite, et qu'en fin de compte, les poëtes à la suite d'Homère ont laissé ce Thersite où il était; tout au rebours, messire Falstaff, on n'aime que lui dans ce drame de *Henri IV*, on ne voit, on n'entend que lui.

Cette cour brillante et cette reine de tant d'esprit ne sauraient se passer de Falstaff. Au milieu de ces grands intérêts, — la mort de

Henri de Percy jetant sur ce drame toutes ces douleurs — vous entendez Falstaff qui demande à son page : — *Que dit le docteur de mon urine?* Bref, Falstaff en est aux derniers expédients.

Le prince Henri a rejeté cet impur compagnon ; mons Falstaff ne vit plus que des bienfaits de son hôtesse ; il lui a promis de l'épouser. En attendant, lui dit-il, il faut vendre ton argenterie et tes tapisseries, et fais-en dix guinées, si tu peux. Voilà toute la fortune de Falstaff. Le prince ne demande qu'une seule fois de ses nouvelles, pour savoir *si le vieux cochon mange toujours dans sa vieille auge.* Quant aux amours de sir Falstaff, vous avez la plus abominable *hiren* qui ait jamais ramassé, de son jupon troué, les boues de la rue de Turn-Bull « et porté au doigt une tête de mort. » Cette fois on ne fait plus de l'esprit, on *s'engueule*, c'est le mot. — *Vilain bouchon*, — *groin crotté*, — *brétailleur éreinté*, — *filou*, — *gredin*, — *avaleur de pruneaux cuits* et de *vieux gâteaux sautés dans la crotte*, — *mauvaise canaille!* Et voilà donc ce qui vous faisait rire de si bon cœur, à côté de votre brillant Leicester, *ô vous la belle vestale, assise sur le trône d'Occident!*

La façon dont Falstaff escroque mille livres à sir Fallow est au moins ingénieuse et n'est pas de très-mauvaise compagnie. Ce Fallow est une de ces bonnes figures dont s'est emparé sir Walter Scott, sans en rien dire. Il est avare et ambitieux ; il cultive la terre, et il voudrait bien paraître à la cour. Quand il apprend que le prince Henri est devenu roi, Fallow se met à plat ventre devant Falstaff, qui lui mange ses poulets et lui emprunte son argent. La scène de recrutement n'est pas moins amusante et moins digne de la comédie. « Et que me fait, dit Falstaff, un bel « homme? Parlez-moi du cœur. Voilà Bossu, par exemple, il est « bien laid et mal torché, mais il faudra voir ce gaillard-là un « mousquet à la main! » Et il s'en va emportant l'argent des autres recrues. Quel garnement! Sans compter les quolibets, les calembours, les non-sens, les bêtises, les obscénités intraduisibles : *A pox of this gout! Or a gout of this pox!*

Cependant, après « la seconde partie » de *Henri IV*, et quand Falstaff eut été congédié si brutalement par son ami, devenu roi, l'intention positive du poëte était de laisser crever dans sa peau cette peautraille. Le vaisseau même était tout prêt qui devait l'exporter; mais la reine Elisabeth ne voulut pas renoncer encore à son bouffon. Elle voulut revoir, une dernière fois son ami Falstaff; elle avait même ordonné qu'on lui montrât Falstaff amoureux, sans doute pour qu'elle pût lancer, quelque bon sarcasme contre l'amour. Shakspeare obéit à moitié : il remit Falstaff sur la scène; il aurait eu honte d'en faire un amoureux.

Cette fois encore Falstaff a engraissé, — et tant pis pour les bons mots de la reine, — cette fois, plus que jamais, Falstaff se vautre dans l'ivrognerie et dans la mangeaille. Il parle encore du roi Henri, mais il en parle sans abandon, en homme qui a peur de la bastonnade. Bien plus, maintenant que le gros chevalier a sa pension payée à l'avance chez son hôte, il a perdu beaucoup de sa verve amusante. De ce Falstaff, qui n'a plus ni faim ni soif, de ce pourceau dont l'auge est toujours remplie, nous n'avons plus rien à entendre de bien divertissant. Plus d'amour pour Falstaff; sa vieille amie, Doll' elle-même, aurait bien de la peine à reconnaître ce vieux diseur de bons mots. Falstaff a perdu sa dernière dent, et son dernier cheveu, et son dernier éclair de vanité. Même, entre nous, j'ai bien peur que sir John ne soit devenu un avare. Telle est cependant la toute-puissance incroyable, de cette gaieté de l'esprit, qu'avec ce Falstaff usé, éreinté, podagre, presque aveugle, à demi-sourd, imbécile, Shakspeare a écrit sa plus amusante comédie. Quelle outre pour sentir si longtemps le vin! *Servat odorem testa diù!*

Dans la scène quatrième du premier acte, nous apprenons que la pension de Falstaff était de dix livres par semaine, somme suffisante pour ce rude appétit; cependant Falstaff, qui veut boire et manger à lui seul ces dix livres, met à la porte tous ses gens, son ami Randolphe et son camarade Pistol; l'ingratitude était le seul vice qui manquât à ce gros bonhomme. Abandonné à lui-même, Falstaff est encore un peu moins amusant que lorsqu'il traînait à sa suite ces bandits qui lui prêtaient leur bonne humeur. Aussi tombe-t-il dans tous les piéges, et même dans un panier de linge sale, *comme un tas de viande de rebut.*

Quelle mort, dit-il, pour un homme comme moi! *L'eau fait enfler un homme!* Le lendemain il se déguise en vieille femme... il est roué de coups; enfin il se déguise en cerf, et peu s'en faut qu'il n'éprouve le sort d'Actéon; on le bat encore, on le bat toujours, plus que jamais on l'appelle grédin, cocu, âne, bouc gallois, *pudding*, ballot d'étoupes ; à ce point que le poëte, se rappelant enfin qu'il parle devant une femme, une reine, se croit obligé d'invoquer le très-saint Ordre de la Jarretière :

« Fée des prairies, semez des fleurs et des perles en l'hon-
« neur de ces brillants chevaliers ! Écrivez en touffes couleur
« d'émeraudes : *Honni soit qui mal y pense !* Couvrez d'un frais
« gazon la place qui portera cette légende sacrée ! » Les fées, les perles et les fleurs, nous voilà bien loin de *ce cochon qui mange tout ce qu'il trouve !*

Est-ce à dire cependant que nous voulions donner un démenti formel à la gaieté, à la satire, à la malice de tout un peuple, d'un peuple qui a produit Swift, Sterne, Addison, Daniel de Foë, Samuel Butler, lord Byron et Walter Scott, et tant d'autres charmants amuseurs ? Non pas, certes : nous respectons la gaieté tout comme nous respectons l'héroïsme : un bouffon vaut, à tout prendre, pour le bonheur d'un peuple, tout autant qu'un législateur ou qu'un héros. Quoi d'étrange à parler ainsi ? La loi d'hier fait place à la loi de demain ; la bataille gagnée appelle une autre bataille, le roi qui règne fait place au roi qui va venir, les poëtes eux-mêmes et les belles personnes passent et se fanent comme l'herbe des champs... la gaieté seule ne saurait mourir.

Vous aurez plutôt écrasé vingt monarchies, que vous n'aurez effacé un proverbe de la mémoire des peuples. Donc, respect à l'esprit, respect à la gaieté, grâce aux bouffons ! à la condition cependant que chaque nation conserve la comédie qui lui est propre. Qu'elle rie de son esprit, qu'elle s'amuse de ses bons mots ! On peut imposer à ses voisins, même ses lois, même ses mœurs, même ses modes : on ne leur imposera pas sa gaieté. Il n'y a que les tyrans de comédie qui puissent dire : — *Ceux qui ne s'amuseront pas, qu'on les empale !* Donc nous ne serons pas empalés pour avoir dit que le Falstaff anglais n'est pas gai, chez nous, que nous ne sommes pas faits à son esprit, que ses manières nous causent plus de dégoût que de bonne humeur, et qu'enfin le plus petit Frontin de Regnard est tout simplement, dans son petit doigt, — pour nous autres Français, — plus gai, plus amusant, plus vif, plus ingénieux, plus spirituel, plus alerte et plus charmant que tout ce gros Falstaff : — *Cette montagne de chair morte.*

Il n'y a déjà pas si longtemps que nous avons possédé à Paris des clowns anglais. Mathews était, à coup sûr, un gaillard vigoureux, hardi, léger, grand hurleur, grand crieur, grand hâbleur, un « coquin nourri de pois, » comme on en cuit dans les comédies d'Aristophane. Eh bien ! ce Mathews, bondissant et hurlant, à peine s'il nous a arraché un sourire... le petit cri asthmatique et les petits bonds d'Auriol nous font rire aux éclats. Le gros Mathews, c'est Falstaff; le petit Auriol, c'est la comédie de Regnard. On rit, parce qu'on rit; on ne rit pas, parce qu'on ne rit pas, en voilà toute la raison, de ce côté-ci, et de ce côté-là de l'Océan.

Nous cependant, qui nous élevons contre ce bouffon décrié, n'avons-nous pas inventé naguère un abominable Falstaff, ivrogne, voleur, goguenard, escroc avide, un gentilhomme, et par dessus le marché tout taché de sang, Robert-Macaire, un Falstaff que les Anglais ont sifflé à outrance, et à qui nous disons tous les jours : « Nous tirerons parti de ton vieux corps ! » Et cet autre bouffon, qui a surgi après la révolution de Juillet, le nommé Mayeux, ce bossu venu on ne sait d'où, n'était-il pas de la famille de Falstaff? Mais celui-là n'a pas vécu, il lui a manqué, pour vivre, un grand poëte ou un grand comédien qui en fissent leur profit ; c'est grand dommage, il avait les plus viles dimensions de la gaieté de la borne et de l'esprit du ruisseau. — Cette tentative du Falstaff français a été rejoindre les autres tentatives ; le parterre n'a pas voulu plus longtemps du *Falstaff* que du *Macbeth*, en dépit des précautions du prologue, où le poëte anglais étale en présence du spectateur bénévole, « sa crainte d'abord, sa révérence ensuite et enfin son discours ! »

Ce fut dans son drame de *Henri V* que Shakspeare annonça à la reine Élisabeth la mort de Falstaff, enlevé à ses dignes amis : Pistol, Bardolph, Nym, l'hôtesse. — « Il est dans le sein d'Arthur,
« dit l'hôtesse; il est mort en demandant à boire, le pauvre chérubin, et en criant : le diable emporte les femmes ! » Telle fut la digne oraison funèbre de sir John Falstaff.

Mais holà ! il me semble que le bonhomme se réveille, qu'il me prend pour le baragouineur Evans, et qu'il s'écrie en me montrant du doigt : — « Ai-je donc tant vécu pour recevoir la leçon
« d'un gaillard qui met l'anglais en capilotade? »

# CHAPITRE XVII

J'insiste, et j'ai mes raisons pour insister sur cette introduction et cette imitation du théâtre étranger. Non-seulement Shakspeare, mais tous les autres poëtes de toutes les nations, ont fourni leur tribut au moderne théâtre français, et s'ils avaient pu se rendre un compte positif de ce qui allait venir et des imitations que leurs livres allaient engendrer, j'imagine que les auteurs de la collection « des chefs-d'œuvre du théâtre étranger » auraient hésité quelque peu avant de fournir tant d'admirables prétextes à tant de chétives imitations. Cette collection que publiait le libraire Ladvocat à l'heure où M. Hugo avait à peine vingt-cinq ans, était d'autant plus dangereuse, pour les esprits sans portée, en quête de l'inspiration, qu'elle paraissait sous les auspices les plus favorables.

MM. de Barante, Esménard, Guizot, Lebrun, Nodier, Pichot, Abel de Rémusat, Charles de Rémusat, le comte de Sainte-Aulaire, le comte de Saint-Priest, M. Villemain! C'étaient là des autorités toutes-puissantes. Hélas! le livre autorisé de ces noms glorieux a engendré bien des imitations misérables. Qui les voudrait compter, compterait à l'infini ! Quelles misères, seulement de Shakspeare à Schiller, de *Macbeth* à *Don Carlos* !

Le *Don Carlos* de Schiller a passé, longtemps, dans notre esprit (tant ce qui est faux l'emporte souvent sur la vérité même) pour une œuvre égale pour le moins, ou même supérieure aux plus belles œuvres du poëte anglais. *Don Carlos* était-ce un drame, un poëme, un roman ? Schiller lui-même ne le savait pas. Avant de la mettre au jour, il avait rêvé longtemps à cette histoire ; il avait jeté dans ces pages brûlantes le feu qui lui restait de sa jeunesse, ses derniers rêves d'amour, d'avenir, de liberté, tous ces tumultes définitifs de l'âme humaine quand elle s'apaise enfin pour passer plus doucement, et avec le moins de regret possible, de la jeunesse dans l'âge mûr, barrière difficile à franchir, car souvent l'âme et le cœur, tout s'y brise, tant la vie devient impossible quand ce côté-ci de la montagne est franchi ! Ce dernier adieu qu'il adressait aux belles années et aux beaux rêves, Schiller le prolongea longtemps. C'était son dernier éclair, son dernier moment d'enthousiasme et d'amour !

Allons ! encore une fois livrons-nous à l'enthousiasme, à l'idéal, aux folles pensées, aux profondes rêveries, à l'impossible, à l'inspiration sans frein, à la mélancolie sans cause, à la tristesse sans but ! Bonnes gens que je fatigue à force de vous conduire dans les labyrinthes de ma pensée et de mes croyances, laissez-moi être jeune cette fois encore, et je serai grave demain ! — Toutes les promesses qu'il faisait ce jour-là, Schiller ne les a pas tenues, mais il en a tenu quelques-unes. Son drame de *Don Carlos* est tout rempli de l'heureux et poétique enthousiasme du printemps de la jeunesse. Plus tard, à voir le poëte arranger, corriger, et surtout expliquer son œuvre, on dirait qu'il s'est repenti d'avoir été si jeune, repentir que nous n'acceptons pas, car en ceci le poëte est injuste pour lui-même. Écoutez-le, analysant, expliquant, commentant son *Don Carlos*. Il se fait à lui-même des montagnes d'objections pour avoir la joie de les renverser.

D'abord, nous dit-il, on a trouvé que son marquis de Posa était un fanatique imprégné des doctrines libérales du monde moderne ; mais comme on a eu tort ! Posa est tout simplement un apôtre ! Il est poussé par le meilleur et le plus innocent des fanatismes, par *le fanatisme idéal*, il habite une *région éblouissante de lumière*, et cette région éblouissante, c'est la république!

Quant à faire prêcher la république à Philippe II en personne, le poëte avoue qu'en effet c'est là une témérité incroyable. Mais que voulez-vous? le marquis de Posa est *un héros*, et rien n'est impossible à l'héroïsme. Donc il faut s'intéresser à *ce héros* comme on s'intéresse aux illuminés; Posa n'aime que le genre humain, et du reste il n'aime personne; à peine s'il a quelque préférence pour Don Carlos, et encore il adopte le fils du roi comme on adopte un instrument, comme Mahomet se sert de Séide; *son cœur est trop vaste pour se restreindre à un seul être!* La reine elle-même, cette femme si malheureuse et si charmante, elle n'est qu'un joujou libéral dans les mains du marquis de Posa, c'est le levier qui doit remuer le cœur du jeune Carlos!

C'est ainsi que Schiller gâte à plaisir ses plus belles créations, et voilà comme il s'est donné toutes ces peines pour nous persuader qu'il a fait ce qu'on appelle *un mythe*, de nos jours, le mythe, cette sottise insupportable; je donnerais tous les mythes de l'univers pour un mot, pour un cri, pour un regard parti du cœur.

Si donc M. de Posa n'avait en effet dans son âme *qu'une bienveillance vaste et active pour l'ensemble de l'espèce humaine*, je ne voudrais pas passer la nuit sous le même toit que cet homme, ou traverser le fleuve dans le même bateau! L'horrible chose que la philanthropie poussée à son degré extrême! Posa trahit par humanité, cet enfant, ce fils de roi, qui vient de lui dire: « Appelle-moi ton frère! » qui vient d'invoquer ce *fraternel toi!* comme le cerf altéré invoque l'eau des fontaines. Heureusement que Schiller n'a pas pu détruire la confiance que nous avions tous dans l'amitié de Posa pour Carlos, dans son dévouement à la reine, et ses chaleureux sentiments exprimés avec tant de grâce et d'énergie.

D'ailleurs il faut absolument que le marquis de Posa soit en effet l'ami de don Carlos, il faut que ces deux cœurs soient réunis en effet par des liens d'acier, pour que nous portions au fils de Philippe II un autre intérêt que l'intérêt banal que l'on accorde en passant, à l'agneau entraîné par le boucher. La frêle et délicate image de ce jeune innocent qui repousse la princesse d'Eboli, sans comprendre même ce qu'on lui demande, a besoin, pour briller d'un éclat un peu vif, de la présence de Posa, l'homme blasé ; l'âme délicate, fluette et blonde de cet héritier d'un empire que le soleil se lasse à éclairer, disparaîtrait dans ces mille nuances poétiques, si l'esprit de Posa le libéral n'éclairait pas, de quelques vigoureuses clartés, les adorables ignorances de ce frêle enfant qui jamais ne pourra porter le poids de cet empire mêlé de moines et de tyrans.

Disons tout, plus le marquis de Posa est l'ami de Carlos, et plus on comprend que l'ami de cet enfant ne se hâte pas de montrer le grand jour des libertés rêvées à ce tendre et timide regard ; c'est par amitié, par reconnaissance, que Posa fait pénétrer peu à peu don Carlos dans ses rêves d'avenir ; il sait que ces rêves sont pleins de dangers sous le règne de l'inquisition et de Philippe II ; il sait qu'il porte en lui-même l'effroi et le doute, et il garde pour lui seul ces frissons intimes qui parlent parfois aussi haut que les remords. Grande création, ce personnage de Posa, personnage impossible au milieu des auto-da-fé de l'Espagne. C'est surtout dans cette création de Posa que vous rencontrez le dernier rêve de Schiller, un rêve qui s'achève pour faire place aux réalités de la famille, de la vie positive et sérieuse. Si le drame y perd de sa vérité, le poëme y gagne, parce que de toutes les fictions bâties sur les nuages, cette fiction de l'égalité humaine, en pleine Espagne du XVIe siècle, est la plus inattendue et la plus incroyable, de toutes les fictions.

Dans ce poëme dramatique (il a servi, et grandement servi à M. Victor Hugo pour composer son étrange drame intitulé *Ruy-Blas*, comme on le verra au tome IV de cette *histoire*) les couleurs sont ménagées à merveille ; ici des couleurs terribles, plus loin des clartés surnaturelles et divines ; la robe de soie des belles filles amoureuses se détache sur l'éclat funèbre du sombre habit de saint Dominique ; la mandoline agaçante se fait entendre au milieu des chants d'église ; la douce vapeur des roses d'Aranjuez se mêle, fière et forte, à l'âcre odeur de l'encens ; le bûcher sert de base au balcon, plein de tendres regards et de tendres soupirs.

C'est une grande confusion pour une tragédie, mais pour un roman poétique c'est un pêle-mêle adorable et charmant. A peine avez-vous lu, une seule fois, ces récits de la grandeur et de la misère espagnoles, que ces récits vivent avec vous, ineffaçables !

Vous voyez les jardins, vous reconnaissez les sombres détours de ce palais, vous frémissez aux plus simples lois de l'étiquette, vous entendez le moindre clapotage de la sandale du moine ; à vos oreilles craque le soulier de satin des marquises ; dans cette foule de courtisans, vêtus d'or et de pourpre se dresse la tête hautaine de cet esclave sanglant, bourreau féroce de tout un peuple, le duc d'Albe ; les pages et les filles d'honneur ont un rôle dans cette épopée, à côté des bourreaux et des juges.

Chacun parle à son tour, en tremblant ; le silence même a ses bruits, ses terreurs. Soudain, au milieu de la joie apparente, on entend sangloter les consciences, et les remords circuler dans ces âmes hautaines, comme fait le sang dans les veines d'un homme qui va commettre un crime, ou dont la tête se courbe sous la hache du bourreau ! Dans cette foule, ou plutôt dans ce mystère, circule le *confesseur*, le confesseur qui sait tout, qui voit à nu ces consciences, ou pour mieux dire ces abîmes, et qui combine au fond de son âme fermée à tous, le jeu terrible de ces passions dont lui seul il a deviné les secrets.

Cependant, tout là-bas, aux premières places, se dresse le fantôme armé de la royauté absolue dans ce qu'elle a d'exécrable et de divin, le fils de Charles-Quint, don Philippe ! Il regarde ! Il écoute ! il devine ! il en sait presque autant que cet être sans nom qu'on appelle le *confesseur !* Il a quelque chose du moine et du roi, cet homme ; sa couronne royale cache à demi la tonsure du prêtre ; il n'a jamais connu ni la paternité du roi ni celle du prêtre ; à peine sait-il qu'il a un fils, et ce fils, il le regarde comme une menace, comme un avenir de malheur. Pourtant cet enfant vivra tant qu'il ne compromettra que des provinces, les provinces se reprennent tôt ou tard ; mais s'il touche aux croyances, l'enfant mourra ; une fois la croyance partie, rien ne la rappelle ! c'est la mort éternelle ! Dans une monarchie absolue il faut être Dieu ou rien ! Philippe II sait cela à merveille, et il s'inquiète de l'appui que trouveront plus tard, autour de son trône, les étranges nouveautés qui commencent à murmurer dans l'intelligence des peuples de l'Europe.

C'est quelque chose de grand, ce long monologue du *Philippe II* de Schiller, un monologue qui remplit tout le drame. Cet homme, même quand il parle au monde attentif, ne parle qu'à lui seul ; lui seul il se contemple, lui seul il se comprend ; il s'adore lui-même, en sa qualité de roi du monde ! — *Roi ! roi ! et encore, et toujours roi !* Il a beau dire que cela le fatigue, c'est sa vie ! Il a vécu, il mourra roi ; il ne sera rien de plus, pas même père ; et rien de moins, pas même amant ! Il a en lui-même de terribles menaces, au dehors de lui-même de terribles présages ; mais le monde n'en sait rien, et quand il passe, le monde s'incline comme il s'inclinerait devant quelque fatalité ; au-dessus des murmures de la terre, indifférent à la foudre du ciel.

Aussi bien quand, par le châtiment de Dieu, ce roi Philippe II, fatigué de lui-même, veut trouver un homme au dedans de son âme, il ne trouve qu'un roi. Cherche-t-il un homme au dehors, il ne trouve que des sujets et des esclaves ; — *des vices apprivoisés !* — Encore une fois, à ces détails, à ces curiosités, à ces passages dans une atmosphère plus que mortelle, le roman et le poëme trouvent leur compte, mais non pas le drame ; le drame ne va pas si haut ; il lui faut les passions et les vicissitudes de la terre, *quidquid agunt homines;* les demi-dieux eux-mêmes embarrassent et fatiguent la tragédie. Sont-ils trop grands ? les hommes paraissent trop petits à côté d'eux. Les hommes au contraire sont-ils grands comme des dieux ? vos demi-dieux ne sont plus que des enfants qu'on regarde à peine.

Dans les deux derniers actes de *Don Carlos*, le poëte Schiller s'est quelque peu humanisé : il est revenu aux choses de la terre ; il a compris que s'il voulait rester au théâtre, il fallait se mettre à la portée des intelligences vulgaires ; il nous montre enfin des amours vraies et simples, la reine et Carlos ; nous étions tout à l'heure à scruter des consciences, nous ne sommes plus occupés à présent qu'à briser la serrure des cassettes. Schiller fait mieux encore, il introduit une jeune enfant, la petite infante, cinq ou six ans à peine, et l'enfant pleure en voyant sa mère insultée par ce terrible seigneur. Grâce et douleur impossibles au théâtre : la mère et l'enfant tombent évanouies sur les pas hautains de cette majesté habituée à tout briser.

Le drame se termine comme il a commencé, par un mystère. Arrivé à ce moment de doute exécrable où il s'agit de décider s'il immolera son fils sur l'autel de fer du pouvoir absolu, le roi Philippe II hésite et se trouble : il ne voit plus clair, je ne dis pas dans sa conscience, mais dans sa tyrannie ! Alors voilà un homme qui s'agite, tout pensif dans ces ténèbres! — C'est alors que se manifeste la véritable volonté souveraine, la volonté du prêtre invisible, ou, si vous aimez mieux, du Dieu invisible. Image sombre, image sanglante, image de glace! Elle vient sans qu'on l'appelle, elle se dresse debout devant le despote qui recule, elle accomplit, elle dénonce, elle poignarde, elle jette au feu, elle écrase; puis elle rentre dans son ombre, où elle fait le guet contre les libertés des peuples et contre la liberté des consciences.

« Les hommes sont pour vous des nombres, rien de plus. »

Le lecteur verra bientôt, à deux reprises, dans *Ruy-Blas*, dans *Hernani*, comment un homme de génie, et d'un génie heureux, devait mettre à profit cette longue et patiente étude historique du poëte Schiller! Fi des copistes! Honte aux imitateurs! En revanche, je ne sais rien qui soit plus digne de l'étude et de l'attention d'un galant homme que cette lutte d'un grand écrivain avec un écrivain de sa taille et de sa famille qui aura marché avant lui dans le sentier lumineux. C'est ainsi, et seulement ainsi que l'ombre même d'un chef-d'œuvre est féconde. Voyez ce qu'a produit la *Phèdre* d'Euripide et voyez ce que Molière a fait de l'*Avare* de Plaute ! Et qu'avait donc fait Sophocle du poëme d'Homère? Telle imitation est un crime brutal; au contraire, une longue et patiente étude accomplie avec amour, va devenir le sujet d'un beau poëme et d'un poëme tout nouveau. Commençons par respecter le chef-d'œuvre, si nous voulons avoir le droit d'en faire le profit de notre poésie et de notre inspiration personnelle.

Enfin c'est une chose honteuse et grotesque, le pillage en littérature ; au contraire, il y a toutes sortes de bons et honnêtes prétextes à marcher sur les traces brûlantes d'un grand poëte, à condition qu'on finira par laisser sa propre trace dans ces sentiers. Que de fois, plus d'une œuvre un instant célèbre s'est parée, à l'insu du public, du texte même et de la traduction mot à mot de M. de Barante, ou de M. de Saint-Priest, œuvre insolente et méprisable qui se pavanait sous un plumage d'emprunt. Alors arrivait la critique, et, d'un geste dédaigneux, elle arrachait à ce geai déplumé, sa couleur étrangère et son plumage d'emprunt, rendant à Schiller ce qui était à Schiller !

## CHAPITRE XVIII

Après les spasmes, le délire et l'épouvante du drame où Schiller nous a montré l'Inquisition dans son suaire, à la lueur des échafauds, au bruit des tortures, quel repos, quel rêve et quels paysages plus agrestes et plus charmants que le *Guillaume Tell* de ce même Schiller !

L'œuvre est éclatante de poésie ; c'est un mélange très-étrange et très-charmant, où l'ode et l'idylle s'en vont, au son des flûtes et des trompettes, récitant la légende du héros de l'Helvétie. Ce conte merveilleux de la pomme abattue par le père sur la tête innocente de son enfant, du bonnet qu'il faut saluer comme on ferait une idole, cet entassement des misères qui peuvent courber l'âme d'un peuple, ont fourni au poëte une suite très-variée d'émotions dramatiques, le drame se perdant parfois dans l'enfantillage, et souvent dans le pathos.

Le vrai bonheur de cette composition, c'est l'instinct très-réel et très-vif de toutes les beautés de cette nature agreste,

Le beau lac, les calmes montagnes, la cabane, les vastes prairies, les hauts glaciers sur lesquels resplendissent les pâles clartés du soleil levant! On respire dans ce récit je ne sais quelle odeur des vertes prairies ; à chaque instant, vous entendez retentir à votre oreille charmée le Ranz des Vaches, accompagné du tintement de la clochette des troupeaux, çà et là répandus dans ce paysage poétique. « J'entends la sonnette de Lisette la brune! » s'écrie un berger, et il nous semble en effet que la génisse orgueilleuse va se montrer au coin du bois. Grande qualité dans un poëte, de nous mettre tout de suite au beau milieu du drame qu'il veut raconter.

Peu à peu la scène s'assombrit ; on n'entend plus *la clochette de Lisette la brune ;* le lac limpide s'agite sur ses bords attristés; le chasseur de chamois, le gardien du troupeau s'enfuient soudain pour faire place aux hommes de guerre ; tout se perd, tout est perdu ; les hommes armés s'emparent de ce vallon paisible; le pâtre s'est révolté, il a tué un de ses maîtres, et il évite dans sa barque rapide le châtiment qui le menace ; l'action s'engage plus vite et beaucoup mieux qu'on n'eût pu l'espérer à entendre les mélodies printanières du hautbois et de la musette ; le premier homme qui se montre un homme dans ce peuple de pasteurs, c'est notre héros, Guillaume Tell, également hardi, l'arbalète ou la rame à la main.

Pendant que le libérateur fuit au loin, pour revenir bientôt sur ses pas, les paysans de la vallée s'entretiennent tout bas de cet entretien éternel des peuples opprimés : le droit, le devoir, la résistance, l'affranchissement. Ces héros rustiques, dans le drame allemand, parlent tout à fait la langue du bon sens, le langage ferme, net, clair des braves gens qui n'ont pas besoin des sursauts et des surprises de l'enthousiasme pour se montrer des héros. Ces bergers de Schiller, ces laboureurs, ces manœuvres ont lu les chartes de la nation helvétique ; ils ont compulsé les histoires ; ils ont remonté aux origines ; ils savent d'où ils viennent ; ils savent où ils vont ; ils ont déjà tracé les limites de la révolution qui les sauvera eux et leurs enfants :

« Que chacun accomplisse son devoir, rien de plus! Nous vou-
« lons chasser nos tyrans et renverser leurs forteresses, mais, s'il
« se peut, sans répandre de sang... Un peuple qui a les armes à

« la main et qui se contient dans les bornes de la modération
« inspire une juste crainte ! »

Ainsi parle le peuple des fières montagnes, sans déclamation, sans emphase, et l'on n'est pas obligé de lui dire, comme cet homme dans une tragédie de Shakspeare. « Parle simplement, mon fils ! » Or, en ceci il faut d'autant plus louer Schiller qu'il ne hait pas un peu d'emphase ; les mots de douze pieds ne lui coûtent guère (*sesquipedalia verba*), il se perd volontiers dans les nuages de son esprit tout-puissant. Au contraire est-il sobre de paroles, sobre de menaces et d'exclamations dans sa tragédie de *Guillaume Tell*. Seulement, comme avec un poëte de cette grâce éloquente il faut toujours que l'imagination trouve ses droits, Schiller a transporté son enthousiasme dans la description de ces beaux lieux ; plus le poëte agitateur du drame était mesuré dans le récit des passions et des mœurs, plus il s'est mis à l'aise dans la décoration extérieure, prodiguant au paysage l'ardeur et l'admiration qu'il mesurait à ses héros.

Certes il fallait un grand talent pour nous montrer, au sommet de cette perche incroyable, ce chapeau ridicule, pour nous raconter, au pied de ce gibet, le drame affreux du père qui s'expose à tuer son fils puisque c'est le caprice d'un malfaiteur ! C'est l'histoire du premier Brutus passée à l'état des légendes, et l'habileté est grande d'avoir élevé ce conte de bonne femme à la dignité de la tragédie. Mais aussi que de précautions ont été prises par le poëte, avant d'arriver à cette catastrophe de son drame !

Voyez ! La mère de famille est restée dans sa cabane à attendre son fils aîné ; le père de famille arrive tenant son enfant par la main, et lui parlant du Dieu éternel et de l'avalanche cachée dans la montagne. En même temps le grand-père vient au-devant de son petit-fils, de l'enfant de sa fille, pendant que le peuple, mêlé aux douleurs de ces trois générations, tremble également pour le grand-père, pour le père et pour l'enfant !

Notez bien que si nous n'avions pas assisté, la nuit précédente, à l'entrevue des conjurés, si nous n'avions pas entendu leur serment, *à la face des astres éternels*, et de cette justice *qui habite là-haut, immuable et inébranlable comme les astres mêmes*, l'épreuve que Gessler impose à Guillaume Tell nous paraîtrait impossible ; mais le héros s'est retrempé dans cette conspiration des honnêtes cœurs, il sait que s'il tue son fils, son fils et lui trouveront des vengeurs ! Voilà ce qui soutient son courage, ce qui donne la force à son bras, et à nous-mêmes voilà ce qui nous donne assez de résignation pour supporter le spectacle de cet enfant à genoux, servant de but à la flèche de son père.

Toutes ces émotions sont admirablement disposées pour produire un grand effet sur l'âme, sur l'intérêt, sur l'attention, sur la pitié du spectateur.

Disons-le aussi, rien n'est plus honnête que les sentiments qui animent ces fiers conspirateurs ; ils conspirent, mais ils ont gardé de leur côté l'équité et le bon sens. Ils veulent la liberté pour eux-mêmes, ils la veulent pour les autres ; ils n'ont rien à renverser, sinon la citadelle et le chapeau, c'est-à-dire ce que le despotisme a d'atroce et, qui pis est, de ridicule. Dans cette entrevue solennelle, au bord du lac apaisé où se reflète l'arc-en-ciel lunaire, à la clarté de ce feu qui sera bientôt un signal de liberté, au bruit de cette blanche cascade qui sort en écumant du sein du glacier, le premier soin de ces hommes rustiques : le chasseur, le berger, le pêcheur, le curé, c'est de proclamer leur liberté d'abord, et ensuite le droit de tous ; libres enfin, ils rendront au César ce qui est au César ; pas de violences, pas de vengeances, pas d'usurpations, pas d'injustices, car si vous voulez que ce drame soit complet, il faut que la justice y règne d'un bout à l'autre, et qu'au dernier acte Jean le parricide, le duc Jean de Souabe, qui vient de tuer l'empereur Albert, soit chassé comme un maudit de la cabane de Guillaume :

« Assassin d'un roi et d'un père, s'écrie Guillaume Tell, com« ment oses-tu souiller ma maison de ta présence ? comment oses-tu « porter tes yeux sur un honnête homme et réclamer son hospi« talité ? » Ceci est le digne couronnement d'une œuvre de miséricorde et de pitié.

Véritablement Guillaume Tell, qui vient de châtier Gessler, n'a pas perdu son droit de chasser un assassin de sa maison ; il a travaillé, non pas comme Jean de Souabe, pour un trône, mais pour sauver sa femme, son enfant, sa patrie, et pour venger les droits sacrés de la nature ! Même dans cette œuvre de sang et de châtiment, Guillaume a hésité longtemps ; il a écouté, tremblant et pâle d'effroi, tous les bruits qui venaient de la montagne, et chaque bruit lui disait : Guillaume, il faut tuer Gessler !

C'est un touchant et très-énergique passage de ce drame : Guillaume Tell caché dans ce chemin étroit, et méditant sa vengeance. Il se consulte, il hésite ; il se demande si, en effet, il est dans le droit de légitime défense ? — « O mon arc fidèle ! instru-« ment d'une douleur si amère, je vais te diriger sur un but qui « a été inaccessible aux plus touchantes prières ! »

Ainsi parlant il suit d'un regard ferme et attristé le mouvement de ce sentier qui conduit au delà des montagnes. Il voit passer, d'un regard d'envie, le marchand poussé par le gain, le pèlerin courbé sur son bâton, le moine pieux, le colporteur conduisant son cheval, le joyeux ménétrier précédant une noce villageoise... — « O malheur ! tous continuent leur route pour « aller à leurs affaires : mon œuvre à moi, c'est le meurtre ! »

Véritablement ce paysan est un grand homme ; son monologue respire je ne sais quelle éclatante conviction qui ne se retrouve guère que tout au fond du monologue d'Auguste méditant un pardon, comme les autres tyrans méditent une vengeance. Un patriotisme sincère et convaincu, une odeur de peuple généreux et fort, respire dans tout le drame de Schiller, et cependant, comme le poëte a voulu tenir la balance égale pour tout le monde, il ne s'est pas contenté de glorifier les paysans, il a voulu aussi que le gentilhomme eût sa part de gloire et de résistance dans ce poëme de la Suisse délivrée et sauvée.

C'est d'un bon exemple que dans ces chefs-d'œuvre que les peuples accomplissent de temps à autre, pas un homme ne soit déshérité de sa part d'action et d'influence ; il est juste que les anciens travaillent autant que les derniers venus. Le baron d'Altinghausen, dans notre drame, ce vieillard qui a sauvegardé les mœurs antiques et l'histoire d'autrefois, et même son neveu Ulrich, un instant ébloui par les pompes serviles de l'Autriche, et revenant bientôt à la simplicité primitive, sont de très-dignes acteurs d'un très-beau drame ; quoi de plus simple et de plus touchant que la mort du baron d'Altinghausen ? quoi de plus vrai et de plus sincère que le repentir de son neveu :

« Voici ma main, s'écrie un laboureur, voici ma main, noble seigneur, la parole d'un paysan est une chose sacrée ; que seraient les chevaliers sans nous ? Notre métier est plus ancien que le leur ! »

« Eh bien! reprend le jeune homme, vous me défendrez et je vous défendrai. Par notre union, notre force sera plus grande. Mais à quoi bon ces paroles tant que notre patrie sera la proie d'une tyrannie étrangère? Délivrons-la de ses ennemis, alors il sera temps de régler paisiblement le droit de tous! »

C'est ainsi que le drame commence, c'est ainsi qu'il finit par ces deux mots sauveurs : « Union et liberté! » Tous les droits garantis, tous les devoirs maintenus! Le poëte de l'Allemagne a écrit toute sa tragédie dans le noble but de la rébellion légitime, et légitimée par l'oubli des vengeances, par le rappel au devoir.

Dans cette idée très-simple et très-vraie se retrouve le drame de *Guillaume Tell;* c'est tout simplement la justice mise en action; c'est l'avénement du peuple, signalé par la simplicité des moyens, par la grandeur du résultat. « Quoi donc! s'écrie le « jeune chevalier Ulrich, les paysans ont accompli une œuvre si « grande! Ils se sont à ce point confiés à leurs propres forces! « Ah! Dieu soit loué! la dignité de l'espèce humaine est soutenue « par une puissance toute nouvelle. Du jour où la pomme fut « placée sur la tête de cet enfant datera une liberté meilleure; « c'en est fait, l'ordre ancien est renversé, les temps nouveaux se « produisent, et sur les ruines du passé une existence nouvelle « va fleurir! »

*Guillaume Tell*, *Don Carlos*, *Marie Stuart*, *Louise Muller*, en un mot le théâtre entier de Schiller a été soumis à la copie, à l'imitation du plus grand nombre des poëtes à la suite et des novateurs du lendemain! De ces imitations sans nombre, il n'est resté que la *Marie Stuart* de M. Lebrun, au Théâtre-Français, grâce au talent du poëte français et grâce au talent de ses interprètes : Talma, mademoiselle Duchesnois, mademoiselle Rachel, succession brillante de comédiens excellents! Mais quoi! ce n'est pas la copie et l'imitation des œuvres étrangères qui nous doit occuper; c'est l'œuvre même, et l'influence que ce chef-d'œuvre obtenait sur les quelques grands esprits de notre époque! Ainsi avons-nous grand soin de ne pas confondre le traducteur et le poëte traduit. Au traducteur nous devons à peine une mention pour ses *trahisons*, pour le poëte original nous réservons toutes nos sympathies et tous nos respects.

Sans compter que les maladroits sans honte et sans pudeur qui copient effrontément l'œuvre d'autrui (comme ils sont ignorants autant qu'ils sont plagiaires), ne savent pas distinguer même dans ce qu'ils imitent, ce qui est véritablement original, et qu'ils vont copier, fièrement... une copie! On en trouverait des exemples nombreux; un seul exemple me suffit, et je le prendrai dans un fameux drame allemand : le *Vingt-quatre février*.

Ce drame est célèbre en Allemagne; l'auteur l'a composé, comme il le dit lui-même, *dans une nuit d'orage*. « Sa raison, obscurcie par ces noires vapeurs, lui a inspiré cette poésie qui *ressemble au râle d'un mourant*. » Je ne crois pas qu'en effet le caprice allemand ait rien produit de plus terrible.

Malheureusement cette terreur était peu nouvelle, le crime dont il s'agit dans ce drame, avait été depuis longtemps exploité par la tragédie antique. Oreste, Œdipe, parricides et soumis à la fatalité qui les poursuit, avaient arraché bien des larmes à bien des siècles, quand Werner entreprit de faire descendre le parricide de ces hauteurs poétiques. Cette fois il l'arrache au palais des rois, il le dépouille de sa pourpre, il lui ôte les esclaves et les prêtres qui l'entourent, il éloigne l'oracle qui prédit le crime et le chœur qui fulmine l'anathème. Bien plus, le poète allemand, non content de dégrader ainsi le parricide antique, le voulut accabler de misère. Il lui fit habiter, dans une contrée déserte, et sous les neiges, une cabane ouverte à tous les vents. Il l'entoura de détresses de tout genre, oubliant qu'à force de charger cet homme de famine, de froid et de pauvreté, il risquerait de nous le faire prendre en pitié.

Voilà donc ce qu'il a fait : il a métamorphosé l'Œdipe antique; il en a fait le plus misérable des paysans féodaux; mais par une erreur incroyable,— à ce crime ainsi déguisé,— le poète allemand a conservé les mêmes remords; il a fait peser sur cet homme, non pas la résignation chrétienne, mais la fatalité païenne; il a conservé tout ce que raconte Platon des Euménides et des jugements après la mort. Dans ce drame de Werner on retrouve je ne sais quel souffle qui ressemble au souffle de l'oracle de Delphes. Si bien que voilà donc, cette fois encore, à quoi aboutit toute cette nouveauté, à un drame grec qui se passe dans la cabane d'un paysan allemand!

Ceci dit, il faut reconnaître encore que le poëte Werner nous pousse à la terreur par mille fantasmagories étranges. Il dispose la scène de son drame tout comme faisait, dit-on, le comte de Saint-Germain quand il tendait ses piéges à de nouvelles dupes.

Méfiez-vous, en général, de cette poésie qui a besoin, pour parler à votre âme, de s'occuper si fort de vos sens. Ce ne sont pas ces détails lamentables de maisons sans toit, de fenêtres brisées, de portes mal jointes, de paille jetée sur un grabat, de pain noir et d'eau croupie, qui vaudront jamais pour la pitié, pour la terreur, une pensée touchante, un beau vers, un mot bien simple parti du cœur. Non, votre couteau rouillé, vos guenilles sanglantes, votre clou mal attaché, le hibou postiche qui pousse au loin ses hurlements plaintifs, la neige du sentier, la lamentation du vent dans les bois, tout cela ce n'est pas la tragédie; à peine est-ce l'ombre effarée et puérile de la tragédie.

Vous me dites qu'Eschyle, le maître de Sophocle, s'est servi de moyens pareils ; qu'il traînait dans son drame un chœur d'Euménides si hideuses à voir, que plus d'une femme athénienne, frappée d'épouvante, accoucha avant terme et que des enfants moururent d'effroi; il est vrai, mais Eschyle était un barbare de génie, mais le magistrat réduisit à douze les cinquante Furies, mais le succès des *Euménides* d'Eschyle ne tenait pas à ces tristes accessoires; il tenait à cette poésie nette et vive, à ces inspirations parties de l'âme, à cette profonde douleur du coupable prosterné devant la statue de Minerve.

« O déesse! ô Minerve! c'est Apollon qui m'envoie! Sois favo« rable à un persécuté! Regarde mes mains, elles ne sont plus « souillées! Épuisé de fatigue, errant dans toutes les villes, chez « tous les peuples, j'ai traversé les terres et les mers, et je viens « à tes pieds crier : pardon ! »

Ainsi il parle, et vous devinez tout de suite les fatigues, les misères, les remords de ce misérable, et cependant les Furies accourent sur les traces du parricide: *guidées par une suave odeur de sang humain*, et leurs imprécations recommencent : « Parri« cide! parricide! il faut que ton sang nous serve de breuvage; « nous voulons t'entraîner chez les morts! Là, tu recevras la peine « de ton crime! » Et le malheureureux, épuisé de fatigue et de douleur, tend vainement ses mains suppliantes.

« Pitié! je veux expier mon crime! Le sang dont cette main

« fut rougie, pâlit et s'efface ! — Pitié ! pitié ! ma présence n'ap-
« porte ici rien de funeste ! Le temps en vieillissant les humains
« vieillit leurs crimes ! — Pitié ! pitié ! au nom de Minerve, qui
« m'a absous ! «

Et les Furies de répondre :

« Non, la déesse ne peut pas t'absoudre ! Tu es voué désormais
« à la persécution et à l'exil ! Fantôme desséché, pâture des dieux
« infernaux, tu seras sans voix pour supplier ! Victime, tu ne
« seras pas égorgée sur l'autel ! Formons, formons nos chœurs !
« Reprenons, reprenons nos effrayants concerts ! »

Et si j'allais chercher l'*OEdipe à Colone*, ce chef-d'œuvre de Sophocle, et peut-être le chef-d'œuvre de toutes les tragédies de ce monde ; si je vous citais la scène du berger et du prince malheureux, qui abandonne sa ville, tant il est épouvanté de cette prédiction d'Apollon, qui l'a menacé d'inceste et de parricide ! Quelle scène touchante, ce berger qui dit au roi, pour le rassurer : *Vous n'êtes pas fils de Polype ! — Je vous trouvai sur le mont Cithéron !* Et toute cette lamentable histoire qui peu à peu se montre dans son jour funeste ! « Je veux savoir qui je suis !
« s'écrie Œdipe. La fortune est ma mère ! les années sont mes
« sœurs, le temps est mon aïeul ! »

L'infortuné ! Il cherche à se rassurer lui-même, et cependant le chœur en l'écoutant murmure tout bas le nom de Cithéron ! La catastrophe approche. Et quand enfin il n'y a plus à douter, rien n'égale la douleur du parricide ; Œdipe s'est fait justice, il s'est condamné à la nuit éternelle :

« Épaisses ténèbres, vous êtes le supplice de mes crimes !
« O mes amis, est-ce bien vous que j'entends ? Apollon est la
« cause de mes maux ! Chassez de votre patrie ce parricide, ce
« monstre exécrable. — Je n'écoute ni raisons, ni conseils, c'en
« est fait, plus de soleil, plus d'épouse, plus de petits enfants qui
« grandissent autour du malheureux Œdipe ! Plus de ville, plus
« de palais, plus de dieux favorables, mon crime est découvert !
« O Polype, ô Corinthe, ô palais que je crus la maison de mon
« père, quel monstre vous avez nourri sous l'apparence d'un fils
« de roi ! O chemin de Daulie, ô forêts, ô buissons, sentiers
« funestes, vous avez bu le sang d'un père qui coulait par mes
« mains ! Mes amis ! mes amis ! cachez-moi dans quelque terre

« écartée; ou donnez-moi la mort, ou précipitez-moi dans le
« gouffre des mers! que je ne profane pas vos regards plus long-
« temps! »

Certes, ce sont là des plaintes bien touchantes; voilà une terreur bien vraie et bien sentie! Il me semble que Sophocle,
l'illustre père de la tragédie classique, ne s'est déjà pas si fort
renfermé dans les limites convenues, et que vous respirez assez à
l'aise dans cette immense tragédie. Et quand, après l'exposition
terrible de ce drame, dont le parricide est le sujet, le poëte poursuit son héros jusqu'aux derniers confins de la douleur; quand
Œdipe, chassé de ses États, et conduit par sa fille à travers ce
long exil, ne demande plus aux dieux et aux hommes qu'un tombeau quelque part; quand vous voyez ce misérable vieillard pénétrer dans le temple des Euménides, appeler la mort, et que
vous entendez la mort lui répondre enfin au bruit des foudres et
du tonnerre, trouvez-vous que la vengeance antique manque de
spectacle, que cette terreur ne soit pas assez animée, que les
misères de cet homme ne soient pas assez complètes? En un mot,
pensez-vous que cela soit digne d'un poëte sérieux, comme est
Werner, et avec de pareils exemples sous les yeux, de ramener
à ces dimensions mesquines et bourgeoises un crime épouvantable
que les anciens législateurs n'ont pas indiqué dans leurs codes?
Ils le regardaient comme impossible.

Ainsi, le premier défaut du drame de Werner, c'est justement
ce terre-à-terre bourgeois qui ôte à ce grand crime du parricide
toute solennité; c'est ensuite cet entassement d'accessoires si
étranges et si communs à la fois, qu'on les peut appliquer à
toutes les situations de la vie misérable, comme nous l'avons bien
vu dans le dernier acte de la *Vie d'un Joueur*, un mélodrame
du boulevard, lequel dernier acte, qui produisait un grand effet,
était composé du drame de Werner, à peu près copié en entier.
Au contraire, allez donc appliquer un des grands effets dramatiques d'Eschyle ou de Sophocle à tout autre crime que le
*parricide*, allez invoquer le sanglant Cithéron dans toute autre
circonstance, et vous verrez si votre plagiat sera en effet le bienvenu!

Reste donc, pour toute valeur originale, au drame allemand, je
ne sais quelle douleur nerveuse, quel remords mal défini, quel in-

quiet malaise, quel frisson maladif qui sauve toutes les pauvretés de cette fable. Dans cette histoire, la tempête, la faim, les guenilles les plus horribles, le dénûment le plus lamentable, jouent leur rôle à qui mieux mieux. L'orage commence à la première ligne, et quand l'histoire est tout à fait achevée, l'orage gronde encore dans le lointain.

Hélas! la femme de cet autre OEdipe, moins touchante cent fois que l'Antigone, s'est accroupie peu à peu dans le crime de son mari. Elle le supporte sans le partager. L'hébêtement de cette malheureuse est, à tout prendre, ce qu'il y a de plus dramatique dans la pièce. Elle a tant souffert sans savoir pourquoi, sinon confusément! Elle a si bien partagé le châtiment de son mari, elle innocente, que son intelligence a dû nécessairement se déranger quelque peu! Voilà pourquoi, sans doute elle chante une chanson joyeuse. Or cette chanson joyeuse, évidemment copiée sur les chansons de Shakspeare, est bien loin de valoir ses touchants modèles. Les petits vers des fous de Shakspeare, ces petites complaintes que chantent, dans ses drames, tant de douleurs mal contenues, lisez-les avec soin, et toujours dans ce désordre apparent, vous trouverez la pensée poétique, la mélancolie cachée, l'amour brisé, l'espérance lointaine, le désespoir sans rémission. Les petites chansons de Werner ne ressemblent en rien aux couplets de Shakspeare. « Quand le paysan est un « paysan, il conduit sa charrue; quand il a un chapeau et une « chemise, il a des habits, et sur sa tête un chapeau, et sur son « chapeau des plumes! » Il n'y a pas là dedans le plus petit mot pour rire ou pour être triste.

Cependant tous ces détails lamentables, il faut le reconnaître, sont rendus avec une infatigable, une effrayante vérité. A force de misère, la femme pousse l'homme au vol; et cependant on comprend que cette femme a été honnête autrefois, quand elle avait du pain sur la planche et du bois au foyer. Ceci augmente encore la misère de ces deux misérables : si l'un d'eux était tout à fait vertueux, ils souffriraient moins. Et notez bien que, dans la pensée du poëte, son héros est un meurtrier, pendant que l'héroïne est disposée au vol, à ce point que le mari se croirait déshonoré s'il obéissait à sa femme! Tout cela est compris et modelé à merveille. — *Male suada fames*, la faim est une triste conseillère! Or ils ont faim l'un et l'autre, et pour souffrir de la faim la journée est mal choisie : c'est justement l'heure fatale où le vieux père est mort il y a dix ans, en maudissant son fils. Depuis ce jour, rien n'a plus réussi au parricide ! Les choses en sont là quand on frappe à la porte de cette maison damnée.

Celui qui revient ainsi par cette nuit chargée de neige, c'est le fils du parricide. Ici la scène se complique. Le nouveau venu, lui aussi, est sous le coup de la malédiction ; il revient auprès de son père afin de purger sa contumace. Ces trois malheureux se mettent à table, et l'on coupe le pain du nouveau venu avec le couteau taché de sang. Le discours est digne du repas. Chacun raconte son crime : l'un a tué son père ; l'autre, tout enfant qu'il était, a tué sa jeune sœur. Et ce qui rend encore ce récit plus affreux, c'est que tous ces crimes sont presque involontaires, c'est la fatalité qui l'a voulu, — *C'est Apollon*, comme disait Œdipe tout à l'heure. Le poëte, encore une fois, commet à ce sujet un singulier anachronisme. Nous comprenons la fatalité antique ; mais depuis dix-huit cents ans nous voulons que le crime soit indépendant de la volonté, ou bien nous disons : — Il n'y a pas de crime ; et alors, en mon âme et conscience il faut dire aussi : il n'y a pas de drame !

Le monologue à double compartiment qui s'établit entre le père et le fils, quand le fils s'est jeté sur la *bonne litière* que lui a préparée sa mère, me paraît tout à fait un duo taillé pour Meyerbeer. D'un côté le père, ou si vous aimez mieux la basse-taille, médite le meurtre, le carnage, l'assassinat, pendant que de l'autre côté de la cloison, le fils, ou si vous aimez mieux le ténor, célèbre le toit paternel, le cabinet où il dormait dans son berceau tout blanc. Or ce qui serait très-bien placé dans un opéra, fait souvent une triste figure dans un drame. Je ne comprends pas que je puisse ainsi diviser mon attention, la couper en deux, prêter en même temps une oreille à Jean qui rit, et une oreille à Jean qui pleure. Et non content de ce duo entre le père et le fils, le poëte amène un autre refrain que chante la mère dans son sommeil. Dans cette chanson il s'agit de glaive rouge et de père assassiné.

Cependant le fils, après avoir fait sa prière, ôte son habit, il accroche son habit à un clou, la cloison s'ébranle, et de l'autre côté de ces planches vermoulues le fatal couteau tombe aux pieds du père. Ce sont là des recherches bien puériles; vous avez trop d'imagination pour nous, ô Sophocle allemand, et pour que vous ayez le temps de vous livrer à des puérilités pareilles, il faut donc que vous soyez bien peu ému. Pour moi, je ne fais aucune espèce de cas de ces minimes détails que le premier venu peut découvrir et jeter dans son mélodrame. Comme aussi je n'aime guère cet or qui s'échappe de la ceinture du jeune homme, en si grande quantité, qu'il doit enflammer le désir même de gens moins pauvres que son père. Pourquoi tenter Dieu? dit le proverbe.

Et s'il est dangereux de tenter même le bon Dieu, pourquoi tenter son père et sa mère, quand la mère est portée au vol, impatiente du froid et de la faim, et surtout quand on a un père qui ne vous connaît pas, que la misère pousse à l'abîme, qui attend « la justice, » demain à sept heures, qui célèbre un sanglant anniversaire, qui lui-même a tué son père, qui est maudit, un père, en un mot, placé fatalement dans toutes les conditions voulues pour le meurtre et le vol? Ce jeune homme imprudent doit pourtant savoir à quoi s'en tenir au sujet de ce père *déplorable* (un mot de tragédie), et puisqu'il arrive tout exprès pour embrasser son père et sa mère, eh bien! qu'il les embrasse donc tout de suite, ce soir plutôt que demain : les uns et les autres ils passeront une meilleure nuit.

Cependant au bruit de l'or, le mouvement du père est atroce; la mère qui consent à prendre la lampe et à aider son mari dans cet assassinat, produit, de son côté, un effet épouvantable. Maintenant l'orage peut gronder, la chauve-souris peut entrer dans la cabane, le chat-huant peut miauler son cri plaintif, la lampe peut être rouge comme du sang, le metteur en scène a le droit d'appeler à son aide toute sa fantasmagorie atroce et sanglante; seulement nous serons en droit de lui dire qu'il est bien malheureux pour son drame, que son drame ait besoin de cette funeste fantasmagorie.

Mais quoi, ce Zacharias Werner possédait au suprême degré l'art des machines terribles inventé par Anne Radcliffe. Aussi bien la pendule sonne minuit, autre bruit étrange qui n'est pas le drame; l'avalanche en roulant roule des montagnes dans le ruisseau débordé, enfin le père tue son fils endormi, en le frappant d'un coup de couteau, le couteau du 24 février; le jeune homme assassiné crie : *Mon père!* Il expire.

Et ce drame horrible, comment le terminer autrement que sur l'échafaud? Qui donc a le droit de trancher ce nœud gordien, sinon le bourreau? Ainsi fait le parricide. Les hommes prendront sa tête; que Dieu ait pitié de son âme! Ainsi soit-il.

Plus je pense à ce drame, à ces trois maudits qui se débattent en vain contre le sort, et plus je me persuade que l'auteur, s'il était dans son bon sens, et ce doute est permis, n'a pas voulu faire un drame, mais un poëme. Il n'a jamais pu penser à faire représenter sur un théâtre, une fable atroce dans laquelle le plus grand des crimes est traité comme une œuvre de ténèbres, à peu près indépendante de la conscience humaine. Ce qui vient à l'appui de mon opinion, c'est le singulier prologue de ce drame adressé *aux fils et aux filles de l'Allemagne*, par cet esprit inquiet et malheureux qui a traversé, tour à tour, le néant, les blasphèmes, l'espérance, en un mot tous les doutes de l'abjuration religieuse et politique. A peine son poëme est-il fait, qu'il songe à *s'en détacher* comme on se détache de ses fautes : « par la confession ; » il ne sait déjà plus comment il a pu enfanter un pareil drame, — une œuvre de la nuit, — sur les bords du riant Léman, — *aux douces et prophétiques paroles d'une femme modèle de la grâce, foulant aux pieds la couronne des Alpes.*

Or cette femme qu'il invoque, c'est madame Krudner elle-même, dangereuse illuminée qui eut sa part de toute-puissance sur l'esprit de l'empereur Alexandre. Avec une pareille Muse, qu'il compare « à Aspasie, » que pouvait faire le malheureux poëte, sinon s'abandonner sans frein à tous les caprices de sa rêverie? Ainsi fait-il, proclamant, chemin faisant, la fatalité, et rattachant au destin l'avenir de l'Allemagne *qui dormirait encore, si cette femme étrangère* (toujours madame Krudner) *n'eût pas réveillé les souvenirs de la patrie allemande!* Tout le style d prologue est de cette force. Ce Werner, moitié rêve et moitié dé lire, y revient, avec des larmes amères, aux passions de la vi fougueuse, au repos qu'il a perdu, au toit paternel dont il s'es enfui, au toit domestique dont il est privé, à la femme qu'il n' pas, aux enfants qu'il n'aura jamais, à la mort qui l'attend san qu'il soit pleuré par personne! Il y a dans ce prologue élégiaqu plus de douleur intime et personnelle que dans tout le reste de l tragédie de Werner.

# CHAPITRE XIX

Ces sortes d'œuvres, qui ont toutes les apparences de l'originalité, et qui ne sont rien moins que des œuvres originales, elles ont de nos jours exercé un assez grand empire sur les esprits inertes, stériles, sans conscience et sans probité, qui ne demandent pas mieux, comme ils disent, à l'exemple de Virgile et de Molière (ô Virgile, ô Molière, quel mot vous avez prononcé ce jour-là!) que de chercher les perles dans le fumier d'Ennius, ou « de reprendre leur bien partout où ils le trouvent 1 ; » et non-seulement ces œuvres mauvaises des poëtes anglais ou allemands, ces drames bâtards nés de la fantaisie moderne et de l'imitation antique, ont servi chez nous, de nos jours, de prétexte à bien des imita-

---

1. Quand un homme de génie emprunte, il double la valeur de l'emprunt. Vous parlez de Virgile; Ennius avait fait un vers grotesque :

   At tuba terribili sonitu *taratantare* dixit.

Virgile arrive, il prend le vers d'Ennius, et voilà ce qu'il en fait :

   At tuba terribili sonitu procul æra canoro
   Increpuit.....

Et voilà ce qui s'appelle, en effet : *Tirer une perle du fumier* d'Ennius.

tions malsaines, mais encore elles ont été, dans le petit monde à part qui s'occupe encore des œuvres, et des produits de l'esprit, un sujet inépuisable d'accusations véhémentes et de reproches mérités, qui sont retombés injustement sur les plus beaux esprits de l'école moderne.

Eh, mon Dieu! quoi d'étonnant que le *Vingt-Quatre Février* ait épouvanté les âmes timorées, je vous prie, et quoi d'étonnant que les juges de chaque soir, les auditeurs distraits, les élèves du *Lycée* et de M. de La Harpe, les amis obstinés de l'ancienne tragédie, attendant le Messie, aient fini par confondre et par consacrer, dans leur épouvante et dans leur réprobation, le *Vingt-Quatre Février* et *Marion-Delorme*, *Robert-Macaire* et *Lucrèce Borgia*, *Ruy-Blas* et *Don César de Bazan*?

En vain, qui que vous soyez, quel que soit votre génie et votre esprit, vous vous débattrez contre cette force qui est la force même de la société moderne, le bon sens, il faudra toujours que vous comptiez avec le bon sens, avec l'honnêteté publique, avec l'estime et la considération des honnêtes gens. La société présente a choisi la modération même pour la règle de sa conduite en toute chose; elle déteste l'excès, elle le méprise, elle en a peur. Ses habitudes sont douces, ses mœurs sont rangées, sinon chastes et pures. Elle ne croit à rien, tant elle a peur qu'on ne la trompe; elle ne pense à rien, tant elle redoute la fatigue; elle appelle l'idée un système, la croyance un fanatisme, la réforme un crime.

Elle dit à chaque instant : *Rien de trop*, — tant elle a peur de l'excès en toute chose; elle ne hait pas l'excès même de l'obéissance et de l'abnégation, et quand par hasard, par malheur, se rencontrent, dans le silence de toutes nos libertés, des âmes et des esprits qui s'ennuient, esprits de l'abîme, âmes révoltées: au feu ces âmes! au feu ces esprits! Ce sont pourtant ces âmes et ces esprits ennuyés qui finissent par prononcer l'arrêt suprême de toutes les œuvres du peintre, du sculpteur et du poëte. Les autres, les esprits contents de peu, les âmes heureuses de rien, représentent, en la résumant, l'opinion même de la foule et des juges de chaque jour Or, ce sont justement ces juges au jour le jour qui ont décidé, bien plus sur la copie et l'imitation des œuvres étrangères que sur la production des œuvres originales, que la littérature moderne de la France était pleine de violences hideuses et de désordres insupportables.

Sur la foi des plagiaires, en lisant la copie et l'arrangement des copistes, race abjecte et manchote, ces braves gens ont décidé que la littérature moderne était une œuvre perverse, ingrate, absurde et damnable au premier chef. Même on a vu des congrès (le congrès scientifique de Poitiers... de Poitiers!) excommunier positivement le drame moderne. A ces foudres parties du Vatican littéraire de Poitiers, la littérature du XIXᵉ siècle a vaillamment résisté ; elle a prouvé par ses œuvres même qu'elle n'était pas la complice des excès du théâtre étranger, pas plus qu'elle n'était la suite et la conséquence de la vieille tragédie à l'usage des lieutenants et des duchesses de l'empire! Ainsi, elle a porté haut et ferme le drapeau qu'elle s'était choisi, proclamant énergiquement qu'elle voulait vivre et qu'elle vivrait de sa propre vie et du génie qui lui était propre. « *Italia farà da se.* » Telle a été la résistance de la littérature moderne. Elle a bien fait de combattre ainsi pour ses lois, pour ses conquêtes, pour le présent, pour l'avenir ; elle a bien fait, elle sauvait par sa résistance la liberté même de son génie, et les regrets qui étaient dus à son zèle, à son courage, à son travail ; elle sauvait le respect même qui se doit aux œuvres de l'intelligence et aux productions les plus sérieuses de l'esprit humain !

Ils ont beau déclamer, les déclamateurs, contre les horreurs du drame moderne, ils ne feront jamais que la tragédie antique, elle aussi, n'ait pas ses *horreurs*, *Britannicus, Rodogune, La Thébaïde, Zaïre, Mahomet, Phèdre* enfin, autant d'horreurs bien conditionnées! Est-ce que le drame moderne a jamais poussé l'horreur plus loin que l'auteur de *Rhadamiste* ? Est-ce que pendant vingt ans que M. Victor Hugo a régné sur la scène, vingt belles et poétiques années que le XIXᵉ siècle ne reverra pas, on s'est ressenti de cette *démoralisation*, de cette *horreur* et de cette immoralité tant proclamées par les sages esprits? Prenez garde, en littérature même il y a des hypocrites, il y a des charlatans, il y a des menteurs, il y a des bandits; Tartufe est homme de lettres; Yago est journaliste; Laurent est un critique ; prenez garde, il y a des vieillards et des obstinés de tout âge qui s'abandonnent volontiers aux choses convenues depuis leur enfance, et depuis longtemps acceptées; ils ont été élevés en pleine admiration des anciens, ils restent fidèles à leur culte. Eh bien! n'obéissons pas plus qu'il n'y faut obéir à cette hypocrisie littéraire, et défendons jusqu'à la fin les vrais poëtes, justement parce qu'ils réunissent sur leur tête divine la double auréole et le double enchantement : poésie et jeunesse, audace et liberté!

Au temps même où florissait le théâtre athénien (ceci est écrit dans les livres de Valère-Maxime) il y eut un jour où les *esprits sages* interpellèrent Euripide lui-même afin qu'il eût à retrancher immédiatement une scène *immorale* de son *Bellérophon*. Alors Euripide (il était lui aussi un poëte immoral, odieux, rebelle à la rhétorique, révolutionnaire, impie et plein de licences, insupportable enfin quand il était jeune) : « Athéniens, dit-il, à Dieu ne plaise que je sois là pour obéir à vos caprices; au contraire, c'est vous qui êtes ici pour m'obéir et pour m'écouter, donc je ne retrancherai pas un mot de ma pièce, attendez cependant que l'heure arrive où je saurai châtier ce Bellérophon. »

Euripide, en ce moment, était dans son droit, et le poëte, en effet, est absolument dans son droit tant que lui-même il respecte ce qu'il faut respecter; sinon il s'expose à des châtiments sans pitié; témoin le jour où ce même Euripide se mit à nier Jupiter : « O Jupiter... ou quiconque a porté ce nom, car je ne te connais que par ouï dire... » Aussitôt, dit Plutarque, une immense clameur s'éleva dans tout le peuple, et séance tenante il fallut que le poëte refît son vers : « O Jupiter, et je sais que c'est vraiment ton nom... »

Ah! ces anciens, même en proclamant les poëtes nouveaux, nous y revenons toujours. Pourtant quelle distance et quel abîme les sépare des poëtes modernes, même à nombre égal! Chez eux tout est simple, et chez nous tout se complique et se perd en mille agencements à l'infini. Ils ignoraient tant de choses, ces gens heureux, que nous sommes forcés d'apprendre, et pendant que nous apprenons ces sciences misérables, le temps que nous perdons en mille choses stériles, ils le dépensaient à deviner, à comprendre par quels moyens ils deviendraient de grands artistes. Avec la rhétorique et la philosophie uniquement on faisait un savant Athénien bon à tout faire, habile à tout comprendre, homme d'État, poëte et soldat! Leur histoire, elle tenait dans un seul tome ; ils n'avaient qu'un seul monde à connaître, et dans ce monde connu une seule parcelle était digne de leur intérêt; la fable était toute leur généalogie, et quand la terre manquait à leurs aïeux, ils étaient sûrs de les retrouver au milieu de l'Olympe ! Que si vous voulez avoir une idée assez juste du lien puissant qui unissait le poëte au philosophe, ouvrez Homère, ouvrez Platon. Les anciens eux-mêmes appelaient Platon : *le poëte des philosophes.*

« A juger de son style, disait Cicéron, par la rapidité de ce flot limpide et par les clartés dont il est rempli, Platon est un poëte en prose. » Avec autant de raison, il pouvait appeler Homère « un philosophe en vers. » L'un et l'autre, en effet, ils enseignent les mêmes vérités, ils professent la même doctrine, ils croient aux mêmes dieux, ils honorent la même patrie, ils obéissent aux mêmes lois, ils imposent à leurs disciples les mêmes devoirs. Tout le Phédon se retrouverait, au besoin, dans le vingt-troisième livre de l'*Iliade* où l'âme de Patrocle apparaît au fils de Pélée, invoquant, de sa pitié souveraine, les honneurs de la sépulture.

L'un et l'autre, Homère et Platon, ils savent que l'homme est de glace aux vérités, « qu'il est tout feu pour le mensonge, » et le philosophe aussi bien que le poëte à recours à la fiction, à l'allégorie, au dialogue, à la comédie, au drame, à la peinture animée de la vie humaine. De même que le père de l'*Iliade* a pour ses coopérateurs et ses interprètes : Achille, Ajax, Agamemnon, Ulysse et Nestor, l'auteur du *Phédon* appelle à son aide Alcibiade, Agathon, Timée et Socrate. Dans ces livres de philosophie, on les voit, on les touche, on les entend comme dans une comédie ou dans un drame ; on les suit à la promenade, aux fêtes publiques, à table, en prison ; on les voit vivre, on les voit mourir !

La vie et l'action, voilà les caractères du poëme de celui-ci de l'enseignement de celui-là, si bien qu'on a pu dire, en toute justice, qu'Homère était le plus dramatique de tous les poëtes, en comptant les poëtes tragiques, nourris des reliefs d'Homère, que Platon était le plus dramatique des philosophes.

Véritablement Homère est le Sophocle des grands capitaines qui vont à la gloire à travers tous les périls de la bataille ; Platon est l'Euripide en prose des honnêtes gens qui cherchent la vérité à travers le double enchantement de l'éloquence et de la vertu.

Et quels plus merveilleux conteurs que ces deux maîtres de l'antiquité grecque : Homère et Platon! L'image et le charme obéissent également à ces deux enchanteurs. Les dieux d'Homère ont des ailes; « l'âme est un feu ailé, » dit Platon. Homère a fait l'image de la Chimère, et Platon a fait l'image de l'Homme... ils sont quittes. Homère a dit à Platon le nom des trois juges suprêmes : Minos, Æaque et Rhadamante ; à son tour, Platon explique aux disciples d'Homère : « Il plut à Jupiter, afin que les arrêts des juges suprêmes fussent sans appel, de faire juger les morts par des morts. Et c'est pourquoi, les fils de Jupiter, ses fils bien-aimés : Minos, Æaque et Rhadamante, chargés de cette grande judicature, ne l'exercèrent que lorsque eux-mêmes ils furent descendus, à leur tour, dans l'empire des morts. »

Écoutez Homère, il vous dira que les prières « sont filles de l'Indigence et de Jupiter. » Écoutez Platon, il va vous raconter la fête de l'Olympe le jour où naquit Vénus. « Tous les dieux étaient réunis,
« et même le dieu des richesses. La Pauvreté, humble et timide,
« attendait que les dieux se fussent levés de table pour manger
« leurs restes. Or, il arriva que Plutus ayant trop bu de nectar
« (le vin des immortels), fut se coucher dans l'ombre, au jardin.
« — O la belle occasion, se dit la Pauvreté, pour engendrer un fils
« qui soit l'enfant d'un dieu! Véritablement, à la faveur de cette
« nuit bienfaisante elle devint la mère de l'Amour, fils de la Pau-
« vreté et de Plutus. Ainsi l'Amour fut conçu le jour même où
« Vénus vint au monde, et c'est pourquoi l'enfant s'attacha à la
« déesse, enchantée de sa beauté. »

Véritablement Platon est un poëte dramatique, lorsqu'il veut s'en donner la peine, et vous ne trouverez pas, dans un seul de ces fameux *prologues* dont se glorifie l'école moderne, un prologue à ce point naïf, élégant et gracieux. Il a le sens poétique au suprême degré, ce grand Platon, et même quand il écrit la constitution de sa république, il est un poëte :

« La Nécessité (c'est le prologue) a trois filles, les trois Parques;
« elles tournent, en guise de fuseaux, l'essieu même du monde.
« Elles sont vêtues de blanc, elles ont pour siége un trône et pour
« coiffure une couronne. Pendant qu'elles sont à l'œuvre, une
« sirène chante; les Parques répondent à sa voix, et toutes
« ces voix différentes composent un seul et même concert. »

Qu'en dites-vous? la *fantaisie* elle-même (un dieu nouveau) a-t-elle rien trouvé de plus charmant? O le grand poëte dramatique! Il ne se contente pas de mettre au-devant de son drame, la banalité des faiseurs : « le théâtre représente, etc... » Lui-même il dispose son drame, il le prépare, il l'annonce, il le décore, il le montre aux yeux :

« Mon Dieu le bel endroit, dit Socrate, et que ce platane touffu « plaît à la vue et la récrée. En voilà un autre tout couvert de « fleurs qui mêle ses doux parfums aux murmures de la fontaine « chère aux muses et au fleuve Achéloüs, pendant que Zéphire « au souffle divin se mêle au chant harmonieux des cigales. Lieu « charmant! Une pente douce et revêtue de gazon nous invite au « repos... Vraiment, ami, vous ne pouviez pas rencontrer un en- « droit plus délicieux. »

Vous voyez donc que chez les anciens le drame était partout, limpide comme le ciel athénien, abondant comme l'eau des fontaines. Le théâtre était tour à tour l'école et la tribune. Eschyle, du haut de sa chaire éloquente, appela à lui tout un peuple, et récita à ce peuple évoqué ses élégies des anciens âges. Or, voilà pourquoi malgré tout ce passé glorieux, le drame antique, un instant remis en grand honneur dans le royaume de Louis XIV, à force de génie, et parce que les poëtes nouveaux avaient imaginé d'introduire, au beau milieu d'Euripide et de Sophocle, les amours même et les élégances chères au jeune monarque, ne pouvait pas durer plus longtemps que le grand siècle qui le vit naître!

Voltaire, en vain, tenta de rajeunir la tragédie en lui prêtant ses haines, ses amours et ses passions, qui étaient les haines mêmes et les passions de son siècle... Après Voltaire, et même un jour avant sa mort (on avait joué, la veille, *Irène!*), la tragédie était morte, et la volonté même de l'empereur Napoléon qui pouvait tout... ou presque tout, ne put pas faire vivre, un jour, l'*Hector* de M. Luce de Lancival! Voltaire, en mourant, avait emporté la vie et l'âme de la vieille nation littéraire; il était véritablement le dernier des Grecs, (il l'avait été si peu dans son *OEdipe!*) il était le dernier des Romains (il avait été si peu Romain dans sa *Rome sauvée!*). Il mourut à l'heure où le théâtre, la philosophie et le doute avaient dit leur dernier mot!

Il mourut nous livrant en pâture à l'*Almanach des Muses*, à l'*Almanach des Grâces*, aux petits livres inventés par les frivoles loisirs, jusqu'au jour où du sein des madrigaux, des romances et des idylles, et toute littérature cessante, allaient surgir les tempêtes de Mirabeau, de Camille Desmoulins et de Danton.

En un mot, l'ancienne littérature était morte, à l'avénement de M. de Lamartine... une aurore! et véritablement ceux-là qui ne se contenteraient pas du génie et des chefs-d'œuvre contenus dans cet espace fabuleux des grandes poésies et des grandes monarchies : l'*Ode à Duperrier* et les *Méditations poétiques*, ne seraient pas des gens faciles à contenter.

Oui, certes, au moment où l'art nouveau allait éclater, il fallait absolument que l'art nouveau se manifestât dans tout ce qu'il avait de vivant, de fort, de poétique et d'original, sinon nous allions retomber dans les ténèbres. M. de Lamartine était nécessaire... M. Victor Hugo était indispensable! L'ancien esprit français, dans sa mesure correcte, sensée, ingénieuse, peu enthousiaste et peu mystique, l'ancien théâtre français, ami de la parole élégante, sérieuse et sonore, ami des héros un peu plus grands que la nature même, ami des rois semblables aux demi-dieux, n'avaient plus rien à nous apprendre et plus d'émotions à nous donner.

Enfant des époques tranquilles et ordonnées, l'ancien théâtre ne convenait plus guère à ce moment des agitations, des révolutions, des essais et des troubles en toute chose ; il fallait absolument que le génie français cherchât une route nouvelle, ou bien n'en trouvant pas, qu'il suspendît sa vieille lyre aux saules de l'Euphrate : « Là nous nous sommes arrêtés, et nous avons pleuré, au souvenir de Jérusalem! »

Donc pour nous servir d'un mot vulgaire, et qui rend toute notre pensée, entre la France nouvelle et la littérature nouvelle, c'était comme on dit « à prendre ou à laisser ; » et la France nouvelle a bien fait d'accepter tant de nouveautés hardies qui ont été sa joie aux jours heureux, sa consolation dans les temps d'orage, son espérance aux heures désolées ; qui resteront sa gloire et sa fortune dans l'avenir! D'où il suit qu'il faut laisser dans leur coin les hypocrites littéraires, qu'il faut laisser crier les bonshommes qui crient au scandale, et qu'à tout prendre, s'il continue ainsi qu'il a commencé, ce XIXe siècle, aura mérité d'écrire son nom parmi les époques qui donneront de quoi parler aux siècles à venir !

Qu'il y ait eu, qu'il y ait encore émeute, étonnement, épouvante autour des œuvres nouvelles, on l'avoue. Avez-vous lu ce charmant passage d'une lettre adorable écrite à Bettina d'Arnim, par la jeune chanoinesse Caroline de Günderode, une enfant qui devait périr de sa propre main, *à la grande mode romaine*, eût dit Shakspeare : *In the high roman fashion*. Lisez ce passage, et dans sa grâce abandonnée et savante, vous aurez une idée assez juste de la littérature de ce temps-ci :

« Je n'ai rien vu, disait Caroline à Bettina, de comparable à
« votre chambre, c'est un désordre merveilleux ; on dirait une
« plage déserte sur laquelle trente vaisseaux ont fait naufrage.
« Votre *Homère* est tout grand ouvert sur le parquet, et sur la
« feuille ternie il y avait le serin qui chantait sa petite chanson du
« printemps. Votre boîte aux couleurs était posée, ouverte sur les
« touches du piano ; la sépia répandait sa poussière au milieu du
« tapis ! La belle aventure, un flageolet planté, pour reverdir, dans
« la caisse de l'oranger, et arrosé par votre Lisbeth, tant et si
« bien que le pauvre instrument est hydropique. Notez que je me
« suis donné un mal incroyable pour tout remettre en ordre, mais
« le moyen de régler ce chaos ? Comme la musique se trouvait
« sous l'oranger, elle a eu sa bonne part des trésors de l'arrosoir
« de Lisbeth, et il faudrait que le soleil y mît bien de la com-
« plaisance pour remettre en leur état primitif ces *noires*, ces
« *blanches*, ces *dièzes* et ces *soupirs*.

« Et le dessous du lit que j'oubliais, ma belle et chère, dans ce
« capharnaüm des fantaisies. Confusion des confusions ! De cet
« abîme et de ces profondeurs ignorées, nous avons tiré la Bible,
« *Charles XII*, le docteur Faust, *Werther*, un gant d'homme
« très-parfumé, et une feuille manuscrite où roucoulaient des vers
« français. Ah ! ce gant d'homme ! Je saurai bien retrouver son
« frère de la main droite. Oui, rien qu'à le flairer ! Mais ne crains
« rien, Bettina, j'ai caché ce terrible gant (que t'a jeté le destin),
« et je l'ai mis en lieu de sûreté... à l'abri de la gravure où notre
« ami Kranach a gravé la *mort de Lucrèce* ! Et qui donc ira cher-
« cher ce gage de bataille derrière cette belle main qui tient le
« poignard ?... Exemple à suivre, cette *Lucrèce* et que l'on suivrait
« s'il le fallait jamais ! »

# CHAPITRE XX

Nous touchons à la fin de ce tome III, consacré à raconter la vie et les principes du drame moderne! Dans ce travail pénible et charmant (pour celui qui l'entreprit!), le lecteur a pu voir (s'il nous a suivi dans nos démonstrations, et la chose ne nous semble pas facile, à vrai dire), que d'Eschyle à Shakspeare, et de Shakspeare à M. Victor Hugo, la tragédie et le drame avaient marché de révolutions en révolutions, et que l'histoire même de ces diverses révolutions composait toute l'histoire de l'art dramatique.

Ceci revient à dire que tant qu'un grand poëte existe qui d'un souffle puissant suffit à ranimer les grandes poussières, vous voyez surgir les chefs-d'œuvre ; oui, mais si le poëte manque de souffle et d'inspiration, c'est en vain qu'il aura tenté quelque révolution à son tour, les faits et les héros manquent à son timide appel, et après quelques signes d'une vie impuissante, aussitôt son œuvre chancelle et l'écrase.

« Ossements arides, s'écrie un prophète, obéissez à ma résurrection ! » Ce prophète était ou devait être un poëte. Il savait que c'est une tâche suprême de faire revivre le passé, ce passé perdu, anéanti, dans une image immortelle. Un jour fut où ces héros qui sont morts vivaient et combattaient pour la patrie, eh bien, faites que, ces héros vivent comme autrefois ! Ces villes couchées sous la poudre étaient debout et triomphantes... elles sont tombées avec un fracas épouvantable. O poëte ! dis un mot, et ces grandes cités vont renaître ! Mais pour accomplir ces miracles de la poésie, il faut avoir vu, des yeux de l'âme et des yeux de l'esprit, les héros et les cités d'autrefois. Corneille a vu l'empereur Auguste, Shakspeare a vu Richard III, M. Victor Hugo a vu Louis XIII et le cardinal de Richelieu. Rome est le héros de Corneille, Paris est le dieu de Molière. Sous ces poésies puissantes vous sentez palpiter l'âme des nations, comme Roméo sent battre le cœur de Juliette, sous son linceul. — Le génie est donc une des conditions indispensables à qui veut opérer des révolutions dramatiques, et voilà comment il se fait que tant de *révolutionnaires* qui ont été proclamés, pendant vingt-quatre heures, chefs d'école et inventeurs, retombent faute de génie, en dépit de toute leur invention, dans la disgrâce et dans la torpeur.

Quels géants autrefois, disparus dans la poussière aujourd'hui ! Ah ! disait-on, le drame est trouvé ; peuples, battez des mains ! incline ton front, postérité !... Huit jours après ce grand triomphe, on cherchait la place où s'élevaient naguère ce grand homme et ce grand monument.

De ces inventions sans puissance et sans force, *telumque imbelle sine ictu*, prenez, pour exemple, *Mélanie* (encore M. de La Harpe, dites-vous ; hélas ! oui, encore M. de La Harpe), et *Gabrielle de Vergy*, un drame fameux de M. Dubelloy.

« Et l'Europe attend *Mélanie*, » avait dit Voltaire à la fin de ce XVIIIe siècle dont il faut parler avec tant de respect : « Nous tenons
« tout de lui, disait M. Guizot[1] ; nous lui devons, et pour mon
« compte, je lui porte une affection filiale. Qu'elle pénètre et qu'elle
« paraisse dans mes paroles, même les plus libres ! Si nos paroles
« sont libres, à qui le devons-nous ? Le dix-huitième siècle a fait

---

[1]. Discours de réception à l'Académie française.

« notre liberté. Dans cette enceinte, hors de cette enceinte, par-
« tout, toute pensée qui se déploie, toute voix qui s'élève sans
« entrave, rend témoignage de la gloire du dix-huitième siècle et
« de son bienfait. Montesquieu, Voltaire, Rousseau, puissants gé-
« nies, noms immortels, nous sommes libres comme vous nous
« avez voulus; nous le serons envers vous-mêmes, mais notre
« liberté vous sera le plus digne hommage, et notre reconnais-
« sance montera vers vous avec l'indépendance de notre juge-
« ment. »

Oui, nous lui devons tout, et notre respect même nous doit porter à lui parler librement. Eh bien! le xviiie siècle admirait trop facilement beaucoup trop d'ouvrages et de poëtes misérables; il était trop indulgent aux rhéteurs; il ne s'estimait pas à sa juste valeur *lorsqu'il attendait Mélanie,* comme s'il n'avait pas eu l'*Esprit des lois,* le livre de l'*Esprit,* l'*Émile,* l'*Histoire naturelle* de Buffon, la *Logique de Condillac,* le *Dictionnaire philosophique,* l'*Encyclopédie* et le *Mariage de Figaro!*

Le xviiie siècle *attendait Mélanie,* et qui le croirait? sans le dernier chapitre de *Bélisaire,* ajoute Voltaire, le xviiie siècle *était dans la boue!* Ils admiraient donc à outrance cette *révolution* de M. de La Harpe, et ils ne voyaient pas que Mélanie et sa mère, procédaient, ô profanation! d'Iphigénie et de Clytemnestre!

Ici le lecteur se récrie, il crie au paradoxe, et pourtant comme il est facile de soutenir ce parallèle entre le drame et la tragédie! Iphigénie a peur du grand-prêtre! « qui l'attend à l'autel pour la sacrifier! » Mélanie a peur des verroux et des grilles, comme une fille savante qui a lu la *Religieuse* de Diderot, et qui la sait par cœur. Mais là, très-heureusement pour Racine, s'arrête la ressemblance entre l'un et l'autre drame! Est-ce que la mère de Mélanie a la moindre parcelle du courage et de l'intelligence de Clytemnestre? Est-ce qu'elle sait comment une mère ose résister, en face, à la tyrannie, à la volonté d'un mari? Admirez Clytemnestre aux pieds d'Achille et comparez cette reine, si vous l'osez, à cette tremblante et stupide bourgeoise de M. de La Harpe :

>Tout est perdu, seigneur, si vous ne nous sauvez.
>Agamemnon m'évite, et, craignant mon visage,
>Il me fait de l'autel refuser le passage.

. . . . . . . . . . . . . . . . .
Il me fuit ; ma douleur étonne son audace.

Et plus tard, quand enfin la mère d'Iphigénie a rejoint son époux tout-puissant, vous vous rappelez cette admirable colère qui contient en germe, dans l'avenir, le déshonneur et la mort d'Agamemnon :

> Vous ne démentez pas une race funeste !
> Oui, vous êtes le sang d'Atrée et de Thyeste.
> *Bourreau* de votre fille, il ne vous reste enfin
> Que d'en faire à sa mère un horrible festin.
> . . . . . . . . . . . . . . . .
> Et moi qui l'amenai triomphante, adorée, etc.

Mais à quoi bon citer des vers que retiennent toutes les mémoires et tous les cœurs ? Voilà comment parle une mère ! voilà comment une mère défend sa fille ! Il y va pourtant de la vengeance de la Grèce entière ; mais qu'importe ? — A ces raisons sans réplique, le roi des rois courbe la tête ; il n'a rien à répondre à cette mère au désespoir : mais pourquoi comparer l'*Iphigénie* de Racine à la *Mélanie* de M. de La Harpe ?

C'est qu'en effet, et je m'étonne que le xviii<sup>e</sup> siècle ne l'ait pas dit avant moi, *Mélanie* est à peine la contrefaçon malencontreuse d'*Iphigénie*. Il s'agit, dans le drame comme dans la tragédie, d'une fille immolée par son père et défendue par sa mère et par son amant. Mais quelle différence, grands dieux ! je ne parle pas de l'exécution, car ce serait un meurtre de comparer Racine à M. de La Harpe, mais quelle différence dans la conduite et dans le plan des deux tragédies ! Agamemnon veut immoler Iphigénie, le père de Mélanie veut dépouiller sa fille... Agamemnon est poussé par les motifs les plus sacrés parmi les hommes ; le père de Mélanie est un vil égoïste ; il ne veut que doter son fils aîné, aux dépens de sa fille ; Achille est tout à fait l'Achille d'Homère, violent, emporté, sans frein ; il va mourir pour la Grèce, on lui enlève celle qu'il aime, Iphigénie ! Que de raisons pour jeter à la face d'Agamemnon ce violent défi : — *Un bruit assez étrange*, etc. Voilà donc, cette fois, un jeune homme dans son droit de résistance et de révolte !

Il défend véritablement une jeune fille qui est à lui ; car il va la payer au prix de sa vie. Mais l'amant, ou plutôt l'amoureux de Mélanie, ce déclamateur blond et fluet, cet insipide diseur de sentences et de maximes philosophiques, de quel droit vient-il s'interposer entre Mélanie et son père? Mélanie ne lui a même pas été promise en mariage, elle ne lui a même pas avoué son amour! Autant l'Achille de Racine a raison et me plaît dans sa fureur, autant l'Achille de M. de La Harpe est peu fondé à crier ainsi, et me paraît ridicule et déplacé.

Et le père de Mélanie? En savez-vous un plus entêté à la fois et plus faible, plus ridiculement féroce et plus patient? Cette jeune fille, sa fille en larmes, se jette à ses pieds, le priant de la reprendre chez lui, où elle vivra pauvre et cachée, dans l'humble condition d'une demoiselle de compagnie; cet homme féroce repousse cette enfant à trois ou quatre reprises, il ne voit pas ses larmes, il n'entend pas sa prière; il repousse avec la même brutalité, cette pauvre et timide esclave qu'il appela sa femme, à qui il a daigné faire deux enfants autrefois.

Pourtant cet homme dur et hautain, le premier prêtre venu l'écrase de sa philosophie, l'amant de sa fille le charge d'opprobre, et ni au prêtre, ni à l'amant de sa fille, ce monsieur n'a rien à répondre! Il se laisse accabler d'injures sans se défendre, c'était bien la peine d'être un philosophe, un ami de D'Alembert, un compagnon de Diderot! Cet homme est un méchant, enraciné dans une méchanceté sans motif. Il appartient à M. de Mirabeau, « l'ami des hommes, » qui laisse *pourrir* son fils à Vincennes! Il veut marier son fils, et pourvu que son fils se marie, il supportera toutes ces injures.

Que l'Agamemnon de Racine est supérieur à celui-là, du côté de la grâce, de la faveur, de la sympathie et de la clémence paternelle! Dans l'horrible position où il se trouve, obligé de donner l'exemple et forcé d'obéir à Chalcas, Agamemnon se défend en même temps contre les larmes de sa fille, contre la colère de sa femme et surtout contre la fureur d'Achille. A sa fille, il répond par des larmes, par ces touchantes et terribles paroles: *Vous y serez, ma fille!* A Clytemnestre, il répond par le silence. Mais quand arrive Achille, l'œil en feu, l'injure à la bouche et la vengeance dans ce cœur implacable, alors les passions comprimées de son roi vaincu, de ce père au désespoir éclatent dans toute leur violence. Son chagrin se fait jour enfin, et il est dans son droit d'éclater ! Comment ! lui qui se dévoue encore plus que ne se dévoue sa fille, se voir ainsi accablé de toutes parts ! Le sentiment du devoir le soutenait à peine dans cette terrible épreuve, le sentiment de l'autorité le relève à ses propres yeux. Rien n'était difficile à écrire comme la réponse d'Agamemnon aux reproches d'Achille ; mais cette réponse, quelle est grande et noble !

> Seigneur, je ne rends point compte de mes desseins !...
> Fuyez donc, retournez dans votre Thessalie.

Il dit à Achille : *Fuyez !* et il le dit à plusieurs reprises ! En effet, Agamemnon n'avait pas d'autre réponse à faire à cet emporté jeune homme : *fuyez !* Quant à *rendre compte de ses desseins*, il ne rend compte de ses desseins à personne. Tout au rebours, le père de Mélanie : *il rend compte de ses desseins* à tout le monde, à sa fille, à sa femme, à son fils, au bon curé, à l'amoureux de Mélanie ; il dit à qui veut l'entendre, le dessein où il est de marier l'héritier de son nom aux dépens de sa fille. Et plus il rend *compte de ses desseins*, plus cet homme est odieux et ridicule.

Ainsi donc les voilà tous les trois jugés et condamnés sans rémission : le père de Mélanie est odieux et absurde ; la mère de Mélanie est une sotte sans énergie et sans courage, bien digne du sort qui l'attend ; l'amant de Mélanie est un petit déclamateur manqué, qu'on ferait bien de mettre à la porte et qui se mêle à des affaires auxquelles il est tout à fait étranger. Quant au curé de *Mélanie*, il remplace dans la pièce de M. de La Harpe, le terrible et invisible grand-prêtre Calchas, un Calchas sans Dieu, sans croyance et sans autel ; un Calchas qui doute et qui a peur !

C'est qu'en ce temps-là, toute croyance était partie ; on croyait aussi peu à Jésus-Christ qu'à Jupiter ; il n'y avait plus sur le théâtre et dans les livres que de bons curés qui savaient par cœur l'*Essai sur les Mœurs*. Le curé de Mélanie est un grand parleur ; pour empêcher que cette jeune fille soit sacrifiée, il n'a qu'un mot à dire à monseigneur l'archevêque de Paris. Mais non, il faut que ce monsieur débite toute sa petite déclamation de tolérance et d'humanité. A quoi cependant aboutissent toutes ces vaines paroles ? Ce curé ne prévoit rien, et il ne sauve personne ; c'était bien la peine d'être si bon et si éloquent !

Reste maintenant Mélanie, pâle et insipide reflet de l'Iphigénie de Racine : Iphigénie, d'un si noble cœur, d'un si illustre sang, fille du grand Agamemnon, aimée d'Achille, *triomphante, adorée*, Iphigénie se résigne pourtant à mourir ! Résignation plus touchante qu'héroïque, et c'est pourquoi nous nous sentons saisis de pitié et de respect ! Justement nous la plaignons cette princesse charmante, parce qu'en tendant la gorge au couteau fatal, Iphigénie se prend à regretter la vie. Dans ses trois derniers adieux adressés au même instant du même péril, à son père, à Achille, à sa mère, que sa plainte est variée, et comme elle sait trouver dans son cœur ce qu'il faut dire à son père, à son amant, à sa mère, adorable langage de la passion qui se résigne !

Voilà pourquoi Iphigénie *est plus redoutable* à son père, qu'Achille lui-même. Mais Mélanie ! Au premier acte, elle déclare qu'elle ne veut pas être religieuse ; elle déclare au second acte qu'elle ne veut pas être religieuse ; enfin au troisième acte elle déclare encore qu'elle ne veut pas être religieuse ! C'est toujours la même plainte sans dignité ; ce sont les mêmes larmes sans énergie ; la fille est tout aussi obstinée que son père et elle l'est de la même façon ; entre elle et lui, la réponse n'attend pas la demande, et la défense n'attend pas l'attaque. Et notez bien que cette Mélanie, qui ne sait pas prier comme Iphigénie, ou se résigner comme elle, elle n'a qu'à le vouloir une bonne fois, pour ne pas prononcer ses vœux : qu'on l'amène à l'autel et qu'elle dise tout haut : — *Non!* elle est sauvée ! Il n'y a pas une puissance humaine qui la puisse, malgré elle, enfermer dans un cloître ; seulement si Mélanie avait eu le courage très-naturel de dire : *Non!* où serait la tragédie de M. de La Harpe ?

Aussi Mélanie, à bout de ses menaces, est-elle forcée de s'empoisonner. Elle meurt en maudissant son père, moins touchante et moins chrétienne que la païenne Iphigénie ; obéissante aux volontés de ses dieux, et fière au fond de son âme d'être la sauvegarde de tout un peuple, Iphigénie bénit son père... et son roi au moment où elle marche à la mort.

Vous savez comment finit cette vulgaire histoire de Mélanie ?

Il arrive que son frère qu'on n'a pas vu, ce niais marquis auquel personne ne s'intéresse, cet absent à qui Mélanie est immolée, est tué d'un coup d'épée, et qu'il meurt sans crier : *gare!* véritable coup d'épée dans l'eau, qui n'ajoute rien à l'intérêt matériel des derniers moments de Mélanie. Quand toutes ces morts sont accomplies, l'amant et le prêtre reviennent sur le théâtre, et ils accablent de reproches inutiles cet Agamemnon bourgeois, qui ne sait que leur répondre.

Telle est cependant cette *Mélanie* que l'Europe attendait du temps de Voltaire. C'est un misérable pastiche sans style, sans idée et sans esprit ; une mesquine concession faite aux exigences de l'époque, par un philosophe obséquieux qui devait se repentir plus tard, de ses lâchetés philosophiques, au moment où la philosophie était absolue et triomphante ; aussi méprisable dans son repentir, qu'il était ridicule et emphatique dans sa faute!

Tant que *Mélanie* ne fut pas représentée au théâtre, elle eut les honneurs de la lecture. On s'arrachait l'auteur et la tragédie de cercle en cercle ; c'était plus qu'une fureur de l'entendre, c'était la mode. La poitrine de M. de La Harpe avait peine à suffire à ces lectures ; heureusement sa vanité le soutenait. Le xviii<sup>e</sup> siècle était si heureux de voir une religieuse suicide, et par conséquent esprit fort! La pièce eut ainsi un grand succès de salon. M. le duc de Choiseul, qui en entendit la lecture chez sa sœur la duchesse de Grammont, envoya, le lendemain de ce jour mémorable, mille écus à M. de La Harpe qui les prit. Enfin la tragédie, impossible au théâtre, fut imprimée, et tout d'un coup le bon sens public en fit justice. Autant on l'avait admirée, autant on la trouva misérable ; on s'écria que ce n'était pas un drame, que c'était, tout au plus une *héroïde*, et chacun de répéter : « *Quoi! ce n'est que cela?* »

Vraiment : *ce n'était que cela*, cette œuvre *si attendue ;* et cet exemple pourrait suffire à vous expliquer comment et pourquoi un homme sans génie sera toujours impuissant à faire une révolution, même une révolution dramatique. L'homme sans génie ne trouvera jamais *ce je ne sais quoi* qui « remue (au dire de Pascal) toute la terre : les princes, les armées, et le monde entier! » En vain les fanatiques, les enthousiastes, les déclamateurs tout-puissants vont s'extasier, des années entières, sur des chefs-d'œuvre qu'ils auront découverts, au bout de tout ce fanatisme, le chef-d'œuvre avorte ; au bout de cette admiration arrivent la lassitude et le mépris, et chacun se dit, rougissant de cette *révolution* maladive : — Eh quoi ! « ce n'était que cela ? »

Eh oui ! véritablement (à propos d'avortement) ce n'était *que cela*, cette tragédie illustre ; aussi bien que cette grande tragédie en cinq actes, attendue également : *Gabrielle de Vergy*. Vanité de ces grands succès, soit que la pièce ait son cours seulement dans le salon des beaux esprits, des dames à la mode ou dans la petite maison de la comédienne, soit que le théâtre ait la chance heureuse de s'emparer du chef-d'œuvre en litige, et de s'en faire une fortune d'un jour !

Les braves gens qui criaient, tantôt, à l'exemple de M. Fulchiron, de M. Auguis ou de feu la *Gazette de France*, contre les abominations « du drame moderne, » n'ont pas l'air de se douter que le drame moderne a vu le jour à l'ombre même de *Zaïre*, de *l'Orphelin de la Chine*, de *la Métromanie* et du *Menteur*. Si par ce mot le *drame moderne*, qui suffirait à écorcher la bouche des *classiques*, messieurs les classiques entendent parler de cette émotion à part qui appartient un peu à la comédie, un peu à la tragédie, écrite en vers, écrite en prose, au hasard de l'heure présente... un feu de paille qui flambe et dure... autant qu'un feu de paille, il n'est pas nécessaire d'aller plus loin que M. de La Harpe ou M. Dubelloy ! Elle est même assez curieuse, cette histoire de M. Dubelloy, et elle peut tenir sa place à côté, et non loin de la vie et des œuvres de M. Guilbert de Pixérécourt.

Donc un beau jour (la prime en ce temps-là, pour une œuvre de théâtre en cinq actes, était l'Académie, et la Gloire, tout au moins) un ancien comédien que la Russie avait applaudi, Dubelloy (c'est un vieil usage de la Russie, et plus d'une fois elle a révélé à la France des œuvres et des comédiens que la France ne connaissait pas), se sentant assez de verve et d'esprit pour faire, toute sa vie, autant de mauvais vers qu'il en serait besoin, et pour trouver quelques bons vers par hasard, comme cela arrive aux plus mauvais poëtes, se sentant assez d'imagination et assez peu de respect des chefs-d'œuvre, pour tout bouleverser dans la poétique établie, s'en vient chercher fortune au Théâtre-Français, au moment où l'opposition philosophique, c'est-à-dire toute l'opposition de la France, avait fait du Théâtre-Français sa tribune, en attendant l'autre tribune éclatante qui devait naître et grandir dans le Jeu-de-Paume, quelque trente ans plus tard.

Le premier essai de ce nouveau venu, Dubelloy qui ne se posait pas encore comme un inventeur, fut timide et peu remarqué. Il avait copié une tragédie lyrique de Métastase, la *Clémence de Titus*, et de ces vers, *bons à chanter* comme dit Beaumarchais, il avait fait une tragédie.

Or, tout en copiant Métastase, le poëte français n'avait pas remarqué que Métastase lui-même, pour composer son célèbre libretto : la *Clémence de Titus* (trop célèbre comme tout Métastase), avait copié lui-même et accouplé, tant bien que mal, deux chefs-d'œuvre du Théâtre-Français, *Cinna* et *Andromaque* (excusez du peu); deux héros bien étonnés, sans doute, de se trouver accouplés l'un à l'autre par un entremetteur italien. Dubelloy avait si peu lu Corneille et Racine (c'était déjà la mode chez les poëtes dramatiques de ne plus lire ni Racine, ni Corneille), qu'il ne s'aperçut pas qu'il entassait dans sa tragédie de *Titus*, Hermione, Émilie, Oreste et Cinna. Comme Hermione, la *Vitellie* de Dubelloy veut assassiner Titus qui ne l'aime pas; mais, au préalable, cette Vitellie n'avait rien montré de cet amour qui justifie Hermione. Comme Cinna, Sextus veut assassiner Titus; seulement ce Sextus n'est pas poussé, comme Cinna, par cette passion si naturelle à tout citoyen romain pour la vieille et sainte république des vieux temps.

Déjà, vous le voyez, Dubelloy faisait du drame moderne, mais il en faisait sans le savoir. Il faisait du drame moderne en gâtant à plaisir les plus belles choses, en tirant à lui ces nobles personnages, en puisant à pleines mains dans les grands maîtres, ses héros, ses pensées, ses idées, tout, excepté le style. Bien plus, par une ambition assez naturelle, Dubelloy avait compté que la France reconnaîtrait Louis XV dans Titus, et partant de cette belle donnée, il avait tracé le portrait le plus emphatique de la désolation universelle, à propos d'une maladie de Titus, comme si le parterre allait applaudir à la résurrection de Titus, en faveur de la résurrection du roi à Metz. Mais, hélas! la France était déjà loin de ses transes de 1744 au sujet de la maladie du roi; que dis-je? elle était à bout de son admiration et de ses transports lyriques pour ce Sardanapale hideux. Personne en ce temps-là ne pensait plus à cette maladie, quand vint la tragédie de *Titus*, ni la France, ni le roi lui-même ; déjà en France (à qui la faute?), il n'y avait plus que les maîtresses de Louis XV qui l'appelaient *le Bien-Aimé*.

Le peu de succès de sa première tragédie ne découragea pas Dubelloy. Il y a une espèce de métier dramatique qui s'apprend aussi bien, mieux peut-être, à force de chutes, qu'à force de succès. Les poëtes dramatiques, les poëtes par métier surtout, braves gens qui ne songent qu'à leur public, ont l'habitude de combiner, incessamment, dans leur tête d'abord, en attendant qu'on leur donne un théâtre, toutes sortes d'effets puérils et singuliers, dont ils ne se rendent bien compte qu'au théâtre. Sa tragédie de *Titus* apprit donc à Dubelloy la grande ressource des coups de théâtre, de la pantomime, du dialogue coupé, des conspirations sans motifs, des scélérats sans frein, qui sont des scélérats uniquement pour leur plaisir, et des poignards à hauteur de poitrine. L'homme, qui tient ce poignard maladroit va pour frapper le héros ou le tyran... il ne frappe que l'air. Dubelloy apprit aussi le grand art d'agiter les comparses au milieu de la tragédie, et d'en faire autant de comédiens aussi terribles que muets. Je vous ai déjà dit que c'était un esprit ingénieux et inventif.

Il revint donc bientôt à la charge, après avoir imprimé et dédié *Titus* à Voltaire, dans une préface où il se plaignait (selon l'usage antique et solennel) de la *cabale* et de la *critique*, en véritable auteur tombé. Sa seconde tragédie était, aussi bien que la première, empruntée à Métastase ; elle avait pour titre *Zelmire*. Il avait entassé dans ces cinq actes autant d'imagination qu'on en pouvait voir dans la *Tour de Nesle*, au temps fabuleux où l'on jouait la *Tour de Nesle*. Jugez plutôt : Polydore, roi de Lesbos, détrôné par son fils Azor, est sauvé par sa fille Zelmire, qui le cache dans un tombeau. Azor est assassiné par Anténor, et soudain, Polydore, sortant de son tombeau, est pris pour l'assassin d'Azor ; en conséquence, le vieillard est condamné à être immolé sur le tombeau d'Azor, de ce fils qui l'a déjà détrôné.

Voilà, j'espère, un beau *drame moderne*! Eh bien! la pièce ne tomba pas, parce que l'admirable parterre de ce temps-là, ce juge si plein de tact et de bon sens qui ne nous sera pas rendu de sitôt, trouva une situation dramatique et un mot touchant dans ces cinq actes. Quand Zelmire, que son mari croit parricide, ramène Polydore le vieillard qu'elle a sauvé, comme une honnête fille qu'elle est, le mari de Zelmire s'écrie : *Zelmire est innocente!* Et le parterre de pleurer et d'applaudir, sans se rappeler que le mot était de Métastase : *Sposa e innocente!*

Maintenant, préparez votre admiration et votre enthousiasme! Après ses deux premières tragédies, Dubelloy, en homme d'esprit qu'il était, comprit fort bien que tant qu'il agirait dans le vieux système, il serait tout au plus un poëte tragique du dernier ordre, et ce fut alors seulement qu'il imagina, et qu'il trouva le drame moderne, et même le chef-d'œuvre du drame moderne : le *Siége de Calais*. Quel enthousiasme, on ne le saura jamais, dans la nation française, quand elle vit enfin le bourgeois, ce maître de la comédie, et souvent sa victime, jouer son rôle et un rôle sérieux dans un « drame héroïque! » Notez bien que ce fut là vraiment une heureuse, une grande idée, à laquelle il ne manqua guère qu'un poëte pour la mettre en œuvre.

Il est vrai qu'avant Dubelloy Diderot l'inspiré avait transporté le bourgeois, de la comédie en plein drame, et avec tous les honneurs de la guerre! Encore un effort, et le bourgeois allait passer du drame dans la tragédie; mais pour cela il fallait un poëte tragique, il fallait dans *Le Siége de Calais*, par exemple, que le bourgeois dominât la scène et non pas le roi Édouard, qui traite ces braves gens d'*insolents*, mot qui n'était pas français pour eux! Il fallait ôter tout ce que l'auteur a mis de puéril dans cette grande action dramatique; il fallait donner aux six bourgeois de Calais, ces héros qui ne se montrent que pour être insultés et pour mourir, une plus grande place dans cette action si vide, eux absents. Alors en effet le retour de ces héros, dévoués à leur patrie, aurait produit un effet durable; au lieu d'un drame, nous aurions eu une tragédie.

Il faut dire cependant que le bourgeois de Paris, qui ne s'était jamais vu une si grande importance au théâtre dont il était le jouet, fut heureux et fier de se trouver enfin, en plein Théâtre-Français, familièrement mêlé à une action conduite par un roi et par des gentilshommes. Le bourgeois de Paris était encore fort loin de se douter de la longue et intéressante tragédie dans laquelle il allait jouer un si grand rôle, cette tragédie de 1789, à peine commencée depuis cinquante ans que la toile s'est levée, si remplie de passions nobles et brutales, de péripéties sanglantes, de retours imprévus, et dans laquelle le peuple s'est montré, non plus, cette fois, la corde au cou devant les rois, mais comme un maître irrité devant lequel les rois eux-mêmes paraissaient, à leur tour, la corde au cou, les mains liées et les pieds nus ; le bourgeois de Paris ne rêvait pas encore de si hautes destinées ; il fut donc très-fier de s'intéresser à une tragédie *pour lui-même*, et il applaudit frénétiquement à cette illustre nouveauté.

De tristes circonstances servirent aussi à faire du *Siége de Calais* une tragédie populaire. En ce temps-là la France, après une guerre de neuf ans, dans les quatre parties du monde, et une guerre malheureuse, venait d'accepter une paix sans gloire. L'opposition au gouvernement, cette opposition lente, continue, intelligente, qui était passée enfin des livres dans les mœurs, en attendant qu'elle passât du théâtre à la tribune et de la tribune dans l'histoire, n'avait fait que s'augmenter au dedans, à mesure que s'affaiblissait, au dehors, la terreur de nos armes.

Quelle ne fut donc pas la surprise, la joie et l'étonnement de la cour, quand elle vit le peuple applaudir avec transport une tragédie toute remplie de l'honneur du nom français, et dans laquelle un roi malheureux est adoré, justement parce qu'il est roi et malheureux ? — C'était là certes un grand contraste avec la tragédie et l'esprit de Voltaire le niveleur, cette tragédie en boute-feu, grosse de tant de révolutions. Comment donc! parler avec respect des rois de France, et parler avec pitié des rois malheureux, montrer le peuple ami et pressé autour du trône, en plein théâtre, et forcer le public à partager cette poétique sympathie, en vérité c'était quelque chose d'incroyable et d'inespéré, sous Voltaire ! Lui-même, Louis XV, ce sceptique couronné, ce cœur de pierre caché sous un habit de soie et sous cet affable sourire, Louis XV lui-même fut sensible à ce spectacle public d'un roi de France aimé et défendu par ses sujets. Ce dévouement dramatique des six bourgeois de Calais fit éprouver à cet égoïste monarque une émotion inconnue, et peut-être même eût-il pleuré, s'il avait encore eu des larmes dans le cœur.

Il se contenta d'applaudir ; la cour applaudit à son exemple, et le public, heureux de se retrouver si bon royaliste au fond de l'âme, proclama Dubelloy *le poëte citoyen.* Lui aussi il avait trouvé, disait-on, *la tragédie nationale.* Chaque soir le parterre rappelait l'auteur en grand triomphe, et l'auteur volontiers se montrait à son peuple. En un mot la foule encombrait, dès le matin, les portes du Théâtre-Français, comme elle fit pour le *Mariage de Figaro*, mais dans un autre sens et avec d'autres passions.

Enfin pour que rien ne fût perdu de ce qui pouvait sortir de juste et de bon de ces vers sonores, le peuple fut convié gratis à ce spectacle national ; les charbonniers s'y rendirent tambour battant, et mademoiselle Clairon, qui eût été la dernière grande dame du Théâtre-Français sans mademoiselle Contat et mademoiselle Mars, offrit elle-même des rafraîchissements aux dames de la halle, ce nouveau pouvoir qui allait venir.

De Paris, l'enthousiasme passe à la province ; dans les garnisons on jouait le *Siége de Calais* devant les soldats, comme si on leur eût lu une proclamation du maréchal de Saxe. Les officiers faisaient distribuer à leurs régiments cette tragédie imprimée, qu'ils appelaient « le Code de l'honneur ; » l'armée envoyait à Dubelloy des députations, toute l'Europe lui adressait des lettres avec cette suscription : *A l'illustre père de la tragédie nationale.* Ce fut la première pièce de théâtre qu'imprima l'Amérique de Franklin l'imprimeur. Le roi lui fit frapper une médaille d'or où le nom du nouveau poëte était gravé dans une couronne, entre le nom de Corneille et celui de Racine, même le roi donna à Dubelloy mille écus de son argent, et c'était beaucoup donner pour cet homme avare, comme sont les débauchés, lorsqu'il s'agit de toucher à l'argent qui leur sert à satisfaire leurs passions.

A son tour la ville de Calais envoya à l'heureux Dubelloy des lettres de citoyen de Calais dans une boîte d'or ; ce fut dans toute la France, en l'honneur du poëte nouveau, un déluge incroyable d'odes, stances, couplets, chansons, bouts-rimés ; même on s'occupa de lui faire une généalogie, et l'on disait à qui voulait l'entendre, qu'une grande impératrice (Élisabeth de Russie) était morte d'amour pour cet homme-là !

Cependant à quoi songe le vieux Voltaire, le roi, le dieu et le maître de ce siècle, se voyant oublié, tout un jour, pour une tragédie sans style et pour une moitié d'innovation? Voltaire, qui savait que la foule a toujours raison même quand elle se trompe, fit d'abord comme la foule ; il accabla d'éloges l'auteur du *Siége de Calais*, mais en secret il se demanda à lui-même ce qui allait arriver, et si cette tragédie que protégeaient la cour et le peuple à la fois, cette cour et ce peuple que lui Voltaire il croyait avoir séparés pour jamais, n'allaient pas prévaloir contre sa propre tragédie?

En effet cela était si extraordinaire déjà, le roi et le peuple marchant de concert, le roi applaudissant ce qu'applaudissait le peuple, et le peuple approuvant ce qu'approuvait le roi! Toute l'école encyclopédique fut émue de ce revers inattendu ; bientôt revenue de sa première surprise, elle commença par battre en brèche cette gloire étrange. Grimm, le premier, dans sa feuille volante, infime journal qu'il arrangeait au gré de ses passions, et de ses lecteurs, vantant à celui-ci ce qu'il avait dénigré à celui-là, Grimm, le plus perfide et le plus lâche des écrivains en cachette, se récria sur ce style misérable et sans suite qui déchirait l'oreille sans aller au cœur. Diderot lui-même, lui le premier introducteur des bourgeois dans le drame, prouvait à sa manière, à savoir, d'une façon sérieuse et plaisante à la fois, que *pas un de ces Messieurs ne disait ce qu'il voulait dire et comme il devait le dire*. On mit en avant *Adélaïde Duguesclin* et *Tancrède*, à propos du *Siége de Calais!*

D'abord ce fut dans le public un *tolle* général contre ces critiques qui donnaient un démenti si formel à l'admiration publique. Les courtisans, *à qui Dubelloy avait fait sentir le bonheur d'être français*, comme disait M. le duc de Brissac, crièrent à la profanation ; Louis XV lui-même prit en main la défense de la tragédie attaquée, et il demanda à M. le duc d'Ayen de Noailles, un des opposants, *s'il n'était pas Français?* A quoi le duc répondit: *Plût à Dieu, sire, que les vers de M. Dubelloy fussent aussi bons Français que moi*. Mais enfin, comme la passion même la mieux sentie s'apaise, comme le plus vif enthousiasme est sujet à s'éteindre, on finit pas laisser Dubelloy dans sa gloire, et il arriva au bout de l'œuvre, ce que Chamfort avait prédit: ceux qui attaquaient le plus le *Siége de Calais*, finirent par le défendre, contre ses plus chauds admirateurs.

Après ce terrible succès du *Siége de Calais*, Dubelloy se serait cru déshonoré s'il eût traité d'autres sujets que des sujets français. Il mit donc sur la scène Gaston et Bayard, le sire de Fayel, Pierre le Cruel et Duguesclin. Mais hélas! on marchait si vite en ce temps-là, que ces mêmes bourgeois qui s'étaient intéressés aux bourgeois de Calais n'eurent qu'un intérêt médiocre pour Gaston et pour Bayard. La chevalerie ne les touchait guère, ces hommes qui sentaient confusément l'approche de 89, et puis ce n'était pas ainsi que le public avait entendu qu'on lui ferait un *théâtre national*. Dans son théâtre national, le peuple voulait jouer le beau rôle, comme font les grands comédiens qui ont le droit de choisir les rôles qui leur conviennent. D'ailleurs, que lui importait l'*abaissement auguste* de Bayard, demandant pardon à son général en chef? Le peuple ne comprenait déjà plus qu'on demandât pardon à personne! On s'intéressa tout aussi peu à *Pierre le Cruel*, cette bête féroce et stupide, dont M. Dubelloy voulut faire une manière de philosophe raisonneur.

Heureusement Dubelloy, avant de finir par *Pierre le Cruel*, qui ne fut joué qu'après sa mort, comme il avait commencé par *Titus*, avait-il trouvé les quelques belles scènes de *Gabrielle de Vergy*. Cette fois la monomanie chevaleresque et guerrière de l'auteur lui donna quelque repos. Il se contenta de mettre en jeu les passions de tout le monde, ces inépuisables passions, la jalousie et l'amour. « L'amour, qui est toujours le maître partout où il est, » disait une des recluses volontaires de Port-Royal [1].

Sans nul doute, Gabrielle de Vergy est souvent monotone; souvent aussi elle est intéressante et digne de pitié. « *C'est mon Héloïse un peu requinquée*, » disait Jean-Jacques Rousseau avec cette bonhomie malicieuse qui lui a tant profité, toute sa vie. Dans cette tragédie, les invraisemblances fourmillent; mais elles sont soutenues par un certain désir d'apprendre et de savoir ce qui va arriver, qui fait qu'on les oublie, et qu'on les pardonne. Le vers est sec et dur, mais quelquefois il est énergique et simple, et ce serait la pièce de Dubelloy la mieux écrite, s'il y avait une pièce de Dubelloy *écrite*. On ne remarque pas, tout d'abord, que cette position de Gabrielle de Vergy, mariée et honnête femme, est une position sans espoir et par conséquent peu dramatique.

1. Madame la marquise de Sablé.

L'action de Coucy, entrant, déguisé en simple écuyer, chez cette femme qu'il ne doit pas, qu'il ne veut pas déshonorer, n'est guère conforme aux lois de la chevalerie ; et non-seulement il pénètre dans le château de Gabrielle, mais il y reste pendant deux actes, exposant cette malheureuse femme aux terribles vengeances de son mari.

Le grand défaut de *Gabrielle de Vergy* (ce défaut est commun parmi nos dramaturges du second ordre), c'est que les divers personnages de cette tragédie ont peine à soutenir entre eux un discours quelque peu suivi. Même les deux amants, quand ils sont réunis, que se disent-ils, grands dieux ? Comment donc, on les espionne, on les observe, on les écoute ; Fayel peut tout à l'heure égorger cette femme sous les yeux de Coucy, et ces deux amants ne trouvent, dans ces terribles instants, que des sentiments faux et vulgaires, de languissantes et ternes paroles !

Il est vrai, l'éloquence manque ici, heureusement que l'arrivée de Fayel est belle et terrible ; cet homme fait peur ; mais il y a chez lui tant de jalousie et tant d'honneur, qu'on lui pardonne ; ajoutez que cette femme est si bien *la chose* de son mari, qu'on est saisi d'effroi lorsque les deux rivaux vont se battre en duel. Quant au dénoûment, il est atroce sans être terrible, il est inutile, il cause plus de dégoût que d'effroi. Que me fait ce cœur de Coucy, servi tout saignant à Gabrielle ? Pour que Gabrielle meure, il suffit que Coucy soit mort ; il n'est pas besoin de lui servir cet horrible morceau... La terreur n'est pas là, la tragédie n'est pas là, non plus que l'art.

Ce qui produit de l'effet, au théâtre, ce ne sont pas seulement les cœurs saignants qu'on vous sert sur un plat de vermeil, c'est la manière dont on les apprête. Je sais bien qu'on peut répondre que cette histoire de cœur saignant est tirée des *Chroniques* de Froissart ; tant pis pour les Chroniques. Vous avez déjà vu que Corneille se méfiait des chroniques, et qu'il aimait mieux s'en tenir à l'histoire. Non non, point de cruautés inutiles, ne me parlez pas des horreurs hors de saison ! Il y avait aussi dans l'antiquité une épaule mangée par Cérès, et un cœur dévoré par un père malheureux ; mais si l'antiquité n'avait eu que cette épaule et ce cœur à servir aux maîtres Eschyle, Euripide et Sophocle, *Oreste*, *Phèdre*, *Iphigénie* et *Prométhée* auraient-ils jamais vu le jour ?

Je comprends donc fort bien le dégoût de cet affreux dénoûment de Gabrielle de Vergy ; un brave homme à la représentation d'*Atrée et Thyeste* de Crébillon : *Eh ! fais-en ce que tu voudras ! disait-il, mange-le tout cru, pourvu que je ne sois pas de ton festin !*

Que si vous voulez savoir comment a fini Dubelloy, il a fini comme ont fini, et comme finiront toujours ces fameuses renommées, gonflées de vent et bâties dans le vide, qui tiennent uniquement au caprice et à l'oisiveté populaires. En avons-nous déjà vu, en moins de vingt ans, de ces innovateurs exagérés que l'ennui du public a forcés de courir après leur propre gloire, et qui n'attrapaient, de leurs mains débiles, qu'une vaine fumée ! Hélas ! lui aussi, quand son drame eut jeté tout son éclat dans le monde ennuyé de ses méchants vers, Dubelloy s'éteignit comme son drame, avant son drame. Il avait été beaucoup trop admiré, il fut oublié trop vite. Heureusement encore, était-il un homme simple, modeste et réservé ; il comprit, contrairement à toutes les lois de l'amour-propre, que sa décadence était méritée, et qu'il n'avait pas le droit de s'en plaindre... il ne se plaignit pas.

Dans cet abîme le roi Louis XV eût laissé ce brave homme, — Le roi Louis XVI, le sachant malade, envoya au pauvre Dubelloy cinquante louis pour l'aider à mourir ; Dubelloy fut plus heureux en ceci que le grand Corneille. Il eut encore ce grand bonheur, ce fut de mourir en 1775, dans sa quarante-huitième année, avant d'avoir pu juger du sort réservé à cette royauté et à cette noblesse de France, dont il avait été le dernier et le plus innocent flatteur.

Vous qui faites le drame moderne à votre tour, par l'exemple de cet homme un instant plus glorieux que Voltaire, mourant obscur et oublié dix ans plus tard, mourant plus oublié que sa première tragédie, instruisez-vous du sort réservé à tout écrivain dramatique qui n'a que l'esprit et le hasard de sa profession. Instruisez-vous, fantômes qui régnez sur le théâtre des illusions. — *Erudimini.* — Et par l'exemple de ces revers si complets, apprenez le sort réservé aux novateurs sans génie.

Discite justitiam, moniti, et non temnere Divos.

# CHAPITRE XXI

Je ne voudrais pas finir, par ce deuil et par cette misère, le présent tome de mon histoire ; passons vite à quelque spectacle plus consolant, à quelque gloire plus sérieuse.

« Il ne faut pas mal parler de l'invention ; » c'est un conseil d'Aristote. Au contraire, il faut aimer l'invention quand elle est vraiment l'invention, il faut entourer les inventeurs de nos louanges quand ils sont vraiment des inventeurs. Je plains du fond de l'âme la surprise et la douleur de M. Dubelloy quand soudain la faveur publique échappe à son drame ; en revanche je me ris de la *Mélanie* et de M. de La Harpe abandonnés à leur malheureux sort, aussitôt que le public de sang-froid a pu lire ce chef-d'œuvre manqué dont on disait à l'avance tant de merveilles.

Écoutez cependant un miracle d'invention, et le miracle d'un admirable inventeur, un *drame* de Pierre Corneille, inventeur et *novateur* à son tour, même dans l'œuvre excellente dont il est le créateur.

Que *Don Sanche d'Aragon* soit un drame, un drame admirablement disposé selon les règles et les exigences de l'école moderne, il suffirait, pour s'en convaincre, de citer un des maîtres du drame moderne, celui qui vient peut-être immédiatement après M. Victor Hugo lui-même, Frédéric Soulié. Frédéric Soulié était un véritable artiste; intelligent de son œuvre, il s'était rendu compte même des difficultés qui tiennent à la rhétorique, à l'analyse, à la dissertation! Il savait admirablement, et sans le secours de personne, arranger et disposer un drame; il savait très-bien, quand la chose était nécessaire, expliquer son drame, en donner le commentaire et la définition. Le chef-d'œuvre des drames, en deçà de M. Victor Hugo, la *Closerie des Genêts*, appartient à Frédéric Soulié tout seul. Or un jour, comme il écrivait un feuilleton pour le *Journal des Débats* (car le feuilleton compte, parmi ses ancêtres, Charles Nodier et Frédéric Soulié), l'auteur de *Roméo et Juliette* (une tragédie), et de la *Closerie* (un drame), après avoir expliqué le but et la forme de la tragédie, la forme et le but du drame, ajoutait les lignes que voici, en forme de conclusion :

« J'ai dit que le but de la tragédie étant de représenter des
« types généraux de la passion humaine, la forme qu'elle avait
« adoptée était suffisante; mais que le but du drame étant de
« peindre des portraits, de formuler des époques et de raconter
« des événements, il ne pouvait satisfaire à ces conditions s'il ne
« franchissait les étroites limites imposées à la tragédie. En défi-
« nissant la tragédie et le drame d'une manière si absolue, je n'ai
« point prétendu dire que la représentation des événements n'en-
« trait point dans les éléments constitutifs de la tragédie, et que la
« peinture des passions fût exclue du drame moderne. J'ai voulu,
« seulement, bien isoler l'élément dominant de chaque genre,
« pour en mieux montrer la différence. Ainsi deux alliages de fer
« et de cuivre sont très-dissemblables, selon que le fer est en plus
« grande quantité dans l'un, et le cuivre dans l'autre. De même la
« tragédie a sa part d'action et d'événements; mais ils n'entreront
« qu'à faible dose dans sa composition, tandis qu'ils sont la base
« du drame moderne, qui aura aussi sa part de la peinture des
« passions générales, mais dans une proportion bien moindre que
« la tragédie. »

Il ajoutait que l'introduction du roman dans le drame avait été toute une révolution, ce qui est vrai, mais comme il était tout préoccupé de l'œuvre moderne, il ne voyait pas que justement ce mélange du drame et du roman dans la tragédie appartenait aux commencements de l'art, et remontait au premier chef-d'œuvre du théâtre français le *Cid!* Au *Cid* sorti, tout armé, du grand roman de l'Espagne !

*Le Cid, Horace, Cinna, Pompée* et *Polyeucte,* autant de *tragédies,* où le roman est mêlé à l'histoire, justement dans cette *proportion* qui fait que l'histoire l'emporte sur le roman. — *Nicomède* et *Don Sanche d'Aragon,* deux *drames* où l'histoire est mêlée au roman, justement dans la *proportion* qui fait que le roman l'emporte sur l'histoire ! Il y a donc quelque chose de très-vrai et de très-bien expliqué dans cette définition de la tragédie et du drame par un des maîtres de ce temps-ci, et ce sera s'il vous plaît, un motif de plus pour que nous admirions, comme un chef-d'œuvre d'innovation, de nouveauté, d'invention, de *drame,* en un mot, « la comédie héroïque » de Corneille.

Il était de ces grands esprits qui recherchent surtout les aventures difficiles. A l'exemple de ses premiers maîtres, les ingénieux poëtes espagnols (les premiers maîtres de M. Victor Hugo), il ne dédaignait pas d'inventer, lui aussi, son petit roman, moitié bourgeois, moitié héroïque.... un délassement qu'il se permettait à ses illustres travaux. Quand il avait bien lutté corps à corps, avec les vieux Romains, dans un roman qui prenait sous sa main puissante toutes les dimensions de l'histoire, cela lui plaisait de s'arranger avec des héros dramatiques moins difficiles à conduire, et à faire parler. *Don Sanche d'Aragon,* après *Nicomède,* est une des meilleures pièces de ce drame à part, proclamé par la préface de *Cromwell;* un drame qui n'admet ni le rire franc de la comédie, ni la terreur, ni la pitié de la vraie tragédie, mélange compliqué de sentiments et d'aventures extraordinaires, de bravades héroïques, de maximes généreuses au delà de toute générosité, dont le dénoûment ne fait pas verser une goutte de sang sur la scène.

En ceci, sans doute, l'auteur dramatique était souvent excité par le violent désir de surmonter une difficulté nouvelle, puisque aussi bien il se privait, forcément, des vives émotions du cœur, des grands tableaux de l'histoire, et des fureurs de la passion.

Le sujet de *Don Sanche d'Aragon* était un sujet de circonstance, à l'époque récente encore (1836) où plusieurs trônes de l'Europe étaient occupés par de jeunes reines à marier ou nouvellement mariées à savoir : la reine d'Angleterre, la reine d'Espagne, et la reine de Portugal !

*Don Sanche* se peut raconter en quelques mots : Dona Isabelle, reine de Castille, dona Léonore, reine (reine régente) d'Aragon dona Elvire, princesse d'Aragon, passent leurs jours à Valladolid, attendant que leurs cœurs ou le vœu de leurs peuples, les guident dans le choix d'un époux. De ces trois reines, la reine régente de Portugal ne paraît guère que pour faire valoir les droits de sa fille, dona Elvire, qui, avant de remonter sur le trône de son père le doit conquérir les armes à la main ; quant à la reine d'Espagne, *l'innocente* Isabelle, elle est reine de fait, il est vrai, mais cependant elle sent déjà sa couronne remuer sur sa tête, et elle perdra cette frêle couronne (histoire d'hier) si quelque généreux courage ne vient à son aide. Singulière divination d'un poëte ! Turenne assistant à la représentation de *Sertorius* et entendant la dissertation de ce général avec Pompée sur la tactique des Romains, s'écriait en applaudissant : — *Où donc Corneille a-t-il appris l'art de la guerre !* De même il y a douze ou quinze ans, en prêtant l'oreille à toutes ces fines et déliées dissertations politiques, à propos des reines jeunes ou vieilles qui n'ont pas de maris, et qui sont forcées d'écouter plutôt la raison d'État que leur propre cœur, étions-nous tentés de nous écrier : — *Où donc Corneille a-t-il appris l'histoire de l'Espagne, du Portugal et de l'Angleterre de 1830 à 1836 ?*

Dona Léonor, la reine chassée d'Aragon, ouvre la scène et parle ainsi à sa fille, dona Maria... je veux dire dona Elvire :

> Après tant de malheurs, enfin le ciel propice,
> S'est résolu, ma fille, à nous faire justice ;
> Notre Aragon, pour nous, presque tout révolté,
> Enlève à nos tyrans ce qu'ils nous ont ôté ;
> Il se met sous nos lois et reconnaît les reines.
> . . . . . . . . . . . . . . . . . . . . .
> Le trouble règne encore où vous devez régner,
> Le peuple vous appelle et peut vous dédaigner,
> Si vous ne lui portez, au retour de Castille.

Que l'avis d'une mère et le nom d'une fille.
. . . . . . . . . . . . . . . .
Vous ne pouvez manquer d'amants dignes de vous,
On aime votre sceptre, on vous aime... ..

Arrive alors dona Isabelle, reine aussi, et jeune reine à marier. Dona Isabelle est un peu plus avancée que dona Elvire, elle n'a pas encore d'époux ; mais au moins a-t-elle un royaume ; libre de toute inquiétude du côté de sa couronne, elle se trouble, elle hésite, à présent qu'il faut la partager. Quel effet cependant auraient eu, en 1837, de pareils vers écrits en bon anglais, et convenablement débités par une belle tragédienne de vingt ans, sur le théâtre de Drury-Lane, à Londres?

### DONA ISABELLE.

Que c'est un sort fâcheux et triste que le nôtre
De ne pouvoir régner que sous les lois d'un autre ;
Et qu'un sceptre soit cru d'un si grand poids pour nous
Que, pour le soutenir, il nous faille un époux !
A peine ai-je porté deux mois le diadème,
Que de tous les côtés j'entends dire qu'on m'aime ;
Si toutefois sans crime, et sans m'en indigner,
Je puis nommer amour une ardeur de régner.
L'ambition des grands à cet espoir ouverte,
Semble, pour m'acquérir, s'apprêter à ma perte ;
Et, pour trancher le cours de leurs dissensions,
Il faut fermer la porte à leurs prétentions.
Il m'en faut choisir un, eux-mêmes m'en conviennent...

Voilà ce qui s'appelle écrire la tragédie en grand politique !

En effet, sur un geste de la reine, toute la cour est introduite à l'instant même, et puisque c'est le vœu de son peuple, la reine va se choisir un époux. Ce moment est solennel, et Voltaire *qui prenait son bien*, même là où il ne devait pas le rencontrer, l'a imité ou plutôt l'a copié, sans y rien changer, dans *Sémiramis*.

### DONA ISABELLE.

Avant que de choisir, je demande un serment,
Comtes, qu'on agréera mon choix aveuglément ;
Que les deux méprisés, et tous les trois peut-être,
De ma main, quel qu'il soit, accepteront un maître ;
Car enfin je suis libre à disposer de moi !

#### DON LOPE.

C'est une autorité qui vous demeure entière.
. . . . . . . . . . . . . . .
C'est à nous d'obéir, et non d'en murmurer.

#### DON ALVAR.

Je ne vous ferai point de harangue importune ;
Choisissez hors des trois, tranchez absolument,
Je jure d'obéir, madame, aveuglément.

Vous savez tous par cœur la scène de *Sémiramis :*

#### OROES.

Quel que soit le monarque et quel que soit l'époux
Que la reine ait choisi pour l'élever sur nous,
C'est à nous d'obéir.....

#### ASSUR.

Quoi qu'il puisse arriver, quoi que le Ciel décide,
Que le bien de l'État à ce grand jour préside ;
Jurons tous, par ce trône et par Sémiramis,
D'être à ce choix auguste aveuglément soumis,
D'obéir sans murmure au gré de sa justice.

#### ARSACE.

Je le jure, et ce bas armé pour son service, etc.

Et dans le discours de Sémiramis, que d'idées empruntées à Corneille :

J'ai pu choisir sans doute entre les souverains...
Et mes premiers sujets sont plus grands à mes yeux
Que tous ces rois vaincus, par moi-même et par eux, etc.

Quand au beau dénoûment de cette grande scène, il appartient, il est vrai, à Voltaire ; mais le dénoûment de la scène de Corneille n'est pas moins dramatique et moins beau.

Dans *le drame* de Corneille, à l'instant même où la reine dona Isabelle va choisir son époux, vous voyez entrer, à la façon d'un des héros du drame moderne, Carlos, l'inconnu, l'homme sans nom, le bâtard de la pièce. Carlos prend un fauteuil et va pour s'asseoir dans cette illustre compagnie, tout comme s'il était comte. Alors un des prétendants à la main de la reine, s'écrie :

> Tout beau, tout beau, Carlos! D'où vous vient cette audace ?
> Et quel titre en ce rang a pu vous établir ?

CARLOS.

> J'ai vu la place vide et cru bien la remplir.

Ainsi s'engage ce débat de pure étiquette entre Carlos et les grands d'Espagne. Ce Carlos est, il est vrai, un homme sans nom, comme on nous en a montré beaucoup sur le théâtre, depuis Didier, l'amant de Marion-Delorme. Cependant Carlos ne déclame pas, comme ont fait depuis ses pareils, les bâtards de toute espèce, et à tout propos, contre les riches, contre les puissants et les grands du monde. Carlos n'est pas un philosophe, c'est un honnête soldat de fortune ; il n'attaque pas la société en masse, mais il se défend quand on l'attaque. Carlos comprend très-bien, dans le fond de l'âme, que tôt ou tard il trouvera sa place dans cette cour qui le rejette, parmi ces grands qui le dédaignent ; il est calme parce qu'il espère ; il est patient parce qu'il est sûr d'arriver. Il ne jette ni feu, ni flamme, ni fiel, ni venin ; il aurait honte d'être un déclamateur à la façon des bâtards sans feu ni lieu qui ont enchanté les théâtres en l'an de grâce 1836 et années suivantes ; il est même très-poli envers les grands de Castille qui défendent leurs prérogatives. Ce que voyant, intervient la reine dona Isabelle ; elle veut à l'instant même, faire de Carlos un comte :

> Eh bien ! seyez-vous donc, marquis de Santillane,
> Comte de Penafiel, gouverneur de Burgos !
> Don Henrique, est-ce assez pour faire seoir Carlos ?
> Vous reste-t-il encor quelque scrupule en l'âme ?

Ce mouvement est très-beau et très-imprévu ; depuis Corneille le drame moderne l'a copié bien souvent, et toujours avec bonheur.

> Hæc eadem a summo expectes, minimoque poetâ !

La reine finit aussi bien qu'elle a commencé ; la reine qui aime Carlos et qui n'ose pas l'épouser, ne veut tenir un époux que de la main de Carlos :

> Je veux qu'aujourd'hui même il puisse plus que moi ;
> J'en ai fait un marquis, je veux qu'il fasse un roi.

Pénible mission pour ce jeune homme. Cependant il accepte sans hésiter, et même il trouve un étrange moyen de donner la main de la reine au plus brave. Il combattra l'un après l'autre et en combat singulier, les trois prétendants d'Isabelle. Qui sera vainqueur de Carlos, sera roi de Castille. Ici Corneille se souvient avec amour du fameux duel entre don Diègue, et l'amant de Chimène! Il revient avec enthousiasme à ces héros espagnols qui ont porté bonheur à sa naissante poésie, et de fait cette « tragicomédie » de *Don Sanche*, a dû être un des heureux moments de Pierre Corneille; elle lui a rappelé à chaque vers, qu'il avait fait le *Cid*.

Cependant, ai-je besoin de vous faire ici une observation que vous ne trouverez pas, à coup sûr, dans les *Commentaires* de Voltaire, à savoir que Carlos, le fils du roi, élevé par un pêcheur, qui se croit le fils d'un pêcheur, qui est devenu un héros sans le savoir, qui est maintenant l'arbitre de tout un royaume, est tout à fait le frère aîné d'Arsace, fils du roi, officier de fortune, élevé par charité, loin du trône, et savez-vous, par hasard, beaucoup de *tragicomédies* qui aient servi à produire une *tragédie* comme *Sémiramis?*

Non pas, certes, que nous fassions tant d'honneur à *Don Sanche* que de le placer à côté des chefs-d'œuvre de Pierre Corneille. Excepté le premier acte, qui est admirablement conduit, c'est un drame où l'intérêt et la passion devraient jouer un plus grand rôle. On ne s'intéresse guère à ces deux reines obligées de se donner à elles-mêmes un époux, et soupirant tout haut pour le même homme, en se disant à chaque instant : *c'est impossible!* Ces trois gentilshommes, Don Henrique, Don Lope et Don Alvar, obligés de se battre contre Carlos, font tous les trois une assez triste figure, d'abord parce qu'ils ne sont guère amoureux de la reine (en cas de disgrâce chacun d'eux est fiancé à l'avance avec une autre femme), ensuite, parce que ce duel que leur propose Carlos est puéril et presque sans motif. Autant le duel du *Cid* est juste, indispensable, terrible, autant le combat que propose Carlos manque de raison et de sagesse.

Dans le *Cid*, il y a un soufflet donné et reçu; il faut que la joue et l'honneur de Don Diègue soient lavés avec du sang; mais ici personne n'est outragé. La reine en chargeant Don Sanche de lui choisir un mari, parmi ces trois gentilshommes qu'elle lui désigne, n'a pas pu le charger, en même temps, de donner un coup d'épée à ce mari. Carlos en les appelant en combat singulier, se conduit comme un écervelé, et c'est sans doute ce qui attira le blâme du grand Condé, quand d'un mot il renversa tout cet échafaudage de *Don Sanche* que la cour et la ville avaient beaucoup admiré les premiers jours, et qui ne s'est pas relevé de cet arrêt.

« Ma pièce eut d'abord un grand éclat sur le théâtre, » dit Corneille dans une de ces belles et simples préfaces où il dévoile tous les mystères de son art ; « mais une disgrâce particulière fit avorter
« toute sa bonne fortune. Le refus d'un illustre suffrage dissipa
« les applaudissements que le public lui avait donnés trop libéra-
« lement, et anéantit si bien tous les arrêts que Paris et le reste
« de la cour avaient prononcés en sa faveur, qu'au bout de quel-
« que temps elle se trouva reléguée dans les provinces, où elle
« conserve encore son premier lustre. »

Le prince de Condé était, comme vous voyez, un terrible juge, et ses arrêts littéraires étaient sans appel. — A tout prendre, qui donc, sinon le grand Condé, eût pu faire la critique du grand Corneille? Cependant, n'admirez-vous pas cette autorité toute puissante qui, d'un mot, anéantit une œuvre admirée, applaudie, et la renvoie *à la province?* Quel était donc ce héros qui avait deviné Bossuet, qui en pleurant au monologue d'Auguste avait trouvé le premier, qu'Auguste gâtait le *soyons amis!*

Quel temps pour les poëtes que celui où Louis XIV faisait jouer *Tartufe*, où Condé proscrivait « le drame » comme faux et bâtard, où M. de Turenne battait des mains à *Sertorius*, où Henriette d'Angleterre, dans une joute célèbre, mettait aux prises le vieux Corneille et le jeune Racine, ou à propos du Pont-Euxin (dans *Mithridate*), Racine était repris tout haut par un maréchal de France qui s'écriait : *J'en doute?* Serait-ce donc que toujours les poëtes ont des critiques à la taille de leur génie! Malheur à nous en ce cas-là, car je ne crois pas que jamais on eût pu faire une satire plus sanglante des critiques de notre temps !

Pour revenir à cet examen de *Don Sanche*, il faut reconnaître que si ces trois duels sans résultat nous touchent peu, non plus que l'amour très-calme de ces trois seigneurs pour la reine, nous ne sommes guère plus intéressés par la double passion de dona

Isabelle et de dona Elvire. A force de conserver toute leur majesté (majesté espagnole encore), ces deux reines sont peu touchantes ; elles s'arrangent l'une et l'autre, et tout comme pourraient le faire pour des princesses soumises à leur tutèle, deux premiers ministres qui seraient deux vieux cardinaux, de façon à n'aimer et surtout à n'épouser qu'un prince. Tant que Carlos n'est que le fils d'un *bonhomme*, comme dit Corneille, ni l'une ni l'autre reine ne songe sérieusement à épouser Carlos. Elles le regardent d'un air tendre, elles soupirent quand il n'est pas là ; mais absent ou présent, elles le tiennent à une immense distance de leur personne.

Carlos, de son côté (comme on était loin de *Ruy-Blas!*), tant qu'il n'est que Carlos est le plus modeste et le plus réservé des hommes. Placé comme il est, entre deux couronnes, entre deux amours, il n'ose adresser directement ses vœux ni à la reine Isabelle, ni à la reine Elvire. Pour que Carlos fût plus hardi, il faudrait qu'il vînt après les tragédies de Racine et après les tragédies de Voltaire. Racine lui apprendrait comment on aime ; Voltaire lui apprendrait comment on ose aimer. L'un c'est la passion qui attend, l'autre c'est la passion qui agit. L'amour de Racine doute de tout, l'amour de Voltaire ne doute de rien. Que vouliez-vous que fît Corneille avec les plus tendres passions du cœur, dégagées des grands mouvements de l'histoire? Corneille avait pris si fort la tragédie au sérieux qu'il ne faisait jamais qu'un accessoire de l'amour, et quand cet amour devenait le sujet principal de sa tragédie, comme dans le *Cid*, par exemple, eh bien ! bénissons le *Cid*, mais c'était à l'insu de Corneille et pour ainsi dire, malgré lui.

Voici donc que pendant trois actes, rien n'avance dans cette tragi-comédie de *Don Sanche*. Chacun des prétendants et chacune des prétendues fait assaut de grandeur et de courage, seulement, vers la fin du quatrième acte, le drame s'anime enfin. Comme malgré ce qu'elle a dit à la première scène, rien ne presse dona Isabelle de prendre un époux définitif, nous pourrions ainsi vivre encore pendant six mois, quand tout à coup le bruit se répand que le prince royal de Portugal n'est pas mort; qu'en vain le tyran l'a voulu faire disparaître, et que bientôt nous allons le voir en personne. A cette nouvelle prévue, les regards se reportent sur Carlos et déjà personne ne doute qu'il ne soit *Don*

*Sanche d'Aragon*. Aussitôt chacun le salue prince, avec un empressement presque risible, et voisin de la comédie! En vain Carlos s'écrie qu'il n'est pas Don Sanche, qu'il est Carlos, reines et sujets, l'appellent Don Sanche. Il y a quelque chose d'héroïque et de bouffon à la fois dans cette situation dramatique. Il est vrai que reconnaître ainsi, tout d'un coup, un fils de roi, c'est faire indirectement un grand éloge de ce beau ténébreux Carlos. Heureusement la scène est écrite avec cette énergie que Corneille appelle à son aide, quand il a besoin de faire accepter violemment quelque chose d'étrange, et la scène passe à la faveur de l'indignation de ce jeune homme.

Le cinquième acte, dont le dénoûment est trop prévu, intéresse cependant par la naïveté même du héros. J'ai fait remarquer plus haut, que ce Carlos, malgré sa basse origine apparente, n'est pas un déclamateur ; c'est tout simplement un homme plein de courage et de bon sens, qui accepte, il est vrai, sa position toute fausse qu'elle est, mais qui, de bon cœur, en accepterait une meilleure. Il est le fils d'un pêcheur, il le croit du moins, et il s'y résigne de bonne grâce, cependant il donnerait bien des choses pour être le fils d'un gentilhomme. « Monsieur, disait un jour le duc de Grammont à une façon de tartufe qui lui prêchait l'humilité, apprenez que j'aimerais mieux cent fois être le fils d'un damné qui serait maréchal de France, que d'un saint homme qui n'aurait pas le sou! » Ainsi pense au fond de l'âme, notre jeune aventurier. A la place de Carlos, un héros du drame moderne crierait par-dessus les toits : *Je suis le fils d'un pêcheur! Je suis un bâtard! Vive le peuple! A bas les nobles!*

Ce bon Carlos, lui, cache son origine en convenant qu'il n'est qu'un soldat ; il ne veut ni mentir, ni se dénoncer lui-même. Il est un beaucoup moins grand philosophe qu'il ne pourrait être, en revanche il est bien plus dramatique.

Il y a un moment, au second acte, où le pêcheur, le prétendu père de Carlos, vient à la cour chercher son fils, et l'arrivée de cet homme jette toute cette cour dans le plus grand désordre. Carlos serait le fils du bourreau ou le fils d'un forçat (ce qui est assez à la mode aujourd'hui), que l'arrivée de son père ne produirait pas plus d'épouvante. — « Ah! madame! » s'écrie la confidente de la reine.

DONA ISABELLA.

Qu'as-tu ?

BLANCHE.

La *funeste* journée!
Votre Carlos.....

DONA ISABELLA.

Eh bien !

BLANCHE.

*Son père* est en ces lieux,
Et n'est...

DONA ISABELLE.

Quoi ?

BLANCHE.

*Qu'un pêcheur !*

DONA ISABELLA.

Qui te l'a dit, etc.

Ne croiriez-vous pas en effet à ce mot : *un pêcheur !* que vous entendez ce grand cri dans une *charmante* tragédie de M. Casimir Delavigne : *un paria ! un paria !* Certes, si Carlos eût été ce qu'on appelle un esprit fort, pendant quatre actes, s'il se fût vanté, à tout propos, de sa basse origine, le spectateur serait beaucoup moins disposé à partager les transes de la reine Isabelle. En même temps, à l'annonce de cette *funeste* nouvelle, on se demande avec grande inquiétude : — Que va faire Carlos ?

C'est ici qu'il faut du sang-froid et du courage ; encore une fois, Carlos n'est pas un philosophe, témoin son discours à son père, quand il est en tête à tête avec le bonhomme, et que personne ne peut les entendre :

Ah ! mon fils ! — Ah ! mon père !
— Tu m'as rendu la vie ! — *Et vous m'avez perdu !*

J'avoue en ce moment qu'on se demande avec une certaine inquiétude : Que va faire Carlos ? Carlos intéresse, on l'aime. Pendant tout le cours de la pièce, il a été plein de prudence et de réserve. Il n'a menti à personne, il n'a flatté, il n'a trompé personne. Il est vrai qu'il n'a pas dit tout son secret, au moins a-t-il permis qu'on le devinât. Tout à l'heure encore il pouvait passer pour don Sanche, il a déclaré qu'il n'était que Carlos.

Maintenant comment se conduire avec le pêcheur? Grâce à toutes les bonnes préventions qui l'entourent, Carlos peut encore renier son père. Les deux reines ne demandent pas mieux que de lui en faciliter tous les moyens. Les trois gentilshommes que Carlos a défiés, par une générosité toute castillane, sont disposés des premiers, à appeler ce pêcheur un imposteur, et, au préalable, ils l'ont fait jeter en prison. Dieu soit loué! Carlos n'aura pas cette lâcheté. Il peut tout perdre : ses deux reines, son comté, sa fortune, il ne reniera pas son père. L'effort est grand, il l'avoue, il n'a pas lu le discours sur l'*Inégalité des Conditions*, il n'a pas lu l'*Encyclopédie*, il n'a pas lu le *Contrat Social*, mais enfin il déclare à tous, qu'il est le fils d'un pêcheur, et il le déclare à sa manière, humble et arrogante à la fois.

> Je suis bien malheureux, si je vous fais pitié!
> . . . . . . . . . . . . . . .
> La gloire de mon nom vaut bien qu'on le retienne;
> Mais son plus bel éclat serait trop acheté,
> Si je le retenais par une lâcheté.
> Si ma naissance est basse, elle est du moins sans tache.
> *Puisque vous le savez, je veux bien qu'on le sache,*
> Sanche, *fils d'un pêcheur*, et non d'un imposteur,
> De deux comtes jadis fut le libérateur;
> Sanche, *fils d'un pêcheur*, mettait naguère en peine
> Deux illustres rivaux pour le choix de leur reine;
> Sanche, *fils d'un pêcheur*, tient encore en sa main
> De quoi faire bientôt tout l'heur d'un souverain!
> Sanche, enfin, malgré lui, dedans cette province,
> *Quoique fils d'un pêcheur*, a passé pour un prince.

Il me semble qu'il y a là un désespoir bien orgueilleusement avoué, qui vaut mieux que toutes les déclamations dont nos fameux prédicateurs en bâtardise nous eussent accablés, en pareil cas.

Quand donc Carlos apprend, à n'en plus douter, qu'il n'est pas *Sanche, fils d'un pêcheur*, mais bien « Sanche d'Aragon, » il prend, vite et bien, son parti sur son nouveau titre; il ne fait pas de sentiment mal à propos avec le pêcheur, son prétendu père, et il s'écrie en regardant la reine Isabelle :

Je ne m'étonne plus de l'orgueil de mes vœux !

Le drame finit par un double mariage, et j'ai vu le moment où la reine Isabelle, toute à sa joie, oubliait de faire mettre en liberté le bon pêcheur :

Celui par qui tant d'heur nous vient d'être apporté.

Comme vous voyez, il y avait dans cette pièce, et en même temps, une tragédie, une comédie ; ce même aventurier qui va épouser une reine sans savoir qui est son père, pouvait devenir très-facilement un héros tragique ; ce soldat de fortune, salué, malgré lui, prince et reconnu roi, en dépit de toutes ses remontrances, est tout à fait un personnage comique. Corneille n'avait donc qu'à le vouloir, pour exciter, à son gré, la pitié ou le rire en un pareil sujet, — et justement il a fait, comme eût fait à sa place un bon et fidèle disciple de M. Victor Hugo. Il a été plus fidèle au roman que dévoué à l'histoire, il s'est complu à ce conte d'amour sans trop s'inquiéter de la vérité du drame ; il a pensé que cette fois la curiosité du lecteur l'emporterait sur l'intérêt du spectateur ; en un mot, « il a sacrifié, comme disait, tantôt, Frédéric Soulié, le drame à la tragédie..... » Enfin il a écrit son drame avec autant de zèle, autant de soin, que s'il écrivait une tragédie !

Or c'est justement ce que demandait Frédéric Soulié dans ce mémorable feuilleton que je citais aux premières lignes de ce chapitre. « Ayez soin, disait-il à ses confrères, de ne pas vous faire « *du drame* une excuse à mal écrire ; au contraire, honorez votre « art à force de style et de talent. » Il va plus loin, il veut que le drame soit écrit *en vers*, et même de cette exigence inattendue en un pareil sujet, il donne ces sages et très-intelligentes explications :

« Ici peut-être on s'étonnera qu'après m'être montré un pro-
« moteur si ardent *de la liberté de la forme*, je me déclare un
« rigoriste en faveur des vers : Voici pourquoi : A mon sens il est
« fou et dérisoire d'imposer des limites aux œuvres de l'esprit, et
« de dire que l'intelligence humaine ne peut percevoir des sensa-
« tions agréables que dans telles et telles conditions. Mais il n'en
« est pas de même de ce qui, à vrai dire, s'adresse seulement à
« un sens matériel. Les pensées, la peinture des âmes et des

« caractères, la combinaison des événements, tout ce qui fait enfin
« une tragédie ou un drame, est du domaine de l'esprit. Mais le
« vers est fait pour un sens, il parle à l'oreille. Otez-lui son harmo-
« nie, et ce n'est plus un vers. Or, dans notre langue, non *métrée*,
« qu'on me pardonne l'expression, l'harmonie du vers est toute
« dans le repos de la césure et dans l'accord de la rime. Si par la
« nécessité de la récitation du vers vous supprimez ce repos et cet
« accord, il n'y a plus vers, il n'y a plus même prose rimée, il n'y
« a plus que prose et mauvaise prose ; car elle est chargée de
« consonnances fâcheuses. »

Ainsi il parle ; il a raison, et l'on ne saurait mieux parler. Il n'admet pas la prose rimée, et les vers sans césure. Il ne veut pas de ces prétendus drames plus semblables à l'argot de M. Bitaubé, qu'à la langue de Corneille! Enfin il veut qu'un poëte soit un poëte, et si vraiment tu ne sais pas écrire en vers, ô faiseur de drames, écris tout simplement en prose, il est vrai que le plus souvent la prose de ces illustres ne vaut pas mieux que leurs vers. « Mais ceux-là, disait Frédéric Soulié ne sont pas des écrivains, n'en parlons pas ! »

Le drame de Corneille *Don Sanche* est daté de l'an poétique 1650! Savez-vous cependant une tragi-comédie moderne dont on puisse dire qu'elle sera remise en lumière dans un siècle et demi? Hélas! un mois d'hiver suffit, le plus souvent, pour les flétrir à tout jamais, ces chefs-d'œuvre d'un jour!

Sans compter les jeunes poëtes qui meurent avant d'avoir produit tout ce qu'ils pouvaient produire, en se disant à la façon d'André Chénier : « J'avais pourtant quelque chose là ! » — De ces victimes de la tragédie et du drame, à chaque pas j'en rencontre dont le nom fut célèbre un instant, et dont personne, excepté moi peut-être, ne sait plus le nom aujourd'hui. Vous rappelez-vous ce jeune homme qui allait si bien à la suite de Frédéric Soulié, qui marchait dans sa voie, et qui déjà avait écrit plus d'un drame, en vers faciles et *bien rimés* selon l'ordre du maître?

Il s'appelait Camille Bernay ; il est mort au moment d'avoir trente ans ! Il était malade, on lui conseilla de jeter quelques gouttes de laudanum sur sa poitrine, comment il employa ce breuvage *calmant*, nul ne le sait, le lendemain il mourait comme il avait vécu, dans ce délire poétique qui n'est ni la veille ni le sommeil. Quel drame étrange il aura composé sous l'influence toute-puissante de l'opium! Que de beaux vers il a dû se réciter à lui-même! Car ce pauvre malheureux jeune homme était naturellement un poète. Il avait dans le cœur les plus gracieux et les plus honnêtes sentiments de la poésie ; il avait, au plus haut degré, le sentiment de la période poétique...

Divine et enivrante musique! Elle vous sert de pain et d'amour! Vous la récitez à l'oiseau qui chante et qui s'arrête dans son chant commencé, pour savoir votre chanson amoureuse. La poésie ainsi faite, sans règle et sans choix, au hasard, c'est la compagne et le caprice de la première jeunesse ; elle vous mène, elle vous pousse, elle vous jette dans l'ornière ; elle vous précipite dans les grands chemins, de la plaine au vallon, de la forêt sombre à la vaste mer, des glaces du nord au chaud soleil ; la folle du logis vous conduit ainsi jusqu'à ce que vous-même, épuisé, n'en pouvant plus, vous demandiez grâce à cette force étrangère qui vous emporte. Grâce! pitié! un peu de repos! une heure de sommeil! Mais non, point de pitié, point de grâce, et ni repos, ni sommeil!

Ces esprits malades que consument l'oisiveté et le génie, et qui font tant de marches et de contre-marches pour n'arriver qu'au néant ou à la mort, je les compare à cet homme, privé d'une jambe, à qui le Génie des *Mille et une Nuits* fabrique une jambe d'acier. Cette jambe d'acier, rapide comme l'éclair, brutale comme le boulet de canon, a bien vite emporté le malheureux qui ne peut plus s'arrêter. D'abord c'est son autre jambe, sa bonne jambe, qui se brise sous l'effort ; cependant il va encore à cloche-pied, et que de chemin lui fait voir la jambe d'acier! Oui, mais il faut aller encore, il faut aller toujours. L'homme meurt à perte d'haleine ; après sa mort, rien n'y fait, la jambe d'acier sautille toujours. Elle portait un homme vivant, elle ne porte plus qu'un cadavre. La jambe d'acier, c'est la poésie, quand elle est accouplée à la pauvreté, qui est la bonne jambe ; la jambe d'acier, c'est la jeunesse, quand elle marche avec la nécessité ; la jambe d'acier qui sautille encore quand elle ne porte plus qu'un cadavre, c'est le drame posthume qui gémit, qui se lamente, qui combat et qui triomphe sur la tombe d'un mort!

Dans un de ces jours de folle joie où l'espérance et la vie éclatent à qui mieux mieux, je vis entrer Camille Bernay chez moi, il y avait été poussé par la jambe folle. Il venait de lire au Théâtre-Français sa première comédie, et d'un seul bond, la jambe d'acier l'avait transporté dans mon ermitage. Il ne m'avait jamais vu, ni moi lui; cependant nous nous reconnûmes tout de suite. « Ah! m'écriai-je, vous êtes un poëte que le démon tourmente, et vous allez mourir de pléthore, si vous ne me dites pas vos vers?

Oui, reprit-il, c'est vrai; je suis un autre homme. Je suis le maître du monde! Je me soucie de la critique comme de ça, ça m'est bien égal, la critique. Je viens de mettre au jour, que dis-je! mettre au jour, je viens de reconnaître à l'état civil du Théâtre-Français, un mien enfant, une comédie en cinq actes, en cinq actes, c'est-à-dire cinq comédies en un acte tout à la fois, et maintenant, faites-moi place, il faut que je passe et que j'aie mes coudées franches. Cinq actes! J'ai vu ma comédie entrer triomphante dans ce beau théâtre! Le soleil s'est levé tout d'un coup pour m'éclairer. L'écho a frémi de joie et d'espoir. Les vieux comédiens enfermés dans la tombe ont ri aux éclats de mon rire et de ma gaieté. Les vieux comédiens qui jouent encore la comédie se sont trouvés tout rajeunis de ma jeunesse.

On me saluait jusqu'à terre; j'entendais des voix qui me disaient: Poëte! tu es un poëte! C'était autour de ma tête brûlante comme un concert d'harmonies invisibles, et des rires, et des amours, et de vives saillies et de folles épreintes, voyez, je tiens encore mon cœur à deux mains, pour qu'il ne soit pas brisé dans sa joie. »

Ainsi il parlait. Il parlait bien mieux que cela, juste Ciel! Et pour savoir combien c'était là un homme éloquent, il fallait laisser parler ses yeux, son sourire, son visage pâle et frêle! Il est mort! rien n'est plus vrai, mais il a été bien heureux avant de mourir.

Ce jeune homme était né dans le dernier royaume de S. M. l'impératrice Joséphine, à la Malmaison, ce beau domaine qui avait été l'asile de tant de splendeurs. A peine l'enfant avait-il salué, de son premier regard, ce parc royal, ces eaux, ces fleurs, ces gazons, qu'il lui fallut quitter cet abri du génie et de la toute-puissance. L'empire était croulant, sous sa gloire; la Malmaison était envahie, ô misère! comme la France, et mise à l'encan; le père de Camille Bernay emmena son enfant au beau milieu de l'Italie; doux exil, exil qu'eût choisi un poëte.

Mais la poésie italienne était impuissante à satisfaire cet esprit parisien. Il n'avait pas dix-huit ans, que déjà, à tous les enchantements de la patrie italienne, notre rêveur préférait le bruit de Paris, ses tumultes, ses pauvretés, cet art vicieux qui parle aux sens plus qu'à l'esprit. Il aimait, singulière et irrésistible passion! ces rues bruyantes, ces carrefours peuplés, ces turbulents théâtres, ces joies furibondes, ces délires et tout ce *Pandœmonium* de l'abîme : cela lui plaisait à outrance d'aller, de venir, de regarder, de parler tout haut, de rêver en marchant, d'être pauvre et de défier la pauvreté d'un regard dédaigneux. La pauvreté, douce compagne, à vingt ans, quand tout le souci consiste à trouver, aujourd'hui, le pain d'hier. Le pain n'arrive pas toujours; en revanche la poésie ne se fait pas attendre, les séductions de l'artiste ne sont pas loin, le rêve éveillé vous prend bras dessus, bras dessous, et il vous conduit dans les mille palais de l'inépuisable féerie.

A cet âge des illusions et des espérances, tout ce qui est le joug et le devoir vous obsède et vous gêne. Même la loi paternelle, la douce loi de l'obéissance et de la famille vous paraît un joug insupportable. On ne doute de rien ; on est le roi d'un monde à découvrir ; on dit adieu même à son père.—Adieu, mon père ! Je me lasse de t'appeler « le juste ! » je me lasse de ma providence attentive et bienveillante ; je vais mener, s'il se peut, la vie de l'enfant prodigue. Ainsi l'on parle, ainsi l'on part ; mais cette fois l'enfant prodigue commence comme l'autre a fini.

Il est nu, il est seul ; il garde, pour vivre, non pas l'immonde troupeau, mais (métier plus difficile) il conduit dans les plaines stériles de l'imagination ses émotions et son délire. Il chante, il compose, il cherche, il formule des sons, il arrange des poésies, il dispose des vers, et, le soir venu, il ne s'inquiète guère de ramener tous ses rêves au bercail.

Ainsi a vécu le jeune Camille Bernay, tout seul dans ce Paris turbulent où vivait son père; sans abri dans cette ville où sa mère faisait, chaque jour (en poussant de gros soupirs) le lit de l'enfant prodigue. Pauvre enfant ! quel triste courage ! passer, à jeun, devant la porte de la maison paternelle, à l'heure du repas du soir ! Chercher, de loin, à reconnaître la sœur qui pleure son frère ! Faire de l'orgueil quand, dans son cœur, on entend toutes les tendresses et toutes les joies filiales! Mais, hélas! c'est ainsi qu'ils sont tous; voilà dans quel stoïcisme bâtard ils usent, tout d'abord, les plus nobles facultés de leur esprit.

Que je les plains! Ils se jouent un drame horrible à eux-mêmes; ils inventent, ils arrangent, ils subissent, de gaieté de cœur, les malheurs qui les accablent; ils n'auraient qu'un mot à dire, moins que cela, ils n'auraient que leurs bras à ouvrir pour retrouver les joies douces et saintes, mais le faux orgueil est le plus fort, ils résistent à toutes les voix intérieures.

Ainsi ils commencent la vie et leur jeunesse en mille vagabondages; puis, l'heure sérieuse arrivée, et quand, en fin de compte, il faut être un homme, quand s'en vont les amitiés vagabondes, les amours de passage, les premiers pétillements du génie, ils s'étonnent, les infortunés! de se trouver sans énergie et sans puissance; ils hésitent, ils se troublent, ils ne savent plus se défendre contre rien, et contre personne, pas même contre la mort qui d'un bras dédaigneux les emporte à vingt-cinq ans!

Ajoutez, et ceci est un mystère inexplicable, qu'il est impossible de savoir comment se fait l'éducation de ces esprits primesautiers? Par quel miracle ils parviennent à produire même ces œuvres incomplètes? Où prennent-ils donc l'heure de la réflexion et de l'étude? Ils vivent dans la foule, ils vivent dans le bruit; pas de livres, pas de maîtres, pas d'enseignement, mais, au contraire, la plus complète résistance à tout ce qui est l'autorité, le conseil et la leçon!

A peine s'ils font leur pâture, chaque matin, de quelque pamphlet écrit pour l'estaminet enfumé; à peine s'ils jettent un regard distrait sur les rêveries courantes de la semaine. Voilà toute leur étude; ils acceptent, sans contrôle, les grands hommes et les chefs-d'œuvre qu'un seul jour voit naître et mourir; leur imitation ardente se met à copier toutes les folies; pour eux, l'antiquité est une lettre morte, le grand siècle est une tyrannie, les maîtres sont des vieillards qu'on ne saurait livrer à trop de risées; ainsi ils se privent des plus nobles théories de l'esprit, des plus illustres génies, des plus excellents modèles; et cependant écoutez-les parler: *l'art!* — *la poésie!* — *le monde!* — *la liberté!* — *l'humanité!* — Voilà les grands mots sur lesquels ils chevauchent à travers tous les désordres du style et de l'imagination.

Les infortunés! Ils ne voient même pas le profond désespoir qui s'empare des honnêtes gens quand ceux-ci viennent à considérer quels beaux dons naturels ont été prodigués en pure perte! Jugez, en effet, par ces quelques fleurs doucement colorées, mais trop hâtives, des belles choses que ces jeunes esprits auraient produites s'ils étaient restés fidèles à la règle innocente et charmante du travail et du devoir!

Pas un, parmi ces enfants perdus de la poésie (et pourtant ils sont nombreux!), ne doit exciter nos regrets davantage que ce Camille Bernay. Il était le mieux né du monde, pour être un écrivain habile. Il a deviné, avec un bonheur incroyable, les règles les plus difficiles du grand art d'écrire en vers. Il avait la forme, il avait la couleur, il avait le rhythme; la cadence lui obéissait avec une souplesse exquise; il menait son vers d'une main nette et ferme; et, notez bien, que sous ce vers bien fait, rapide, ingénieux, l'idée abondait, la douleur se faisait jour, l'amour faisait entendre sa plainte et ses joies, la jeunesse éclatait brillante et soudaine, la comédie elle-même, vivement évoquée, obéissait à cet appel imprévu. Elle arrivait assez mal vêtue, il est vrai, mais dans ce frais désordre de la comédie réveillée en sursaut, quand elle n'a pas eu le temps de mettre son masque et de prendre sa marotte. Le drame aussi ne se faisait pas attendre dans cette invocation magique; plus rebelle et vicieuse, la prose avait son tour, prose de hasard et de pacotille, aux formes revêches, aux caprices furibonds, prose mal faite, et pourtant, dans ces mots sans trop de suite, on retrouve je ne sais quelle saveur sauvage dont il eût été facile, avec beaucoup de soin et de culture, de tirer d'excellents résultats.

Ces premiers essais de M. Camille Bernay ne peuvent avoir d'intérêt que pour les gens qui, comme nous, sont obligés d'étudier avec soin le commencement, le milieu et la fin de tout ce qui est l'œuvre d'un homme. Ici la fin manque et le milieu surtout; le commencement est seul, ruine toute neuve, muraille interrompue à l'instant même où peut-être allions-nous comprendre le plan de l'architecte! Je crois bien, d'ailleurs, que l'architecte inhabile n'a pas eu le temps de dessiner tout son projet. Il a construit beaucoup au hasard, et sur des fondements peu solides. Il a fait comme ces gens, très-riches ou très-insensés, qui font d'abord bâtir un premier édifice, sauf à le démolir ensuite, tantôt pour le compléter, tantôt pour l'agrandir.

Que de ruines dans les œuvres naissantes de ce jeune homme! Ici des vers, plus loin de la prose; aujourd'hui les esquisses d'un peintre habile à manier le pinceau, à tenir le crayon; le lendemain des drames, des comédies, des tragédies, de l'histoire; la plus violente satire : — des fureurs, des folies, des rages, des blasphèmes (tout ce qui se fait à cet âge heureux de l'*innocence littéraire!*), des crachements de bave et de sang, — une démence accouplée aux plus tendres propos de l'amour heureux et qui espère encore! Il était, en bloc, un poëte, un peintre, un historien, un philosophe, un romancier, un charmant pauvre diable, un fou furieux! Des réalités et des visions, — au-dessus de ces visions, le talent; — au-dessous de ces réalités, la misère, mais cette fois la misère avec laquelle il n'est plus temps de railler; la misère qui ne veut plus qu'on joue avec elle, la pauvreté sérieuse, cruelle, froide, inerte, absurde et violente, qui ne demande plus au malheureux : — Quel âge as-tu? — celle-là dont il est dit quelque part : — *Est deforme malum!*

A ce moment-là, M. Camille Bernay eut le grand bonheur de faire jouer sa première comédie : *le Ménestrel*. Monrose, déjà frappé du mal sous lequel il succombait lentement, fut le premier protecteur de ce jeune homme. Singulière aventure! Un fou qui protége un poëte et qui le sauve! Un fou qui devine, le premier, toute la grâce cachée dans ces vers que nul, sinon le fou, ne voulait entendre! L'œuvre fut bien accueillie en dépit même de l'époque choisie par l'auteur; car de bonne foi, c'est perdre son temps que de vouloir trouver une comédie en plein règne de Charles V.

En ce temps-là, dans cet aimable *moyen âge*, réhabilité par les ennemis d'Athènes et de Rome, on ne riait guère; le genre humain était sérieux, songeant aux misères présentes, à l'esclavage présent, prévoyant la servitude et les misères à venir! Honte à ce moyen âge infâme et sans pitié! Honte à ces siècles de fer! Le siècle de la barbarie et de la démence! Et véritablement il fallait être un peu fou, comme était ce jeune homme, pour placer sa comédie au milieu du moyen âge! Loys, le ménestrel, le héros de M. Camille Bernay, c'est un peu Figaro qui fredonne et qui dit des malices; il a l'œil trop éveillé, le geste trop libre, et le propos trop leste pour un manant. Ce Loys ne doute de rien; il porte de côté la plume de son chapeau; il s'enivre de sa propre poésie, ou plutôt il reste ébahi à la vue de ce papillon aux brillantes couleurs.

Bref, cette comédie n'était pas une comédie; mais c'était quelque chose d'aussi rare, et, à coup sûr, il fallait avoir bien du talent et bien du bonheur pour faire écouter ces cinq longs actes à ce même parterre qui veut avant tout, et par tous les moyens, être poussé d'incidents en incidents, lors même que la vérité et le bon sens ne trouveraient pas leur compte dans toutes ces violences. Ceux qui connaissaient le poëte nouveau venu applaudirent surtout à ces vers de Loys :

> Jusque-là, laissez-moi, libre comme devant,
> Poser sur toute fleur, et tourner à tout vent,
> Mener ma bonne vie errante et vagabonde,
> Comme en un grand festin dîner à ce bas monde,
> M'enivrer à loisir des douces voluptés
> Du rire, des vins vieux et des jeunes beautés!

Il avait fait aussi une tragédie de *Clotaire I<sup>er</sup>* et dans cette tragédie de *Clotaire*, ce qu'il y a de plus touchant, c'est une romance dont les pianos et les guitares du quartier latin ont fait bruyamment leur profit. Pourtant il faut dire que cette tragédie est une œuvre de longue haleine. On comprend que le jeune homme en est encore à sa première poésie; le souffle ne manque pas, le vers abonde; rien ne coûte à cette inspiration qui déborde. — Disons un mot d'une œuvre qui valait mieux, de l'*Héritage du mal*, c'est une histoire du xii<sup>e</sup> siècle, histoire très-sombre, très-noire, et qui ne manque pas d'un certain entraînement. — Il a fait aussi *le Pseudonyme*, une comédie écrite avec un grand sans gêne, au courant de la plume, dans un moment de loisir, de bien-être et de liberté. — A l'*Héritage du Mal* je préfère *le Pseudonyme*; c'est moins long et c'est plus vif. Nous en avions retenu jadis, de jolis vers :

> Que me font tes *hélas!* tes *pourquoi?* tes *mon Dieu!*
> Dépeins-moi clairement quelque souffrance claire,
> N'importe quoi : quelqu'un qui voit mourir sa mère,

> Ou bien encor ceux-là qui n'ont ni bois ni pain,
> Gens moins pleureurs que toi, bien qu'ils aient froid et faim !

Ce Camille Bernay avait encore cela de curieux qu'il dessinait à merveille les personnages de son drame ; un jour il les dessinait au crayon, un autre jour il traçait leur image en quelques lignes. Par exemple ce portrait d'un faiseur de livres me paraît tracé de main de maître ; on voit que l'auteur n'espérait guère être joué de son vivant, et qu'il se donnait à lui-même la petite joie d'évoquer ses personnages. « Plantigny : Pantalon à carreaux, — « chic anglais, fort laid, figure *idem*, longue, fade, blondasse, « frisée, lorgnon dans l'œil ; — du reste des jambes d'élégant, des « fuseaux ; bottes vernies, gants jaunes, gilet à carreaux, en ve- « lours, très-ouvert ; chaîne en cordonnet d'or ; habit à la fran- « çaise grenat, bouton en argent sculpté. » L'homme est complet ; à peine l'image était-elle tracée, l'auteur fermait son manuscrit, pour courir après quelque autre rêve. C'est triste à suivre ces rêves interrompus, ces fantaisies, ces caprices, ces grands drames, ces petites comédies, ce zèle attentif pour les petits détails, et quand tout est prêt, quand le comédien est habillé à la dernière mode, cette toile imaginaire qui se baisse sur ce théâtre imaginaire ! Il me semble qu'en ces tristes moments-là le malheureux jeune homme devait entrer dans un découragement mortel.

Dans *les poésies diverses* du même auteur (ils font tous peu ou prou leurs *poésies diverses*) vous trouveriez, en cherchant bien, vous trouveriez mieux qu'un poëte, vous trouveriez un vrai jeune homme ! Il n'est pas de ces faiseurs de vers qui se regardent à la glace et qui cherchent une *pose* à grand effet. Il est simple, il est naïf, il est vrai avec lui-même, avec les autres. Tour à tour il se roidit contre la misère, ou bien il s'abandonne au facile bonheur. L'hiver le mord, le printemps le réveille ! L'objet extérieur est tout pour lui ; on pourrait intituler tous ses vers (et ceux de bien d'autres) : *Un jour qu'il faisait beau ! — Un jour qu'il faisait froid !* — Vous lisez : *Marasme !* et tout au bas : *Novembre.* — *Ma voisine* (la voisine est une jolie fille qui sautille et fredonne). A coup sûr quand il chante à sa voisine, en bon voisin, nous sommes au mois d'août, un dimanche, un gai dimanche vif et pur ! Durant son dernier hiver il a fait trois satires, trois cruelles satires! Pauvre garçon qui marchait seul dans les joies du carnaval, qui se mourait de langueur et de tristesse quand toute la ville était en fête, il faut bien lui pardonner ses innocentes colères!

Acceptez-le donc tel qu'il était, facile à vivre, et pour un rien joyeux jusqu'au délire, ou bien triste jusqu'à la mort. Incertain entre le bien et le mal, également partagé entre la confiance et le désespoir. Pardonnez-lui en faveur de son zèle, de son esprit, de ses belles œuvres, pardonnez-lui, parce que même au plus fort de ses violences, il est resté un aimable et digne poëte plein d'esprit, d'abandon, de naturel, — colère improvisée comme son amour, et cet amour s'exprime d'une façon charmante, et la forme poétique est des plus belles, et le sourire est très-jeune, et la gaieté se montre tout de suite après la colère! — Camille Bernay est mort dans les derniers jours du mois de juin 1842. Il était jeune et beau, noble visage, limpide regard, les cheveux blonds, un rare esprit, et le travail si facile, qu'après deux ou trois heures de promenade il avait souvent composé tout un poëme, qu'il se récitait à lui-même en marchant.

S'il eût vécu, Camille Bernay eût rappelé à merveille l'art ingénieux et piquant de l'auteur des *Contes d'Espagne et d'Italie*. Il en avait la désinvolture animée, la facilité hardie, la grâce et l'imprévu. Ce qui lui manquait, ce qui lui eût manqué toujours, c'était ce tact exquis, cet art de s'arrêter toujours à temps, cette grande science de toutes les élégances, ce profond sentiment de l'art et de la beauté humaine. — Avouez, me disait Camille Bernay, que j'ai quelque chose d'Alfred de Musset? — Oui, lui dis-je, Alfred de Musset en paletot.

Je retrouve ici encore quelques jolis vers de ce pauvre jeune homme; ils sont pleins de grâce et pleins de jeunesse, et je voudrais bien que mon livre ne mourût pas, afin que ces choses retrouvées ne fussent pas anéanties! Que de beaux vers des grands poëtes d'autrefois ont été sauvés de l'oubli, uniquement pour avoir été cités par quelque obscur nomenclateur ou par quelque philosophe oublié! L'esprit le plus charmant du monde athénien, Ménandre, en dépit de ses cent trente-neuf comédies dévorées et déchirées par les fanatiques des premiers siècles chrétiens, s'il n'est pas mort tout entier, c'est grâce aux faiseurs de rhétorique, et grâce aux pères de l'Église naissante dont la mémoire honnête et fidèle avait retenu certains passages des comédies du *divin Ménandre !* Écoutez cette description d'un bal faite *ad vivam* par un poëte de vingt ans !

> ....... Sentir par le bal entraînée
> Femme jeune et charmante à son bras enchaînée,
> Qui folâtre, s'y berce en des cercles de feu,
> Lasse parfois, sur nous se laisse aller un peu,
> Et dans ce tourbillon de plaisir qui l'enivre,
> Oublieuse, au danseur tout entière se livre !

Mais quoi ? Il est mort ; il est mort un instant avant l'heure où son trépas allait être compté parmi les trépas célèbres, et il a disparu, le malheureux, dans le même abîme et dans le même silence, où disparut à la même époque une des plus intéressantes victimes de l'oisiveté parisienne et de la curiosité publique, la jeune et belle O-ké-oui-mi, reine des *Montagnes-Rocheuses*, amenée à Paris par une entrepreneur de curiosités, un Barnum au rabais.

La malheureuse Indienne, quand elle quitta le village natal, emmenait avec elle deux jeunes enfants, son doux trésor, son cher et léger fardeau, le souvenir vivant des belles années. Elle perdit un de ses enfants à Londres, et depuis ce jour elle n'a plus eu de sourire pour personne, même pour l'enfant qui lui restait. Il me semble que je la vois encore, modestement accroupie sur le devant de la scène où son mari et ses frères figuraient tour à tour leur danse grivoise ou leur joie funèbre ; en vain ils bondissaient de toutes leurs forces, agitant le *scalp* et les têtes coupées, et les arcs et les flèches et les costumes brodés et les mille brimborions sonores ou brillants, si chers aux sauvages. D'un bras languissant elle tenait son enfant penché sur sa poitrine amaigrie ; son œil distrait et effaré semblait ne rien voir ; son oreille semblait ne rien entendre ; on doutait de sa vie, et pourtant cette infortunée, dans ses haillons brodés, la joue couverte de fard, était touchante à force de simplicité, elle était belle et charmante à force de bon sens maternel.

La malheureuse O-ké-oui-mi est morte sans se plaindre de ces hommes civilisés dont elle était le jouet ; elle est morte fatiguée d'entendre chanter sans cesse, comme un refrain vulgaire, les chants triomphants des jours de bataille, le chant funèbre des jours de défaite. Elle ne comprenait rien à la comédie que jouaient ses frères indiens pour nous plaire; elle ne comprenait pas qu'on lui dît, « Chante et danse » quand le sanglot était dans sa voix, quand la douleur était dans son cœur. Pourquoi donc, se disait-elle, à chaque instant chanter, à chaque instant danser? Pourquoi ces simulacres quand nous sommes enfermés entre quatre murailles, quand tout nous manque, l'espace, l'eau et le ciel?

Vainement, hélas! lui eût-on expliqué que parmi les grands peuples chrétiens c'est un art de rire quand on est triste, de pleurer quand le cœur est saturé de joie, qu'à ce métier des mensonges se gagne la renommée et la fortune, que le théâtre, le piédestal de toute beauté, peut donner même un grand prix à la vieillesse, à la laideur; la femme du *Petit-Loup* n'aurait rien compris à ces malices, son âme était trop naïve, son esprit était trop sincère, elle était restée une sauvage.

— Elle est morte contente en songeant qu'elle allait retrouver les héros de sa patrie, les enfants de ses rivages, les dieux du ciel natal, tout ce qu'elle aimait avant que d'entreprendre ce fatal voyage. Vous voulez des drames? Il me semble que c'est là tout un drame. Eh! voyez, avec moins que cela, avec moins d'abandon et moins de misère, avec les mêmes héros cependant, à quels résultats de pitié et de douleur est arrivé M. de Chateaubriand!

La mort de cette jeune et frêle majesté, donnée en spectacle aux barbares civilisés, est restée un de mes souvenirs, et je ne sais pas pourquoi ce souvenir de la jeune Indienne m'apparaît au milieu de tous les deuils de la grande famille des lettres et des beaux-arts. Hélas! que j'en ai vu mourir de jeunes femmes qui étaient la beauté même, la poésie et l'espérance! Que j'en ai vu mourir de jeunes hommes en pleine force, en plein génie, en plein exercice du grand art que le ciel leur avait départi!

Que j'en ai vu s'éteindre, en moins de trente années, de beaux et charmants esprits, de talents intimes, de gloires souveraines! — Dovalle, Hégésippe Moreau, Camille Bernay, Bellini le rêveur, Donizetti le poëte; Monrose, Adolphe Nourrit, Léopold Robert, le critique éminent Chaudesaigues, Eugène Briffaut anéanti et traînant les restes de sa vie éteinte sur la paille gâtée de Bicêtre, au milieu des râles, du silence et des stupeurs; Fontan, Drouineau, Lassailly, Fontaney, Charles Reynaud, Caroline Dorval à vingt ans, la fille aux *tresses blondes* de madame Dorval, et madame Malibran, et mademoiselle Élisa Mercœur! A l'heure où j'écris, elle se meurt, elle est morte, en plein désastre de ses sens, cette admirable et éloquente miss Smithson, qui fut la première passion, le premier enchantement et le premier amour de ce drame moderne[1] dont nous recherchons l'histoire, à travers tant d'inventions, tant d'imitations, tant d'obstacles et de péripéties! Eh! la voilà dans les ténèbres du cercueil cette Juliette adorée, et c'est à peine si son nom a été prononcé, à l'heure suprême, par ce peuple oublieux de toute chose! Et toutes ces morts et toutes ces douleurs que nous retrouverons, çà et là, dans le cortége misérable, alentour de *Chatterton*, leur prédécesseur, leur modèle et leur héros; suicide, abandon, désespoir, folie et misère, exil, hôpital et prison, quel abîme!

Et nous les avons connus, et nous les avons aimés, et les plus heureux de ces pauvres gens, Balzac et Frédéric Soulié, sont morts au moment de la Gloire, à l'avant-veille de la Fortune; et plus nous entrerons dans les œuvres modernes, plus nous serons étonnés et confondus, à chaque pas, de nous heurter contre une misère, ou de chanceler sur une tombe! Allons, courage, et poursuivons l'histoire commencée jusqu'au jour où l'historien de ces enfantements et de ces douleurs qu'il a suivis à la trace, tombera à son tour, comme ses frères les écrivains et les poëtes, la tête vide, la main lassée et le cœur brisé, enseveli dans son œuvre, et songeant, ô Athéniens, à la misère, à la peine, au travail qu'il faut subir pour vous amuser un seul jour!

O misérables que nous avons été! Misérables que nous sommes! Livrés à nous-mêmes! Obéissants à nos caprices! Dupes de notre orgueil! Victimes de nos vanités! Esclaves de nos passions! Tristes jouets du hasard, de la vanité, de la cruelle ambition, la plus cruelle de toutes, l'ambition de la renommée; infortunés sans lois, sans boussole et sans frein, les laborieux se perdant par un travail stérile, et les paresseux dévorés par une oisiveté lamentable; également incapables, les premiers de s'arrêter dans

---

1. Madame Berlioz-Smithson est morte, en effet, à Paris, le 2 mars 1854.

une production irritante, incessante et bâtarde, et les seconds, impuissants à s'arracher à la torpeur de leur esprit frappé d'une stérilité incurable! En même temps que d'obstacles à franchir! Que de barrières à renverser! Quelle cohue et quel tumulte autour de celui qui produit, à droite et à gauche de celui qui marche, au-devant de celui qui veut avancer et qui crie en vain au sceptique : — « Ôte-toi de mon soleil! » Le sceptique étalant ses haillons et ses plaies, ses stérilités et ses mensonges, ses trahisons et ses cantiques au soleil des honnêtes gens!

Ah! quand j'y pense, et quand au détour du sentier je puis juger du chemin parcouru, quand je vois autour de moi ces ruines, ces tombeaux, ces débris, ces délires, ces mensonges, ces hontes, ces échecs, ces naufrages, ces malheurs sans nom et sans fin, et quand je vous appelle, ô chères mémoires, sourdes à ma voix, il me semble que moi aussi me voilà dans l'abîme, dans la nuit et dans le cercueil ouverts avant l'heure! Hélas! Toi-même, à cette heure, ô deuil et douleur qui n'aura plus de fin, tu ne réponds plus à ma voix, et je t'appelle en vain à mon aide, mon mon maître et mon ami, Armand Bertin, à qui ce livre était dédié!

Eh! me voilà seul! Me voilà abandonné à moi-même! Me voilà pris de vertige! Il me semble que je suis frappé à mon tour, que ma raison est partie, et qu'au fond de l'abîme en vain j'appelle; on ne m'entend pas! On ne m'entend plus! Hélas! j'ai perdu mon idole, et j'ai perdu ma confiance! En ce moment je ne suis plus qu'une âme en peine de sa vie, un esprit délaissé, un voyageur aveuglé! Il n'est plus là pour me pousser à bien faire mon juge éclairé, mon sage et prudent conseil, qui depuis vingt ans, suivait, la plume à la main, les pages que j'écrivais, pour ainsi dire, sous sa dictée; il n'est plus là me louant parfois, m'arrêtant souvent, m'encourageant toujours!

Esprit ingénieux, si fin et si droit tout ensemble; ami tendre et dévoué, sévère et charitable; aussi heureux d'admirer ce qui était noble et beau, que prompt à blâmer ce qui était lâche et vil! Incapable non-seulement d'une action mauvaise, mais d'une mauvaise pensée, et si juste et si droit en toute chose, avec des grâces qui le faisaient aimer même dans sa sévérité et dans son blâme! Ah! cher maître! ah! bel esprit dont le souffle est le souffle même de ce livre, où sa trace savante se retrouvera je l'espère ! Ah ! digne successeur et continuateur de M. Bertin l'aîné, mon second père !... J'avais tant résolu de ne pas parler de toi dans ce tome attendu par toi, et d'attendre plus tard afin de terminer par ton nom, cher Armand, et par le nom de ton glorieux père, ce monument de mes trente années de travail littéraire, qui commence par ton nom, qui finira par ton nom...

J'ai beau faire, en vain je veux l'éloigner de mon esprit, cette image fidèle, elle revient toujours. Il est sous mes yeux, comme il est dans mon cœur, ce grand journaliste, l'honneur et la gloire impérissable du journal, dans toute l'Europe libérale ; il me voit, il m'entend, il m'écoute, esprit ferme, honnête cœur, intelligence exercée avec tous les caractères du galant homme !

Il allait si bien à ma vie, il convenait si fort à mon humble esprit ! Il était la justice même... avec un rare penchant à aimer tout ce qui était bon, à applaudir ce qui était beau. Quelle gloire n'a-t-il pas devinée et pressentie ? à quelle renommée a manqué sa bonne volonté toute-puissante ? Dans tous les arts, quels noms a-t-il négligés qu'il fallait produire au grand jour ? Demandez-le à M. Ingres, demandez-le à M. Meyerbeer ? M. Victor Hugo était son frère adoptif. Victor Hugo, M. Ingres, Meyerbeer, ses trois gloires ; le cercle agrandi par lui dont il était le centre ! S'il avait eu dans ses nobles mains trois couronnes, il leur eût décerné ces trois couronnes ! Il abhorrait le charlatanisme et les charlatans en toute chose ; il voulait que l'art fût sérieux et que la louange aussi fût sérieuse.

Avec ce tact exquis, mêlé de gaieté gauloise, qu'il avait puisé dans l'étude et l'admiration de nos vieux écrivains, il se moquait des plagiaires, des vantards, des vaniteux, des renégats ; — il aimait avant tout ce qui était simple et vrai, mais la recherche et le marivaudage ne lui déplaisaient pas toujours ; il était facile à vivre et difficile à convaincre ; il croyait à peu d'hommes, à peu de choses, et il en supportait un grand nombre avec une exquise tolérance. Il se connaissait en tout ce qui valait la peine d'être connu, les beaux tableaux, la belle musique, les grands comédiens, les grands chanteurs. C'est lui qui a forcé le grand Opéra de Paris à donner *Robert le Diable* au monde attentif ! Comme il était à l'œuvre tout le jour et tous les jours, jusqu'au matin, on ne se doutait guère qu'il pût être au courant de tout ce qui s'écrivait en France, en Angleterre, en Allemagne et partout... Il avait sur nous tous un grand avantage... un grand malheur : il ne dormait pas, et ces nuits d'insomnie abominable, il les consacrait à l'étude, si bien qu'il savait, le premier, tout ce qu'il fallait savoir ; et c'étaient autour de lui des étonnements à n'en pas finir !

Ah ! chère ombre, qui seras toujours pour nous un souvenir, une gloire, un culte !

Et songer que durant tant d'années il a été notre ami, notre gloire et notre exemple, avec un tact merveilleux, un zèle infatigable, une grâce ingénieuse ; une âme si égale aux jours prospères, si dévouée aux heures dangereuses, patiente, affable et calme ; un philosophe, un sage ! Il était clément, il était facile, il était juste, il était dédaigneux des hochets et des fanfreluches de la gloire humaine ! Il jugeait les hommes de très-haut ; il a vécu, il est mort fidèle à ses haines, à ses admirations, à ses amitiés, à ses amours ! Noble tête qui ne s'est jamais courbée, qui n'a obéi qu'à des convictions ! Il est mort ! Il est mort ! Nous ne le verrons plus ! Nous ne le verrons plus ! Est-ce possible, est-ce juste, est-ce vrai ? O mort incroyable ! ô deuil universel ! ô mémoire entourée au plus haut degré de la sympathie et du respect des honnêtes gens ! Et combien je t'aimais, ô toi, le juge absolu de mon discours, mon cher ami, mon cher patron, Armand Bertin !

Primâ dicte mihi summâ dicende camœnâ.

FIN DU TOME TROISIÈME.

# TABLE DES MATIÈRES

CONTENUES DANS LE TOME TROISIÈME.

## CHAPITRE PREMIER.

Histoire de l'art moderne. — « L'avenir de la presse, » par M. de Lamartine. — Les images du Théâtre-Français. — Les affinités de l'éloquence et du drame. — La tribune et le théâtre. — Le goût et l'ordre. — Que l'art de rhétorique a ses mystères. — La vie et la ruine. — La cantate de M. Casimir Delavigne. — Les grâces de la révolution de Juillet. — Définition du bourgeois, par M. Thiers et par M. le colonel Bugeaud. — Une dissertation grammaticale à la chambre des députés. — Les hommes politiques et les hommes littéraires. — Les trois professeurs de la Sorbonne. — M. Guizot, M. Cousin, M. Villemain. — Les jeunes gens et les anciens. — M. Nodier, M. de Lamennais, M. de Metternich. — Le comte Rossi, Sylvio Pellico. — Henri Heine, M. Sainte-Beuve. — Fondation de *l'Artiste*. — Versailles. — M. Gros, Sigalon. — Léopold Robert. — Antonin Moine. — Alfred et Tony Johannot. — Armand Carrel. — Belle parole de M. Royer-Collard. *Pages*. . . . . . . . . . . . . . . . . . . 1 à 36

## CHAPITRE II.

Que l'on ne peut pas isoler le drame et l'histoire. — La Renaissance après 1830. — Le Dictionnaire de l'Académie. — Un bal à l'Opéra. — L'empereur et la colonne. — Les nouveaux préfets. — Les saints-simoniens. — Le Mapa. — Caprée et Tibère. — Les morts après Juillet. — Benjamin Constant et sa proclamation. — *Benjamin Constant aux Champs-Elysées*, par Étienne Béquet. — Les obsèques de madame de Genlis. — M. Fauvelet de Bourrienne. — Le fils de Marmontel à l'hôpital. — Un poëte épique. — M. Andrieux. — Le *Journal des Modes*. — M. de la Mesangère et M. d'Hozier. *Pages* . . . . . . . . . . . . . . . . 37 à 58

## CHAPITRE III.

Les premiers bruits du drame moderne. — Le costume, le paysage, la décoration. — Les *Dangers de la vie littéraire*, par M. Saint-Marc Girardin. — Le désordre en littérature et le châtiment des succès trop rapides. *Pages*. . . . . . . . . . . . . . . . 59 à 69

## CHAPITRE IV.

Le premier et le dernier journaliste de la Restauration. — La vie et la mort de M. Martainville.— Le *Drapeau blanc*. — Les *ultra-royalistes*. — La rue Neuve-des-Bons-Enfants. — Intérieur d'un journal. — Les repentirs et les remords. — *En littérature il faut être tout ou rien*. — Les colonnes d'en haut et les colonnes d'en bas. — M. Hume à Édimbourg, ou l'heureux écrivain. — Le *Globe* et le *National*. — L'abbé Genoude contre Jean-Jacques Rousseau et Voltaire. — Le journaliste politique et le journaliste lettré. — Le dernier article royaliste avant la révolution de Juillet. *Pages*   70 à 93

## CHAPITRE V.

Les commencements de M. Victor Hugo. — Les premiers printemps de l'art moderne. — La galerie de bois au Palais Royal.— L'art et la vocation. — *L'Ane mort et la Femme guillotinée*. — Il ne faut pas jouer avec le feu. —Le *Dernier jour d'un Condamné*.—Comment on devient un critique, sans le vouloir. — « La définition du critique, » par Celse et par Diderot. — Les critiques sous l'Empire. — Il ne faut pas que la France s'ennuie. — Une débâcle de solliciteurs. — Les hontes littéraires aux commencements des révolutions. — M. de La Fayette. — Le général Lamarque. — Les *Contes roses*. — La rage des mémoires. — Les *Mémoires de Vidocq*. — Les *Mémoires de M. Ouvrard*. — La femme historique et la femme à la mode. — Les *Mémoires de madame de V\*\*\**. — La Contemporaine et les *Mémoires de la Contemporaine*. — Les débuts d'une comédienne en 1804.

*Pages*   94 à 131

## CHAPITRE VI.

Utilité des poëtes. — *Le poëte au milieu des révolutions*. — Définition de la tragédie par Socrate. — Les poëtes insultés par les sacristains. — La définition du génie par M. de Lamartine.— Un mot de M. de Fontanes à M. de Chateaubriand. — Que la plus belle machine ne vaut pas un bon poëme. — Les premiers vers et les premières années de M. Victor Hugo. — Souvenirs d'enfance. — La *Barque de la vie*. — La première lecture à quinze ans. — Un mot de M. de Salvandy. — Le proscrit lisant Tacite. — Les pensées d'un écolier. — Les premiers manifestes de la littérature moderne. — Goethe et Walter Scott. — Le Cénacle. — M. de Lamartine et M. Victor Hugo. — Les *Odes et Ballades*. — Les *Voix intérieures*. — L'*Antiquaire*. — Les conspirateurs innocents.—Les sociétés secrètes.—M. Sainte-Beuve et le *Livre des consolations*. — Les poésies de Joseph Delorme. — M. Étienne.— M. Jay. — M. Colnet. — M. Hoffmann.— Le *Destin des poëtes dans les révolutions*. — Saint Jean-Chrysostôme. — Le poëte a charge d'âmes. — Le jeune Delon condamné à mort. — Chanson d'amour. — Premières attaques à la critique. — Les *Orientales* et l'Obélisque de Luqsor. *Pages* . . . . . . . . . . . . . . . . . . . . 132 à 180

## CHAPITRE VII.

Que c'est une fête de suivre les poëtes. — Les adorations poétiques. — Les *Feuilles d'automne*. — La vallée de Bièvre et la maison des Roches. — M. Bertin l'aîné. — Les *Chants du Crépuscule*. — Deutz le traître, aux gémonies! — La conscience et l'inspiration. — La mort de Sa Majesté le roi Charles X.—L'ode et l'oraison funèbre.—La pauvreté des riches et la richesse du pauvre.— Les *Voix intérieures*.— On ne peut pas séparer M. Victor Hugo, le poëte lyrique, de M. Victor Hugo, le poëte dramatique. *Pages*  181 à 201

## CHAPITRE VIII.

CROMWEL et la *Préface de Cromwel*. — Le *grotesque* et le *laid*. — La *Belle et la Bête*. — Les trois unités. — Les trois discours du poëme dramatique, par Pierre Corneille. — Les clameurs de haro contre la préface de *Cromwel*. — Ossian et Saint-Patrice. — Suicide d'un perruquier romantique. — Opposition de M. Alexandre Duval, de M. Jay, de M. Fulchiron. — La conversion d'un *romantique*. — MARION DELORME. — Une visite au roi Charles X. — Lettre de Molière au roi Louis XIV. — Définition du théâtre, par Corneille. — Les récriminations de M. Liadières. — Les derniers soupirs de la tragédie. — Éclosion de la langue nouvelle. — L'Académie en belle humeur. — Réclamation des bouchers de Londres contre Williams Shakspeare. — Le champion du nouveau drame. — Les répliques de Frédéric Soulié. — Une belle définition de Corneille. — Résumé de la dispute, par M. de Sacy. — Saint Augustin et la Cité de Dieu. *Pages* . .  202 à 234

## CHAPITRE IX.

Que l'art dramatique est une suite de révolutions.— Il n'y a pas de grand poëte dramatique qui ne soit un révolutionnaire. — Eschyle et *Prométhée*. — Explication du Prométhée. — Comment les Grecs comprenaient la tragédie... et le drame. — Les *Sept chefs devant Thèbes*. — Les *Perses*. — L'*Orestie*. — La *Fille d'Eschyle*. — Eschyle et Sophocle. — Corinne et le poëte de Marseille. *Pages*. . . . . . . . . . . . . 235 à 246

## CHAPITRE X.

Euripide et l'*Alceste* d'Euripide. — Euripide est un novateur. — De la simplicité grecque. — La flûte romaine et la flûte grecque. — La femme de la halle. — L'*Alceste* de Gluck. — Les Athéniens de Versailles. — Les Athéniens de Périclès. — Éloge de la ville d'Athènes. — Réponse aux insulteurs des poëtes grecs. — Aspasie et Périclès. — Hélène ou la Beauté. — Le citoyen de la république de Platon. — Harangue funèbre de Périclès après la guerre de Samos. — Juin 1848. — Éloge de l'éloquence. — Le général Négrier. — Le général Bréa. — Le général Duvivier. — La mort de M. l'archevêque de Paris. — La mort de M. de Châteaubriand. *Pages* . .  247 à 266

## CHAPITRE XI.

Une lettre de Pline *le Jeune* au nouveau gouverneur de Lacédémone. — La fatalité dans le drame antique. — La défaite d'Aristote. — Thersyte et Triboulet. — La mort de Thersyte. — Les jeunes gens ne doutent de rien. — Térence et l'*Eunuque* de Térence. — La naissance de la comédie à Rome. — L'*Atellane*. — Un feuilleton de Tite-Live. — L'aurore du siècle d'Auguste. — L'*Andrienne*. — L'*Eunuque* de Térence et de La Fontaine. — La courtisane romaine. — L'ancienne Rome et le vieux Paris. — Les grands poëtes moissonnent. — Les traducteurs glanent. — Les découvertes du poëte Ménandre. — Le parasite et l'amoureux. — Le rôle de l'esclave. — L'affranchie. — Le théâtre de Scaurus. — Les grands poëtes seuls ont le droit de toucher aux chefs-d'œuvre anciens. — Il n'y a pas de drame dont on ne trouve le germe chez les anciens. *Pages* . . . . . . . . . . . . . 267 à 289

## CHAPITRE XII.

Shakspeare (il prend son bien où il le trouve). — Les premiers comédiens anglais à Paris. — *Jane Shore* et *Virginius*. — Un drame de lord Byron. — MACBETH et l'analyse de *Macbeth*. Macready. — Miss Hélène Faucitt. — *Hamlet* raconté par Gœthe. — La fatalité. — Le néant. — L'*Hamlet* de M. Eugène Delacroix. — L'*intermède*. — Les clowns. — Les danseurs de corde et les gladiateurs. — L'*Exodium*. — Tibère et Néron insultés en plein théâtre. — *Othello*. — Miss Smithson. — Les dessins d'*Othello*, par M. Chassériau. — L'*Othello* de Rossini. — Le choriste de l'Opéra-Comique et sa symphonie. *Pages* . . . . . . . . . . . . . 289 à 316

## CHAPITRE XIII.

Shakspeare à Paris. — Kean et la représentation de Shylock. — Le juif à Rome. — L'ébauche et le chef-d'œuvre. — L'art et l'impromptu.
*Pages* 317 à 326

## CHAPITRE XIV.

Suite au chapitre précédent. — Le XVIIIe siècle a fait la découverte de Shakspeare et comment il le comprenait. — Le *Coriolan* de Shakspeare et le *Coriolan* de M. de La Harpe. — Le peuple et les patriciens. — Shakspeare et Voltaire. — Orosmane, Othello. — Influence des mœurs constitutionnelles sur le théâtre anglais. — Définition du parlement par Bossuet. — La tribune et le théâtre. — Plutarque et sir Walter Scott. — M. de La Harpe jugé par M. Victor Leclerc. *Pages*. . . . . . . . . . . . 327 à 341

## CHAPITRE XV.

Shakspeare et M. Ducis. — *Abufar*. — Le *Cid* et Corneille. — Les violences de l'unité, et les violences faites à l'unité. — Chimène. — Shakspeare et Corneille. — M. de Florian. — Talma. *Pages*. . . . . . . . 342 à 355

## CHAPITRE XVI.

L'*Othello* de M. Alfred de Vigny. — *Roméo et Juliette*, par M. Frédéric Soulié. — Le *Macbeth* de M. Émile Deschamps. — Le *Macbeth* de M. Jules Lacroix. — Curieuse lettre d'un futur académicien. — Première apparition de Falstaff. — La vie et la mort de Falstaff. — La plaisanterie anglaise et l'atticisme français. — Mayeux. — La reine Élisabeth. *Pages.* . 356 à 371

## CHAPITRE XVII.

*Collection des chefs-d'œuvre du théâtre étranger.* — Schiller. — Don Carlos. — L'Espagne et Philippe II. — Le roman-drame. — Le roi et le confesseur. — De l'imitation des poëtes allemands. *Pages* . . 372 à 378

## CHAPITRE XVIII.

*Guillaume Tell.* — *Don Carlos.* — *Marie Stuart.* — *Louise Muller.* — Werner, et le *Vingt-Quatre Février.* — Eschyle et les *Euménides.* — Sophocle, *OEdipe à Colonne.* — Madame de Krudner. — Les illuminés.
*Pages.* 379 à 392

## CHAPITRE XIX.

Le fumier d'Ennius. — Homère et Platon. — Platon est un poëte dramatique. — La mort de Voltaire. — L'avénement de M. de Lamartine. — Une lettre de la jeune Caroline de Günderoude à Bettina d'Arnim. *Pages* 393 à 401

## CHAPITRE XX.

Que l'art dramatique est une suite de révolutions. — Qu'il n'y a pas de révolutions sans génie. — M. de La Harpe et *Mélanie.* — Cette Mélanie est la contrefaçon de l'Iphigénie. — M. de Choiseul. — Dubelloy. — La *Clémence de Titus.* — Métastase. — *Vitellie.* — Émilie et Cinna. — *Zelmire.* — Le *Siége de Calais.* — Un mot du duc d'Ayen. — Le drame moderne. — La mort et le délaissement du poëte Dubelloy. *Pages.* . . . 402 à 419

## CHAPITRE XXI.

Le *drame* est une découverte de Pierre Corneille. — Le drame expliqué par M. Frédéric Soulié. — *Nicomède* et *Don Sanche d'Aragon.* — Les vrais critiques, sous le règne de Louis le Grand. — *Sémiramis.* — Le prince de Condé. — Le premier bâtard dans le premier drame. — Un feuilleton de M. Frédéric Soulié. — Mort du jeune poëte Camille Bernay. — *Clotaire I*er. — Le *Ménestrel.* — L'*Héritage du mal.* — Le *Pseudonyme.* — La reine des *Montagnes-Rocheuses* O-ké-ou-mi. — Les derniers deuils. — Armand Bertin. *Pages.* . . . . . . . . . . . . 420 à 449

---

PARIS. — IMPRIMERIE J. CLAYE ET Cᶜ, RUE SAINT-BENOIT, 7.

www.ingramcontent.com/pod-product-compliance
Lightning Source LLC
Chambersburg PA
CBHW070821250426
43671CB00036B/718